# 영유아교육기관 운영관리

최애경 | 좌승화 | 최진원 | 송연숙 지음

도서출판 파란마음

# 머리말

Preface

무상교육의 확대, 유보통합 논의 가속화, 맞춤형 보육의 실시, 누리과정의 실시 등 최근 급속히 개편되고 있는 영유아교육의 흐름에 비추어 볼 때, 어린이집과 유치원 역시 양질의 교육과 보육 서비스를 제공하기 위해서는 교육현장의 역동성을 반영해야 한다. 영유아교육에 대한 정부의 지원확대 노력이 실효성을 확보하기 위해서는 비용 지원에 따른 영유아교육기관의 책무성과 투명성이 강화되어야 하며, 체계적이고 효율적인 운영관리는 필수적이다.

이러한 관점에서 이 책은 어린이집과 유치원의 실질적인 협력이 강화되고 있는 시대 · 사회적인 변화의 흐름에 부응하기 위하여, 두 기관의 공통점과 특성을 비교하여 함께 볼 수 있도록 구성하였다. 그리고 교직원들이 현장에서 매일매일 부딪히는 다양한 일들을 해결할 수 있도록, 업무 능력 향상과 영유아교육기관의 운영관리에 대한 종합적인 안목과 우수한 역량을 갖추기 위한 실무 위주의 내용을 담았다.

본 서는 총 12장으로 구성되었다.

먼저 제1장은 운영관리의 기초를 다루었으며, 제2장은 영유아교육기관의 설립, 제3장은 원아 모집과 학급 편성을 다루었다. 그리고 제4장은 공간관리, 제5장은 교육환경관리, 제6장은 교육과정관리, 제7장은 건강 · 영양 · 안전관리, 제8장은 인사관리, 제9장은 재정관리, 제10장은 사무관리를 다루었다. 제11장은 학부모 및 지역사회와의 협력, 마지막으로 제12장은 평가관리를 다루었다. 공동저자들이 관심있는 부분을 주제별로 나누어서 집필하였는데 제1장, 제3장, 제11장은 좌승화 교수가 제2장, 제4장, 제7장은 최진원 교수가 집필하였으며 제5장, 제6장, 제12장은 송연숙 교수가 집필하였고, 제8장, 제9장, 제10장은 최애경 교수가 집필하였다.

이상의 내용에서 어린이집과 유치원의 운영관리에 필요한 지식이 충분히 반영되도록 하였고, 가능한 이해하기 쉽게 쓰려고 노력하였다.

저자들은 이 책이 예비교사들에게는 영유아교육기관의 운영관리 전반에 대한 이해를 돕게 하고, 현장의 교사 · 원장님들에게는 운영관리에 필요한 실제적인 지식과 역량을 강화하는 데 역점을 두고 집필하였다. 여전히 부족한 부분이 많아 부끄러움이 앞서는 게 사실이다. 그러나 유아교육 · 보육을 전공하는 예비 교사들과 현장의 교사, 원장님들에게 많은 도움이 되리라는 작은 기대를 해본다. 여전히 아쉬움이 많이 남아 있지만, 이러한 부분은 계속 수정 · 보완해 나가고자 한다.

마지막으로 이 책의 출판을 흔쾌히 응해 주신 도서출판 파란마음 황호철 사장님과 편집부 여러분들께 진심으로 감사의 말씀을 드린다.

저자 일동

Contents

# 차례

Contents

Contents

Contents

Contents

Contents

Chapter 01

# 운영관리의 기초

1. 운영관리의 필요성
2. 운영관리의 개념
3. 운영관리의 과정
4. 운영관리의 원리
5. 운영관리의 내용
6. 운영관리에서 강조되어야 할 사항

최근 영유아교육기관에서 이루어지는 교육활동과 보육활동의 모든 영역에 있어 운영관리의 중요성이 크게 부각하고 있는 실정이다. 그러나 영유아교육기관은 다른 교육기관에 비해 조직의 규모가 작고 조직의 활동이 비교적 단순하다는 특성을 가지고 있어 운영관리가 비체계적인 양상이 많았다. 그러나 영유아교육기관의 질적 향상을 도모하기 위한 다양한 지원체제의 필요성이 대두됨에 따라 운영관리 부분을 과학적이고 효율적으로 조직화하기 위한 노력을 기울이고 있다. 특히 영유아교육기관을 운영하고 관리함에 있어 그 개념과 원리, 영역을 명확히 인지하는 것은 효과적인 운영관리의 기초가 된다. 따라서 본 장에서는 영유아교육기관을 운영하고 관리하는 데 필요한 기초 개념을 중심으로 운영관리를 이해하고자 한다. 이를 위해 운영관리의 필요성과 운영관리에 포함되는 개념, 그리고 운영관리의 과정, 원리 및 영역을 살펴본 후 운영관리에서 강조되어야 할 사항에 대해 살펴보겠다.

## 1 운영관리의 필요성

영유아교육기관은 정부나 지방자치단체 등 행정당국의 정책에 따르는 형식적 조직을 가지고 있는 체제로서 그 운영은 가정이나 한 학급의 운영보다 복합적이다. 영유아교육기관은 다른 상위 교육기관이나 사회기관에 비해 규모가 작은 경향이 있으며 민간 중심인 개인에 의해 설립되고 운영되는 경우가 많은 것이 우리나라 영유아교육의 현실이다. 이로 인해 기관의 운영관리가 합리적이며 체계적으로 이루어지지 못하고 있는 것이 현실이다. 그러나 최근 들어 영유아교육에 대하여 공교육화 개념이 도입되는 등 영유아교육이 공공성을 지니게 되면서 운영관리의 중요성이 더욱 부각되고 있는 실정이다.

교육기관, 기업, 가정 등 영리집단이든 비영리집단이든 운영관리는 목적 실현을 향한

과정으로서 필요하다. 특히 교육기관의 운영관리는 무형의 교육 실현을 위해 창의적이며 비형식적인 면이 많다는 특성이 있으나 교육목표 달성에 목적이 있으므로 운영관리는 체계적이며 과학적으로 이루어져야 한다. 또한 최소한의 시간과 비용, 그리고 노력으로 교육목표 달성을 위해 효율적인 운영관리가 요구된다.

영유아교육의 질을 향상시키고 영유아교육기관의 효율성을 높이기 위해서는 유치원과 어린이집의 운영관리가 보다 체계적이고 합리적으로 이루어져야 할 것이다. 특히 운영관리의 책임을 맡고 있는 원장은 보다 발전된 영유아교육을 실현하기 위하여 기관 운영관리가 중요함을 인식하고 운영관리에 대한 올바른 이해를 바탕으로 운영관리의 이론과 실제를 현장에 적용해야 할 것이다.

영유아교육기관의 합리적이고 체계적인 운영관리는 영유아교육의 목적 달성에 필수적인 것이다. 왜냐하면 합리적이며 체계적인 운영관리는 교사와 영유아 및 학부모의 요구를 만족시켜 주고, 기존의 운영관리상의 문제점을 평가하고 보다 나은 계획의 수립이나 개선에 도움을 줄 수 있기 때문이다.

영유아교육기관은 교육을 받는 대상이 영유아이기 때문에 영유아의 발달적 특성에 따라 프로그램의 운영이 놀이 중심, 아동 중심으로 이루어지며, 교육활동 또한 교사, 교구와의 상호작용을 중심으로 이루어진다는 특수성이 있다. 따라서 영유아교육기관은 영유아교육의 특성을 살려 학부모와 사회의 기대에 부응하는 교육 서비스를 충족시키면서 미래의 영유아교육에 대한 비전을 제시하는 운영관리가 되어야 할 것이다. 영유아교육기관에 대한 정책의 수립은 행정당국인 정부나 지방관할청의 정책에 따르지만 그 정책의 실행이나 실천은 기관의 경영자인 원장의 책임하에 이루어진다. 영유아교육의 행정적 정책 수립자와 운영자 간의 충분한 의사소통은 기관의 합리적인 운영관리에 많은 도움을 준다(신화식 · 김명희, 2010). 이를 위해 영유아교육기관의 운영자는 기관 운영관리의 경험을 바탕으로 정책의 바람직한 방향을 건의하고, 현행 정책의 장 · 단점을 행정당국에 알려 주어 현실성 있는 정책이 입안되도록 해야 할 것이다. 이와 더불어 행정당국도 현장의 운영관리 경험에서 비롯된 운영자의 지적을 존중하고 철저히 검토하는 노력을 기울여야 할 것이다.

## 2 운영관리의 개념

운영이라 함은 어떤 조직이나 기구, 사업체 등을 운용하고 경영한다는 의미와 어떤 대상을 관리해 나가는 것을 의미한다(이인원 외, 2011). 또한 관리란 어떤 일의 사무를 맡아 처리하거나, 시설이나 물건을 유지하거나 개량하는 일, 그리고 사람을 통제하고, 지휘 · 감독하는 것을 의미한다. 따라서 어떤 조직이나 사업체를 운영한다고 할 때는 운영의 대상을 구성하는 모든 요소를 관리하는 일이 포함된다.

운영관리의 개념은 학자들의 견해에 따라 다소 차이가 있다. 타일러(Tyler, 1979)는 어떤 기관이나 기구의 목적달성을 위하여 사람, 자원 그리고 시간을 효율적으로 조정 · 운영하는 일을 운영관리라고 하였다. 김옥련(1984)은 시설의 목적과 목표를 효과적으로 달성하기 위한 인적 · 물적 · 재정적 조건을 정비하고 운용하는 것이 운영관리라고 정의하였다. 따라서 운영관리란 기관의 목적을 달성하기 위하여 사람, 돈, 공간, 시간 등을 효율적으로 계획하고, 조직하고, 실행하고, 평가하는 일련의 과정(강문희 외, 2010)이라고 할 수 있다.

영유아교육기관은 하나의 유기적인 사회 집단으로 간주하여 그 조직체의 효과적인 관리를 도모하여 영유아교육의 실현을 뒷받침하는 과정이 필수적이다. 따라서 영유아교육기관의 운영관리란 교육목표 수립에서부터 그 목표를 달성하기 위한 일련의 과정을 의미한다. 이에 권미량과 손영환(2007)은 영유아교육기관의 운영관리란 영유아교육의 목적을 효과적으로 달성하기 위한 인적 · 물적 · 재정적인 운영 조건을 정비하고 운용하는 일로 정의하였다. 즉 인적 요소, 물적 요소, 재정적 요소가 효율적으로 운용되면서 교육의 목적 및 목표를 달성하도록 교육과정, 시설, 인사, 학급, 재정, 기타 직무를 계획하고, 실행하고, 평가하는 전체적 기능 과정을 말한다.

이러한 체계적 운영관리를 위해 조직하고 관리해야 할 요소로는 크게 물적 요소와 인적 요소를 들 수 있다. 물적 요소로는 구체적인 형체를 가지고 있는 시설과 설비의 구성관리, 비품 및 교재 · 교구 등이 있다. 인적 요소에는 원아관리, 교직원의 인사관리, 학부모와의 협력관계 형성, 그리고 지역사회 구성원과의 관계 구축 등이 포함된다.

영유아교육기관의 운영관리에는 이들 요소들이 효율적이며 유기적인 관계 속에서 운용될 수 있도록 구성 요소들을 계획하고, 조직하고, 실행하고, 평가하는 일이 포함되며, 이 과정이 반복적으로 순환되어야 한다. 이와 같은 순환구조에 따라서 기관의 운영관리 목표를 기준으로 계획을 세우고, 그 계획에 따라 실행한 후 실행 결과를 평가하여 그 평가를 계획 및 실행에 반영하여 기관이 효율적이고 과학적으로 운영되는 것이다.

# 3 운영관리의 과정

영유아교육기관이 합리적이고 효율적으로 운영되기 위해서는 논리적인 절차가 필요하다. 영유아교육기관의 질적 성장과 발달을 위한 논리적 절차는 영유아교육기관 운영의 과정이 계획하기(planning), 조직하기(organizing), 실행하기(implementing), 평가 및 재검토하기(evaluating) 등의 과정이 유기적인 순환적 과정이 되도록 각 단계는 이전 단계로 되돌아가 반영되는 환류(feedback) 과정이 있어야 한다.

## 1) 계획하기

'계획하기' 란 '무엇을 할 것인가' 에 대한 것으로 하고자 하는 일에 대하여 미리 체계적으로 생각하는 것이다. 즉, 목적을 명확하게 설정하고 어떤 과정을 통해 이를 달성할지 구체화하는 것이다. 계획하기 단계에서는 영유아교육기관의 운영 및 관리를 위해 무엇을 해야 하며, 어떠한 절차를 거쳐야 하는지를 구체적으로 결정하는 것이다. 영유아교육기관의 운영자는 다음과 같은 사항을 유의하여 기관 운영을 계획해야 한다(이기숙 · 김순환 · 조혜진, 2016).

- 프로그램의 교육철학적 근거 및 교육목적을 명확히 하기
- 영유아교육기관의 인가 및 인증 과정을 준수하며, 교직원들이 인가 및 인증 기준을 이해하고 따르도록 하기
- 현실적이면서도 적절한 수준의 목적 및 목표 설정하기
- 기관 운영과 관련된 결정을 할 때 교육목적과 교육목표를 기반으로 하기
- 필요할 때마다 프로그램 및 계획에 대해 평가하고 재점검하기
- 운영위원회, 교직원, 학부모 등과 정기적으로 소통하고, 향후 계획 및 수행 과정에 대해 논의하기

## 2) 조직하기

'조직하기'는 '누가 어떻게 할 것인가'에 관해 조정하는 것으로 기관의 교육목적을 달성하기 위해 인적 자원, 물리적 환경, 비품 등을 질서있게 정리하고 통합하는 단계이다. 즉, 기관의 교육목적을 달성하기 위하여 서로 관련된 요소들이 효율적으로 작용하도록 자원을 조직하고 배치하는 것이다. 조직하기 단계에서 영유아교육기관의 운영자는 프로그램의 원활한 운영을 촉진하기 위해 기관 구성 및 업무 체계를 조직하고, 이에 관한 권한을 위임해야 한다. 그리고 기관의 물리적 환경, 설비, 비품 등을 정비하여 기관의 운영이 효율적이며 통합적으로 이루어질 수 있도록 조직해야 한다.

## 3) 실행하기

'실행하기'란 '계획을 실제로 수행하는 것'이다. 영유아교육기관의 운영자는 실행하기 단계에서도 기관의 교육목적 및 철학적 이념에 부합되도록 해야 한다. 실행하기는 교육적 측면과 행정적 측면으로 나누어질 수 있다. 교육적 측면에서의 실행하기에는 영유아의 교과 활동 및 비교과 활동, 영유아의 평가 및 기록, 가족 지원 및 참여 프로그램, 영유아의 영양 · 건강 · 안전 등과 관련된 것들이다. 반면에 행정적 측면의 실행하기에는 인사관리, 시설, 설비, 재정관리 등과 관련된 내용이다.

## 4) 평가 및 재검토하기

'평가 및 재검토하기'는 '계획의 적절성을 검토하는 것'이다. 이 단계에서 운영자는 기관이 제공하는 교육 서비스의 질이 최상으로 유지되고 있는지 모니터하여 운영관리의 전반적인 과정 및 수행 결과에 대해 점검하는 것이다. 이를 위해 기관의 운영자는 모든 조직 및 구성원들의 업무 수행 상황을 항상 모니터링 함과 동시에 구성원 및 외부 인사의 견해를 수용하는 자세를 가지고 운영관리와 관련된 문제 및 현안을 객관적으로 평가해야 한다. 효율적인 운영에 대한 검증 과정은 영유아교육기관이 얼마나 잘 운영되었는지 판정함과 동시에 새로운 계획의 근거를 제공한다. 이러한 평가를 위해서는 평가 영역, 평가 내용, 평가방법, 평가도구 등이 마련되어야 한다.

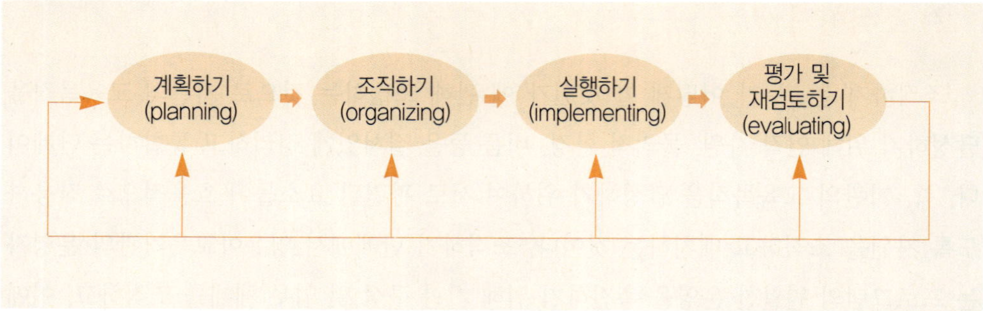
계획하기
(planning)
조직하기
(organizing)
실행하기
(implementing)
평가 및
재검토하기
(evaluating)

# 4 운영관리의 원리

영유아교육기관에 대한 사회적인 요구와 기대, 그리고 책무성이 높아지면서 보다 효율적이고 합리적인 근거에 의해 영유아교육기관을 운영할 것을 요구하고 있다. 영유아교육기관의 운영자는 기관을 운영하는 데 있어 일반적으로 염두에 두어야 할 기본 원리가 있다. 그 기본 원리는 타당성의 원리, 민주성의 원리, 효율성의 원리, 적응성의 원리, 안정성의 원리 등이 있다(강문희 외, 2010; 신화식 · 김명희, 2010; 이인원 외, 2011). 이들을 구체적으로 살펴보면 다음과 같다.

## 1) 타당성의 원리

기관의 운영관리 활동에 합목적성이 있어야 한다. 즉, 영유아교육기관의 설립목적 및 교육목적을 이루기 위하여 기관의 모든 운영관리 활동은 타당성이 있어야 한다는 것이다. 타당성이 없는 활동은 시간과 노력의 낭비를 초래하며 교육 서비스로 적합하지 않은 활동이 된다.

## 2) 민주성의 원리

운영관리 과정에는 의사결정과 의사전달 과정이 필수적으로 포함된다. 이 과정은 민주적으로 이루어져야 하며, 독단과 편견이 배제되어야 함을 의미한다. 즉, 구성원들의 자유가 보장되어야 하고, 누구에게나 공평한 기회가 보장되어 모든 구성원들이 기관의 의사결정에 참여하고 자유롭게 자신의 의사를 개진할 수 있어야 한다. 그러나 이는 구성원들 개개인이 맡은 업무에 대하여 권한을 가지기도 하지만 동시에 그 업무에 대한 책임도 함께 지녀야 함을 의미한다. 이와 더불어 운영관리 과정에서 일어나는 모든 업무는 인간존중 차원에서 이루어져야 할 것이다.

### 3) 효율성의 원리

모든 운영관리 활동을 시행함에 있어 최소한의 노력과 경비로 최대한의 효과를 이루어내야 함을 의미한다. 사실 영유아교육기관에 지원 가능한 재원과 노력은 한정될 수밖에 없다. 한정된 재정과 인력으로 성취하고자 하는 교육목적을 이루어야 한다. 따라서 모든 운영관리 업무는 효율성을 고려하여 시행해야 한다. 그러나 영유아교육기관은 영유아와 그 가족들에게 교육 서비스를 제공하므로 효율성의 관점에만 치중할 수 없는 실정이다. 왜냐하면 영유아를 대상으로 하는 교육이 결과 못지않게 그 과정이 중요하기 때문에 효율성을 높이기 위하여 기관에 투입되는 돈과 노력을 줄일 수는 없기 때문이다.

### 4) 적응성의 원리

영유아교육기관은 사회적 환경의 변화와 요구에 따라 운영 형태 혹은 기관의 역할 등이 정책적으로, 행정적으로, 교육적으로 변화해 왔다. 영유아교육기관이 사회적 변화를 수용하지 못한다면 학부모와 사회로부터 외면당할 것이다. 따라서 운영자는 기관의 현실적인 상황을 충분히 고려하면서 시대적 · 사회적 환경의 변화에 적합하게 대응할 수 있는 유연함을 동시에 가지고 있어야 한다.

### 5) 안정성의 원리

영유아 교육을 위한 정책이나 프로그램은 장기적인 안목에서 계속성과 일관성을 유지해야 한다. 영유아교육기관의 운영자는 변화를 수용하고 현실에 적응하면서도 설립목적과 교육이념 등에 따른 장기적인 계획을 세우고 그에 따라 기관을 운영해 나가야 한다. 계획의 빈번한 개편이나 방침의 변경은 혼란을 야기시키고, 활동의 효율성을 떨어뜨리게 된다.

# 5 운영관리의 내용

영유아교육기관의 운영관리를 이해하기 위해서는 운영관리의 영역과 범주를 알아야 할 것이다. 여기서는 운영관리의 내용을 운영관리에 필요한 공통적인 영역과 영유아교육기관 평가지표에 포함되어 있는 영역을 중심으로 살펴보고자 한다.

## 1) 운영관리의 영역

영유아교육기관의 운영관리 영역은 영유아교육기관 운영에 관련된 전체적인 측면을 모두 포괄할 수 있어야 한다. 영유아교육기관은 기관 고유의 교육철학과 교육이념을 바탕으로 설립되어 그 형태는 다양하지만 운영관리의 영역과 각 영역에 포함된 세부 내용은 유사한 공통점을 가지고 있다.

영유아교육기관의 운영관리는 영유아교육기관 운영에 필요한 세 가지 주요 자원을 효율적으로 운영하는 것에 초점이 맞추어져 있다. 영유아교육기관 운영관리의 주요 자원은 다음과 같다.

- 인적 자원: 원아, 교직원, 학부모, 지역사회 인사 등
- 물적 자원: 시설 · 설비, 공간, 교재 · 교구 등
- 재정적 자원: 입학금, 납입금, 지원금, 보조금 등 경비의 수입과 지출 등

위와 같은 세 가지 운영관리의 주요 자원을 바탕으로 한 영유아교육기관의 운영관리 영역을 9가지 범주로 구분하여 살펴보면 다음과 같다(Decker & Decker, 2001).

### (1) 프로그램 서비스 영역

어린이집 및 유치원에서 제공하는 주요 서비스인 교육 및 보호 서비스, 영양과 안전, 등 · 하원 서비스를 위한 차량 운행, 사회복지 서비스, 부모 교육 등과 관련된 포괄적 서비스 등의 내용이 포함된다.

### (2) 행정관리 영역

행정관리 영역에서는 어린이집 및 유치원 운영과 관련된 행정조직 및 각종 운영위원회의 구성과 관련된 정책을 수립하는 내용이 포함된다. 예를 들면, 영유아교육기관 운영위원회의 구성 및 위원 선정, 학부모회 구성, 행정조직의 구성과 기능 등과 관련된 정책을 수립하는 것이다.

### (3) 교직원관리 영역

교직원관리 영역은 교직원 채용 및 임용에 관한 사항, 교직원의 자격, 교직원 업무분담 및 담임 배정, 교직원 연수, 근무 평정, 재직 및 퇴직에 관한 사항, 보수 및 근무 조건에 관한 사항, 결근과 이직에 관한 사항, 교직원 개인의 활동과 전문적 활동에 관한 사항 등을 다룬다.

### (4) 영유아관리 영역

어린이집 및 유치원의 원아 모집 및 관리와 관련된 영역이다. 즉, 원아 모집 대상 결정, 원아 모집 절차와 입학, 학급의 최대 인원 수, 수업 및 교육 일수, 교사 대 영유아의 비율, 출결관리, 교육에 관련된 각종 서비스 활동, 영유아의 발달과 프로그램에 대한 평가, 야외학습과 행사 등 특별 활동 등에 관한 사항이 포함된다.

### (5) 건강 및 안전관리 영역

영유아의 건강, 안전, 영양과 관련된 영역이다. 즉, 기관에 입학하기 전에 실시하는 영유아의 건강 진단, 예방접종이나 정기적인 건강검사, 기관에서 아픈 영유아에 대한 조치, 응급처치와 사고 처리 절차, 영양과 급식에 관련된 음식물관리, 건강과 안전에 관한 교직원 훈련, 소방훈련, 환경의 감독, 안전점검 등에 관한 사항이 포함된다.

### (6) 재정관리 영역

재정 운영에 관련된 영역이다. 즉, 운영자금의 출처, 예산 편성, 지출관리, 물품 구입과 서비스를 위한 지침 및 세부 절차, 결산 및 회계 감사 등에 관한 사항으로 교육비 수납, 보조금, 전입금, 기부금, 차입금, 이월금, 시설비, 교구비, 인건비 등을 다룬다.

### (7) 문서관리 영역

기록과 보존에 관한 일종의 사무관리 영역이다. 즉, 기관에서 구비하고 비치하는 문서에 대한 규정, 문서 보존 기간, 공문 처리, 문서 보관, 문서관리 책임자의 업무 분담 및 일반보고 서류, 통신, 문서 발송과 접수 등에 관한 사항이 포함된다.

### (8) 학부모관리 영역

부모교육과 부모참여 등 학부모와 관련된 관리 영역이다. 학부모 자원의 효율적인 활용, 학부모 및 가정의 요구 충족, 학부모와 교사와 원장의 면담, 기관과 가정의 의사소통 절차 등에 관한 사항이 포함된다.

### (9) 지역사회관리 영역

지역사회관리 영역은 일종의 홍보관리 영역이다. 영유아교육기관 운영에 있어서 학부모와 지역사회 및 유관기관과 긴밀한 협조 관계를 유지하기 위하여 학부모나 지역사회 인사의 참여 유형, 영유아교육기관의 시설 활용과 지역사회 기관의 활용 사항, 영유아교육 관련 단체 및 지역사회 인사와의 소통, 대중매체의 활용 방안에 관한 사항이 포함된다.

## 2) 영유아교육기관 평가지표의 운영관리 영역

최근 들어 교육의 질적 수준 제고에 관한 관심이 높아지면서 영유아교육기관의 평가에 대한 관심이 높아지고 있다. 보다 수준 높은 영유아교육을 위해서 유치원은 교육부에서 주관하는 유치원 평가를 받고 있으며, 어린이집의 경우 보건복지부의 평가인증을 받고 있다. 평가를 위한 지표에는 기관 운영의 각 영역이 전반적으로 포함되어 있다. 영유아교육기관의 평가 관련 업무는 운영 · 관리 측면에서 상당히 중요한 업무에 속한다. 영유아교육기관 평가 업무는 제12장에서 상세히 다루어질 것이며, 여기서는 운영관리 측면에 해당하는 평가 내용을 간단히 정리해 보고자 한다.

**표 1-1** 유치원 평가의 운영관리 영역

| 평가 영역 | 평가지표 | 평가 내용 |
|---|---|---|
| 운영관리 | 기관 운영 | • 학급을 편성 규정에 맞게 운영하고 있다. |
| | | • 개별 유아의 생활기록부를 작성 · 관리하고 있다. |
| | | • 신입유아 적응을 위한 지원을 하고 있다. |
| | | • 예 · 결산서를 대내 · 외적으로 공개한다. |
| | | • 입학금과 수업료 외의 기타 경비 관련 규정을 마련하여 준수하고 있다. |
| | 가정 및 지역사회와의 연계 | • 부모와 상호 협의 하에 유치원을 개방한다. |
| | | • 부모교육을 다양하게 실시하고 있다. |
| | | • 부모와 개별 면담을 하고 가정과의 소통을 다양한 방법으로 실시하고 있다. |
| | | • 유아와 가족의 문제를 파악하고 지원한다. |
| | | • 지역사회와 연계한 다양한 활동을 실시하고 있다. |
| | 방과후 과정 | • 특성화 활동을 운영지침에 따라 실시한다. |
| | | • 방과후 과정을 위한 기본 시설 · 설비를 구비하고 담당인력을 배치하고 있다. |

| 출처 | 교육부(2017). 제4주기 유치원 평가 중앙연수.

**표 1-2** 어린이집 평가의 운영관리 영역

| 영역 | 평가지표 | 평가 항목 |
|---|---|---|
| 운영관리 | 기관 운영 | • 어린이집 운영계획을 수립하여 부모에게 안내하고 있다. |
| | | • 종일반 및 맞춤반을 지침에 따라 운영하고 있다. |
| | 가정 및 지역사회 연계 | • 부모와 상호 협의 하에 어린이집을 개방한다. |
| | | • 부모교육을 다양하게 실시하고 있다. |
| | | • 부모와 개별 면담을 하고 가정과의 소통을 다양한 방법으로 실시하고 있다. |
| | | • 영유아와 가족의 문제를 파악하고 지원한다. |
| | | • 지역사회와 연계한 다양한 활동을 실시하고 있다. |
| | 어린이집 이용 보장 | • 모든 반을 편성 규정에 맞게 운영하고 있다. |
| | | • 개별 영유아의 생활기록를 작성 · 관리하고 있다. |
| | | • 신입 영유아 적응을 위한 지원을 하고 있다. |
| | | • 예 · 결산서를 대내 · 외적으로 공개한다. |

| 출처 | 보건복지부 · 한국보육진흥원(2017). 2017 어린이집 평가인증 문서 자료집.

# 6 운영관리에서 강조되어야 할 사항

영유아교육기관에서 제공하는 교육 서비스의 궁극적인 목적은 영유아의 전인적 성장과 발달을 최대한 도모하고자 함에 있다. 이와 같은 교육 서비스의 목적을 달성하기 위해서 운영관리의 관점에서 강조되어야 할 점은 다음과 같다(신화식 · 김명희, 2010; 이대균 · 송정원, 2007).

- 영유아교육기관은 일관성 있는 운영관리 정책이 시행될 수 있도록 노력해야 한다. 일관성 있는 교육정책과 프로그램은 교직원에게 안정감을 줄 수 있으며, 학부모에게는 신뢰감을 줄 수 있기 때문이다.
- 영유아교육기관의 운영자는 효율적인 리더십을 발휘하기 위해 끊임없이 노력해야 한다. 왜냐하면 기관의 운영관리는 최종 책임자이자 의사결정의 권한을 가진 운영자의 리더십에 성패가 달려있기 때문이다.
- 영유아교육기관의 종사자는 영유아의 개인차를 존중해야 한다. 교사는 영유아의 개인차에 대한 관찰과 이해를 바탕으로 교육활동을 실시함으로써 영유아가 자신의 능력과 흥미에 따라 자신감을 가지고 활동하여 전인적 인격체로 성장하도록 도와야 한다.
- 영유아교육기관 내에서 발생하는 모든 업무과정에서는 민주적인 의사결정이 존중되어야 한다.
- 영유아교육기관에 재직하는 모든 인적 구성원 사이에는 화목한 인간관계가 정립되어야 한다. 기관의 교직원은 기관 운영관리의 주체이므로 다양한 갈등 상황을 슬기롭게 극복하고 협력을 통해 기관의 역량을 최대한 높일 수 있도록 원만한 분위기 조성을 위해 노력해야 한다.
- 재정 운영에 있어서 모든 구성원은 절약하는 습관을 가져야 한다. 효율적인 재정 운영을 위해 소모품 및 설비 물품을 아끼는 절약행동이 습관화되어야 한다.

- 영유아교육기관은 기관의 질을 높이기 위해 끊임없이 노력해야 한다. 질관리를 위해 계획–실행–평가를 반복하여 운영관리상의 문제점을 파악하여 개선 · 보완하려는 노력으로 지속적인 발전을 추구해야 한다.

- 기관의 운영관리 과정에 학부모의 의견을 적극적으로 반영해야 한다. 교육 서비스의 대상인 영유아의 교육과 보호에 대해 가장 많은 관심을 가지는 사람이 학부모이다. 그러므로 영유아교육기관의 운영관리에 대한 학부모의 건의 사항이나 요구에 대해서는 진지하게 검토해야 한다.

Chapter | 02

# 영유아 교육기관의 설립

1. 어린이집
2. 유치원

어린이집은 설립 유형에 따라 주택건설 기준, 장애인, 노인, 임산부 편의 증진에 관한 법률 등을 고려해 설립한다. 또한 유치원은 교육연구 시설로 교육환경보호에 관한 법률에 의해 입지해야 한다. 본 장에서는 어린이집 및 유치원을 설립하는 과정에서 관련 법규를 중심으로 설립 계획 시 고려할 사항과 인가 및 설립 절차를 살펴보겠다.

## 1 어린이집

어린이집 설립을 위해서는 「영유아보육법」 제15조에 따라 보건복지부령으로 정하는 설치 기준을 갖추어야 한다. 어린이집의 유형은 국·공립 어린이집, 사회복지법인/ 법인단체/ 민간 어린이집, 직장 어린이집, 가정 어린이집, 협동 어린이집으로 구분할 수 있다. 민간/ 가정 어린이집을 중심으로 설립 절차를 나타내면 다음 |그림 2-1|과 같다.

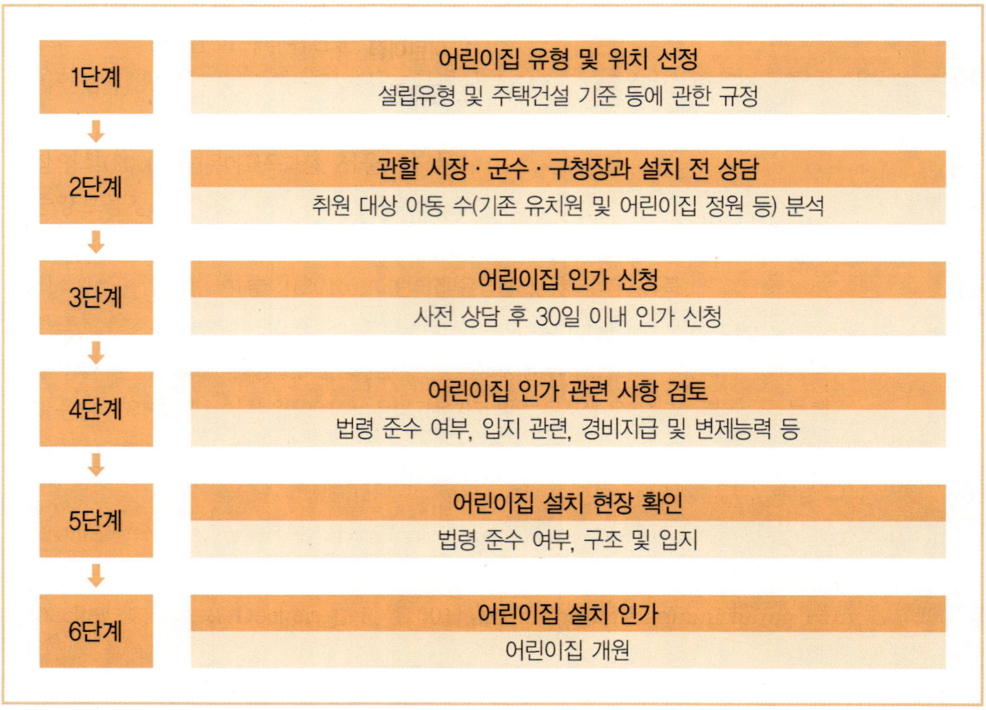


그림 2-1 어린이집 설립 절차

## 1) 설치 인가 공통 기준

어린이집은 「영유아보육법령」 및 「장애인 · 노인 · 임산부 등의 편의증진 보장에 관한 법률」 등에 의한다. 국 · 공립 어린이집 외의 어린이집을 설치하고자 하는 자는 보육수요 등 지역여건 및 어린이집 설치 기준에 관하여 관할 시장 · 군수 또는 구청장에게 사전에 설치 전 상담을 통해 어린이집 설치를 신청한다. 어린이집 인가신청서는 관할 소재지 시장 · 군수 또는 구청장에게 제출하여 인가를 받아야 설립할 수 있다.

어린이집 설치 · 인가를 위해서는 보육수요, 입지조건 등 지역적 타당성, 시설 기준의 적합 여부(시설면적, 시설설비 등), 건축물은 건축법령, 소방법령 등 각종 규정 준수 여부, 시설장의 자격 적정성 여부, 교직원 확보 여부, 어린이집 인근 위험 시설 입지 여부, 보육실 층수 기준 충족 여부를 고려해야 한다.

### (1) 보육수요 및 입지조건

어린이집은 보육수요, 보건, 위생 · 급수 · 안전 · 교통 · 환경 및 교통편의 등을 충분히 고려하여 쾌적한 환경을 갖춘 부지를 선정하여야 한다. 영유아의 신체적, 사회적 안전에 위험하다고 판단되는 폐기물처리 시설이나, 유흥업소 또는 전염병원 등의 인근에는 어린이집을 설치할 수 없도록 인가를 제한하고 있다. 어린이집의 범위는 건물뿐 아니라 놀이터나 주차창 등 전용 부수 공간을 포함하며, 「주택건설기준 등에 관한 규정」에 의해 위험 시설로부터 수평거리 50m 이상 떨어진 곳에 배치한다.

### (2) 보육실 층수 및 면적 기준

어린이집의 건물구조 및 보육실, 화장실, 놀이기구 등은 영유아의 안전과 이용에 편리하도록 설계 · 시공해야 한다. 보육실은 건축물의 1층에 설치하며, 당해 어린이집이 1층에 해당하는지 여부는 건축법상의 층수와 관계없이 실제상의 층수를 기준으로 한다. 다만, 보육실이 위치한 해당 층 4면의 100분의 50 이상 100분의 80 미만이 지상에 노출되고, 해당 층 주출입구의 하단이 지표면으로부터 1m 이내이며, 지방보육정책심의위원회의 심의를 거쳐 채광 · 환기 · 습도 · 침수 등 영유아의 건강과 안전에 문제가 없는 것으로 확인된 해당 층에 어린이집을 설치하는 경우는 예외적으로 인정한다.

(3) 시설면적 · 설비 기준 적합

건물 전체가 어린이집인 경우 및 사업장(사옥) 내 직장 어린이집을 설치하는 경우에는 1층부터 5층까지 보육실을 설치할 수 있다. 건물 전체를 어린이집으로 사용하는 경우는 건물 전체(지하층 포함)가 건축법상 노유자 시설(어린이집)로 용도가 지정되어 어린이집으로 전용되어야 한다. 그밖에 불가피한 사유가 있다고 보건복지부장관이 인정하는 경우에는 2층 및 3층까지 보육실을 설치할 수 있다.

(4) 건축법령, 소방법령 등 각종 규정 준수

어린이집 1층의 경우에 비상시 양방향 대피가 가능하도록 비상재해대비 시설은 주출입구 외에도 안전한 지상과 바로 연결되는 비상구 또는 출구를 설치해야 한다. 어린이집 2층과 3층의 경우에 비상시 각 층별로 양방향 대피를 위해 주 계단 외에 각 층별로 건물 내부를 경유하지 않고 직접 지상으로 바로 연결되는 비상계단이나 미끄럼대를 당해 건물의 외부에 설치해야 한다.

어린이집 내부의 마감재로는 「건축물의 피난 방화구조 등의 기준에 관한 규칙」에 의하며, 「방염에 관한 사항은 소방 시설 설치유지 및 안전관리에 관한 법률」에 의한다. 어린이 활동 공간의 환경안전관리 기준에 관한 세부적인 사항은 「환경보건법」에 의한다.

(5) 자격원장 및 교직원 확보

「영유아보육법」에 의해 자격을 가진 원장 및 보육교직원을 확보해야 한다.

## 2) 어린이집 설치 전 상담 및 인가

어린이집을 신규로 설치할 때는 관할 시 · 군 · 구청과 설치 전 사전상담을 해야 한다. 상담 신청방법은 상담 신청 시 해당 서류를 갖추어 시 · 군 · 구청을 직접 방문 신청하거나 전화와 팩스 등을 통해 접수하면 담당자가 상담일정을 확정해 신청인에게 통보한다. 사전상담 후 30일 이내 인가 신청을 하지 않을 경우에는 사전상담이 무효로 된다. 따라서 사전상담을 위해서는 어린이집 설치 예정지 및 대표자를 확정하고, 인가가 가능할 경우 사전상담 신청자(어린이집 대표자)가 30일 이내 어린이집 설치 인가 신청을 하여야 한다.

인가 신청이 접수되면 지방자치단체의 장은 어린이집이 지역별로 균형 있게 배치되고 지역주민의 보육에 대한 요구를 반영할 수 있도록 지방보육정책위원회의 심의를 거쳐 어린이집 수급계획을 수립하며, 서류 및 현장방문을 통해 어린이집의 설치 인가를 위한 기준의 충족 여부를 확인한다.

### (1) 어린이집 설치 상담 신청 시 구비서류

- 어린이집 설치 상담 신청서
- 어린이집 설계도면
  - 시설부지선정 완료 후 시설을 신축, 증축, 개축하려는 경우
- 건축물대장등본, 시설의 구조별 면적이 표시된 평면도
  - 기존 건물(또는 기존 어린이집)을 매입(또는 임차)하려는 경우
  - 기존 건물(또는 기존 어린이집)에 어린이집을 설치 중이거나 설치한 경우
- 시설장의 자격 증명서류(설치자가 시설장인 경우)
  - 졸업증명서
  - 성적증명서
  - 자격증사본 및 경력증명서 중 증명 가능한 자료 일체

### (2) 어린이집 인가 신청 구비서류

- 법인의 정관, 등기부등본 및 출연금 등에 관한 서류(법인인 경우)
- 단체의 회칙 또는 규약(단체인 경우)
- 건축물대장등본(부동산을 임차한 경우는 임대차계약서를 포함)
- 시설의 구조별 면적이 표시된 평면도와 시설 및 설비목록
- 어린이집의 장의 자격을 증명하는 서류
- 보육교직원의 채용계획서

- 어린이집 운영계획서(운영경비와 유지방법을 포함)
- 설립자가 사인(私人)인 경우 경비의 지급 및 변제 능력에 관한 서류
- 인근 놀이터 이용계획서(영유아 50인 이상의 시설로서 옥외놀이터나 옥내놀이터를 설치하지 않은 경우)
- 「전기사업법 시행규칙」 제38조에 따른 전기안전점검확인서 및 「도시가스사업법 시행규칙」 제25조 및 「액화석유가스의 안전관리 및 사업법 시행규칙」 제29조에 따른 정기검사증명서
- 「소방용 기계 기구의 형식승인 등에 관한 규칙」 제5조에 따른 현장방염처리 물품의 방염성능검사 성적서 및 방염성능검사 확인 표시
- 시설 유형별 특수 어린이집으로 지정을 받으려면, 아래와 같은 지정 신청서를 제출하여야 한다.
    - 특수 어린이집 지정 신청서(장애아전문, 장애아통합, 시간 연장형, 휴일, 방과 후)
    - 영아 전담 · 장애아전문 어린이집 지정 신청서

# 2 유치원

유치원은 국가가 설립 · 경영하는 국립유치원과 지방자치단체가 설립 · 경영하는 공립유치원이 있고, 법인 또는 사인이 설립 · 경영하는 사립유치원으로 구분할 수 있다. 다음에서는 법인 또는 사인이 설립하는 유치원을 중심으로 관련법에 근거해 인가 기준 및 유치원 설립 절차를 살펴보겠다.

| | |
|---|---|
| 1단계 | **유치원 설립 수요 확인**<br>설립하고자 하는 권역의 설립 가능 여부 및 수요인원 확인 |
| 2단계 | **교육환경평가서 제출 후 승인**<br>교육지원청 행정지원과 |
| 3단계 | **유치원 설립 계획서 제출 후 승인**<br>매년 3월 31일까지 제출/ 처리기한: 2개월 이내 |
| 4단계 | **유치원 설립 인가 신청**<br>개원예정일로부터 4개월 이전까지/ 처리기한: 2개월 이내 |
| 5단계 | **유치원 설립 인가 여부 통보**<br>제출서류 검토, 현장실사 |
| 6단계 | **유치원 개원 보고**<br>개원일로부터 7일 이내 유치원 개원에 대해 보고 |

그림 2-2 유치원 설립 절차

### 1) 설립 인가 공통 기준

유치원의 설립은 「초 · 중등교육법」 및 「고등학교 이하 각급 학교 설립 · 운영 규정」에 의한다. 신규 유치원의 인가는 일정 지역 내 취원 대상 아동의 수, 기존 유치원 정원 등을 분석하여 교육청 담당부서와 사전에 협의해야 한다. 유치원 설립을 위해서는 설립목적, 명칭, 위치 및 개교예정일 등을 기재한 학교설립 인가 신청서를 제출한다. 인가 신청 시 첨부할 내용은 학칙, 경비와 유지방법, 교사의 배치도 및 평면도, 설립자가 법인인 경우 출연금에 관한 서류, 설립자가 사인인 경우는 경비의 지급 및 변제 능력에 관한 서류, 설비 관련 서류 및 그밖에 교육부령으로 정하는 서류를 첨부하여 각 지역 교육감에게 신청한다. 교육감은 행정정보의 공동이용을 통해 교지실습지의 지적도 및 학교법인의 등기부를 확인한다.

설립 시 유의할 점으로 설립 인가 전 유치원의 명칭 사용 및 원아 모집을 금지하고 있으며, 설립 인가 후 설립자, 목적, 명칭, 위치, 원칙, 경비와 유지방법, 원지, 원사와 유원장의 평면도 무단변경을 금지하고 있다. 만약 변경할 경우는 반드시 변경 인가를 받아야 한다.

#### (1) 건물용도 교육연구 시설

유치원의 건물용도는 교육연구 시설로 「학교보건법」 및 「건축법」에 의해 학교 설립자나 도시계획입안자, 택지개발사업자 등은 학교를 설립하기 위한 부지를 선정할 때 교육환경평가를 실시한 뒤 시 · 도 교육감의 승인을 받아야 한다.

#### (2) 임대유치원 인가불허

「고등학교 이하 각급 학교 설립 · 운영 규정」에 의해 유치원의 교사 및 교지는 당해 유치원을 설립 · 경영하는 자의 소유이어야 하며, 교지 안에는 설립 주체 외의 자가 소유하는 건축물을 둘 수 없다.

#### (3) 교직원 확보

「유아교육법」에 의해 유자격 원장의 인가를 원칙으로 한다. 추천 기준 대상자의 경우에는 취임예정 승낙서를 첨부하며, 교사도 임용예정 승낙서를 첨부한다.

#### (4) 수용 계획상 신설 적정성

행정 동지역 내의 취원 대상 유아(만 3~5세)의 수요를 파악하여 수용 시설이 부족한 경우에 한하여 적정규모의 유치원 설립이 가능하다. 이때 이미 설립된 어린이집 및 유치원의 정원 등을 참고한다.

#### (5) 학교 환경 위생 및 식품위생

「학교보건법」에 의해 교사 안에서의 환기, 채광, 조명, 온도, 습도의 조절, 상·하수도, 화장실의 설치 및 관리, 오염공기, 석면, 폐기물, 소음, 휘발성 유기화합물, 세균, 먼지 등의 예방 및 처리 등 환경 위생과 식기, 식품, 먹는 물관리 등 식품위생을 적절히 유지 관리해야 한다.

### 2) 교육환경 보호구역

유치원은 「학교보건법」에 의해 정화구역이 설정되어 있다. 보건·위생·안전 및 학습 환경 등에 지장이 없도록 대기, 수질, 소음, 진동, 도축장, 화장장, 폐기물, 분뇨 등 처리장, 가축사체처리, 화제장, 가축시장, 전화방, 성기구 취급업소가 있으면 유치원 설치가 불가능하다. 심의를 거쳐 설치가 가능한 금지행위 및 시설(영화상영관, 총포·화학·고압·천연·액화가스 제조 및 저장소, 폐기물 수집장소, 유흥·단란주점, 호텔, 여관, 여인숙, 무도학원·무도장 등)은 학교환경위생정화위원회 심의를 거쳐 해제 시 설치가 가능하다. 유치원은 교육환경보호에 관한 법률에 의해 교육환경 평가 승인을 받아야 하며, 교육환경보호구역은 절대보호구역과 상대보호구역으로 구분한다. 절대보호구역은 유치원 출입문으로부터 직선거리 50m까지의 지역이며, 상대보호구역은 유치원 경계 등으로부터 직선거리 200m까지의 지역 중 절대보호구역을 제외한 지역을 말한다. 교육환경 평가 항목 및 기준을 나타내면 다음과 같다.

**표 2-1 교육환경평가의 항목 및 기준**

| 평가 항목 | | 평가 기준 |
|---|---|---|
| 위치 | 일반 사항 | • 통풍이 잘 되고 햇빛이 좋은 곳에 위치할 것 |
| | | • 도서관, 공원 등 학습 환경을 고려한 위치를 선정할 것 |
| | 학생 통학 범위 | • 초등학교의 경우 학생의 통학거리가 도보로 30분 정도일 것 |
| | | • 중학교 및 고등학교 학생의 경우 대중교통을 이용하여 30분 정도일 것 |
| | | • 초 · 중등학교의 경우 당해 교육청의 수용계획에 부합될 것 |
| | | • 학생들의 거주 분포를 고려하여 단위 생활권의 중심에 배치할 것 |
| | 도로접근성 등 | • 초 · 중등학교 용지의 2면 이상이 25m 미만의 도로에 접할 것 |
| | | • 통학로는 도보와 자전거를 이용할 수 있는 자전거보행자겸용도로와 연계되도록 하고, 반드시 충분한 넓이의 인도를 확보할 것 |
| 크기 및 면적 | 적정면적 | • 고등학교 이하 각급 학교는 「고등학교 이하 각급 학교 설립 · 운영규정」 제6조에 따른 교지(교사용 대지와 체육장의 합한 용지)의 기준 면적 이상일 것 |
| | | • 특수학교는 「특수학교 시설 · 설비 기준령」 제2조에 따른 기준 면적 이상일 것 |
| | | • 대학은 「대학설립 · 운영 기준」 제5조에 따른 기준 면적 이상일 것 |
| | | • 기술대학은 「기술대학 설립 · 운영규정」 제8조에 따른 기준 면적 이상일 것 |
| | 길이 및 폭 | • 교사의 배치 및 활용도를 고려하여 가급적 남북으로 긴 직사각형 모양일 것 |
| 지형 및 토양 환경 | 경사도 등 | • 대지는 학습 활동 등에 지장이 없도록 경사도가 심하지 아니할 것 |
| | | • 교사의 설치 등 공사 시공이 용이한 지역일 것 |
| | 풍수해 등 | • 풍수해 등 우려 과거 풍수해 등의 피해가 없었던 지역일 것 |
| | 토지 과거 이용력 | • 유해화학물질 취급공장, 정유공장, 석면취급공장 및 제련소 등으로 사용되지 않았을 것 |
| | | • 폐기물 처리장, 폐기물 매립장 및 광산 등의 용도로 사용되지 않았을 것 |
| | | • 기타 오염물질이나 독성물질이 배출되어 토양이나 지하수를 오염시켰던 지역이 아닐 것 |
| | 토양 환경 등 | • 바위암괴 또는 암괴의 노출이 되지 아니할 것 |
| | | • 안전한 표면하부 혹은 충분한 토양의 인장력을 유지할 것 |
| | | • 「토양환경보전법」 제4조의 2에 따른 '토양오염우려 기준'에 이하일 것 |
| | | • 지표수는 「환경정책 기본법」 제10조 제2항의 규정에 의한 환경 기준에 적합할 것(하천이 있는 경우에 적용) |

| 평가 항목 | | 평가 기준 |
|---|---|---|
| 대기 환경 | 대기, 소음 진동 | •「환경정책 기본법」 제10조 제2항의 규정에 의한 '환경 기준'에 적합할 것 |
| | | •「소음 · 진동법」 제21조의 규정에 의한 '생활 진동 규제 기준'에 적합할 것 |
| | 일조량 | • 학교의 교사가 충분한 일조량을 확보할 수 있는 방향으로 할 것 |
| | | • 주변의 건축물로 인하여 조망권과 일조권에 침해를 받지 않도록 할 것 |
| 주변 환경 | 학교 환경 정화 구역 내 금지 행위 및 시설 | •「학교보건법」 제6조 제1항 제1호, 제4호, 제5호, 제7호 내지 제9호, 제11호 및 제19호의 규정에 따른 행위 및 시설이 없을 것 |
| | | •「학교보건법」 제6조 제1항 단서규정에 의하여 교육감 또는 교육감이 위임한 자의 인정을 받지 못한 행위 및 시설이 없을 것 |
| | 인근 300m 이내 위험 요소 등 조사 | •「대기환경보전법」 제43조 제1항의 규정에 따른 '비산먼지 발생사업장'의 현황 |
| | | •「유해 물질관리법」 제22조 제1항의 규정에 따른 유독물 취급 시설, 화학공장, 정유공장, 연료저장 시설, 핵발전소, 광산, 제련소 및 석면취급 공장 등의 현황 |
| | | •「악취방지법」 제2조 제3호의 규정에 따른 악취배출 시설의 현황 |
| | | • 고압송전선로 및 송전탑, 공항, 철도 및 교통유발 시설(연면적 3만㎡ 이상의 대형 쇼핑센터, 백화점, 업무 시설, 관람 시설 등)의 현황 |
| | | • 기타 유사 위험 시설(변전소, 주유소 등) 현황 |
| 공공 시설 등 | 공공 시설 | • 상수도, 전기, 도시가스 및 하수 시설 등의 이용 가능성 |
| | | • 이 기준에 정하지 않은 사항 중 관련법령 또는 관련규정에 의하여 정한 것은 그 규정에 따를 것 |

## 3) 유치원의 입지

### (1) 교지의 면적 및 구조

유치원은 「고등학교 이하 각급 학교 설립 · 운영 규정」에 따라 교사용 대지와 체육장을 합한 교지의 기준 면적 이상이어야 한다. 교지는 안전, 방음, 환기, 채광, 소방, 배수 및 학생의 통학에 지장이 없어야 한다. 또한 체육장은 객관적으로 체육 활동에 지장이 없다고 판단되는 체육관, 강당, 수영장, 무용실 등이 있는 경우 해당 체육 시설 바닥면적의 2배를 옥외 체육장 기준 면적에서 제외한다. 체육장은 옥외 체육장을 말하며 배수가 잘 되거나 배수 시설을 갖춘 곳에 있어야 한다.

유치원 설립 시 소수학급은 규제하며 부실운영을 예방하기 위해 최소한 2학급 이상 설치할 수 있는 시설이어야 한다. 유치원은 지상으로 직접 나갈 수 있는 지상층에 설치되어 있거나 지상층을 포함해 2개 층 이하로 설치되어야 한다. 유치원의 지상층에는 도로, 인도 등 외부 공간과 직면하는 형태로 설치된 창문이 없어야 하며, 유치원 내에서 주출입구 등으로 나올 때 출입 전면에 도로와의 완충 공간(일정간격 이격)을 확보해야 한다.

유치원은 옥상이나 지하층에 체육장(유원장) 또는 수영장을 설치할 수 없고 유치원 건물의 옥상 활용도 금지한다. 정책적으로 3층 이상 유치원은 설립을 억제하고 있으나, 3층을 실내체육 시설 또는 자료실, 교무실 등으로 사용할 경우에는 가능하고, 유사시 대피할 수 있는 시설을 확보할 경우에만 가능하다.

설립주체는 「사립학교법」 제28조에 따라 학교법인 및 사립의 재산 중 학교교육에 직접 사용되는 재산(교사, 교사용 대지, 체육장, 교구 등)은 매도 · 담보할 수 없다. 유치원을 유치원회 용도의 시설과 복합으로 건축하는 경우, 주택건설 기준 등에 관한 규정 제52조에 의해 의료 시설, 주민운동 시설, 보육시설, 종교집회장 및 근린 시설에 한하여 함께 설치할 수 있다. 이 경우에 유치원 용도의 바닥면적의 합계는 당해 건축물 전체 면적의 2분의 1이상이어야 한다. 유치원외 용도의 시설과 복합으로 건축하는 경우에는 유치원의 출입구, 계단, 복도 및 화장실 등을 다른 용도의 시설과 분리해야 한다.

### (2) 토지 환경

유치원 토지는 과거 풍수해 등의 피해가 없었던 지역으로 바위암괴의 노출이 되지 않아야 한다. 또한 유해화학물질 취급공장, 정유공장, 석면취급공장 및 제련소 등으로 사용되지 않았어야 한다. 폐기물 처리장, 폐기물 매립장 및 광산 등의 용도로 사용되지 않았어야 한다. 유치원 건물의 최소한 1면 이상은 소방차의 원활한 진입이 가능하도록 4.0m 이상의 폭을 갖는 도로와 접해 있거나 이러한 도로와 10m 이하로 하며, 건물 주변 도로면이 급경사(10% 이상)로 되지 않아야 한다. 유치원의 통학로는 도보와 자전거를 이용할 수 있는 자전거보행자겸용도로와 연계되도록 하고, 충분한 넓이의 인도를 확보해야 한다.

### (3) 대기 환경

「환경정책기본법」, 「학교보건법」, 「소음 · 진동법」, 「환경 · 교통 · 재해 등에 관한 영향 평가법」에 의해 다음과 같은 환경을 갖추어야 한다. 교사 내의 소음은 주간(07:00~18:00)에는 65dB 이하로 하며, 야간(18:00~07:00)에는 50dB 이하로 한다. 교사 내 진동은 주간(07:00~18:00)에는 70dB 이하로 하며, 야간(18:00~07:00)에는 65dB 이하로 한다. 유치원 건물 위 또는 건물 입구 부근을 지나가는 고압전선은 없어야 하며, 건물 주변 및 유치원 내에 설치된 가로등, 전봇대 등은 감전 등에 대한 안전조치가 이루어져야 한다. 환기용 창 등을 수시로 개방하거나 기계식 환기설비를 수시로 가동하여 1인당 환기량이 시간당 21.6㎥ 이상이 되도록 한다. 학교의 교사는 충분한 일조량을 확보할 수 있는 방향으로 한다.

주변의 건축물로 인하여 조망권과 일조권에 침해를 받지 않도록 하며, 자연채광과 인공조명으로 한다. 채광(자연조명)은 직사광선을 포함하지 않는 천공광에 의한 옥외 수평 조도와 실내 조도와의 비가 평균 5% 이상으로 하되, 최소 2% 미만이 되지 않도록 한다. 최대 조도와 최소 조도의 비율이 10:1을 넘지 않도록 한다. 교실의 책상면을 기준으로 300룩스 이상이 되도록 하며, 최대 조도와 최소 조도의 비율이 3:1을 넘지 않도록 한다. 채광과 조도는 교실 바깥의 반사물로부터 눈부심이 발생되지 않도록 한다.

실내온도는 18℃ 이상 28℃ 이하로 하고, 난방온도는 18℃ 이상 20℃ 이하, 냉방온도는 26℃ 이상 28℃ 이하로 하며, 비교습도는 30% 이상 80% 이하로 한다.

### (4) 수질 환경

상수도 또는 마을 상수도에 의하여 먹는 물을 공급하는 경우에는 저수조를 경유하지 아니하고 직접 수도꼭지에 연결하여 공급한다. 지하수 등을 먹는 물로 사용하는 경우에는 원수의 수질 안정성 확보를 위하여 필요시 정수 또는 소독 등의 조치를 한다. 「고등학교 이하 각급학교 설립 운영 규정」 제10조 및 학생 및 교직원에게 공급하는 먹는 물은 「먹는 물 관리법」 제5조의 규정에 의한 수질 기준에 적합한 물을 제공하되, 가급적 끓여서 제공한다.

급수 시설 설비는 항상 위생적으로 관리하며 급수 시설에서 사용 중인 저수조는 「수도법 시행규칙」 제22조의 3에 따른 청소 및 위생상태 점검을 실시하고 외부인이 출입할 수 없도록 잠금장치 등의 조치를 한다. 지하수 등을 먹는 물로 사용하는 경우에는 원수의 수질안정성 확보를 위하여 필요시 정수 또는 소독 등의 조치를 한다. 급수설비 및 급수관은 「수도법」 제33조 제2항 및 제3항에 따라 소독 등 위생조치, 수질검사 및 세척 등 조치를 실시한다.

### (5) 교통 환경

「유아교육법」 제32조, 「도로교통법」 제31조, 제52~53조, 「자동차 및 자동차 부품의 성능과 기준에 관한 규칙」 제19조, 제27조, 제29조, 제48조, 제50조, 제106조, 「도로교통법 시행령」 제21조의 2, 「도로교통법 시행규칙」 제34조, 제35~37조에 따라 어린이 통학버스는 황색으로 광각후사경을 설치해야 하며, 비상사태에 대비하여 차량 내 구급상자를 비치하고 안전수칙을 부착해야 한다. 차 맨 앞좌석에는 차량용 소화기가 고정되어 있어야 하며, 어린이통학버스는 등록된 차량으로 앞 유리에는 어린이통학버스 신고필증, 앞 · 뒤 유리에는 어린이 보호표지를 부착해야 한다. 유치원 주변 300m 이내에 불법주정차 표시 및 어린이 보호구역 표시를 하며 승 · 하차 장소를 쉽게 알아볼 수 있도록 노면표시와 안전표시 등을 설치한다. 통학버스 승 · 하차 시 발생할 수 있는 교통사고 예방을 위해 지정된 승 · 하차 장소는 유아들이 활동하는 장소와 충분히 떨어져 있어야 한다. 방문자나 유치원 관계자의 주차장소는 통학버스 주차장소와 따로 설정되어야 하며, 유치원 주차장은 사무실에서 외부인의 침입 여부를 감시할 수 있도록 보안시설을 설치한다.

### (6) 폐기물

교지 및 교사는 청결히 유지하여야 하며, 폐기물의 재활용 조치 등 폐기물의 발생을 예방하거나 감량화에 노력해야 한다. 폐기물을 배출할 때에는 그 종류 및 성상에 따라 분리하여 배출하며, 학교 내에는 「폐기물관리법 시행규칙」 제20조의 2의 규정에 의해 폐기물 소각시설을 설치 · 운영하지 않도록 한다.

### (7) 환기설비

환기설비는 교사 안의 공기 질 유지 기준을 충족할 수 있도록 충분한 외부공기를 유입하고 내부공기를 배출할 수 있는 용량으로 설치한다. 교사의 환기설비에 대한 용량 기준은 환기 조절 기준에 적합한 용량으로, 교사 안으로 들어오는 공기의 분포를 균등하게 하여 실내 공기의 순환이 골고루 이루어지도록 한다. 중앙관리 방식의 환기설비를 계획할 경우는 환기 닥트는 공기를 오염시키지 않는 재료로 한다.

## 4) 유치원 설립 신청 및 인가

유치원 설립은 「초 · 중등교육법」 및 「유아교육법」에 의하며 특별시 · 광역시 또는 도 교육감의 인가를 받아야 한다. 교육환경 평가 대상은 학교용지 예정지의 위치, 크기 · 외형, 지형 · 토양 환경, 대기 환경, 주변 유해 환경, 공공 시설이 포함된다. 평가 대상별 평가 기준은 교육과학기술부령으로 정하며, 평가서의 각 항목별 작성방법 및 그 밖에 평가서 작성에 필요한 사항은 교육과학기술부장관이 정하여 고시한다. 유치원 설립을 위한 신청 및 인가 서류를 나타내면 다음과 같다.

### (1) 유치원 설립계획 신청서류

- 학교설립계획서 1부
- 교지확보계획서 1부
- 교사건축계획서 1부
- 시설설비 및 교구확보 계획서 1부
- 소요경비조달계획서 1부
- 설립자의 이력(법인은 그 대표자의 이력)과 재산명세 및 재산확보 계획서 1부
- 법인이사회 회의록 사본(법인인 경우) 1부

### (2) 유치원 인가 신청을 위한 서류

- 유치원 설립 인가 신청서 1부
- 유치원 규칙 1부

- 사인인 경우: 경비와 유지방법(설립자 각서) 1부
- 법인인 경우: 등기 및 출연금에 관한 증빙서류
  - 출연재산목록〔기본재산(교육용, 수익용, 보통재산)〕 각 1부
  - 법인정관 사본 및 법인 이사회 회의록 각 1부
  - 법인 등기부 등본 및 법인 인감증명서 각 1부
- 설립자 관련 제출서류(법인인 경우 그 대표자의 것)
  - 설립자 인감증명서 및 주민등록등본 각 1부
  - 설립자 이력서 1부
  - 아동학대 관련범죄전력조회 동의서 1부
  - 성범죄경력조회 동의서 1부
  - 설립자 각서 1부
- 유치원 시설 설비 관련 서류
  - 유치원 약도(위치도, 지적도, 토지이용계획 확인서) 1부
  - 건축물 및 체육장 평면도(내부면적 기재) 각 1부
  - 토지 및 건축물 등기 사항 증명서 각 1부
  - 유치원 교구 및 설비 보유 현황 1부
  - 시설설비 조서 1부
  - 소방시설완공검사필증(방염 후 처리성능검사 결과서) 1부
  - 소방 안전점검 확인서
  - 전기 안전점검 확인서
  - 가스 안전점검 확인서 각 1부
  - 어린이놀이시설 설치검사 합격증 1부
  - 어린이놀이시설 안전교육 수료증(설치 후 6개월 이내) 1부
  - 어린이놀이시설 보험가입 증서(설치 후 30일 이내) 1부
- 유치원 원장 및 교원임용 관련 서류
  - 원장 취임승낙서 및 경력증명서(자격증 포함) 각 1부
  - 원장 신원진술서 1부
  - 교직원 확보계획서(원장, 원감, 교사) 1부

Chapter | 03

# 원아 모집과 학급 편성

1. 원아 모집
2. 입학준비
3. 학급 편성

우리나라 영유아교육기관인 어린이집 및 유치원의 운영은 국 · 공립 유치원을 제외하면 산업사회의 속성에 맡겨져 있다고 해도 과언이 아니다. 이와 같은 체제에서 어린이집이나 유치원에서 적절한 환경과 질 높은 교육과정 및 우수한 교원을 확보하였다 하더라도 교육을 받을 영유아가 부족하다면 기관의 운영에 심각한 문제를 초래할 수 있다. 즉, 영유아교육기관이 정상적으로 운영되기 위해서는 원아 모집이 효율적으로 이루어져야 하며, 새로 입학한 신입원아와 학부모가 기관에 잘 적응할 수 있도록 적응을 위한 프로그램과 오리엔테이션을 실시할 필요가 있다. 또한 모집한 원아를 각 기관의 교육철학과 프로그램, 법적 규정 등을 고려하여 학급을 편성하는 것도 기관의 운영에서 중요한 부분이다.

따라서 본 장에서는 영유아교육기관에서의 원아 모집, 입학준비, 학급 편성으로 분류하여 그 내용을 살펴보고자 한다.

## 1 원아 모집

우리나라 영유아교육기관인 어린이집 및 유치원은 운영에 있어서 설립주체의 자율성을 인정함과 동시에 수요자의 다양한 요구를 인정하고 있다. 즉, 수요자인 학부모들이 자신의 의지에 따라 영유아교육기관을 선택할 수 있기 때문에 학부모들의 선택을 받기 위해 여러 가지 방법으로 기관의 교육철학과 프로그램 내용을 홍보하여 원아를 모집한다. 따라서 영유아교육기관의 원아 모집은 기관과 학부모가 함께 영유아교육을 실천해 나가는 시작점이라 할 수 있다. 이러한 과정에서 영유아교육기관은 소비를 활성화하기 위해 학부모의 욕구를 자극해야 하는 과제를 안게 되고, 무분별한 욕구 자극으로 학부모들은 기준을 잃고 혼란스러워 하는 현상이 일부 나타나기도 한다.

그러므로 영유아교육기관은 원아 선발에 따른 나름의 원칙과 절차를 가지고 원아 모집을 해야 한다. 단지 원아를 모으는 원아 모집이 아니라 학부모 선택권으로 인해야기된 사회적 문제를 해결하고, 학부모를 지원하며, 나아가 바람직한 영유아교육의 안정된 기틀을 마련하는 원아 모집이 되어야 할 것이다. 또한 현실적으로 원아 모집은 기관의 운영에 있어 중요한 일이기 때문에 기관으로서는 최선의 노력을 기울여야 하는 부분이다.

### 1) 영유아교육기관의 홍보

영유아교육기관은 각 기관의 프로그램의 내용에 대한 정보를 제공함과 더불어 원활한 원아 모집을 위해 지역사회와 학부모들에게 효과적으로 홍보 활동을 해야 한다. 이러한 홍보 활동은 단순히 원아 모집만을 위한 것이 아니라 질 높은 교육을 제공하는 영유아교육기관이 존재함을 알리는 과정이 되어야 할 것이다. 이는 학부모에게 기관에 대한 좋은 이미지를 제공하게 될 뿐만 아니라 원아 모집에도 긍정적인 영향을 미칠 수 있다.

영유아교육기관의 홍보는 원아 모집을 위한 것일 수도 있지만 궁극적인 목적은 가정과의 원활한 관계를 형성하여 영유아교육의 효과를 높이고, 지역사회와의 화합분위기를 조성하여 영유아교육기관이 그 지역사회에서 중추적인 역할을 할 수 있도록 하는 것이다. 이에 영유아교육기관은 홍보 시 과장하지 않아야 하며, 다른 영유아교육기관을 비방해서는 안된다(강문희 외, 2010).

영유아교육기관은 장기적인 안목에서 어느 일정 시기에만 홍보 활동을 하기보다는 연간 지속적인 홍보 활동을 하는 것이 바람직하다(강문희 외, 2010). 홍보 활동을 통하여 영유아교육기관은 분명한 교육철학과 아동관, 교육목적, 운영방법에 대한 기관의 입장을 명확히 밝힐 수 있어야 하며 그것에 기초하여 철저하게 교육을 실천하고 있다는 신뢰감 확보가 최상의 홍보 활동이다. 철저한 교육의 질관리를 통한 홍보를 동반하지 않는 홍보 활동은 효과를 거두기 어렵다고 볼 수 있다. 그러므로 가장 효과적인 홍보는 내실 있는 교육을 통해 학부모들이나 지역사회로부터 신뢰를 얻어 학부모들의 직접 경험을 통한 입소문으로 학부모들이 자발적으로 선택하는 선순환 구조를 구축하는 것이다.

영유아교육기관의 홍보를 홍보방법, 홍보 내용, 홍보 시기로 나누어 살펴보면 다음과 같다.

### (1) 홍보방법

홍보의 주체인 기관의 운영자는 교육목적, 교육 서비스의 내용, 운영방법 등을 포함하는 홍보물을 제작하여 홍보 대상에게 전달하여 홍보 내용을 이해시키고, 전달해야 한다. 현대 사회에서는 정보전달 수단이 다양하기 때문에 다양한 매체들이 홍보수단으로 사용되고 있다.

영유아교육기관에서 흔히 사용할 수 있는 홍보방법에는 신문, 라디오, TV, 잡지 등의 대중매체 이용과 현수막, 포스터, 우편물, 회보, 안내책자, 전단 등을 활용한 게시 혹은 배포 등이 있다(이인원 외, 2011). 이와 같이 다양한 홍보방법을 방송매체, 인쇄매체, 인터넷으로 구분하여 살펴보면 다음과 같다.

#### 1 방송매체

라디오, TV 등과 같은 방송매체는 대중을 상대로 하여 일시에 많은 사람들에게 알려줄 수 있다는 점에서 효과적이다. 그러나 방송매체를 활용한 홍보는 비용이 많이 들기 때문에 영유아교육기관의 규모로는 경제적 타당성이 떨어진다. 그러므로 개별 기관이 독자적으로 방송매체를 통해 홍보한다는 것은 어려우므로 지역별, 지구별, 혹은 연합회와 같은 단체를 중심으로 방송매체 홍보 활동을 하는 것이 효과적이다.

#### 2 인쇄매체

인쇄매체를 활용한 홍보에는 잡지 혹은 신문에 홍보 내용 게재, 전단지나 팸플릿의 제작 · 배포, 혹은 지역 게시판에 현수막이나 포스터를 부착하는 홍보 등이 있다. 특히 학부모들이 직접 유치원이나 어린이집을 방문하는 경우는 기관의 시설 견학 후 학부모에게 제공하는 책자나 팸플릿 등도 이에 포함된다.

방송매체는 순간적으로 눈과 귀를 통해 전달되었다가 소멸되지만, 인쇄매체를 활용한 홍보는 기록성이 확보되어 정확하며 대상이 명확하다는 특징이 있다. 즉, 신문이나 현수막 등은 오랜 시간 동안 볼 수 있고, 반복하여 볼 수 있어 이해력을 높일 수 있을 뿐만 아니라 정확한 정보를 전달할 수 있다. 또한 방송매체보다 홍보비가 훨씬 저렴하다는 장점이 있다(이인원 외, 2011).

영유아교육기관의 경우 많은 비용이 드는 방송매체를 활용한 홍보를 대신하여 자체적으로 현수막이나 포스터를 만들어 지역사회 주민들의 왕래가 빈번한 지역이나 지정 게시판에 부착해 두는 홍보방법을 활용할 수 있다. 또한 원아 모집과 관련된 홍보 전단을 제작하여 신문배달이나 우편으로 해당 지역의 입학 대상 영유아들의 가정에 직접 전달하는 방법은 많이 활용되는 홍보방법이다.

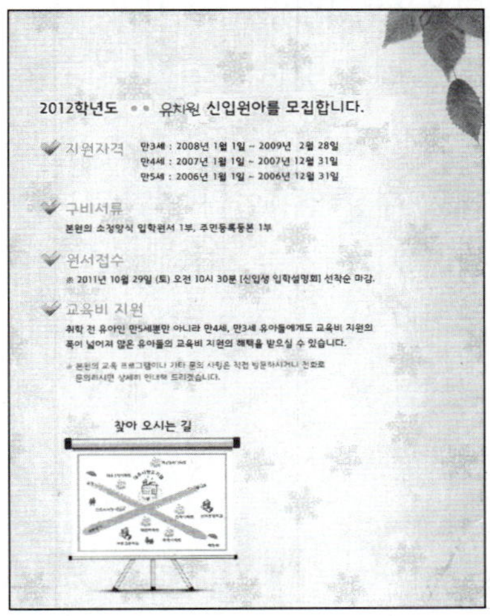


원아 모집 홍보전단의 예

## 3 인터넷

우리나라의 인터넷 속도 및 사용인구가 세계 최고 수준에 이르고 있다. 인터넷을 활용한 홍보도 방송이나 인쇄 매체처럼 불특정 다수를 대상으로 한 일방적 홍보이기도 하지만 정보를 필요로 하는 수요자가 자신이 필요로 하는 정보를 자발적으로 찾아 활용한다는 장점이 있다. 이에 인터넷은 최근에 와서 영유아교육기관의 홍보매체로 급격히 부상하고 있는 실정이다.

인터넷을 활용한 홍보방법으로는 홈페이지 구축, 다음이나 네이버와 같은 포털사이트의 카페, 블로그 개설 등이 있다. 홈페이지의 경우는 각 기관의 특성에 맞게 다양하게 설계할 수 있지만 웹사이트 설계와 관리를 위해서는 전문업체에 의뢰를 해야 하기 때문에 관리에 따른 노력과 비용문제가 있을 수 있다. 그러나 포털사이트의 카페를 활용할 경우에는 일반 사용자도 손쉽게 디자인할 수 있을 뿐만 아니라 경제적 부담도 없다는 장점이 있다(이인원 외, 2011).

### (2) 홍보 내용

원아 모집을 위한 영유아교육기관의 홍보 내용에는 다음과 같은 사항이 포함되어야 한다.

- 영유아교육기관의 이름, 주소, 전화번호, 약도
- 교육프로그램의 주요 내용
- 운영 방침 및 방향
- 운영자 및 교직원 소개
- 모집 대상 영유아의 연령, 모집 인원, 모집 시기
- 교육 시간, 학급 편성, 일과운영
- 연령별 프로그램의 구체적 내용
- 납입금
- 교통편

위와 같은 홍보 내용을 홈페이지 혹은 책자나 팸플릿에 담을 수 있으며, 홍보방법에 따라 홍보 내용을 간략화할 수도 있고, 상세한 정보를 담을 수도 있다. 그 밖에 기관의 전경을 찍은 사진, 기관의 교육 내용을 대표할 수 있는 활동 사진, 기관의 특징과 이미지를 나타낼 수 있는 글 등이 포함될 수 있다.

### (3) 홍보 시기

영유아교육기관의 홍보 시기는 원아 모집을 하는 시기에 집중적으로 이루어지는 경향이 있다. 홍보방법에 따라 홍보 시기가 달라지기도 하지만 TV, 라디오 등의 방송매체를 활용한 홍보 혹은 현수막, 포스터, 전단지 등과 같은 인쇄물을 활용한 홍보 등은 원아 모집을 목적으로 하는 경우가 많다. 반면에 인터넷으로 하는 홍보는 항시 홍보가 이루어지도록 하여 기관의 이미지 부각에 많이 활용되는 편이다. 이와 함께 연중 개최되는 기관 연례행사, 또는 지역사회 축제 참여 등과 같은 방법으로 평소에 기관을 지역사회에 홍보하는 방법도 효과적이다. 왜냐하면 행사의 주제가 기관의 성향과 일치하지 않더라도 행사에 참여하는 자체만으로도 기관의 이미지를 지역민에게 인지시킬 수 있는 기회가 될 수 있기 때문이다(이인원 외, 2011).

따라서 영유아교육기관의 홍보는 학년도의 시작에 집중적으로 하는 경향은 있으나, 원아 모집 시기에 하는 일시적 행위가 아니라 연중 기관의 특성을 알릴 수 있는 다양한 방법을 마련하는 것이 바람직하다. 지역별 특성에 따라서는 연말에 홍보의 필요성이 강조되는 경우도 많다. 보통 원아 모집 시기가 12월에 시작하지만 학부모들에게 정보를 제공하기 위해 11월경부터 익년 1, 2월까지 홍보 자료를 제공하는 것이 일반적이며 효율적이기도 하다.

영유아교육기관의 인기도에 따라 원아 모집이 빠르게는 단 하루에 끝나거나 심지어 대기자 명단을 준비하기도 하지만, 수개월 동안 원아 모집을 할 수도 있다. 물론 영유아교육기관의 운영이 타급 학교와 같이 학년도를 기준으로 이루어지고 있지만 교육비를 분기별로 납부하는 유치원이나 보육료를 월별로 납부하는 어린이집에서는 원아의 입 · 퇴소가 빈번하기 때문에 결원이 생겼을 때는 수시로 원아를 모집한다. 그러므로 특정 시기에만 홍보를 하기보다는 연중 홍보 활동을 전개하는 것이 바람직하다.

## 2) 원아 선발방법 및 절차

원아 모집을 위해 지역사회에 다양한 홍보 활동을 시행한 후 원아 모집이 이루어진다. 원아 모집의 과정은 공정하고 투명하게 이루어져야 한다. 특히 선발과정에서 경쟁이 심한 경우에는 선발과정이 체계적이고 합리적인 절차에 따라 이루어져야 한다. 수요자의 편의와 업무의 효율성을 위해 선발 절차를 명시하여 절차에 따라 계획적으로 시행해야 한다.

본 절에서는 어린이집 및 유치원에서의 원아 선발방법 및 절차로 분류하여 그 내용을 알아보고자 한다.

### (1) 어린이집

어린이집의 원아 선발 및 절차는 입소 우선 순위가 법으로 규정되어 있으므로 유치원의 절차와는 다소 차이가 있다. 어린이집의 원아 선발 절차는 다음의 |그림 3-1|의 순서로 이루어진다.

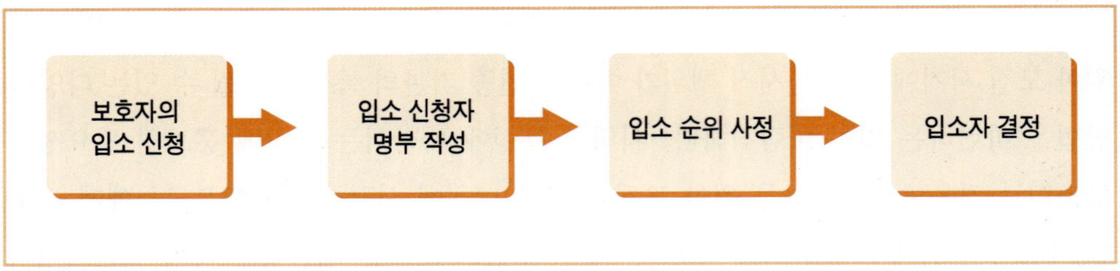


그림 3-1 어린이집의 원아 선발 절차

### 1 보호자의 입소 신청

어린이집의 정규 원아 모집은 일반적으로 12월부터 1, 2월 사이에 이루어지나 학부모들의 여건에 따라 연중 수시로 모집하는 방법을 택하고 있다.

### 2 입소 신청자 명부 작성

원아 선발 업무의 효율성을 높이기 위해 입소 원서를 작성한 입소 대상자들의 명부를 작성하여 최종 입소 대상자 선발에 활용한다. 입소 신청자 명부에는 입소 순위를 정확히 기재하여 관리하고 결원이 생길 경우에도 입소 순위에 따른 우선자를 먼저 입소시킬 수 있도록 명부를 관리해야 한다.

# 입소대기신청서

FAX: OOO-OOOO

OO 어린이집

<table>
<tr><td rowspan="5">원아</td><td colspan="2">성명</td><td colspan="2">(한글) (한자)</td><td rowspan="5">원아 사진</td></tr>
<tr><td colspan="2">성별</td><td colspan="2">남( ) 여( )</td></tr>
<tr><td colspan="2">생년월일</td><td colspan="2">년 월 일</td></tr>
<tr><td colspan="2">주민등록번호</td><td colspan="2"></td></tr>
<tr><td colspan="2">주소</td><td colspan="2"></td></tr>
<tr><td rowspan="8">보호자</td><td colspan="2"></td><td colspan="2">신청자: 부( ) 모( )</td><td>부( ) 모( )</td></tr>
<tr><td colspan="2">성명</td><td colspan="2"></td><td></td></tr>
<tr><td colspan="2">직장 및 부서명</td><td colspan="2"></td><td></td></tr>
<tr><td colspan="2">직급</td><td colspan="2"></td><td></td></tr>
<tr><td rowspan="4">연락처</td><td>집</td><td colspan="2"></td><td></td></tr>
<tr><td>직장</td><td colspan="2"></td><td></td></tr>
<tr><td>핸드폰</td><td colspan="2"></td><td></td></tr>
<tr><td>e-mail<br>(OO메일)</td><td colspan="2"></td><td></td></tr>
<tr><td rowspan="4">형제<br>관계</td><td colspan="2">성명</td><td>성별</td><td>생년월일</td><td>관계</td></tr>
<tr><td colspan="2"></td><td>남( ) 여( )</td><td>년 월 일</td><td></td></tr>
<tr><td colspan="2"></td><td>남( ) 여( )</td><td>년 월 일</td><td></td></tr>
<tr><td colspan="2"></td><td>남( ) 여( )</td><td>년 월 일</td><td></td></tr>
<tr><td colspan="3">비상시 연락처</td><td colspan="2">관계( )</td><td>핸드폰( )</td></tr>
</table>

위와 같이 입소를 신청합니다.

20 년 월 일

보호자 성명 (인)

ㅇㅇ 어린이집원장 귀하

# 입소대기 신청 개인정보 동의

## ● 개인정보 수집 및 이용 동의

○○어린이집은 「개인정보보호법」 제15조, 제17조, 「영유아보육법」 제19조, 제22조, 제27조, 제34조의 2, 제34조의 4 및 동법 시행규칙, 제18조, 제35조의 3, 제35조의 4, 제35조의 6에 근거하여 입소대기 신청을 위하여 다음과 같이 개인정보를 수집하고 있습니다.

| 수집하는 개인정보 항목 | 개인정보의 수집 및 이용 목적 | 개인정보의 이용 및 보유기간 |
|---|---|---|
| 필수 항목: 부모 이름, 아동 이름, 연락처, 주소 | ○○어린이집 입소대기 신청 | 어린이집 이용 종료 연령(만 6세)까지 |

귀하는 동의를 거부할 권리가 있으며, 동의하지 않으실 경우는 서비스 이용에 제한이 있을 수 있음을 알려드립니다.

**□ 개인정보 수집 및 이용에 동의합니다.**

## ● 고유식별정보 수집 및 이용 동의

○○어린이집은 「개인정보보호법」 제24조, 「영유아보육법」 제26조의 3에 근거하여 입소대기 신청을 위하여 다음과 같이 고유식별정보를 수집하고 있습니다.

| 수집하는 고유식별정보 | 고유식별정보 수집 및 이용 목적 | 고유식별정보의 이용 및 보유기간 |
|---|---|---|
| 아동 주민등록번호 | ○○어린이집 입소대기 신청 | 어린이집 이용 종료 연령(만 6세)까지 |

귀하는 동의를 거부할 권리가 있으며, 동의하지 않으실 경우는 서비스 이용에 제한이 있을 수 있음을 알려드립니다.

**□ 고유식별정보 수집 및 이용에 동의합니다.**

위와 같이 개인정보 수집 및 이용에 동의합니다.

20 년 월 일

아동명:

신청인: (서명 또는 인)

### 3 입소 순위 사정

어린이집의 입소 순위는 어린이집의 유형이나 지역에 따라 차이가 있지만, 「영유아보육법」 제28조(보건복지부, 2017a)와 「영유아보육법 시행규칙」 제29조(보건복지부, 2017b. 9. 15. 개정)에서 제시하고 있다. 어린이집 입소 순위는 다음과 같다.

① 장애등급 중 1급 또는 2급에 해당하는 사람

② 장애등급 중 3급에 해당하는 지적장애인 또는 자폐성 장애인으로서 다른 장애가 중복된 사람

③ 「국가유공자 등 예우 및 지원에 관한 법률 시행령」에 따른 상이등급 중 1급부터 3급까지의 상이등급에 해당하는 사람(2017b. 9. 15. 신설)

④ 「아동복지법」 제52조에 따른 아동복지시설에서 생활 중인 영유아

⑤ 부모가 모두 취업 중이거나 취업을 준비 중인 영유아

⑥ 자녀가 3명 이상인 가구의 영유아 또는 영유아인 자녀가 2명 이상인 가구의 영유아

⑦ 산업단지 입주기업체 및 지원기관 근로자의 자녀로서 산업단지에 설치된 어린이집을 이용하는 영유아

⑧ 법인, 단체 등이 부지 또는 건물을 국가 또는 지방자치단체에 기부채납하거나 무상임대하여 국 · 공립 어린이집으로 운영하는 경우 해당 법인 · 단체 등의 근로자 자녀로서 그 어린이집을 이용하는 영유아

「영유아보육법 시행규칙」의 제29조(보건복지부, 2017b. 9. 15.)에서 보육의 우선 제공 대상에 대한 적용방법 및 기준을 신설하여 고지하고 있다.

## 보육의 우선 제공 대상에 대한 적용방법 및 기준

(「영유아보육법 시행규칙」 제29조 제4항 관련)

1. 보육의 우선 제공 대상

가. 「국민기초생활 보장법」에 따른 수급자

나. 「한부모가족지원법」 제5조에 따른 보호 대상자의 자녀

다. 「국민기초생활 보장법」 제24조에 따른 차상위계층의 자녀

라. 「장애인복지법」 제2조에 따른 장애인 중 장애등급 1급 또는 2급에 해당하거나 장애등급 3급에 해당하는 지적장애인 또는 자폐성 장애인으로서 다른 장애가 중복된 사람의 자녀

마. 「다문화가족지원법」 제2조 제1호에 따른 다문화가족의 자녀

바. 「국가유공자 등 예우 및 지원에 관한 법률」 제4조 제1항 제3조에 따른 전몰군경, 같은 항 제5호 · 제14호 · 제16호에 따른 순직자 또는 같은 항 제4조 · 제6호 · 제12호 · 제15호 · 제17호에 따른 상이자로서 「국가유공자 등 예우 및 지원에 관한 법률 시행령」 [별표 3]에 따른 상이등급 중 1급부터 3급까지의 상이등급에 해당하는 사람의 자녀

사. 제1형 당뇨를 가진 경우로서 의학적 조치가 용이하고 일상생활이 가능하여 보육에 지장이 없는 영유아

아. 「아동복지법」 제52조에 따른 아동복지 시설에서 생활 중인 영유아

자. 부모가 모두 취업 중이거나 취업을 준비(보건복지부장관이 인정하는 경우로 한정한다.) 중인 영유아

차. 자녀가 3명 이상인 가구의 영유아 또는 영유아인 자녀가 2명 이상인 가구의 영유아

카. 산업단지 입주기업체 및 지원기관 근로자의 자녀로서 산업단지에 설치된 어린이집을 이용하는 영유아

타. 법인 · 단체 등이 부지 또는 건물을 국가 또는 지방자치단체에 기부채납하거나 무상임대하여 국 · 공립 어린이집으로 운영하는 경우 해당 법인 · 단체 등의 근로자 자녀로서 그 어린이집을 이용하는 영유아

파. 「주택법」 제2조 3호에 따른 공동주택에 「주택건설 기준 등에 관한 규정」 제55조의 2 제3항에 따라 설치하여야 하는 어린이집의 부지 또는 건물을 국가 또는 지방자치단체에 기부채납하거나 무상임대하여 국 · 공립 어린이집으로 운영하는 경우 해당 공동주택의 거주자 자녀로서 그 어린이집을 이용하는 영유아

2. 적용방법 및 기준

가. 입소 신청자가 제1호 가목부터 카목까지의 어느 하나에 해당하는 경우에는 항목당 각각 100점을 부여하고, 해당 항목별 점수를 합하여 고득점자가 우선한다.

나. 보건복지부장관이 필요하다고 인정하여 정하는 경우에는 보호자의 취업 여부, 자녀 수 등 보육의 우선 제공 필요성 등을 고려하여 가점을 부여할 수 있다.

다. 동점자가 발생한 경우에는 신청한 순서대로 입소 순위를 부여한다. 다만, 공동 주택에 의무적으로 설치된 민간 어린이집의 경우에는 해당 공동주택의 거주자 자녀가 우선한다.

라. 제1호 타목에 해당하는 경우에는 보건복지부장관이 정한 범위 안에서 해당 법인 · 단체 등과 관할 지방자치단체가 협의한 일정 비율을 기준으로 해당 법인 · 단체 등의 근로자 자녀가 우선하며, 협의한 일정 비율 이외의 경우에는 근로자와 비근로자의 구분 없이 일반적인 적용 방법 및 기준에 따라 입소한다.

마. 제1호 파목에 해당하는 경우에는 보건복지부장관이 정한 범위 안에서 공동주택의 입주자 대표회의 또는 임대주택의 임대사업자와 관할 지방자치단체가 협의한 일정 비율을 기준으로 해당 공동주택 또는 임대주택의 거주자 자녀가 우선하며, 협의한 일정 비율 이외의 경우에는 거주자와 비거주자의 구분 없이 일반적인 적용방법 및 기준에 따라 입소한다.

바. 그 밖에 보육의 우선 제공을 위하여 필요한 사항은 보건복지부장관이 정한다.

## 4 입소자 결정

어린이집의 입소자 결정을 위한 과정은 다음과 같다(신화식 외, 2016).

① 매년 초에 입소 신청을 받아 이용 신청자 명부를 작성하고 비치한다.

② 이용 신청자 명부에는 입소 우선 순위를 정확히 기재하여 관리하고, 입소한 경우에는 입소일자를 기재한다.

③ 결원이 생겼을 경우 입소 우선 순위를 기준으로 선 우선자를 먼저 입소 조치한다.

④ 국 · 공립 어린이집 및 비영리법인이 설치한 어린이집 등 정부지원기관은 반드시 저소득층 영유아를 우선적으로 선정해야 한다.

**5** 보육료 수납

어린이집의 원장은 보육 영유아의 보호자 등이 보육료를 낼 수 있도록 납부통지를 하여야 한다.

### (2) 유치원

유치원의 원아 모집은 교육지자체로 인해 시 · 도 교육청의 지도에 따라 실시하면 된다. 일반적으로 신학년이 시작되기 이전에 원아 모집 업무가 마무리되어야 하므로 유치원의 원아 모집은 12월부터 시작하여 2월까지 이어지기도 한다.

유치원의 신입 원아 입학관리 절차는 다음의 | 그림 3-2 | 에서 제시하는 순서로 이루어진다.

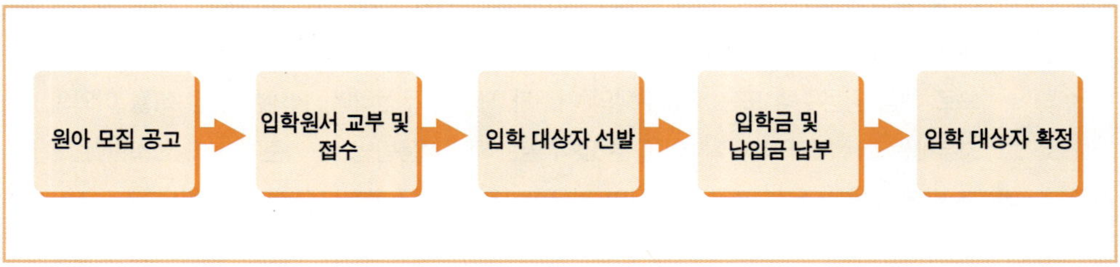


그림 3-2 유치원 신입 원아 입학관리 절차

**1** 원아 모집 공고

원아 모집을 위해서는 원아 모집에 대한 상세한 정보를 포함하여 공고를 하여야 한다. 앞서 언급한 원아 모집과 관련된 홍보 내용을 포함한 다양한 홍보방법으로 지역사회에 원아 모집에 대해 공지하는 단계이다.

**2** 입학원서 교부 및 접수

원아 모집을 위한 공고를 게시함과 동시에 신입 원아 모집 전형요강 및 입학원서를 교부하여야 한다. 입학을 희망하는 대상에게 뿐만 아니라 재원생들에게도 입학원서를 교부하고, 접수 일자를 포함한 입학 관련 주요 일정과 입학 대상자 선발 절차를 명확하게 제시해야 한다.

다음은 신입 원아 모집 전형요강의 예시이다(서울시교육청, 2010).

## 20○○학년도
# 유치원 신입 원아 모집 전형(추첨) 요강

❶ **모집 대상: 20○○년 ○월 ○일~20○○년 ○월 말일 생**

- 만 3세 20○○년 1월 1일~20○○년 2월 말
- 만 4세 20○○년 1월 1일~20○○년 12월 31일(20○○년 1, 2월생도 가능)
- 만 5세 20○○년 1월 1일~20○○년 12월 31일(20○○년 1, 2월생도 가능)

❷ **모집 인원**

| 연령 | 모집정원 | 반일반 | | 종일제(에듀케어) | | 특수 | 비고 |
|---|---|---|---|---|---|---|---|
| | | 일반 | 3자녀 이상 | 일반 | 3자녀 이상 | | |
| 만 5세 | | | | | | | ※ 에듀케어반은 일반 학급 정원 내의 인원임<br>※ 특수교육 대상 유아는 모집정원 내에서 우선 배치 |
| 만 4세 | | | | | | | |
| 만 3세 | | | | | | | |
| 계 | | | | | | | |

❸ **모집 구역**

- 유아들의 통학거리를 감안하여 등 · 하원에 지장이 없는 구역

❹ **구비서류**

1) 입학원서 1통(본원 지정 양식)
2) 사진 2매(3개월 이내 촬영한 탈모상반신 반명함판)
3) 주민등록등본 1통(20○○. ○. ○. 이후 발행한 것)
4) 우선권 증빙서류
   - 법정 저소득층 가정의 유아는 법정 저소득층 증빙서류 1통
   - 3자녀 이상 가정의 유아는 가족관계증명서 1통
5) 종일제(에듀케어)반 지원자는 부모 재직증명서 각 1통
6) 장애유아는 특수교육지원센터에서 진단 · 평가를 받고, 결과 통지서 제출(진단 · 평가 의뢰 시 진단서 또는 복지 카드 사본 제출)

❺ **입학원서 교부 및 접수**

1) 기간: 20○○년 ○월 ○일~20○○년 ○월 ○시(토요일은 ○시까지, 공휴일은 제외)
2) 장소: ○○유치원 교무실

**❻ 전형(추첨)방법**

1) 전형일시: 20○○년 ○월 ○일(○요일) ○시 ○분(남자, 여자 동시)

2) 전형장소: ○○유치원 강당

3) 전형방법: 모집인원 초과 시 공개추첨, 미달 시 추가 모집한다.

- 법정 저소득층 자녀, 3자녀 이상 가정의 자녀에게 입학기회를 우선 부여한다. 단, 3자녀 이상 가정의 자녀는 모집인원의 30% 내외로 한다.

※ 20○○학년도 유아학비지원 계획: 교육과학기술부 유아교육지원과-○○○(20○○. ○. ○.)

※ 다자녀가정의 유아교육비 부담 문제 해결 방안으로 채택된 국민제안 출산장려를 위한 공립유치원 제도 개선(교육과학기술부 유아교육지원과-○○○, 20○○. ○. ○.)

- 종일제(에듀케어) 학급유아는 맞벌이 가정의 자녀로서 정원 내에서 우선 모집한다.

4) 추첨방법

- 지원자가 모집정원을 초과하는 경우, 반드시 보호자 참석 하에 공개추첨을 통해 원아를 선발한다.
- 전형(추첨) 당일 접수증을 반드시 지참하여야 하며, 보호자는 추첨 30분 전에 유치원에 출석하여 출석 확인을 받아야 한다(추첨 시간까지 입실하지 않을 경우는 추첨을 포기하는 것으로 간주함).
- 추첨결과 입학이 확정된 유아에게는 유치원장이 '입학승낙서'를 교부한다.
- 지원자 중 쌍둥이가 있을 시에는 각 유아에게 추첨권을 주며, 추첨이 된 유아에게만 입학을 허용한다.
- 공개추첨에 합격이 되지 못한 유아에게는 추첨을 통해 대기자 순위를 배부한다.

5) 결원보충방법

- 20○○학년도 신입 원아 모집 전형 합격자 중 입학 포기로 인하여 결원이 발생하였을 때, 대기자 순위에 의해 충원한다.

**❼ 입학금 및 수업료(20○○학년도 기준)**

| 구분 | 교육운영 시간 | 입학금 | 수업료 | 납부방법 | 비고 |
|---|---|---|---|---|---|
| 반일반 | | | | | |
| 에듀케어반 | | | | | |

※ 특수교육 대상 유아교육비는 무상

**❽ 기타 사항**

1) 전형료는 없으며, 입학원서는 비매품으로 지원자에게 무료로 배부함

2) 법정 저소득층, 기타 저소득층 가정의 자녀로서 만 3~5세 유아는 유아교육비 지원을 받음(20○○년 기준)
3) 본 원은 공립유치원이며, 통학버스는 운행하지 않음
4) 일반학급과 에듀케어 학급의 복수지원은 할 수 없음
5) 제출된 서류는 일체 반환하지 않음
6) 입학우선권의 증빙서류가 사실과 다른 경우는 입학이 취소됨

**⑨ 기타 사항은 ○○유치원(☎ ○○○-○○○○)으로 문의하여 주시기 바랍니다.**

20　　년　　월　　일

○○ 유치원장

※ 예시 자료이므로 당해 연도 신입 원아 모집 공문 및 요강을 참조하기 바람.

| 출처 | 서울특별시교육청(2010). 공립 신설유치원 개원 업무 편람.

### 3 입학 대상자 선발

유치원에서의 원아 모집은 접수된 입학원서를 중심으로 입학 대상자를 선발한다. 이 과정에서 입학원서를 접수한 지원자가 모집인원보다 많을 경우 일반 사립유치원은 기관의 운영방침에 따라 선착순으로 마감하여 조기에 원아 모집이 마감되거나 2월 말까지 계속 모집을 하기도 한다. 또 다른 경우로는 추첨을 통해 입학 대상자를 선정하기도 한다. 반면에 초등학교 병설 유치원 등 공립유치원은 지원자가 모집인원보다 많을 경우 연령이 높은 유아를 우선적으로 취원시키고 나머지는 추첨에 의해서 선발한다.

### 4 입학금 및 납입금 납부

입학 대상자 선발방법에 의해 입학허가가 결정되면 입학금 및 납입금 납부가 이루어지게 된다. 유치원의 경우 입학금은 입학 시 전액 징수할 수 있도록 되어 있으며, 수업료는 분기별로 납부하게 되어 있다. 공지된 기간 내에 입학금을 미납할 경우 입학허가를 취소할 수 있다. 입학금 및 납입금 납부방법은 기관에 직접 납부하거나 금융기관으로 납부할 수 있다. 최근에는 학부모가 편리하게 입학금 및 수업료를 납부할 수 있도록 스쿨뱅킹 제도를 실시하는 유치원이 대부분이다.

다음은 스쿨뱅킹에 대한 안내문의 예시이다(서울시특별시교육청, 2010).

## '스쿨뱅킹 자동이체 신청서' 안내

우리 유치원에서는 학부모님께서 유치원에 납부하는 제공과금(교육비, 현장학습비 등)을 편리하게 납부할 수 있도록 '스쿨뱅킹(School Banking)' 제도를 실시하고 있습니다.

❶ 스쿨뱅킹(School Banking)

학부모나 유아의 통장 계좌에서 유치원 통장 계좌로 바로 자동이체 되는 편리한 제도입니다.
첫째, 유아들이 현금을 소지하고 등원해야 하는 위험부담을 없애고,
둘째, 교사의 잡무를 제거함으로써 학습 지도에 더욱 더 전념할 수 있으며,
셋째, 제공과금 수납에 따른 번잡한 업무를 개선할 수 있습니다.

❷ '스쿨뱅킹(School Banking) 자동이체 신청서' 제출 안내

가까운 'ㅇㅇ은행'에서 통장을 개설(유아명)한 후, 절취선 아래의 '스쿨뱅킹 자동이체 신청서'를 작성하셔서 유치원에 제출하시기 바랍니다.

- **제출일:** 20ㅇㅇ년 ㅇ월 ㅇ일(ㅇ요일)까지
- **제출장소:** 유치원 교무실

※ 보내주신 자료는 오직 교육비 인출에만 사용되며, 개인정보가 유출되지 않도록 철저히 보관하겠습니다.

20　　　년　　　월　　　일

ㅇㅇ 유치원장

------------------------------------------------------------ 절취선

| 만 (　　　　)세　　반　유아명:　　　(반일반 · 에듀케어) | |
|---|---|
| 계좌개설은행 | |
| 계좌번호 | |
| 예금주 성명 | |
| 예금주 주민등록번호 | |
| 연락처 | 자택:　　　　핸드폰: |

유치원에 납부할 각종 교육비를 위 계좌에서 자동 납부할 것을 동의합니다.

20　　　년　　　월　　　일

학부모:　　　　(인)

ㅇㅇ 유치원장 귀하

| 출처 | 서울특별시교육청(2010). 공립 신설유치원 개원 업무 편람.

### 5 입학 대상자 확정

입학금 및 납입금 납부를 완료한 입학 대상자에게 개별적으로 최종 입학 대상자임을 확정 통보한다. 입학은 3월 1일자로 하기 때문에 입학 확정 통지 이후 입학까지 많은 시간이 남아 있게 된다. 그러므로 입학 전까지 남은 기간 동안 이루어질 예비 체험, 오리엔테이션 등에 관한 준비 일정을 고지한다.

# 2 입학준비

어린이집이나 유치원 모두 입학 대상자가 확정되면 입학을 위한 사전 준비가 필요하다. 이러한 사전 준비로 영유아를 포함한 가족 정보 수집하기, 부모 면담, 학부모 오리엔테이션 등의 활동을 할 수 있다. 체계적이고 조직적인 입학준비는 개학 후 기관의 업무가 원활하게 진행될 수 있도록 도와줄 뿐만 아니라 부모 및 영유아의 초기 적응에도 도움을 준다.

## 1) 영유아 및 가정 환경에 대한 이해

입학준비에서 가장 중요한 일이 입학 대상자에 대한 이해이다. 영유아들과 그 가족의 필요와 요구에 적합한 교육과 보육을 제공하기 위해서는 서비스 대상인 영유아와 그 가족에 대한 이해를 바탕으로 해야 하기 때문이다. 영유아교육기관은 영유아의 발달특성, 주양육자, 식습관, 성장 배경, 부모의 양육태도, 과거의 병력, 특수 사항 등에 대한 정보를 파악하여 자료를 가지고 있어야 한다. 이를 위하여 일반적으로 영유아교육기관은 규정된 양식의 가정 환경조사서를 부모들이 작성하여 제출하도록 한다. 가정 환경조사서에는 다음과 같은 사항이 포함될 수 있다.

- 영유아 이름, 성별, 생년월일, 사진
- 부모 이름, 주소, 전화번호, 직업, 근무처, 근무 시간
- 가족 사항, 생활 정도, 주양육자
- 영유아의 생활습관(수면, 배변, 식사, 성격 등)
- 전염병 예방접종, 병력기록 및 성장에 관한 기록

부모의 요구나 가정 환경을 면밀히 파악하기 위하여 위에서 제시한 일반적인 사항 외에 각 기관에서는 융통성 있게 양식을 수정하여 다양한 정보를 수집하여 운영에 활용하기도 한다. 영유아와 가족에 대한 정보는 교육적 목적 이외에 사용이 엄격히 통제되어야 하며, 비밀을 보장할 수 있는 시스템 구축도 필요하다.

## 2) 영유아의 사전 방문

입학 전 영유아의 사전 방문은 영유아가 영유아교육기관에 입학하기 전에 자신이 다니게 될 어린이집이나 유치원을 방문하여 실내 · 외 환경들을 돌아보고 교직원들과 만나보는 과정을 통해 기관에 대해 친숙한 느낌을 갖도록 하기 위해 실시하는 것이다(이기숙 · 김순환 · 조혜진, 2016). 영유아들은 환경을 두루 살펴보고 교직원과 접촉한다는 중요한 의미를 지니기 때문에 기관은 세심한 준비로 실시해야 한다.

영유아의 사전 방문은 영유아들이 기관에 적응하는 것을 돕기 위한 목적으로 이루어지기 때문에 교사와 접촉할 기회를 제공해야 한다. 선생님과 친숙해지는 기회를 제공하기 위해 선생님과 일 대 일 혹은 대집단으로 상호작용할 수 있는 프로그램을 준비하여 진행하면 많은 도움이 된다. 이와 함께 영유아의 연령에 따라 인사 나누기, 안아주기, 눈 맞추기 등으로 영유아들이 선생님과 정서적 교감을 형성할 수 있는 과정이 준비되어 있어야 한다(이인원 외, 2011). 또한 교사는 영유아들이 기관의 실내 · 외 환경을 자유롭게 탐색하고, 놀잇감과 학습 자료를 만져보고 가지고 놀 수 있는 기회를 제공해야 한다(강문희 외, 2010). 영유아의 사전방문 시간은 영유아들이 지루해하거나 피곤하기 전에 끝내는 것이 좋으므로 대체로 30~50분 정도가 적당하다. 그리고 영유아들은 소집단으로 나누어 일정한 시간을 두고 실시하는 것이 좋다.

영유아들이 어린이집이나 유치원에 입학한다는 것은 친구들과 사회적 관계를 형성하여 학급이라는 사회의 구성원으로서 역할을 수행하는 것을 의미한다. 그러므로 친구와 첫 대면을 하고 서로를 경험할 수 있는 상호작용을 제공해야 한다. 이를 위하여 친구와 손대어 보기, 서로 안아주기, 친구 이름 불러주기, 친구의 등 두드려 주기 등의 활동으로 서로 친근해지는 느낌을 가질 수 있도록 해줄 수 있다(이인원 외, 2011).

초기 적응을 위한 영유아의 사전 방문

### 3) 신입 원아를 위한 초기 적응 프로그램

신입 원아들은 처음 영유아교육기관에 등원하게 되면 부모와 헤어져서 새로운 환경에 적응하는 데 어려움을 겪는다. 따라서 신입 원아들이 자연스럽게 부모와 헤어지고 기관의 물리적 환경과 하루 일과에 적응할 수 있도록 도와주어야 한다(이기숙 · 김순환 · 조혜진, 2016). 신입 원아를 위한 초기 적응 프로그램은 영유아가 부모와 헤어지는 것을 두려워하지 않고 교사에게 안정감을 느끼고 영유아교육기관을 안전하고 편안한 장소로 느낄 수 있도록 점진적으로 적응하도록 도와주는 과정이다.

이 프로그램의 적응기간은 첫째 주의 교육 시간은 약 2시간 정도에서 시작해서 점진적으로 늘려가는 것이 효과적이며, 일반적으로 2주에서 4주 정도로 계획하는 것이 보통이다. 초기 적응 프로그램의 내용은 짧게 기관 방문하기, 오전 실내 자유놀이, 오전 실외 자유놀이, 간식, 점심, 낮잠 시간 경험하기 등으로 구성된다. 적응 프로그램은 영유아의 연령, 개인적인 기질, 건강 상태, 이전 양육경험 등의 개인차를 고려하여 융통성 있게 진행한다.

영유아교육기관에서는 영유아들이 초기 적응을 돕기 위해 기관에 대해 친숙함을 느낄 수 있는 환경 구성을 하는 것이 바람직하다. 예를 들어 신발장이나 사물함 자리에 사진을 부착하여 소속감을 느끼도록 돕거나, 영유아들이 흥미를 가질 수 있는 놀잇감이나 매체를 준비하는 것이다. 또한 초기에 부모와 헤어지는 데 심하게 두려움을 느끼는 영유아를 억지로 분리시키는 것보다 늘 부모와 연결되어 있다는 것을 느끼게 하여 불안을 줄이도록 도와주어야 한다. 예를 들어, 적응 초기에 부모가 함께 놀이실을 탐색하면서 시간을 보낼 수 있도록 한다거나, 영유아가 원할 경우 수시로 부모님의 사진을 보여주거나 목소리를 들려줄 수도 있다. 이때 중요한 것은 교사가 영유아의 초기 적응을 돕기 위해 신체적 · 언어적 접촉을 성급하게 시도하는 것보다 영유아의 흥미 속도와 반응에 따라 환경을 탐색하고 적응할 수 있도록 기다려주는 것이 중요하다.

초기 적응 프로그램에 참여하고 있는 부모와 신입 원아들

또한 교사들은 부모와의 사전 면담이나 가정 환경 조사를 통해 미리 파악한 신입 원아의 식습관, 생활리듬, 성격, 좋아하는 놀잇감, 특별한 질병이나 개별적 요구 등의 정보들을 초기 적응 프로그램에 활용하는 것이 좋다.

주로 어린 영아를 대상으로 하는 신입 원아의 초기 적응 프로그램 동안의 행동 모형을 다음과 같은 예시 절차를 제시할 수 있다.

**표 3-1** 신입 원아 초기 적응 프로그램의 행동 모형

| 기간 | 부모의 역할 | 영아의 예상 반응 | 교사의 역할 |
|---|---|---|---|
| 1일 | • 짧게 방문하기<br>• 영아와 함께 교사에게 인사하기 | • 부모와 함께 놀이실 탐색<br>• 약 1시간 방문 형식으로 머물기 | • 거리감 두기<br>• 눈인사 나누기<br>• 영아 관찰<br>• 부모에게 적응 역할 소개하기<br>• 부모와 이야기 나누며 친근하게 보이기 |
| 2일 | • 교사, 영아와 함께 놀이하기<br>• 교사가 영아와 친해지도록 협조하기<br>• 교사와 영아에 대해 이야기하기 | • 장난감을 통한 교사와의 접촉<br>• 약 2~3시간 방문 형식으로 놀이 | • 간접적 접촉 시도<br>• 영아와 인사<br>• 놀잇감 소개<br>• 함께 놀이하기 |
| 2~4일 | • 잘 헤어지기<br>• 영아와 인사하기<br>• 영아와 특별한 시간 갖기 | • 울기<br>• 익숙한 장난감으로 안정하기<br>• 교사와 접촉하기<br>• 오전 프로그램 참여 후 귀가 | • 직접적 접촉 시도<br>• 안아주고 달래기<br>• 엄마와 인사시키기<br>• 안아주며 이야기나누기 |
| 5~6일 | • 영아와 인사하기<br>• 교사와 지속적인 관계 형성하기 | • 울기<br>• 교사와 의사소통하기<br>• 일과에 적응하기<br>• 점심 먹고 귀가 | • 잦은 스킨십 제공하기<br>• 영아의 감정을 언어로 표현하고 이해해 주기<br>• 교실과 기관 소개하기 |
| 7~8일 | • 적응 행동 격려하고 칭찬하기 | • 일과에 적응하기<br>• 친구와 사귀기<br>• 낮잠 후 귀가 | • 일과에 적응시키기<br>• 친구와 장난감 소개하기<br>• 영아의 적응 행동 칭찬하기<br>• 일과 진행<br>• 적응 행동 칭찬하고 격려하기 |
| 9~10일 | • 영아의 적응 상태를 판단하고 시간 조절하기 | • 일과에 적응하기<br>• 친구와 사귀기 | • 일과 진행<br>• 적응 행동 칭찬하고 격려하기 |
| 적응 후 | • 지속적인 애정 표현하기 | • 일과에 적응하기<br>• 친구와 사귀기 | • 영아가 또래와 사귀도록 돕기<br>• 관찰을 통해 영아의 상태 점검 |

| 출처 | 김혜경(2012). 영유아교육기관 운영관리.

영유아교육기관에서 실시하고 있는 신입 원아를 위한 만 1, 2세 혼합반 초기 적응 프로그램의 부모안내문 예시는 다음과 같다.

## ○○반 초기 적응 안내문

### 초기 적응이란

'초기 적응'이란 아이가 어린이집에 익숙해질 때까지 적응 수준에 따라 단계적으로 주양육자와 분리하는 과정입니다. 초기 적응은 어린이집에 입학한 아이의 심리적 부담을 줄여주고 교사와 부모 간의 신뢰감을 형성하여 아이의 안정적인 적응을 도울 수 있습니다.

### 초기 적응의 필요성

❶ **아이에게:** 아이들은 낯선 곳이라 할지라도 부모나 아는 사람과 함께 있으면 흥미로운 것을 찾기 마련입니다. 양육자의 도움으로 어린이집과 선생님에게 빨리 친숙해질 수 있습니다. 그러므로 아이의 심리적 · 정서적 충격을 줄이고 새로운 환경에 잘 적응할 수 있도록 합니다.

❷ **부모에게:** 사랑하는 자녀를 낯선 곳에 맡겨야 하는 부모는 누구나 '우리 아이가 어떻게 지낼까?' 하는 걱정이 많아집니다. 초기 적응 프로그램을 통해 아이의 어린이집 생활을 이해하고 교사와의 의사소통에도 도움이 됩니다.

❸ **교사에게:** 초기 적응 지도를 통하여 선생님은 여러 명의 아이들을 한꺼번에 수용해야 하는 어려움을 줄이고 아이의 특성을 여유있게 알아갈 수 있는 시간을 가져서 보육의 질을 높여 줄 수 있습니다.

### 부모님께서 아이의 적응을 도와주는 방법

❶ 부모가 어린이집을 믿고 신뢰한다.

❷ 어린이집에 가는 이유를 가능한 사실대로 설명하고 아이가 이를 받아들일 수 있도록 도와준다.

❸ 가정에서 아이와 함께 어린이집의 생활에 대해 이야기를 나눈다.
- 어떤 친구와 놀았는지, 무엇을 가지고 놀았는지, 무엇을 먹었는지 등

❹ 어린이집에서 헤어질 때, 처음에는 울더라도 아이가 보는 데서 인사를 하고 헤어진다.

❺ 아이와의 약속을 지킨다.

❻ 하루일과를 마치고 아이를 다시 만나게 될 때, 아이가 화를 내거나 거부하는 반응을 보더라도 아이의 심리를 충분히 이해하며 즐겁고 애정 어린 모습으로 아이를 대한다.

### 부모는 이런 일을 …

| 1단계 | 2단계 | 3단계 |
|---|---|---|
| 어린이집과의 친숙기 | 어린이집과의 친밀기 | 주양육자와의 분리기 |
| • 아이에게 어린이집 교사를 소개한다.<br>• 아이와 함께 여러 가지 놀이를 한다. | • 대집단 활동에 참여하거나 또래와 놀이하도록 도와주고, 아이가 불안해하지 않도록 곁에 있는다. | • 아이가 정해진 일과 시간을 따르도록 도와준다.<br>• 부모가 시야에서 사라지는 경우를 시도해본다. |

**○○반의 하루일과**

08:50~10:00 등원 및 자유놀이
10:00~11:30 오전 간식 및 집단 활동/ 바깥놀이/ 산책
11:30~12:30 점심 및 휴식
12:30~13:00 이 닦기/ 옷 벗고 정리/ 화장실 다녀오기/ 낮잠준비
13:00~15:00 낮잠
15:00~15:00 정리 및 오후 간식
16:00~18:00 실내 · 외 자유놀이
18:00~ 개별 귀가

**3월 초기 적응 프로그램**

| 단계 및 시간 | | 일과운영 | 주 활동 | 주안점 | |
|---|---|---|---|---|---|
| 1단계<br>(어린이집과의 친숙기) | (2일) | 등원<br>자유놀이<br>오전 간식<br>대집단 활동 | • 어린이집 소개하기<br>• 자기 물건 놓은 곳 알아두기<br>• 바깥놀이<br>• 그림책 보기<br>• 기차놀이 | 주양육자와 유아와의 개별적인 상호작용이 주가 되는 기간입니다. | 어린이집에는 무엇이 있는지 어떤 곳인지를 부모와 함께 탐색함으로써 영아들이 어린이집은 낯선 곳이 아니라 재미있고 즐겁게 생활할 수 있는 친근하고 편안한 공간으로 인식하는데 중점을 둡니다. |
| 2단계<br>(어린이집과의 친밀기) | (1일) | 등원<br>자유놀이<br>오전 간식<br>대집단 활동<br>점심식사 | • 산책가기<br>• 기차놀이<br>• 신문지 눈놀이<br>• 공굴리기<br>• 그림책 보기<br>• 노래와 인사하기 | 부모와 함께 대집단 활동을 매개로 교사와 친해질 수 있는 놀이를 주로 하며 산책과 바깥놀이를 경험해 보는 시간입니다. | 이 시기 영아는 어린이집에서 점심을 먹고 교사는 영아의 식생활 습관과 좋아하는 음식을 파악하는 데 중점을 둡니다. |
| | (2일) | 등원<br>자유놀이<br>오전 간식<br>대집단 활동<br>점심식사 | • 화장실 약속 정하기<br>• 산책가기<br>• 풍선놀이<br>• 바깥놀이<br>• 그림책 보기 | | 영아는 원에서 낮잠을 잘 수 있도록 하고 교사는 영아의 잠자는 습관과 시간 등을 파악하는 데 중점을 둡니다. |
| 3단계<br>(주양육자와의 분리기) | (2일) | 등원<br>자유놀이<br>오전 간식<br>대집단 활동<br>점심식사 | • 산책하기<br>• 종이벽돌 블록으로 집 만들기<br>• 그림책 보기<br>• 솔방울 찾기<br>• 블록놀이 | 주양육자 없이 교사 및 또래친구와 지내며 어린이집에서 지내는 시간을 점차 늘려가는 기간입니다. | 주양육자 없이 교사와 친구들과 지내며 점심시간부터 낮잠 시간까지 시간을 조절하며 어린이집에서 머무릅니다. 이때 놀이를 통하여 적응을 돕습니다. |

* 어린이집에서 머무는 시간은 아이의 적응 상태에 따라 조절 가능하며 일과운영의 활동은 날씨와 아이의 상태에 따라 변동될 수 있습니다.
* 초기 적응 일정은 담임선생님과의 협의 아래 조절 가능합니다.

### 초기 적응 지도 세부 사항(○○반)

| 단계 | 날짜 | 등원 시간 | 하원 시간 | 주양육자 | 오전 간식 | 점심 | 낮잠 | 오후 간식 |
|---|---|---|---|---|---|---|---|---|
| 1단계 | 2일(목) | 오전 9시 | 오전 11시 | 동반 | ○ | × | × | × |
| | 3일(금) | 오전 9시 | 오전 11시 | 동반 | ○ | × | × | × |
| 2단계 | 6일(월) | 오전 9시 | 오후 12시 | 동반 | ○ | ○ | × | × |
| | 7일(화) | 오전 9시<br>부분분리 시간 (10시 30분~11시 30분) | 오후 3시 | 동반, 부분분리 | ○ | ○ | ○ | × |
| | 8일(수) | 오전 9시<br>부분분리 시간 (10시 30분~11시 30분) | 오후 3시 | 동반, 부분분리 | ○ | ○ | ○ | × |
| 3단계 | 9일(목) | 오전 9시 | 오후 12시 | 분리 | ○ | ○ | × | × |
| | 10일(금) | 오전 9시 | 오후 3시 | 분리 | ○ | ○ | ○ | × |
| 참고 사항 | 어린 연령일수록 초기 적응 프로그램을 통해 안정적으로 원에 적응하는 것이 꼭 필요합니다. 초기 적응 프로그램에 적극적으로 참여하셔서 아이들이 편안하고 즐거운 어린이집 생활을 시작할 수 있도록 도와주시길 바랍니다.<br>아직 어린아이들이라 학기 초부터 장시간 어린이집에 있는 경우에 아이가 힘들어 할 수도 있습니다. 부모님의 손길과 사랑이 충분하게 필요한 시기이니, 오후 시간이 여유로우신 부모님께서는 분리 단계 이후에도 오후 간식을 먹고 조금 일찍 하원하시는 것이 좋을 것 같습니다. 하원 후에도 집에서 아이들과 함께 보내는 시간을 더 많이 가져주시기 바랍니다. | | | | | | | |
| 적응후기 | 어린이집에 안정적으로 적응한 뒤에는 어린이집의 일과운영에 따라 하루가 진행됩니다. 아이의 기분과 건강상태로 인해 적응 후에도 불안증상을 보일 수 있습니다. 이때는 너무 염려하지 마시고 교사와 상의하여 아이들이 더 즐거운 어린이집 생활을 할 수 있도록 협조를 부탁드립니다. 부모님의 사랑과 애정, 그리고 어린이집에 대한 믿음과 교사에 대한 신뢰는 아이들이 어린이집에 원만하게 적응하는 데 도움이 될 것입니다. | | | | | | | |

| 출처 | 부산법원어린이집(2017). 초기 적응 프로그램 안내문 예시(만 1, 2세 혼합반).

만 5세반 초기 적응 프로그램 안내문 예시는 다음과 같다.

## ○○반 초기 적응 안내문

### 초기 적응이란

'초기 적응'이란 어린이집에 처음 입소하는 아이들이 낯선 상황에서 느낄 수 있는 심리적 충격이나 불안을 최소화하고, 어린이집 일과에 자연스럽게 적응할 수 있도록 돕는 일련의 과정입니다.

### 초기 적응의 필요성

❶ **아이에게:** 아이들은 낯선 곳이라 할지라도 부모나 아는 사람과 함께 있으면 흥미로운 것을 찾기 마련입니다. 양육자의 도움으로 어린이집과 선생님에게 빨리 친숙해질 수 있습니다. 그러므로 아이의 심리적, 정서적 충격을 줄이고 새로운 환경에 잘 적응할 수 있도록 합니다.

❷ **부모에게:** 사랑하는 자녀를 낯선 곳에 맡겨야 하는 부모는 누구나 '우리 아이가 어떻게 지낼까?' 노심초사 할 수밖에 없지요. 초기 적응 지도를 통해 아이의 어린이집 생활을 이해하고 교사와의 의사소통에도 도움이 됩니다.

❸ **교사에게:** 초기 적응 지도를 통하여 선생님은 여러 명의 아이들을 한꺼번에 수용해야 하는 어려움을 줄이고 아이의 특성을 여유있게 알아갈 수 있는 시간을 가져서 보육의 질을 높여 줄 수 있습니다.

### 부모님께서 아이의 적응을 도와주는 방법

❶ 부모가 어린이집을 믿고 신뢰한다.

❷ 어린이집에 가는 이유를 가능한 사실대로 설명하고 아이가 이를 받아들일 수 있도록 도와준다.

❸ 가정에서 아이와 함께 어린이집의 생활에 대해 이야기를 나눈다.
- 어떤 친구와 놀았는지, 무엇을 가지고 놀았는지, 무엇을 먹었는지 등

❹ 어린이집에서 헤어질 때, 처음에는 울더라도 아이가 보는 데서 인사를 하고 헤어진다.

❺ 아이와의 약속을 지킨다.

❻ 하루일과를 마치고 아이를 다시 만나게 될 때, 아이가 화를 내거나 거부하는 반응을 보더라도 아이의 심리를 충분히 이해하며 즐겁고 애정 어린 모습으로 아이를 대한다.

### ○○반의 하루일과

| | |
|---|---|
| 08:50~10:00 | 등원 및 자유놀이 |
| 10:00~12:00 | 오전 간식 및 대집단 활동/ 바깥놀이/ 산책 |
| 12:00~13:00 | 점심 및 양치질/ 휴식 |
| 13:00~13:30 | 풍욕/ 몸짓놀이/ 절 운동/ 동화 듣기 |
| 13:30~15:00 | 주말 지낸 이야기(월)/ 미술 활동(화, 수)/ 정적인 활동(목)/ 알림장 적기(금) |
| 15:00~16:00 | 정리 및 오후 간식 |
| 16:00~18:00 | 실내 · 외 자유놀이 |
| 18:00~ | 개별 귀가 |

### 초기 적응 프로그램

<table>
<tr><th colspan="2">단계 및 시간</th><th>일과 운영</th><th>주 활동</th><th colspan="2">주안점</th></tr>
<tr><td>1단계<br>(보육<br>시설과의<br>친숙기)</td><td>(1일)</td><td>등원<br>자유놀이<br>오전 간식<br>대집단<br>활동<br>점심식사</td><td>• 어린이집 소개하기<br>• 자기 물건 놓는 곳 알아두기<br>• 산책<br>• 몸짓놀이</td><td>어린이집에는 무엇이 있는지, 어떤 곳인지를 탐색함으로써 아이들이 어린이집은 낯선 곳이 아니라 재미있고 즐겁게 생활할 수 있는 친구하고 편안한 공간으로 인도하는 데 중점을 둡니다.</td><td rowspan="2">주양육자 역시 교사 및 또래친구와 지내며 어린이집에서 지내는 시간을 점차 늘려가는 기간입니다.</td></tr>
<tr><td>2단계<br>(보육<br>시설과의<br>친밀기)</td><td>(4일)</td><td>등원<br>자유놀이<br>오전 간식<br>대집단<br>활동<br>점심식사<br>낮잠<br>오후 간식<br>신명마당</td><td>• 화장실 약속 정하기<br>• 산책 가기<br>• 미술 활동<br>• 음악 활동<br>• 바깥놀이</td><td>이 시기는 어린이집에서 점심을 먹고 교사는 유아의 식생활 습관과 좋아하는 음식을 파악하는 데 중점을 둡니다. 유아는 원에서 낮잠을 잘 수 있도록 하고 교사는 유아의 잠자는 습관과 시간 등을 파악하는데 중점을 둡니다.</td></tr>
</table>

* 어린이집에서 머무는 시간은 아이의 적응 상태에 따라 조절 가능하며 일과운영의 활동은 날씨와 아이의 상태에 따라 변동될 수 있습니다.
* 초기 적응 일정은 담임교사와의 협의 아래 조절 가능합니다.

### 초기 적응 지도 세부 사항(○○반)

<table>
<tr><th>단계</th><th>날짜</th><th>등원 시간</th><th>하원 시간</th><th>오전 간식</th><th>점심</th><th>오후 간식</th></tr>
<tr><td>1단계</td><td>2일(목)</td><td>오전 9시</td><td>오후 1시</td><td>○</td><td>○</td><td>x</td></tr>
<tr><td rowspan="4">2단계</td><td>3일(금)</td><td>오전 9시</td><td>오후 1시</td><td>○</td><td>○</td><td>○</td></tr>
<tr><td>6일(월)</td><td>오전 9시</td><td>오후 1시</td><td>○</td><td>○</td><td>○</td></tr>
<tr><td>7일(화)</td><td>오전 9시</td><td>오후 1시</td><td>○</td><td>○</td><td>○</td></tr>
<tr><td>8일(수)</td><td>오전 9시</td><td>오후 1시</td><td>○</td><td>○</td><td>○</td></tr>
<tr><td>참고<br>사항</td><td colspan="6">초기 적응 프로그램을 통해 안정적으로 원에 적응하는 것은 꼭 필요합니다. 초기 적응 프로그램에 적극적으로 참여하셔서 아이들이 편안하고 즐거운 어린이집 생활을 시작할 수 있도록 도와주시길 바랍니다. 적응 시간 처음에는 아이들이 어린이집에 잘 적응을 하다가 뒤늦게 힘들어하는 아이들도 있습니다. 그러므로 아이들이 원에 안정적으로 적응을 하고 애착을 가질 수 있도록 적응 시간이 꼭 필요하오니 가정에서도 협조 부탁드립니다.</td></tr>
<tr><td>적응<br>후기</td><td colspan="6">아이들이 어린이집에 안정적으로 적응한 뒤에는 어린이집의 일과운영에 따라 하루가 진행됩니다. 아이는 기분과 건강상태로 인해 적응 후에도 불안증상을 보일 수 있습니다. 너무 염려 마시고 교사와 상의하여 아이들이 더 즐거운 어린이집 생활이 될 수 있도록 협조 부탁드립니다. 부모님의 사랑과 애정, 그리고 어린이집에 대한 믿음과 교사의 신뢰는 아이들이 어린이집에 잘 작응할 수 있도록 도울 것입니다.</td></tr>
</table>

| 출처 | 부산법원어린이집(2017). 초기 적응 프로그램 안내문 예시(만 5세반).

# 3 학급 편성

입학 대상자가 확정되면 입학준비와 더불어 중요한 준비는 학급을 편성하는 일이다. 학급이란 교육목적의 달성을 위한 핵심적인 교육활동이 이루어지는 기초조직으로 교육과정에 따라 교수–학습이 이루어지는 곳이다. 그러므로 학급 편성은 교사가 효율적으로 가르칠 수 있고, 영유아들이 효율적으로 학습할 수 있도록 편성해야 한다.

영유아교육기관의 학급 편성에서 고려할 점으로는 기관 전체의 학급 수, 연령별 학급 수, 학급의 규모, 학급 구성원, 프로그램의 특성, 교실 면적, 법적으로 규정된 교사 대 영유아 수 등이다.

## 1) 학급 편성의 원리

영유아의 집단을 학급의 형태로 구성한다는 것은 효율적인 교수–학습을 위해서 뿐만 아니라 영유아의 사회적 관계 형성을 위해서도 필요한 일이다. 이와 같은 학급을 편성할 때 적용해야 할 원리는 다음과 같다(이인원 외, 2011).

### 1 전인적 발달의 원리

영유아들은 학급 안에서 또래들과 함께 발달해 간다. 학급의 구성원 또는 학급의 크기는 영유아들이 전인적 발달을 할 수 있는 방향으로 편성되어야 한다.

### 2 사회화의 원리

영유아들은 혼자서 지식을 습득하는 것이 아니라 학급의 구성원인 또래 및 교사와 상호작용을 하면서 사회적 관계를 맺으며, 사회에서 공유될 수 있는 지식을 구성해 나가기 때문에 사회화가 잘 될 수 있도록 학급을 편성해야 한다.

### 3 효율화의 원리

학급은 교수-학습이 이루어지는 곳이므로 다양한 교육활동과 사회적 상호작용이 일어나도록 학급당 인원과 구성원을 결정해야 한다.

### 4 평등의 원리

한 학급에 다양한 지능과 개성을 가진 영유아가 골고루 섞여 있어야 비슷한 교육 경험이 가능하다. 그러므로 다양한 개성과 문화를 가진 영유아들이 그들 고유의 문화와 개성을 함께 공유할 수 있도록 학급을 편성해야 한다.

### 5 개인차의 원리

영유아 개개인은 발달상의 차이뿐만 아니라 흥미, 요구 등에 있어서도 차이가 있다. 이러한 개인차를 인정하고 비슷한 요구를 가진 영유아끼리 학급을 편성할 수도 있다. 즉, 걷기 능력, 이유식 정도, 낮잠 시간, 배변 훈련 정도, 의사소통 능력 등에 따라 학급을 편성하여 효율적인 학급 운영을 도모할 수도 있다. 그러나 개인차의 원리는 평등의 원리와 상반되므로 어느 쪽에 가치를 두느냐에 따라 학급 편성이 달라진다.

## 2) 학급 편성의 연령 배치

영유아기관의 입학 대상자가 결정되면 기관의 운영철학에 따라, 영유아의 성숙 정도에 따라 동질집단으로 편성할 것인지 이질집단으로 편성할 것인지를 결정해야 한다. 그 외 특수아와 혼합하여 통합반으로 편성할 수 있다. 여기서는 일반적으로 영유아교육기관에서 많이 적용하는 동일연령반과 혼합연령반을 중심으로 살펴보고자 한다.

### (1) 동일연령학급

동일연령반은 연령 차이가 1년 미만인 영유아들로 구성되는 단일연령집단(homogeneous age group)으로 학급 내 영유아들의 발달 수준, 능력, 경험 정도 등이 비슷하여 동질집단이라고 할 수 있다. 동일연령으로 학급을 편성하였을 때 다음과 같은 장점이 있어 동일연령 집단으로의 학급 편성을 선호하는 경향이 있다.

첫째, 영유아들의 경험 정도와 능력이 비슷하므로 프로그램의 운영과 실천이 용이하다.

둘째, 교직 경력이 적은 교사도 쉽게 지도할 수 있다.

셋째, 영유아의 능력이 비슷하기 때문에 학급 구성원으로부터 지배당하거나 좌절하는 경험이 적다.

넷째, 동질집단이기 때문에 학습활동이 효율적일 수 있다.

### (2) 혼합연령(복식)학급

어린이집과 유치원에서는 여러 가지 이유로 연령 범위가 1년 이상 차이 나는 유아를 혼합연령(복식)학급으로 구성하여 운영할 수 있다. 농어촌 등 지역 및 지리적 특성으로 인해 단일연령학급을 운영할 수 있을 만큼 영유아 수가 충분하지 않을 경우 3~4세반, 4~5세반, 3~5세반 등의 혼합연령(복식)학급을 구성하여 운영하게 된다(교육과학기술부, 2012; 보건복지부, 2012a).

2012년 5세 누리과정이 도입된 후 전국의 어린이집과 유치원에서 단일연령으로 편성한 반의 비율이 75%, 혼합연령으로 편성한 비율이 25%로 나타났다(육아정책연구소, 2012). 혼합연령(복식)학급은 일반적인 반 구성 형태는 아니지만 어린이집과 유치원의 여건상 불가피하게 운영하게 될 때 혼합연령반을 구성하여 운영하게 된다.

혼합연령반은 어린 영유아가 나이든 영유아에게 배우고, 서로 돌봄을 주고받을 수 있으며, 연령혼합 형태의 집단 편성은 가족과 같은 분위기를 제공한다는 장점을 가지고 있다. 그러나 원활한 교수-학습을 실천하기 위해서는 다양한 연령을 지원할 수 있는 프로그램 및 교사의 지원이 필요하다는 한계점이 있다. 왜냐하면 영유아들 간의 발달 수준이나 능력의 차이로 인해 교수-학습 활동의 계획과 운영에 어려움이 따르기 때문이다. 이를 위해 2013년 「3-5세 연령별 누리과정」이 확대 시행됨에 따라 유치원은 「혼합연령(복식)학급지도서」를, 어린이집은 「3-5세 누리과정 혼합연령 어린이집 프로그램」을 개발하여 활용하고 있다.

이러한 두 가지 유형의 학급 편성은 영유아교육기관의 상황과 교육철학에 따라 융통성 있게 적용하여 운영할 수 있다. 대부분의 영유아교육기관에서는 학급을 편성할 때

연령별 학급 편성을 선호하고 있는 것은 사실이지만 농어촌 등 인구가 밀집되어 있지 않은 지역에서는 혼합연령으로 편성하여 운영하고 있다.

### 3) 학급 편성 시 교사 대 영유아 비율

학급 편성 시 교사 대 영유아의 비율 기준은 관련 법규에 규정되어 있어 관련법이 상이한 어린이집과 유치원을 구분하여 살펴보겠다.

#### (1) 어린이집

어린이집의 경우 보건복지부가 영유아 연령에 따라 보육교사 1명당 담당할 수 있는 영유아 수를 「영유아보육법 시행규칙」(2015. 9. 18. 개정) 제10조 [별표 2] 보육교직원의 배치 기준에 규정하고 있다. 보육교사는 영유아의 연령 구분에 따라 배치되어야 하며, 보육교사의 업무 부담을 경감할 수 있도록 보조교사를 둘 수 있도록 규정하고 있다. 보육교사의 배치 기준은 다음과 같다.

- 만 1세 미만 영아 3명당 보육교사 1명
- 만 1세 이상 만 2세 미만의 영아 5명당 보육교사 1명
- 만 2세 이상 만 3세 미만의 영아 7명당 보육교사 1명
- 만 3세 이상 만 4세 미만의 유아 15명당 보육교사 1명
- 만 4세 이상 미취학 유아 20명당 보육교사 1명을 원칙으로 하며 유아 40명당 1명은 보육교사 1급 자격을 지닌 자여야 함
- 취학아동 20명당 보육교사 1명
- 장애아 보육은 장애아 3명당 보육교사 1명을 원칙으로 하되, 장애아 9명당 1명은 특수교사 자격증 소지자이어야 함

#### (2) 유치원

학급당 유아의 수는 유아의 연령에 따라 결정한다. 그러나 기관의 운영과 교육활동의 효율성을 위하여 알맞은 학급의 크기가 고정되어 있지는 않고 시대의 변화와 지역의 실정에 따라 탄력적으로 적용한다.

유치원의 경우 1990년대까지는 유치원 학급당 정원이 40명 정도로 학급당 정원을 규정하지 않고 있었다. 그러나 2007 개정 유치원교육과정에서는 학급당 원아 수는 관할 시 · 도 교육청이 정하도록 되어 있다. 서울시교육청(2010)의 경우 학급당 인원은 만 3세반 20명, 만 4세반 25명, 만 5세반 30명, 특수반 4명, 종일제 반은 20명 이내로 규정하고 있다.

혼합연령(복식)학급의 교사 대 유아의 비율은 학급을 구성하고 있는 유아 중 가장 낮은 연령을 기준하여 교사 대 유아 비율을 준수하는 것을 원칙으로 한다. 즉, 만 3세 유아가 포함되어 있는 혼합연령(복식)학급일 경우 교사 1인당 15명 내외의 유아로, 만 4~5세 혼합연령(복식)학급은 20명 내외로 학급을 구성하는 것이 바람직하다(부산광역시 교육청, 2013).

### 4) 학급 이름 정하기

학급의 이름은 학급의 특성을 나타낼 수 있도록 하는 것이 좋다. 그러므로 영유아교육기관의 학급 이름은 영유아들에게 친숙하고, 편안한 이름을 위주로 선정하게 된다. 영유아들에게 불리기 편하며, 친밀감이 드러나는 애칭과 같은 느낌을 준다면 학급 적응에 도움이 될 수 있다. 학급의 이름에는 아름답고, 고상하고, 긍정적인 의미가 있는 이름인 색깔 명, 꽃 이름, 동물, 우주, 모양, 나무 이름 등이 많이 사용된다.

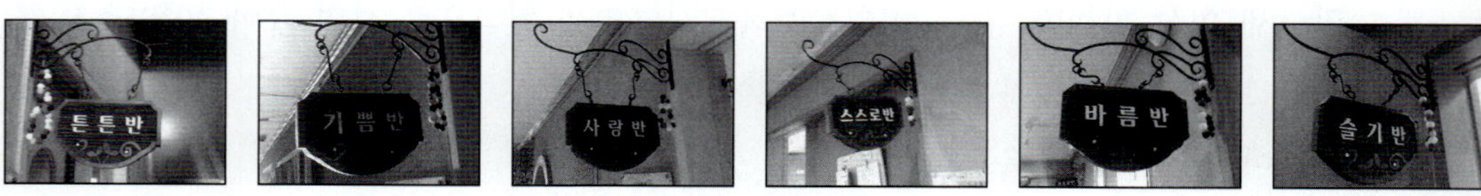

학급 이름 팻말들

### 5) 담임 배치

담임의 배치는 교사가 담당하기를 원하는 영유아의 연령을 조사한 결과를 바탕으로 교사의 능력을 고려하여 정한다. 이는 교사가 자신의 능력을 최대한 발휘할 수 있게 도와줄 뿐만 아니라 기관의 효율적인 운영을 위해서도 필요한 조치이다.

Chapter 04

# 공간관리

1. 일반적 사항
2. 어린이집
3. 유치원

어린이집과 유치원의 공간은 교육 및 보육의 목적을 실현하는 공간이다. 이들 공간은 단지 영유아들이 활동하고 머무는 곳에서 나아가 영유아의 연령, 발달특성, 개인차 등을 고려하여 편안하고 효율적인 활동이 이루어지도록 구성해야 한다. 어린이집 및 유치원의 공간은 진입, 보육, 관리 및 지원, 공용 공간으로 구분된다. 본 장에서는 어린이집 및 유치원의 실내 · 외 공간 구성 및 각 실별 배치와 해당 공간의 시설설비 · 비품에 대해 관련 법규를 중심으로 살펴보고자 한다.

# 1 일반적 사항

## 1) 용도 및 동선

신선한 공기가 순환될 수 있는지 영유아의 눈높이에 맞추어 창문 밖으로 멋진 풍경 등을 고려하고, 햇빛은 최대한 받을 수 있도록 가급적 남향에 배치한다.

### (1) 동선 파악

주출입구의 위치는 대지와 건물과의 관계, 건물 형태 등을 고려한다. 전면 출입구가 안전과 관리의 목적에 맞게 결정되면 후면 비상출구까지의 주된 동선을 결정한다. 입구부터의 동선을 고려하여 활동 공간에서 점진적으로 개인적인 공간으로 구성한다.

### (2) 공용 구분

시설의 모든 공간에서 접근이 가능한 공간으로 안전한 통로를 두어 머무를 수 있는 공용 공간을 마련한다. 연령별 인원 수를 고려하여 융통성 있는 공간 배치가 가능하도록 구성한다.

### (3) 공간 배치

**1 실내 · 외 공간**

대지에 따른 면적 및 학급 규모와 실내 · 외 공간의 동선 등을 고려하여 실내 · 외 공간을 구성한다. 보육실은 너무 좁거나 길지 않도록 하며 실내에 고정된 중간 칸막이나 기둥으로 교직원의 시선을 막는 장애 요소가 없어야 한다.

**2 기계실과 서비스실**

소음이 심한 기계실은 창고를 완충 공간으로 이용하여 아동이 사용하는 공간과 분리한다. 주방, 재활용품, 쓰레기, 청소도구 공간은 서비스 출구 가까이에 배치한다. 건축물 내외의 배관 및 냉 · 난방 설비 방식에 따라 효율적 배치를 고려한다. 창고 계획을 미리 결정해 두면 시설 운영에 효과적이다.

## 2) 실외 공간

### (1) 진입 공간

통학로 확보와 현관 등 어린이집에 진 · 출입 하는 공간으로 주변 시설과 구분되도록 영역을 구분하고 현관에는 출입을 확인할 수 있는 사무실이 인접하도록 배치한다. 조경, 출입문, 포장, 수평면, 색상, 조명 등을 고려하여 공공도로나 인도로부터 출입문을 찾기 쉽도록 배치하며, 격리로 인해 불안한 영유아에게 심리적 안정을 줄 수 있도록 구성한다.

진입 공간

### (2) 주차 공간

차량에서 내려 어린이집 및 유치원으로 들어오는 공간은 비바람을 막을 수 있고 차량 이용을 위해 대기하는 동안 안전한 공간으로 구성한다. 야외 활동 공간과 주차 공간은 명확하게 구분하여 배치하며, 장기적인 주차가 이루어지는 교직원의 주차 공간 및 일부 시간대에 집중되는 학부모의 주차 공간을 분리하여 차량출입이 원활하게 이루어지도록 구성한다.

외부 주차장

주차장

### (3) 정원 및 마당

내부와 외부를 연결하는 통로, 테라스, 계단, 마당을 두어 자연스러운 장소 전환이 일어나도록 하며, 자연광을 활용한 일광욕 장소 및 정원, 안마당, 온실 등으로 꾸며 공기 정화 및 통풍 · 환기를 위한 공간으로 활용한다.

정원 및 마당

### (4) 실외 산책 공간

야외 이동경로를 따라 산책할 수 있도록 시각적으로 명확한 통로 및 자연스러운 동선을 유도하는 산책경로를 둔다. 각 영역을 단계적으로 더 작은 영역으로 구분하여 공간을 통과하는 것에서 나아가 머물 수 있는 공간이 되도록 이동로의 중간 부분은 넓은 형태로, 이동로의 끝부분은 좁은 형태로 구성한다.

실외 산책 공간

### (5) 실외학습 및 놀이 공간

텃밭 가꾸기 등의 체험학습을 위한 공간으로 활용하거나 인공구조물을 활용한 놀이 공간으로 구성한다. 실외 공간은 주변 환경과 조화를 이루며 자연경관을 관찰할 수 있도록 남향으로 배치한다.

경사는 완만하게 하며 물의 깊이는 얕게 하여 안전하게 물놀이를 할 수 있는 공간을 확보한다. 나무는 울타리, 가로수, 광장, 숲 등 상황에 맞도록 심고 여러 식물이 함께 자연스런 성장이 가능하도록 모래나 목재를 활용하여 공간을 구분한다.

체육장

텃밭

#### (6) 실외 휴식 공간

아늑한 분위기를 느낄 수 있도록 나무기둥이나 천막 등을 활용하여 쉴 수 있고 각종 이벤트가 가능한 공간으로 구성한다. 건물 자체의 외벽을 활용하여 담쟁이 넝쿨이 햇볕을 가리고 벽과 천장의 기능을 하도록 의자나 평상 또는 해먹 등을 두어 자유로운 휴식 공간으로 구성한다.

실외 휴식 공간

### 3) 실내 공간

#### (1) 교직원 업무 · 휴식 공간

원장 및 교사의 사무작업과 업무지시 등 작업, 방문객 접대, 교직원 간의 회의가 이루어지는 공간으로 외부에서 쉽게 접근할 수 있는 위치에 배치하며 내부를 볼 수 있도록 투명창으로 한다. 또한 개별 교사가 신체적으로 심리적으로 사적 영역이 보장될 수 있는 곳으로 교실 및 보육실과 접근이 용이한 곳에 배치한다. 외부의 영유아 활동을 관찰할 수 있으며, 채광, 환기, 조망이 좋고 외부로 접근하기 쉬운 곳에 배치한다.

원장실

교사실

휴게실

### (2) 영유아 보육지원 공간

각 실별들은 보육실과의 동선을 고려해 배치하고, 모서리진 복도에서 서로 마주치는 일이 없도록 시야를 확보하며 조명 및 채광을 밝게 하고 충분한 공간을 확보한다.

어린이집 및 유치원에 오랜 시간 머물게 되면서 혼자 있을 수 있는 개인 공간을 마련해 두는 것이 좋다. 영유아의 개인 공간은 휴식이나 아픈 아이 간호를 위해 필요하므로 실내의 작고 낮은 공간으로 채광과 환기가 용이한 곳을 개인 공간으로 배치하여 혼자서 쉬거나 놀 수 있도록 한다. 또한 황사나 장마철에도 신체 활동이 제한받지 않도록 실내놀이장, 지하놀이실, 유희실을 두어 놀이 공간을 확보한다. 뿐만 아니라 건강한 급 · 간식의 제공을 위해서 식품을 위생적으로 보관하는 식품보관실을 두고 조리실 가까이 배치하여 조리 시 활용하기 쉽도록 하며, 조리실에서 만들어진 급 · 간식은 빠르고 안전하게 배식되도록 식당의 배식 영역을 구분하여 효율적인 급 · 간식지도가 이루어지도록 한다.

개인 공간

체육장

실내놀이장

유희실 볼풀장

조리실

식당배식 구역

# 2 어린이집

어린이집의 공간은 「영유아보육법」, 「보육사업 지침」에 의한다. 다음에서는 어린이집 공간을 실내 · 외 실별 구성 및 해당 공간에 포함되어야 할 시설설비 및 교재 · 교구를 중심으로 살펴보겠다.

## 1) 실내 · 외 공간

### (1) 보육실

보육실은 건축법령상의 층수와 관계없이 사실상의 1층에 둔다. 다만, 사업장 내에 직장 어린이집을 설치하는 경우와 건물 전체를 하나의 어린이집으로 사용하는 경우 및 그 밖에 불가피한 사유가 있다고 여성가족부장관이 인정하는 경우에는 2층과 3층에 보육실을 설치할 수 있다. 이때 건물 전체를 하나의 어린이집으로 사용하는 경우에도 영아반 보육실은 1층에 우선적으로 배치하여야 한다.

보육실은 거실, 포복실 및 유희실을 포함하여 영유아 1인당 2.64㎡ 이상으로 하며, 보육실에는 침구, 놀이기구 및 쌓기놀이 활동, 소꿉놀이 활동, 미술 활동, 언어 활동, 수 · 과학 활동, 음률 활동 등에 필요한 교재 · 교구를 갖추어야 한다.

보육실의 주출입구는 직통계단 또는 비상계단까지의 보행거리가 30m 이내가 되도록 설치해야 한다. 비상구를 제외한 모든 출입문 및 창문은 안쪽에서 잠길 우려가 없어야 하며 밖에서 쉽게 열 수 있어야 한다. 출입문 및 창문의 가장자리에는 영유아의 손이 끼지 않도록 손끼임 방지 고무패킹이나 완충장치를 설치해야 한다. 건물의 천장 · 바닥과 벽체 등의 내부마감재는 불연재로 설치해야 하고, 실내장식물과 창문에 설치하는 커튼류 및 카펫 등은 방염성능이 있는 것으로 설치해야 한다.

어린이집은 환기 · 채광 · 조명 · 온도 · 습도가 적절히 유지 · 관리되도록 하여야 한다. 보육실은 바닥 난방 시설을 갖추어야 하며, 책상, 의자 등의 가구 모서리는 둥글고 표면이 매끄럽게 처리된 것을 사용하거나 모서리 보호대를 설치한다. 보육실에는 침구, 흥미 영역별로 필요한 교재 · 교구뿐 아니라 놀이기구를 갖춘다. 각 활동 영역 간의 통로는 명확히 제시하고 충분한 공간을 제공하여 영역 간 이동시 영유아가 서로 충돌하지 않도록 한다.

벽체 등에는 가연성 장식물을 부착하지 않아야 하며, 창문 쪽에는 밟고 올라갈 수 있는 책상이나 교구장 또는 놀이기구를 배치하지 않는다. 창문은 영유아가 밖을 볼 수 있는 높이로 설치하되 2층 이상은 반드시 보호대를 설치한다. 유리창은 안전유리를 설치하고 전기콘센트는 안전 덮개를 하며 전기줄이 늘어지지 않도록 고정한다. 돌출형 방열기는 영유아의 신체가 직접 닿지 않도록 울타리를 설치해야 한다.

### (2) 조리실

조리실은 1층 이상에 설치하는 것을 원칙으로 한다. 단, 「식품위생법」에 의해 집단급식소로 신고한 경우나, 조리실 면적 이상의 선큰(sunken)이 설치되어 있는 경우는 지하 1층에도 설치를 허용하나, 영유아들의 식사를 위한 테이블 등 식당 시설은 설치할 수 없다.

유치원과 같은 건물에 설치된 어린이집은 유치원의 조리실을 함께 사용할 수 있으며, 공공기관이나 사회복지관 안에 설치된 어린이집의 경우에는 동일 건물에 있는 조리실을 함께 사용할 수 있다. 직장 어린이집이 설치된 건물에 집단 급식소를 운영하는 경우에는 조리실을 별도로 설치하지 않을 수 있다. 이 경우 영유아를 위한 음식의 조리 공간은 분리(벽이나 층등으로 구분) 또는 구획(칸막이, 커튼 등으로 구분)되어 있어야 한다.

조리실은 채광이 잘되도록 기계식 환기 시설을 사용하며 창문에는 방충망을 설치한다. 식기는 소독하고 위생적으로 취사할 수 있는 설비를 갖추어야 한다.

### (3) 목욕실

목욕실은 외부에 설치하지 않고 보육실과 인접한 공간에 위치하도록 한다. 목욕실의 바닥은 미끄럼 방지 장치를 하여야 하며, 샤워설비, 세면설비 및 냉 · 온수 공급을 위한 설비를 갖추어야 한다. 수도꼭지는 온수사용 시 화상을 입지 않도록 15℃에서 50℃ 사이로 온도를 조정 및 고정할 수 있어야 한다.

### (4) 화장실

화장실은 보육실과 동일한 층의 인접한 공간에 설치하며, 층간 설치를 지양한다. 영유아용 수세식 변기는 가능한 한 10~15인당 1개 이상을 설치하는 것이 바람직하다. 다만, 가정 어린이집의 경우 성인용 변기에 디딤판 및 탈부착식 유아용 변기를 설치하고 이동식 어린이용 변기를 갖춘 경우 유아용 변기를 설치하지 않을 수 있다. 화장실 바닥은 미끄럼 방지 장치를 하여야 하며, 세정장치와 수도꼭지 등은 냉 · 온수의 온도를 조정 및 고정할 수 있어야 한다.

### (5) 사무실 및 휴게실

사무실은 보육실과 동일 층에 설치하는 것이 바람직하며, 시설 규모에 따라 사무실, 양호실, 식당, 자료실, 상담실, 강당, 놀이터 등을 설치할 수 있다. 응급조치를 위한 비상약품 및 간이 의료기구 등은 영유아가 접근할 수 없는 안전한 장소에 비치한다.

교직원 휴게실은 간단히 휴식을 취할 수 있는 편안한 환경으로 구성하며, 보육교직원 수급이 곤란한 경우에 한하여 농어촌 등에 제한적으로 보육교직원 기숙 시설을 제공할 수 있다. 기숙 시설에는 보육교직원이 가족과 함께 거주할 수 없고, 어린이집의 일부를 대표자 등의 주거 시설 및 영리를 목적으로 사용할 수 없다.

### (6) 놀이터

정원 50인 이상 어린이집의 경우, 옥외놀이터 설치를 원칙으로 한다. 어린이집의 놀이기구 및 어린이용품은 「영유아보육법」 및 「어린이 놀이 시설 안전관리법」, 「품질경영 및 공산품 안전관리법」, 「환경보건법」에서 정한 기준에 적합한 놀이기구를 설치해야 한다. 옥외놀이터에는 모래밭(천연 및 인공잔디, 고무매트, 폐타이어 블록 등) 놀이기구 3종 이상을 설치해야 한다.

어린이집의 지하층에는 놀이터 설치가 불가하며, 대체놀이터로 옥내 중간놀이터와 옥상놀이터를 둘 수 있다. 놀이기구는 아동의 안전을 위하여 영아용과 유아용으로 각각 구분하여 설치하는 것을 원칙으로 한다. 옥외놀이터에는 모래밭이나 천연 및 인공잔디, 고무매트, 폐타이어 블록을 깔고 6세 미만의 영유아가 이용할 수 있는 대근육 활동을 위한 놀이기구 1종 이상을 포함하여 놀이기구 3종 이상을 설치해야 한다.

만약 옥외놀이터를 설치하는 것이 불가능한 경우에는 옥내놀이터를 설치하거나 「어린이놀이시설 안전관리법」에 따라 설치 · 관리되는 인근놀이터를 활용할 수 있다. 옥내놀이터는 보육실로부터 층간 이동을 위해 아동용 손잡이 레일을 설치하는 등 안전에 필요한 장비를 구비하여야 한다. 인근놀이터를 활용하는 경우, 6세 미만 영유아가 이용할 수 있는 놀이기구 3종 이상이 설치되어 있고 놀이터의 관리 주체가 사용을 승낙한 경우에 이용 가능하다.

## 2) 시설설비

### (1) 급 · 배수 시설

상수도에 한하여 지하수를 음용수로 사용할 경우 저수조 등의 시설을 경유해야 하며, 더러운 물, 빗물 처리를 위한 배수설비를 갖추어야 한다. 상수도 또는 간이상수도에 의하여 먹는 물을 공급하는 경우에는 저수조를 경유하지 아니하고 직접 수도꼭지에 연결하여 공급하여야 한다.

### (2) 비상재해대비 시설

「소방 시설 설치유지 및 안전관리에 관한 법률 시행령」에 따른 스프링클러 설비 및 자동 화재 탐지 설비는 건물 전체에 설치하여야 한다. 건물 내 양방향 대피가 가능한 2개소 이상의 직통계단을 설치하고 2층 이상의 어린이집에서는 비상계단 또는 영유아용 미끄럼대를 설치한다. 비상구는 상단에 비상구 유도등을 달고 잠금장치를 문 안쪽에 설치해야 한다. 어린이집의 구조와 설비는 그 시설을 이용하는 영유아의 특성에 맞도록 설치한다.

### (3) CCTV(폐쇄회로 텔레비전)

CCTV 설치는 현관에 설치목적, 장소, 촬영 범위, 시간, 관리책임자 성명 및 연락처 등에 대해 안내해야 한다. 설치조건은 각 보육실, 공동놀이실, 놀이터 및 주방, 강당에 1대 이상씩 사각지대의 발생을 최소화할 수 있도록 설치해야 하며, 임의로 조작가능하거나 녹음기능이 있도록 설치해서는 안 된다.

어린이집 내 CCTV 등은 안전사고 예방, 아동학대 등 아동의 인권보호의 목적으로 설치하되, 아동과 보육교직원의 사생활의 비밀유지 자유 등 인권 침해를 최소화하는 범위 내에서 설치할 수 있다. 어린이집의 폐쇄회로 텔레비전에 기록된 영상정보는 60일 이상 보관하여야 하며, CCTV 관람자는 열람 시기와 절차 및 방법에 따라 열람대장을 작성하여 3년간 보관한다.

### (4) 기타 실내설비

돌출형 방열기를 사용할 경우 영유아가 직접 온열기에 닿지 아니하도록 적절한 보호장치를 설치하여야 한다. 보일러 설비, 퓨즈박스(두꺼비집), 화기, 소독수, 살충제, 조리실의 칼, 가위, 포크, 랩 등은 영유아의 손이 닿지 않는 위치에 배치하며, 어린이집 내부(벽, 천장 등)의 마감 재료는 불연재, 준 불연재 또는 난연재를 사용하며, 보육실의 실내장식물과 창문에 설치하는 커튼류 및 카펫 등은 방염성능이 있는 것으로 설치하여야 한다.

### (5) 활동 공간

활동 공간은 어린이가 주로 활동하거나 머무르는 공간으로 어린이놀이시설(「어린이놀이시설 안전관리법」 제2조 2호), 어린이집의 보육실(「영유아보육법」 제2조 제3호), 유치원교실(「유아교육법」 제2조 제2호) 등을 말한다. 어린이 활동 공간에 대한 환경안전 기준(「환경보건법 시행령」 [별표 2])은 다음과 같다.

어린이 활동 공간에 설치된 시설물은 녹이 슬거나 금이 가거나 도료(페인트 등)가 벗겨지지 않게 관리해야 한다. 실내 · 외 활동 공간에 사용되는 도료나 마감재, 바닥에 사용되는 모래 등 토양, 합성고무 재질 바닥재 등은 납, 카드뮴, 수은 및 6가크롬 등 유해화학물질의합이 일정함량(0.1%) 이하로 기준에 적합한 제품을 사용해야 한다.

실내 활동 공간에 사용되는 도료나 마감재료는 「다중이용 시설 등의 실내공기질관리법」에 따른 오염물질을 방출하지 않아야 한다. 어린이 활동 공간의 시설에 사용한 목재에는 사용이 금지된 방부제가 사용되지 않아야 하며, 활동 공간의 시설 및 바닥재에 해충이나 위해한 미생물이 서식하지 않도록 어린이 활동 공간의 시설 및 바닥재 위생관리 기준을 준수하여 관리해야 한다.

공기의 원활한 흐름을 위해서 창문과 환기 시설 등을 이용해 오전 · 오후 하루 두 번 이상 30분씩 환기하며, 오전 10시 이후 일조 및 채광량이 많은 낮 시간대에 실시한다. 건물 신축이나 리모델링 시 휘발성유기화합물, 폼알데하이드 등 유해화학물질 제거를 위해 시공 완료 후 실내공기의 온도를 높여주어 건축자재 등에서 방출되는 유해 오염물질의 방출량을 일시적으로 증가시킨 후 환기를 하여 실내오염물질을 제거한다.

진드기, 곰팡이 등의 서식을 막기 위해 습도를 60% 이하로 유지하고 진드기의 온상인 쿠션재, 담요, 봉제장난감 등은 뜨거운 물로 세탁하여 햇볕에 말린다. 높은 습도는 유기화합물이 다른 유기물과 화학작용을 일으키는 조건이 되므로 물청소를 한 후에는 반드시 마른 걸레로 닦는다.

# 3 유치원

유치원의 공간은 「유아교육법」, 「학교보건법」, 「고등학교 이하 각급 학교 설립 · 운영 규정」, 「학교교구 · 설비 기준」에 의한다. 다음에서는 유치원 공간의 실내 · 외 실별 구성 및 해당 공간에 포함되어야 할 시설설비 및 교재 · 교구를 중심으로 살펴보겠다.

## 1) 실내 · 외 공간

### (1) 교실

「학교교구 · 설비 기준」에 의하면, 보통교실 1실의 면적은 66㎡(30명 기준)로 원아 1인당 2.2㎡에 해당한다. 유치원 보통교실의 최소 면적은 만 3세반 20명 편성을 기준으로 최소 44㎡로 한다. 반편성은 만 3세반 20명 이내, 만 4세반 25명 이내, 만 5세반 30명 이내로 하고, 혼합연령일 경우에는 학급당 25명 이내로 한다.

환기용 창 등을 수시로 개방하거나 기계식 환기설비를 수시로 가동하여 1인당 환기량이 시간당 21.6㎥ 이상 되도록 한다. 교사의 내부 환경의 조도(책상면)는 300룩스 이상으로 하고, 소음은 55dB 이하로 하고, 온도는 18℃ 이상으로 하며, 온수공급 및 급수시설을 갖추어야 한다. 바닥 · 벽 · 천장 등에 배관하여 더운물이나 증기를 보내 복사열로 실내를 따뜻하게 난방하며 교실에는 온도계를 비치하여 적정온도를 유지하도록 한다. 실내온도는 18℃ 이상 28℃ 이하, 실내습도는 30% 이상 80% 이하를 유지한다. 책상 면을 기준으로 실내조명 시설은 300룩스 이상으로 눈부심이 없도록 한다.

### (2) 화장실

화장실은 남자용과 여자용으로 출입구를 구분하여 설치하되, 학생 및 교직원이 쉽고 편리하게 이용할 수 있도록 면적에 알맞게 변기 수를 확보한다. 대변기 및 소변기는 수세식으로 하며, 대변기의 칸막이 안에는 소지품을 두거나 옷을 걸 수 있는 설비를 하고, 화장실 안에는 손 씻는 시설과 소독시설 등을 갖춘다. 항상 청결이 유지되도록 청소하고 위생적으로 관리하며, 악취의 발산과 해충번식을 방지하도록 화장실의 내부 및 외부를 4월부터 9월까지는 주 3회 이상, 10월부터 다음해 3월까지는 주 1회 이상 소독한다.

### (3) 조리실

「유아교육법」에 의해 급식을 실시하는 유치원에서는 급식 시설 · 설비를 갖추어야 한다. 조리실에는 필요한 위치에 손 세척 시설이나 손 소독 시설을 설치하고, 100인 이상 급식을 제공하는 경우에는 손 세척 시설과 손 소독 시설을 함께 설치하여야 한다.

조리실은 벽과 문을 설치하여 전처리실, 조리실, 식기구세척실로 구획하거나 작업과정에서 교차오염이 발생하지 않도록 조치한다. 벽, 바닥, 천장은 내화성, 내수성, 내구성 있는 재질로 청소와 소독이 쉽고 화재를 예방할 수 있도록 한다. 출입구와 창문에는 해충 및 쥐의 침입을 막을 수 있는 방충망 등의 적절한 설비를 갖추어야 한다. 조리실 내 증기와 불쾌한 냄새를 배출할 수 있는 환기 시설을 설치하고 검수실은 540룩스 이상, 조리실은 22룩스 이상 조명을 갖춘다. 100명 미만의 유아에게 급식을 제공하는 경우에는 손 세척 시설이나 손 소독 시설을 설치한다.

냉장고(실)는 5℃ 이하, 냉동고는 영하 18℃ 이하를 유지하며, 식품 세척 시설, 조리 시설, 식기구 세척 시설, 식기구 보관장, 전기살균소독기 또는 열탕소독 시설을 갖춘다. 저장과 가열과정에서의 변화를 확인할 수 있도록 냉장식품 검수 시에는 식품의 중심온도를 잴 수 있는 전자식 탐침 온도계를 구비하며, 온도 및 습도관리를 위하여 적정 용량의 냉 · 난방 시설이나 조치를 취하여야 한다. 조리작업을 하는 위치에 사용하는 쓰레기통은 뚜껑이 있는 페달식으로 하여 해충의 접근을 차단하여야 한다.

### (4) 식품보관실

식품 등을 취급하는 재료보관실 · 조리실 등의 내부는 항상 청결하게 관리한다. 식품보관실은 식품과 비식품을 별도로 구분된 장소에 보관한다. 유통기한이 경과된 원료 또는 완제품을 조리할 목적으로 보관하지 않는다. 식품 등의 원료 및 제품 중 부패 · 변질이 되기 쉬운 것은 냉동 · 냉장 시설에 보관 · 관리한다. 식품 등의 보관 · 운반 · 진열

시에는 식품 등의 기준 및 규격이 정하고 있는 보존 및 보관 기준에 적합하도록 관리하여야 하고, 냉동 · 냉장 시설 및 운반 시설은 항상 정상적으로 작동시킨다.

식품 등의 제조 · 조리 · 가공 등에 직접 종사하는 자는 위생복 · 위생모를 착용하는 등 개인위생을 철저히 한다. 식품 등의 제조 · 조리 · 가공에 직접 사용되는 기계 · 기구 및 음식기는 사용 후에 세척 · 살균하는 등 항상 청결하게 유지 · 관리한다.

### (5) 복도

복도는 교실과 복도 사이에 걸리지 않도록 문턱을 제거하며, 복도는 성인 2사람이 부딪치지 않고 다닐 수 있도록(90cm 이상) 한다. 복도에는 조명을 설치하고 여닫이 문 개방 시 안전사고를 예방할 수 있도록 한다. 복도는 유아들의 이동 동선이며 화재 시 주요한 피난경로가 되므로 충분한 자연채광을 확보할 수 있도록 1㎡의 유효면적을 갖는 창문을 설치한다. 기관 내 모든 출입문의 가장자리에는 유아의 손이 끼지 않도록 손끼임 방지 장치나 열린 문이 급속히 닫히는 것을 방지하기 위한 완충장치를 설치한다.

### (6) 계단

계단의 단 높이는 16cm 이하로 하며, 계단의 단 너비는 26cm 이상으로 하여 유아가 안정적인 보행을 하도록 일정하게 구성한다. 계단의 경사도는 너무 급하지 않고 완만하게 구성(30~35도)하며, 계단의 끝부분은 미끄럼 방지 조치를 한다. 계단의 끝선은 명확히 구분할 수 있도록 다른 색으로 채색하고, 계단에는 전도사고를 방지하기 위해 최소한 110룩스 이상의 조도를 확보한다. 이때 복도와 계단 구역 간에 조도 차이가 크게 발생하지 않도록 유의한다.

바닥재는 콘크리트, 대리석 등 쿠션이 전혀 없는 딱딱한 상태보다는 충격을 흡수할 수 있는 재료를 사용한다. 높이 1m를 초과하는 계단 등에는 안정적인 보행과 추락사고 방지를 위한 난간을 설치한다. 난간 손잡이의 높이는 약 80cm 내외로 직경은 지름 3.5cm 내외, 난간살의 간격은 10cm 이하로 유아들의 신체치수에 맞게 설치한다.

### (7) 체육장

체육장은 인근 학교의 체육장 또는 공공 체육 시설 등과 인접하여 공동사용이 용이한 경우로 교육상 지장이 없다고 인정되는 경우에는 체육장을 두지 않거나 기준면적을 완화하여 인가할 수 있다. 놀이 시설은 「어린이놀이시설 안전관리법」에 적합하도록 설치하며, 체육장은 배수가 잘 되거나 배수 시설을 갖춘 곳에 위치해야 한다. 지하 체육 시설은 원칙적으로 불허하되, 「유치원 시설 안전관리 기준」 및 위생 시설, 채광 시설, 조명 시설, 환기 시설, 냉 · 난방 시설, 방음 시설 및 소방 시설 기준에 적합해야 한다. 만약 옥상 체육 시설을 설치할 때는 벽과 지붕이 없으면 인정하지 않는다.

## 2) 시설설비

### (1) 실외 영역

유치원의 체육장에 갖추어야 할 시설설비 및 실외 영역별 놀이기구는 다음과 같다.

**표 4-1** 실외 놀이기구

| 영역 | 설비 종목 | 규격 | 소요 기준 | 비고 |
|---|---|---|---|---|
| 놀이기구 | ① 미끄럼틀<br>② 정글짐<br>③ 터널<br>④ 구름다리<br>⑤ 망오름대, 흔들 사다리<br>⑥ 그네<br>⑦ 시소<br>⑧ 복합종합놀이기구 | 유아용 | 원당 3종 이상<br>또는 원당 1 | ①~⑦까지 중<br><br>⑧의 경우 |
| 모래놀이 | ① 모래장 | 모래 깊이 5~20cm | 원당 1 | 권장<br>[가급적<br>강(江) 모래 권장] |
| | ② 그늘막<br>(등나무, 파고라 등) | | 원당 1 | 권장 |
| | ③ 모래놀이대(이동식) | 정사각형 또는 직사각형<br>가로 80~180cm<br>세로 60~70cm<br>두께 15~20cm<br>높이 50~60cm | 원당 1 | ①이 없는 경우 |
| | ④ 도구 정리장 | | 원당 1 | 정리함으로 대체 가능 |
| 물놀이 | ① 수도 시설 | | 원당 1 | 권장 |
| | ② 물놀이대 | 직사각형<br>높이 50~60cm | 원당 1 | 권장<br>(이동식 가능) |
| | ③ 도구 정리장 | | 원당 1 | 정리함으로 대체 가능 |
| 목공놀이 | ① 목공놀이대 | 정사각형, 직사각형<br>높이 50~60cm | 원당 1 | 권장<br>(이동식 가능) |
| | ② 도구 정리장 | | 원당 1 | 정리함으로 대체 가능 |
| 동·식물 사육/재배 | ① 동물사육장(토끼장, 새장, 닭장 등) | | 원당 1 | 권장 |
| | ② 식물재배장 | | 원당 1 | 화분 대체 가능 |
| 기타 | ① 창고 | | 원당 1 | 권장 |
| | ② 벤치, 정자(그늘집) | | 원당 1 | 권장 |

| 출처 | 서울특별시교육청(2012). 사립유치원 행정 업무 편람.

### (2) 실내 시설설비

유치원 실내 실별로 갖추어야 할 비품 등은 다음과 같다.

**표 4-2 유치원 내 실별 비품**

| 구분 | 설비 종목 | 규격 | 비고 |
|---|---|---|---|
| 교무실 및 자료실 | ① 태극기 | | |
| | ② 교사용 책상, 의자 | | |
| | ③ 교사용 책장 | | |
| | ④ 교사용 사물함 | | 권장 |
| | ⑤ 캐비닛 및 옷장 | | 권장 |
| | ⑥ 교사용 게시판(월중행사) | | |
| | ⑦ 자료장 | | |
| | ⑧ 서류보관함 | | |
| | ⑨ 약장 | | |
| | ⑩ 전화기 | | |
| | ⑪ 팩스 | | |
| | ⑫ 복사기 | | |
| | ⑬ 코팅기 | | |
| | ⑭ 스캐너 | 보조기구 포함 | 권장 |
| | ⑮ 종이재단기 | | |
| | ⑯ 컴퓨터(사무용) | 멀티미디어급 | |
| | ⑰ 프린터(사무용) | | |
| | ⑱ TV 수상기 | | |
| | ⑲ VCR 촬영기 | | |
| | ⑳ 사진기 | | 권장 |
| | ㉑ 투시환등기 | | |
| | ㉒ 실물화상기 | | 권장 |
| | ㉓ 캠코더 | | 권장 |
| | ㉔ 디지털카메라 | | 권장 |
| | ㉕ 스크린 | | 권장 |
| | ㉖ 방송 시설 | | 권장 |
| | ㉗ 수도 시설 | | 권장 |

| 구분 | 설비 종목 | 규격 | 비고 |
|---|---|---|---|
| 보건실 | ① 신장계 | | 보건실이 없는 경우 교무실 및 자료실에 설치 가능 |
| | ② 체중계 | | |
| | ③ 유아용 침대(보건용) | | |
| | ④ 약장 | | |
| | ⑤ 치아 · 칫솔 모형 | 실습용 | |
| | ⑥ 기초 식품군 자료 | | |
| 급식실 | ① 싱크대(개수대, 조리대, 가스대, 레인지후드 포함) | | |
| | ② 냉장고 | | |
| | ③ 주방용 도구 일체 | | |
| | ④ 급 · 간식 운반대 | | |
| | ⑤ 살균 소독기 | | 권장 |
| | ⑥ 전자레인지 | | 권장 |
| | ⑦ 식기세척 및 건조기 | | 권장 |
| 보통 교실 | ① 태극기 | | |
| | ② 유아용 책상 | | 급당 정원이 20명 이내인 경우 2조 가능(1조: 8인용) |
| | ③ 유아용 의자 | | |
| | ④ 교구장 | | |
| | ⑤ 책꽂이 | | |
| | ⑥ 유아용 사물함(옷, 신발, 개인소지품 보관 가능) | | 분리형도 가능 |
| | ⑦ 깔개(카펫) | | |
| | ⑧ 다목적 칠판(융판, 자석칠판, 화이트보드 칠판 겸용) | | |
| | ⑨ 유아용 게시판 | | |
| | ⑩ 벽걸이 시계 | | |
| | ⑪ 거울 | | |
| | ⑫ 청소 도구(보관함) | | |
| | ⑬ 교육용 컴퓨터 | 멀티미디어급 | 권장 |
| | ⑭ 교육용 프린터 | | 권장 |
| | ⑮ TV 수상기 | 29인치 이상 | 권장 |
| | ⑯ VCR | | 권장 |
| | ⑰ 카세트녹음기 | 라디오, CD 겸용 | 권장 |

| 구분 | 설비 종목 | 규격 | 비고 |
|---|---|---|---|
| 보통 교실 (계속) | ⑱ 스피커 | | 권장 |
| | ⑲ 냉 · 난방 시설 | | 권장 |
| | ⑳ 수도 시설 | | 권장 |
| | ㉑ 진공청소기 | | 권장 |
| | ㉒ 공기청정기 | | 권장 |
| | ㉓ 가습기 | | 권장 |
| | ㉔ 환풍기 | | 권장 |
| | ㉕ 유아용 침구 | | 1인당 1(㉕, ㉖은 종일반 운영 시) |
| | ㉖ 이불장 | | |
| 기타 | ① 정수기 | | |
| | ② 세탁기 | | |
| | ③ 샤워 시설 | | 종일반 운영의 경우 |

| 출처 | 서울특별시교육청(2012). 사립유치원 행정 업무 편람.

## 3) 교재 · 교구

유치원의 교실에는 「학교교구 · 설비 기준」에 따라 다음과 같은 교재 · 교구를 갖추어야 한다.

**표 4-3** 실내영역별 교구 기준

| 영역 | 교구 종목 | 규격 및 교구 종류 | 소요 기준 | 구분 | | 비고 |
|---|---|---|---|---|---|---|
| | | | | 필수 | 권장 | |
| 쌓기놀이 | ① 블록 | • 유닛 블록(150조각 이상) | 급당 1종 | ○ | | |
| | | • 기타 블록(스펀지, 나무, 종이, 헝겊, 플라스틱 블록류 등) | 급당 5종 이상 | ○ | | |
| | ② 소품 | • 동 · 식물 모형(육지동물, 조류, 바다생물, 곤충, 공룡, 식물 등) | 급당 3종 이상 | ○ | | |
| | | • 인형(다양한 인종, 직업 · 성을 나타내는 사람 모형), 가면 등 | 급당 3종 이상 | ○ | | |
| | | • 교통기관 모형(자동차, 비행기, 배, 교통신호 표지판, 지역사회기관 등) | 급당 3종 이상 | ○ | | |
| | ③ 기타 | • 화보, 관련 도서, 활동 카드, 사진 등 | 급당 생활주제별 3종 이상 | ○ | | |
| 역할놀이 | ① 가구 | • 싱크대, 화장대, 소파, 낮은 탁자, 의자, 옷장 등 | 급당 3종 이상 | ○ | | |
| | ② 주방용품 | • 냉장고, 모형 가스레인지, 믹서, 토스터, 프라이팬, 냄비, 주전자, 쟁반, 국자, 도마, 칼, 컵, 각종 그릇, 수저, 포크, 나이프, 음식 모형 등 | 급당 10종 이상 | ○ | | |
| | ③ 소품 | • 소꿉놀이(앞치마, 넥타이, 턱받이, 지팡이, 안경, 신발, 가방, 모자, 유모차, 우유병, 인형 등) | 급당 5종 이상 | ○ | | |
| | | • 병원놀이(의사가운, 간호사복, 청진기, 모형주사기, 병원차트, 체온계, 반사경, 혈압기, 붕대, 약병, 모형 링거병 등) | 급당 5종 이상 | ○ | | |
| | | • 미용실놀이(거울, 드라이기, 헤어롤, 분무기, 가운, 가발, 머리핀 등) | 급당 5종 이상 | ○ | | |
| | | • 은행놀이(통장, 모형돈, 지갑, 계산기, 카드, 인주와 도장 등) | 급당 5종 이상 | ○ | | |
| | | • 가게놀이(모형돈, 간판, 지갑, 시장바구니, 핸드백, 메뉴판, 계산기, 전화, 팔 물건 등) | 급당 5종 이상 | ○ | | |
| | | • 소방서놀이(소방관 의상, 모자, 모형소화기, 호스, 전화기, 구급차, 메가폰, 사다리, 무전기, 들것 등) | 급당 5종 이상 | ○ | | |
| | | • 경찰서 놀이, 우체국 놀이, 주유소 놀이, 방송국 놀이, 음식점 놀이, 결혼식 놀이 등을 위한 소품 일체 | 급당 3종 이상 | | ○ | |
| | ④ 기타 | • 화보, 간판, 관련 도서, 활동 카드, 활동 사진 등 | 급당 생활주제별 3종 이상 | ○ | | |

| 영역 | 교구 종목 | 규격 및 교구 종류 | 소요 기준 | 구분 필수 | 구분 권장 | 비고 |
|---|---|---|---|---|---|---|
| 언어 | ① 듣기 자료 | • 녹음기, CD플레이어, 헤드폰, 음성 동화책, CD 등 | 급당 1종 | ○ | | |
| | ② 말하기 자료 | • 인형극 틀, 손인형, 마이크, 역할놀이용 머리띠, 동화자료(그림, 막대, 융판, 자석 동화) 등 | 급당 3종 이상 | ○ | | |
| | | • 이야기나누기 및 꾸미기 자료 | 급당 생활주제별 3종 이상 | ○ | | |
| | ③ 읽기 자료 | • 동시판, 그림책, 그림 카드, 글자 카드 등 | 급당 3종 이상 | ○ | | |
| | ④ 쓰기 자료 | • 색연필, 사인펜, 연필, 지우개, 종이, 화이트보드, 자석판, 마카펜 등 | 급당 3종 이상 | ○ | | |
| | ⑤ 도서 자료 | • 전래동화, 명작동화, 창작동화, 위인동화, 생활주제별 그림책, 생활주제별 동시집, 백과사전 등 | 급당 50권 이상 | ○ | | |
| | ⑥ 게임 자료 | • 게임도구(카드류, 보드류, 퍼즐류) 등 | 급당 3종 이상 | ○ | | |
| 수·조작 | ① 수 활동 자료 | • 다양한 크기와 모양의 단추, 돌, 도형, 구슬, 종이, 블록, 길이가 다른 막대, 줄, 실 등(짝짓기, 수세기, 분류, 비교, 부분과 전체, 기초와 통계, 서열을 위한 자료) | 급당 3종 이상 | ○ | | |
| | ② 조작 활동 자료 | • 그림퍼즐, 단추 끼우기, 지퍼 올리기, 끈 끼우기, 리본 묶기, 찍찍이 붙이기, 벨트 채우기, 바느질놀이 도구, 구슬 꿰기 등 | 급당 3종 이상 | ○ | | |
| | ③ 게임 활동 자료 | • 각종 카드 게임, 게임판, 주사위, 민속놀이 자료 등 | 급당 3종 이상 | ○ | | |
| | ④ 도형 자료 | • 도형퍼즐, 도형 카드 게임, 도형 구성놀이, 칠교놀이, 다양한 도형류, 입체도형류 등 | 급당 3종 이상 | ○ | | |
| 과학 | ① 실험 및 관찰도구 | • 거울(오목, 블록, 접이식, 삼각거울 등), 자석(막대, 말굽 등), 확대경(돋보기, 루페, 현미경 등), 감각상자, 프리즘 등 | 급당 3종 이상 | ○ | | |
| | ② 측정도구 | • 길이측정도구(막대자, 눈금자, 줄자, 신장계 등), 양측정도구(체중계, 접시저울, 양팔저울, 계량컵, 계량스푼 등), 모래시계, 온도계, 체온계 등 | 급당 3종 이상 | ○ | | |
| | ③ 생명체 관련 자료 | • 동물, 식물, 식물표본, 곤충표본, 어항, 개미집 등 | 원당 1종 | ○ | | |
| | ④ 자연현상 관련 자료 | • 흙, 돌, 곡식, 조개껍데기, 돌멩이, 솔방울, 도토리 등 여러 가지 자연물, 지구본, 우리나라 지도, 세계지도, 기후 관련 사진이나 그림 등 | 원당 1종 | ○ | | |
| | ⑤ 기타 | • 동물과 식물 관련 그림책, 백과사전류, 다양한 기계류 및 부속품, 관찰기록용지 등 | 급당 1종 이상 | ○ | | |
| 음률 | ① 악기 | • 리듬악기류(탬버린, 캐스터네츠, 트라이앵글, 방울, 우드블록, 샌드블록, 귀로, 리듬막대, 마라카스, 셰이커, 큰북, 작은북, 심벌즈 등) | 급당 3종 이상 | ○ | | |
| | | • 멜로디악기류(피아노, 전자오르간, 실로폰, 핸드벨, 멜로디언, 우쿨렐레 등) | 급당 1종 | ○ | | |
| | | • 국악기류(북, 장구, 소고, 꽹과리, 징, 가야금, 피리 등) | 급당 1종 | ○ | | |
| | ② 노래 활동 | • 그림악보, 관련그림, 포스터 등 | 급당 생활주제별 1종 이상 | ○ | | |

| 영역 | 교구 종목 | 규격 및 교구 종류 | 소요 기준 | 구분 | | 비고 |
|---|---|---|---|---|---|---|
| | | | | 필수 | 권장 | |
| 음률(계속) | ③ 감상 활동 | • 녹음기, CD플레이어, 음악 CD, 헤드폰 등 | 급당 1종 이상 | ○ | | |
| | ④ 표현 활동 | • 리본막대, 스카프, 한삼 등 | 원당 1종 | ○ | | |
| | ⑤ 기타 | • 화보, 관련도서 등 | 원당 1종 | ○ | | |
| 미술 | ① 그리기 도구 | • 크레파스, 색연필, 사인펜, 유성매직, 종이류, 물감, 붓류(굵기 3종 이상) 등 | 급당 3종 이상 | ○ | | |
| | ② 만들기 도구 | • 안전가위, 모양가위, 펀치, 스테이플러, 점토, 스펀지, 리본, 잡지, 풀, 테이프, 수수깡, 빨대, 털실, 모루, 재활용품 등 | 급당 3종 이상 | ○ | | |
| | ③ 기타 | • 작품 건조대, 작품 게시대, 이젤, 작업복, 감상 자료, 활동순서도 등 | 급당 3종 이상 | ○ | | |
| 컴퓨터 | ① 컴퓨터 | • 최신 사양 | 급당 1종 | | ○ | |
| | ② 프린터 | | 급당 1종 | | ○ | |
| | ③ 소프트웨어 | • 멀티미디어 교수학습 자료 | 원당 5종 이상 | | ○ | |
| 요리 | ① 조리도구 | • 전자레인지, 오븐, 프라이팬, 냄비, 믹서, 주방용 저울, 도마, 칼, 접시, 쟁반, 그릇, 수저, 포크, 모양 찍기 틀 등 | 원당 5종 이상 | ○ | | |
| | ② 기타 | • 앞치마, 머릿수건, 요리순서도, 요리책, 저울, 온도계 등 | 원당 3종 이상 | ○ | | |
| 신체활동 | ① 운동놀이 기구 | • 평균대, 뜀틀, 매트, 유니바 등 | 원당 2종 이상 | ○ | | |
| | ② 놀이기구 | • 여러 가지 크기의 공, 풍선, 훌라후프, 줄넘기, 스카프, 줄, 고리던지기 등 | 원당 3종 이상 | ○ | | |
| | ③ 전통놀이 도구 | • 투호, 사방치기판, 굴렁쇠, 윷놀이, 제기, 팽이, 딱지, 비석치기판 등 | 원당 3종 이상 | ○ | | |
| 모래놀이 | ① 모래놀이 도구 | • 다양한 크기의 삽, 다양한 크기와 모양의 그릇, 모래틀, 체, 컵, 깔때기, 계량용기 등 | 원당 5종 이상 | ○ | | |
| | ② 기타 | • 정리 바구니, 다양한 자동차, 트럭, 물뿌리개 등 | 원당 5종 이상 | ○ | | |
| 물놀이 | ① 물놀이 도구 | • 수조, 크고 작은 그릇, 깔때기, 계량컵, 체, 구멍이 여러 위치에 뚫린 통, 다양한 굵기의 투명한 호스, 수로용 플라스틱 호스 등 | 원당 5종 이상 | ○ | | |
| | ② 기타 | • 비닐 앞치마, 배, 고무인형, 나무토막, 스티로폼 조각, 비치볼, 플라스틱 인형, 인형옷, 손수건, 대야, 비누, 빨래판, 자석낚시게임, 물컵 나르기, 스푼, 물뿌리개, 물레방아 등 | 원당 5종 이상 | ○ | | |

출처 | 경기도교육청(2017a). 유치원 교구 · 설비기준.

Chapter | 05

# 교육환경관리

1. 물리적 환경에 대한 이해
2. 교육환경 구성의 원리
3. 영역별 환경 구성

어린이집과 유치원은 영유아가 거의 하루 종일 지내는 생활과 학습의 공간으로, 이곳에서 지내는 아이들의 지각, 인지, 감정, 실제 행동에 영향을 주며 타인과의 상호작용 생활을 성공적으로 하게 하는 데 결정적 역할을 한다. 본 장에서는 물리적 환경의 의미와 구성 원리에 대해, 영유아의 발달에 적합한 교육 및 보육환경을 구성하기 위한 실내 · 외 환경, 기타 서비스 환경에 대해 살펴보고자 한다.

# 1 물리적 환경에 대한 이해

우리가 익히 알고 있는 레지오에밀리아 접근에서는 물리적 환경이 사람 간의 관계를 촉진시키고 또 다른 환경을 창조하는 변화를 불러오며, 인지적 학습뿐만 아니라 사회 · 정서적 학습을 가능하게 하는 잠재력을 가지고 있기 때문에 제3의 교사로서 공간을 중요시하고 있다. 이런 의미에서 교사가 영유아를 위해 구성하는 공간은 영유아의 삶의 가치를 만들어 가는 환경이 된다. 그러므로 교사는 자신의 교육철학이 교실의 매체, 설비, 공간 배치에 어떠한 영향을 미치는지 그리고 영유아, 부모, 방문객들에게 어떤 메시지를 전달하고 있는지 신중히 생각해 볼 필요가 있다.

예를 들면, 신체를 움직이고 자유롭게 이동할 수 있도록 안전한 통로가 확보된 환경 속에서 영유아는 신체 발달을 도모할 수 있지만, 지나치게 많은 교구나 좁고 폐쇄된 공간에서는 영유아의 움직임에 대한 기본적인 욕구가 충족되기 어렵다. 공간 내 적절한 영유아의 수, 적절한 개방과 폐쇄, 놀이하기에 적절한 놀잇감의 양, 지나치게 자극적이거나 현란하지 않은 벽, 커튼이나 카펫의 색깔, 계절이나 하루의 변화를 느낄 수 있도록 하는 채광 등은 영유아로 하여금 편안하고 안정감을 주어 사회적 행동의 발달을 이끌 수 있다.

또한 놀잇감이 잘 정비되어 있고, 영유아들이 선택하여 놀이할 수 있도록 되어 있다면 영유아는 자율감을 느낄 수 있다. 놀이에 대한 필요한 안내 사항이 글과 그림으로 게시되어 있어 친구에게 물어보거나 성인의 지시를 받지 않고도 영유아 스스로 할 수 있도록 구성되어 있다면 영유아는 성취감을 느끼고 통제력을 발달시킬 수 있다. 영유아의 발달 수준에 적합한 도서, 다양한 놀잇감을 비치하여 영유아가 흥미롭게 놀이할 수 있도록 함으로써 인지나 언어발달을 도모할 수 있다. 또한 영유아의 신체 크기에 맞는 가구나 비품들은 영유아의 생활을 더욱 편안하고 안정감 있게 해주며 자존감을 느낄 수 있도록 해준다.

이처럼 물리적 공간은 영유아의 보호와 양육을 위한 환경으로, 교육을 위한 환경으로 영유아의 건강한 발달과 최상의 교육적 효과를 누릴 수 있도록 계획되어야 한다. 안락하고 쾌적한 공간 속에서 영유아가 원하는 놀이를 선택하고, 놀이 과정에서 친구나 교사와 상호작용하며, 자신의 경험을 재구성하고 확장하며, 명료화할 수 있어야 한다. 이러한 과정이 즐거운 일상 속에서 안전하게 이루어질 수 있도록 하기 위해 각 기관의 여건과 특성에 따라 실제 공간을 구성하되 일정한 주기를 바탕으로 변화를 주어 교육목적과 목표, 주제에 맞도록 계획하고 운영되도록 한다.

결국 바람직한 영유아를 위한 환경 구성이란 가정과 같이 편안하고 쾌적한 환경, 영유아의 일상생활이나 다양한 놀이를 적극 격려하도록 계획 · 구성된 환경, 영유아뿐만 아니라 성인인 교사에게도 일하고 싶은 편안한 교육환경을 의미한다.

# 2 교육환경 구성의 원리

영유아는 어린이집과 유치원에 머무르는 동안 대부분을 보육실이나 학급 교실에서 보낸다. 놀이를 하고 휴식을 취하거나 간식을 먹고, 잠을 자거나 점심을 먹는다. 이렇듯 보육실이나 교실 공간은 영유아의 생활 공간이 되므로 안전하고 위생적이며 놀이 활동에 적합하도록 구성되어야 한다. 영유아기는 심신의 발달이 빠르고 호기심이 많지만 아직 성인들처럼 안전이나 위생에 대한 판단을 적절히 하지 못하며 자신의 의사를 언어로 잘 표현하지 못하는 경우가 많다. 따라서 교사는 다음과 같은 점에 주의하여 환경을 구성하도록 한다(육아정책개발센터, 2008).

**tip** 보육 프로그램에 제시된 보육환경과 관련된 요소들을 확인해 봅시다.

| 구분 | 항목 | ○ | × |
|---|---|---|---|
| 1 | • 가정과 같이 편안한 분위기가 나도록 한다. 가구, 커튼, 개인장, 동·식물 등을 이용하여 안정된 분위기를 만든다. | | |
| 2 | • 공간을 구성하거나 놀잇감을 제공할 때 개인차를 고려한다. | | |
| 3 | • 흥미 영역을 중심으로 환경을 구성하여 교육적이고 정서적으로 안정된 환경을 제공한다. | | |
| 4 | • 청결하고 안전한 환경을 제공한다. | | |
| 5 | • 온도나 습도 등이 영유아들이 하루 종일 활동하기에 적합해야 한다. 온도는 20~22℃를 유지하며 습도는 50~65%가 적합하다. | | |
| 6 | • 공간은 보육실 크기와 영유아 수에 기초하여 배치할 흥미 영역의 수를 정하고 활동에서 유발되는 소음이나 물의 사용, 활동의 움직임 정도나 자료 공유 등을 고려하여 배치한다. | | |

| 출처 | 육아정책개발센터(2008). 5세 보육 프로그램.

이외에도 어린이집과 유치원의 유보통합 평가지표에 제시되어 있는 보육환경에 대한 평가는 크게 기관의 공간 구성과 영유아 발달에 적합한 교재 · 교구의 구비, 교육 및 보육지원 환경에 초점을 두고 있으므로 교사는 환경의 공간 구성 시 아래의 사항도 확인할 필요가 있다.

| 평가 영역 | 평가지표 | 평가 항목 |
|---|---|---|
| 2. 보육환경 및 운영관리 | 2-1. 실내 공간 구성(5) | 1. 보육실 내 흥미 영역은 영유아의 연령 및 발달특성을 고려하여 충분한 공간에 구성한다. |
| | | 2. 영유아의 요구를 충족하는 다양한 공간을 마련하고 있다. |
| | | 3. 실내 시설 및 설비가 영유아의 발달 수준에 적합하다. |
| | | 4. 계획안의 주제와 관련된 활동 자료들을 영유아의 연령 수준에 맞게 영역별로 다양하게 구비하고 있다. |
| | | 5. 비품과 활동 자료를 보관하는 별도의 공간이 있고, 연령별, 주제별 또는 영역별로 정리되어 있다. |
| | 지표등급 | 우수: Y가 4개 이상, 적합: Y가 3개, 개선 필요: Y가 2개 이하 |
| | 2-2. 실외 공간 구성(3) | 1. 옥외놀이터 등을 구비하고 있다. |
| | | 2. 영유아 발달에 적합하고 다양한 놀이기구를 구비하고 있다. |
| | | 3. 실외 공간에 다양한 활동 영역을 제공하고 있다. |
| | 지표등급 | 우수: Y가 3개 이상, 적합: Y가 2개, 개선 필요: Y가 1개 이하 |

| 출처 | 보건복지부 · 한국보육진흥원(2017). 2017년 제3차 어린이집 평가인증안내(통합지표).

위에서 제시되고 있는 환경 구성 요소들을 인지한 다음에 교사는 먼저 보육실을 깨끗이 청소하고 난 후에 흥미 영역과 교구장 등 공간 구성을 어떻게 배치할 것인지, 영유아의 연령을 고려하고 시설 비품들을 잘 살펴본 후에 효과적으로 사용할 수 있는 방안을 모색하도록 한다. 다음의 과정을 통해 공간 구성에 대한 이해를 점검해 본다.

## 1) 점검요인 1: 교육 대상의 발달적 특성

● 연령별 흥미 영역 구성의 예
- 만 0세: 신체 영역, 언어 영역, 감각 · 탐색 영역
- 만 1세: 신체 영역, 언어 영역, 감각 · 탐색 영역, 역할 및 쌓기놀이 영역
- 만 2세: 신체 영역, 언어 영역, 감각 · 탐색 영역, 미술 영역, 음률 영역, 역할 및 쌓기놀이 영역
- 만 3~5세: 언어 영역, 미술 영역, 음률 영역, 수 · 조작 영역, 과학 영역, 역할 영역, 쌓기놀이 영역

※ 공간이나 여건이 충분치 않은 경우, 유사한 성격의 활동 또는 연계 · 확장 활동이 이루어지는 흥미 영역을 통합하여 구성 가능

### (1) 영아반 환경 구성

일반적으로 우리나라의 어린이집 영아반은 대개 6~36개월까지의 영아들을 보육하고 있다. 영아기는 인간의 발달과정 중 환경의 영향에 가장 민감한 시기로, 영아들은 선천적인 호기심을 통해 주위 환경을 끊임없이 탐색하면서 세상에 대해 학습해 나간다. 따라서 영아를 위한 실내 공간은 영아의 생리적 욕구에 기초한 생활 공간의 기능이 중시되어야 하며, 영아의 기본적인 욕구인 건강과 안전, 탐색적 욕구, 움직임의 욕구, 정서적 안정감 등을 충족시킬 수 있는 놀이와 학습의 공간이 되어야 한다.

- 일상생활 영역과 놀이 영역을 함께 구성하며, 수유, 낮잠, 기저귀 갈이 등 일상생활이 편안하게 이루어지도록 환경을 구성한다. 2세반은 놀이 활동 영역을 중심으로 구성한다.
- 영아의 놀이 특성을 반영하여 탐색과 놀이 활동이 충분히 이루어지도록 다양한 놀이 영역을 구성하며 0세반에서 2세반으로 갈수록 놀이 영역의 수를 늘린다. 특히 영아의 특성상 신체 활동이 활발하게 일어나고 실내 · 외로 자주 이동하기 어려운 점을 감안하여 신체 영역을 보육실 내에 구성한다.
- 보육실을 포함한 실내 · 외 시설 설비는 영아의 신체 크기에 적절하고 안전하도록 구성한다. 책상과 의자, 침대 등은 영아의 신체 크기를 고려하여 선택 배치하며 특히 교구장이나 책상 등은 모서리가 날카롭지 않아야 한다. 또한 영아가 삼킬 수 있는 직경 3.5cm 이하 작은 크기의 놀잇감(블록, 구슬 등)은 제공하지 않는다.

- 영아들이 안락하고 편안하게 쉴 수 있는 휴식 공간을 제공한다. 조용한 영역에 카펫과 쿠션 등을 마련해주고 영아 눈높이의 벽면에 영아나 가족 또래, 친숙한 동물 사진 등을 붙여준다.

### (2) 유아반 환경 구성

일반적으로 우리나라의 어린이집과 유치원의 유아반은 대개 만 3~5세까지의 유아들을 교육하고 있다. 유아기로 들어서면서 일과는 놀이를 통한 학습의 비중이 점차 많아지게 된다. 그러므로 유아를 위한 공간 구성은 일상생활 영역보다는 수 · 조작 영역, 언어 영역, 과학 영역 등과 같이 보다 다양한 활동을 할 수 있도록 구성한다. 각 기관의 교육 목적에 따라 흥미 영역을 다양하고 융통성 있게 구성할 수 있으나, 장시간 기관에 있어야 하는 영유아들이 많으므로 가정과 같은 정서적인 안락감을 주는 편안한 곳이 되도록 한다.

❶ 0~1세 영아반의 영역 구성 배치의 예(중앙보육정보센터, 2009)

- 0세, 1세 영아반은 일상생활 공간(기저귀 갈기, 수유, 잠자기 등)과 놀이 공간을 적절히 마련하기
- 흥미 영역은 신체 활동과 탐색 영역(감각놀이) 중심으로 구성하기
- 세면대나 화장실 근처에 기저귀 갈기 공간을 구성하고, 기저귀 갈이대와 영아 개인별 기저귀, 물휴지, 로션, 일회용 비닐장갑 등을 바구니별로 담아 보관하기

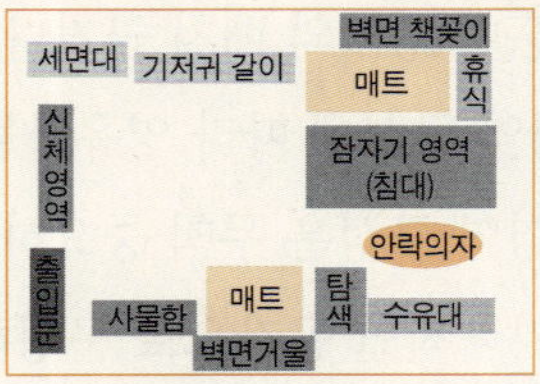


0~1세 영아반의 영역 구성 배치의 예

❷ 2세 영아반의 영역 구성 배치의 예

- 2세 영아반의 경우에는 몇 개의 영역을 통합하여 구성하기
  - –조작탐색 영역(수 영역, 조작 영역, 과학 영역)
  - –표현 영역(미술 영역, 음률 영역)
  - –역할 및 쌓기 영역(역할 영역, 쌓기 영역)
  - –기저귀 사용하는 영아가 있는 경우에는 기저귀 갈기 영역을 구성해주기

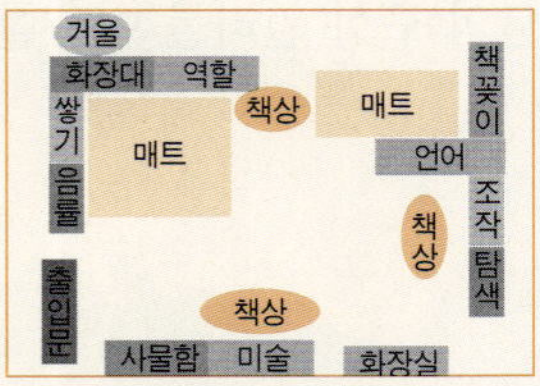


2세 영아반의 영역 구성 배치의 예

❸ 3세 이상의 유아반 영역 구성 배치의 예(중앙보육정보센터, 2009)

- 보육실이 충분히 넓은 경우
  - 출입문 가까이에 사물함, 역할 · 쌓기 · 음률 영역 구성하기
  - 사물함이나 세면대 가까이에 미술 영역 구성하기
  - 가장 조용하고 밝은 곳에 언어 영역 구성하기
- 보육실이 좁은 경우
  - 영역을 통합하여 배치하기
  - 조용한 영역: 언어 영역, 수 · 조작 영역, 과학 영역 등
  - 시끄러운 영역: 미술 영역, 역할 영역, 쌓기 영역, 음률 영역 등

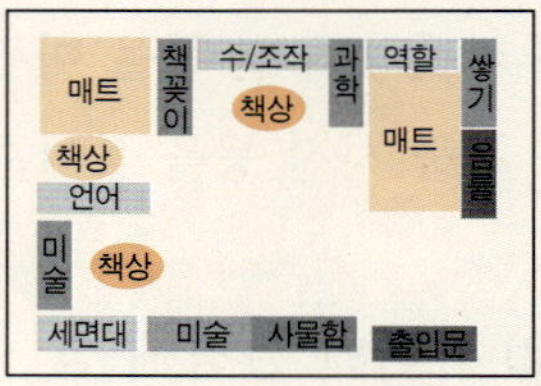

3세 이상의 유아반 영역 구성 배치의 예

## 2) 점검요인 2: 프로스트(Frost)의 공간 구성 원리

학급 및 보육실의 흥미 영역을 잘 구성하는 것은 영유아들 간의 갈등상태를 줄여주고 활동을 더욱 효과적으로 하도록 도와준다. 따라서 교사는 물리적 · 기능적인 면을 고려하여 효율적으로 교실을 구성해야 하는데, 이를 위해 교사는 교실의 평면도를 그려보고 흥미 영역의 배치 근거나 적합성을 점검해 보는 것이 필요하다.

영역 구성에 따라 영유아들의 놀이 활성화 및 적절성은 매우 달라지므로 교사의 업무 중 영역 구성은 무척 중요하다고 볼 수 있다. 다양한 활동을 해 볼 수 있도록 흥미 영역을 자율적인 공간으로 구성하되 낮은 분리대와 칸막이, 이동식 교구장, 가리개, 책꽂이 등으로 구분하여 각 영역별 특수성이 유지되면서도 다른 영역과의 연계나 통합이 이루어지도록 구성한다. 또한 영역 간의 통행이 잘 되도록 통로 공간을 확보해 주어 모든 영역이 교사의 시야에 들어올 수 있도록 한다. 일반적으로 프로스트(Frost & Kissinger, 1976)의 구성 원리를 이용할 경우에는 흥미 영역의 배치에 도움을 받을 수 있다.

건조함

| (조용함) | (활동적임) |
|---|---|
| **조용하고 건조한 영역**<br>언어, 수 · 조작, 휴식 영역 | **시끄럽고 건조한 영역**<br>쌓기놀이, 대근육 활동,<br>역할 영역, 목공놀이, 음률놀이 |
| **조용하고 물이 있는 영역**<br>요리, 간식, 미술, 과학 | **시끄럽고 물이 있는 영역**<br>물 · 모래놀이, 손 씻는 곳,<br>물감 활동, 과학실험 |

조용함 / 활동적임

젖음(물이 있는 곳)

**그림 5-1** 프로스트의 교실 공간 구성

위의 공간 구성 원리를 적용하여 기관의 실내환경을 관찰한 후 발달에 적합하게 재구성한 예를 살펴보면 다음과 같다.

<table>
<tr><td>관찰자</td><td>○○○</td><td>관찰일시</td><td>20○○. ○. ○.</td></tr>
<tr><td>관찰기관</td><td>○○유치원(어린이집)</td><td>관찰 대상</td><td>○○반(4세)</td></tr>
<tr><td colspan="2">현재 관찰배치도(20○○. ○. ○.)</td><td colspan="2">분류 기준에 의거한 재배치도</td></tr>
<tr><td colspan="2">조용한 영역<br>건조한 영역 (왼쪽) / 물이 있는 영역 (오른쪽)<br>[쌓기놀이 영역 | 과학 영역, 미술 영역]<br>[역할놀이 영역 | 수 · 조작놀이, 언어 영역]<br>활동적인 영역(출입구)</td><td colspan="2">조용한 영역<br>건조한 영역 (왼쪽) / 물이 있는 영역 (오른쪽)<br>[언어 영역, 수 · 조작놀이 | 과학 영역, 미술 영역]<br>[쌓기놀이 영역 | 역할놀이 영역]<br>활동적인 영역(출입구)</td></tr>
<tr><td colspan="2">요약 및 해석</td><td colspan="2">관찰을 통한 지원</td></tr>
<tr><td colspan="2">• 6개의 활동 영역으로 구성<br>• 조용하고 건조한 영역에 쌓기놀이 배치, 물이 있고 활동적인 곳에 언어 영역 배치, 건조하고 활동적인 곳에 역할놀이 배치로 영역 분류 기준에 의한 영역 구성 재배치 요구</td><td colspan="2">• 언어 영역은 건조하고 조용한 곳으로 재배치<br>• 쌓기놀이 영역은 건조하고 활동적인 곳으로 재배치<br>• 수 · 조작놀이 영역은 건조하고 조용하고 활동적인 곳의 중간에 재배치</td></tr>
</table>

| 출처 | 황해익 · 최혜진 · 정혜영 · 권유선(2014). 아동관찰 및 행동연구.

### 3) 점검요인 3: 물리적 특성을 고려한 교실배치도 구성

프로스트의 영역 구성 원리 외에도 각 학급 공간이 지니는 물리적 특성 즉 이용 가능한 공간 면적, 주 출입문의 방향, 출입문의 개수, 창문의 크기 · 개수 · 방향, 싱크대의 유 · 무, 채광, 전기콘센트의 위치, 시설물 및 세면대의 위치와 이동로 그리고 해당 교육 대상의 연령별 특성 및 교사의 철학 등을 고려하여 교사의 독특한 색깔(교육철학)을 지닌 실내환경이 구성되도록 노력한다.

학기 초에 구성된 흥미 영역의 위치는 1년 내내 고정된 것이 아니라 주제에 따라, 계절에 따라, 때로는 교사의 의도로 얼마든지 재구성할 수 있다. 단, 흥미 영역을 재구성할 때에도 흥미 영역 구성의 기본원리와 교실의 물리적 특성을 충분히 고려하여 교육 효과를 증진시킬 수 있는 영역 배치를 하도록 한다.

### 4) 점검요인 4: 주제에 따른 교재 · 교구 및 학습 자료 교체

교사는 주제가 진행됨에 따라 각 주제에 맞게 교재 · 교구를 교체하여 주거나 환경을 재구성해 주어야 한다. 생활주제(주제, 소주제 등)와 연관되어 제시될 수 있도록 각 흥미 영역의 교재 · 교구들을 검토하여 교체하고 나아가 벽면이나 실내환경의 전시 및 게시 자료들도 이러한 점을 고려하여 재구성한다. 영유아들이 얼마나 쉽게 교재 · 교구를 꺼내어 활용하는가는 교재 · 교구의 다양성이나 질보다 중요하다고 볼 수 있다. 영유아들이 교재 · 교구를 활용하는 공간이 좁거나 다른 활동에 의해 방해받는지, 영유아들이 교재 · 교구를 활용하는 정도를 관찰하여 배치에 문제점은 없는지를 점검하여 재구성해주는 노력이 필요하다.

또한 교재 · 교구가 아무리 많다 하여도 정리 및 보관이 체계적으로 되어 있지 못하면 활용도가 낮아져 애써 준비한 학습 자료들의 가치가 충분히 발휘되지 못하는 것을 유념하여 관리 및 보관방안에 대해서도 미리 준비되도록 한다. 다음은 자료 확보와 관련된 평가인증지표이다.

**2-1-4** 계획안의 주제와 관련된 활동 자료들을 영유아의 연령 수준에 맞게 영역별로 다양하게 구비하고 있다.

관찰 기록 면담

**2** 활동 자료는 영아의 경우 영역별로 각각 3종 이상, 유아의 경우 영역별로 각각 4종 이상 구비되어 있다.

| 구분 | | 유아 | 영아 |
|---|---|---|---|
| 신체 영역 | 다양한 신체(대근육) 활동을 위한 자료 | 4종 이상 | 3종 이상 |
| 언어 영역 | 듣기, 말하기, 읽기, 쓰기의 언어 활동을 위한 자료 | 듣기, 말하기, 읽기, 쓰기와 관련된 자료 각 1종을 포함하여 총 5종 이상 | |
| 미술, 음률 영역 | 창의적 미술, 음악 및 동작 활동을 위한 자료 | 미술 활동 자료 4종 이상<br>음악 및 동작 활동 자료 4종 이상 | (만 2세) 미술 활동 자료 3종 이상<br>음악 및 동작 활동 자료 3종 이상<br>※ 만 0~1세는 감각 및 탐색 영역에 통합하여 비치 가능함 |
| 감각 및 탐색 영역 | 감각 탐색 활동 및 소근육 조작 경험을 위한 자료 | – | 3종 이상 |
| 수 · 조작, 과학 영역 | 수 · 조작 활동과 과학 활동을 위한 자료 | 수 · 조작 활동 자료 4종 이상<br>과학 활동 자료 4종 이상 | – |
| 역할, 쌓기 영역 | 역할놀이 및 쌓기놀이를 위한 활동 자료 | 역할놀이 자료 4종 이상<br>쌓기놀이 자료 4종 이상 | (만 2세) 역할놀이 자료 3종 이상, 쌓기놀이 자료 3종 이상<br>(만 1세) 역할 및 쌓기놀이 자료 3종 이상<br>※ 만 0세는 감각 및 탐색 영역의 자료에 통합하여 비치함 |

| 2-1-4 | 계획안의 주제와 관련된 활동 자료들을 영유아의 연령 수준에 맞게 영역별로 다양하게 구비하고 있다. | 관찰 | 기록 | 면담 |
|---|---|---|---|---|
| 3 | 계획안의 주제와 관련된 활동 자료들이 만 0~1세의 경우 2개 이상, 만 2세의 경우 1개 이상, 만 3~5세의 경우 5개 이상 다양하게 준비되어 있다. | | | |

● 기본 활동 자료의 예
- 주제와 상관없이 보육실에 지속적으로 비치되어 있는 활동 자료
- 쌓기놀이를 위한 나무 블록, 종이벽돌 블록, 우레탄 블록이나 예술 활동을 위한 필기구류, 물감류, 점토류 등

● 주제별 활동 자료의 예
- 교통기관: 횡단보도판, 운전대, 교통기관 퍼즐, 교통기관 관련 정보 그림책 등

## 5) 점검요인 5: 교육환경의 전시 및 게시

교사는 교실 공간의 전시나 게시를 위해 영유아들의 작품만으로 제한하기보다는 아이들의 작품과 이에 대한 교사의 생각, 작업하는 과정에서 드러나는 아이들의 사진과 이 과정 중에 이루어지는 아이들의 대화를 기록하여 전시하도록 하여 이러한 자료들이 영유아들의 사고와 탐색의 과정을 이해하는 데 도움이 되도록 한다.

실내환경에 대한 전시와 게시는 진행되고 있는 주제와 연결되며 영유아들의 작품이나 활동 진행이 포함되도록 한다. 작품의 용도와 특성을 고려하여 전시하는데, 일반적으로 교실 내 벽면이나 게시판, 교구장 윗면, 창문, 바닥 등을 이용하거나 전시대를 따로 마련하는 경우가 많다. 때로는 전시대에 교사가 미리 간단한 배경을 준비하여 유아

의 작품이 돋보이도록 할 수도 있다. 이때 교사는 유아들의 작품이 돋보이도록 공간의 위치나 배열방법을 고려한다. 시각적으로 안정감 있고 리듬감 등을 느낄 수 있는 다양한 배열방법을 활용하여 전시된 공간에서도 미적 요소를 경험하도록 한다.

**● 벽면을 효과적으로 구성하기 위하여 유의할 점**

- 학습과 관련된 실물, 사진, 그림, 관련 도서 등을 함께 제시하여 주며, 학습이 진행됨에 따라 첨가한다.
- 게시판은 각 흥미 영역에서 나오는 결과물의 특성을 고려하여 다양한 형태 및 재질의 것을 제공한다.
- 자료를 게시하고 전시한다는 개념에서 탈피하여 다양한 질감의 재료를 활용한다.
- 작품을 획일적으로 붙이기보다는 붙일 것인지, 매달 것인지 등 입체적으로 고려한다.
- 무엇을 어떻게 구성할 것인가에 대해 유아의 참여를 유도하여 함께 토의한다.
- 유아 스스로 게시할 수 있도록 부착이 쉬운 게시판을 알맞은 높이로 제공한다.

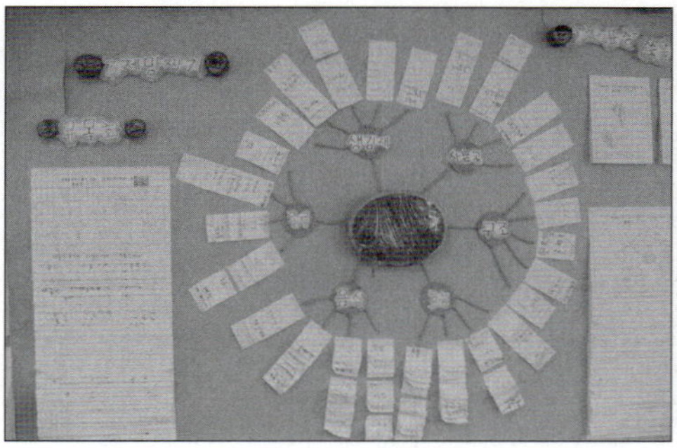

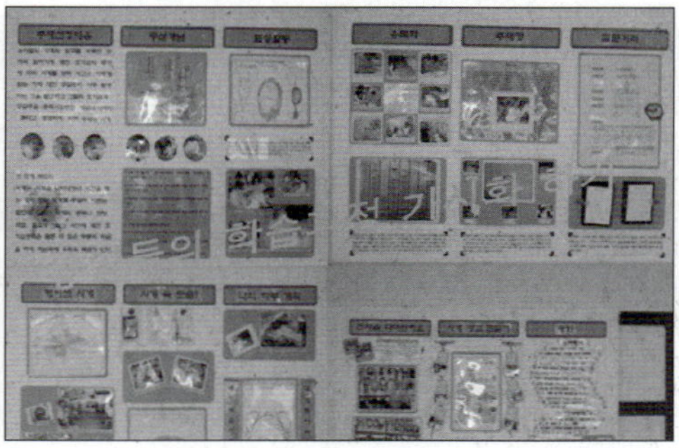

# 3 영역별 환경 구성

영유아를 위한 환경 구성은 크게 실내환경, 실외환경, 기타 서비스 환경으로 구분할 수 있다.

## 1) 실내환경

잘 꾸며진 실내환경은 영유아와 교사 모두에게 편안하고 매력적이다. 실내환경은 교실의 전체적인 환경과 흥미 영역으로 구분된다. 전체적인 환경은 폐쇄되고 분절된 공간이 아니라 통합된 공간으로 영유아가 자율적으로 활동할 수 있으며 편안하게 생활할 수 있는 환경이 되도록 구성할 필요가 있다.

흥미 영역이란 여러 형태의 교구장이나 분리대 또는 기타의 방법으로 여러 가지 놀이 영역을 구분하는 것을 말하는데 이를 활동 영역이라고도 한다. 흥미 영역의 구성은 고정된 것이 아니라 변경 가능하며, 1년을 단위로 4~5번 정도 위치를 재배치하는 것이 바람직하다. 학기 초에는 교사가 구성하여 제공하는 것이 일반적이나 점차적으로 영유아들과 함께 흥미 영역 구성의 불편함이나 편리함에 대한 생각을 공유하고 이를 토대로 재배치해 보도록 한다. 이처럼 교실의 흥미 영역을 잘 구성하는 것은 영유아들 간의 갈등상태를 줄여주고 활동을 더욱 효과적으로 하도록 도와준다.

흥미 영역을 구성할 때 유의해야 할 기초 사항들을 살펴보면 다음과 같다(보건복지부, 2014; 한국보육진흥원, 2011; 육아정책개발센터, 2008).

- 흥미 영역은 보육실의 면적, 유아 수, 흥미 영역에 필요한 공간 크기 등을 함께 고려하여 구성한다. 한 흥미 영역당 동시에 3~4명의 유아가 놀 수 있을 정도의 공간을 확보하는 것이 바람직하므로, 유아 수가 20명이고 실내 공간 면적이 20명 놀기에 적당하다면 약 5~6개 영역 배치가 적절하다. 또한 영역의 특성에 따라 공간 크기는 다소 다르게 정하는 것이 바람직하다. 예를 들어 언어 영역은 다소 정적인 활동이 이루어지는 반면 쌓기놀이 영역은 넓고 높게 블록을 쌓는 동

적인 활동이 주로 이루어진다는 점을 고려하여 공간 크기를 정할 필요가 있다.

- 만 0~1세 영아반의 경우 신체 영역, 언어 영역, 탐색 영역, 일상생활 영역(수유, 기저귀 갈이 영역 등) 등을 구성할 수 있고, 만 2세 영아반의 경우 신체 영역, 언어 영역, 탐색 영역, 음률 영역, 미술 영역, 역할놀이 영역, 쌓기놀이 영역을 설치할 수 있다. 유아반(만 3~5세) 보육환경 구성을 위한 흥미 영역으로는 미술 영역, 언어 영역, 수·조작 영역, 쌓기놀이 영역, 역할놀이 영역, 음률 영역, 과학 영역 등이 있다.

- 흥미 영역을 배치할 때는 보육실 내의 공간 구조를 고려하여 소음이 많은 쌓기놀이 영역이나 역할놀이 영역, 음률 영역은 인접하여 배치하고, 언어 영역이나 과학 영역, 수·조작 영역 등 소리가 많이 나지 않는 영역은 조용한 곳으로 배치한다. 특히 언어 영역은 유아들의 왕래가 많은 곳을 피하며 미술 영역은 물이 가까이 있는 위치에 배치하거나 세면대가 외부에 있는 경우에는 출입문과 인접한 곳에 배치하는 것이 바람직하다.

- 흥미 영역을 구분할 때는 낮은 교구장을 이용하면 공간의 크기나 형태를 쉽게 바꿀 수 있고 교구장 너머로 놀고 있는 유아를 교사가 늘 관찰할 수 있어서 바람직하다. 벽쪽으로는 좀 더 높은 교구장을 배치하고 보육실의 중앙쪽에는 낮고 양면이 트인 교구장을 배치하는 것이 좋다. 유아들이 흥미 영역에 들어가고 나갈 때 활용하는 입구(문이 따로 있는 것이 아니라 교구장과 교구장 사이의 열린 공간을 의미)는 그 영역에서 유아의 놀이나 옆의 흥미 영역에 있는 또래들을 방해하지 않도록 고려하여 배치한다.

- 흥미 영역 간을 이동할 때는 다른 유아의 놀이를 방해하지 않으면서 이동할 수 있도록 통로를 마련해주어야 한다. 또한 교사가 보육실을 전체적으로 살펴보며 유아들이 많아 서로 놀이가 방해되고 있거나 유아가 한 명도 없는 영역이 있는지를 관찰하여 필요하면 영역을 잠시 넓혀주거나 합하여 주는 등 융통성 있게 운영한다.

- 흥미 영역에 비치하는 교재·교구 등은 유아가 실제 늘 보아왔던 실물을 그대로 사용하는 것이 바람직하다. 그렇지 않을 경우에는 유아용으로 나온 작은 것을 사

용한다.

- 벽에 붙이는 모든 부착물은 유아의 눈높이를 고려하여 낮게 붙이고 유리가 있는 시계나 액자 등은 겉면을 투명비닐로 싸거나 플라스틱으로 된 제품으로 교체하여 떨어지지 않도록 고정하도록 한다.
- 교재 · 교구는 유아가 쉽게 선택할 수 있도록 잘 보이게 전시하고 꺼내기 쉽도록 비치한다. 또한 유아가 놀고 나서 다시 정리할 때에도 쉽게 제자리를 찾을 수 있도록 그림이나 사진 등으로 자리표시를 한다.
- 모든 교재 · 교구는 안전해야 하며 자주 세척, 세탁하여 위생을 최대한 고려해야 한다.
- 기본적으로 매번 사용되어야 하는 교재 · 교구나 자료 등은 항상 비치해 놓고, 대부분 주제나 계절에 따라 주기적으로 교체를 한다.

이상의 유의점 외에도 실내환경 구성과 관련하여 중앙 및 지역보육정보센터에서 개발한 평가인증 조력 프로그램에서 제시하고 있는 보육환경 점검 사항들도 고려하여 실내 공간 배치에 대한 이해도를 높이도록 한다.

**tip** 평가인증 조력 프로그램에서 제시된 보육환경 점검 사항을 확인해 봅시다.

| 구분 | 항목 | O | × |
|---|---|---|---|
| 1 | • 사물함은 출입문 가까이에 배치되어 있는가? | | |
| 2 | • 조용하고 움직임이 적은 활동(책읽기, 수 활동, 과학 활동 등) 공간과 시끄럽고 움직임이 많은 활동(음률 활동, 역할놀이, 쌓기놀이 등) 공간을 구분하여 배치하였는가? | | |
| 3 | • 물이 필요한 영역(미술 영역 등)과 물이 필요 없는 영역(언어 영역, 쌓기 영역 등)을 구분하여 배치하였는가? | | |
| 4 | • 영역 간에 구분을 하되, 영유아들의 동선이나 안전을 고려하고 있는가? | | |
| 5 | • 0~1세 영아반의 경우, 일상생활 공간(기저귀 갈기, 수유, 잠자기 등)과 놀이 공간(대근육 활동, 탐색 활동 등)이 적절하게 구성되어 있는가? | | |
| 6 | • 2세 영아반의 경우, 유아반처럼 흥미 영역이 너무 세분화되어 있지는 않는가? | | |
| 7 | • 모든 영역에서 활동하고 있는 영아들이 교사의 시야에 들어오는가? | | |

| 출처 | 중앙보육정보센터(2009). 평가인증 조력 프로그램. 보육환경.

여기서는 실내환경을 만 0~2세 영아반과 만 3~5세 유아반으로 구분하여 살펴보고자 한다.

### (1) 영아반(만 0~2세)

표준보육과정에 기초한 영아보육 프로그램(2014)에서는 실내환경을 일상 활동과 놀이 활동 영역으로 구분하고 연령에 따라 일상생활 영역을 포함하거나, 내용 및 용어를 다소 변화시켜 제시하고 있으며, 놀이 활동 영역도 연령이 증가함에 따라 세분화하고 있다. 각 연령별로 제시된 영역은 다음과 같다. 영아반에는 비품 정리 공간, 휴식을 위한 개인 공간, 기저귀 갈이, 수유 공간, 온 · 습도 조절 기능을 위한 설비, 세면대와 같은 일상적 양육을 위한 놀이 공간이 필요하다.

영아반의 보육실에 구성할 수 있는 기본적인 실내환경 구성의 예를 제시하고 이를 토대로 각 영역의 특징을 살펴보면 다음과 같다.

#### 1 일상생활 영역

일상생활을 위한 환경으로는 개인장, 화장실, 간식 및 점심, 낮잠 및 휴식 공간 등 영아의 기본적인 욕구를 충족시킬 수 있는 곳으로 가정 같은 따뜻한 분위기와 정서적 안정감이 중요하다.

##### ❶ 개인 사물함

영아가 개별적으로 사용하는 여벌옷과 비품을 정리하기 위한 사물함은 될 수 있는 대로 보육실 내에 설치하거나 보육실로 들어오는 입구 가까운 곳에 두어 부모가 수시로 확인하고 물품의 정리 · 정돈이 용이하게 한다. 사물함이나 개인 서랍에는 영아의 이름과 사진을 부착하여 자기 것을 다른 것과 구분하여 인식할 수 있도록 한다. 사물함에 교사가 각 영아의 상태를 기록한 수첩이나 부모에게 전달하는 통신문 등을 담아 두기도 하여 영아에게 필요한 정보와 물품이 잘 전달될 수 있도록 안내가 되어 있으면 교사의 손길을 덜 수 있다.

❷ 휴식 영역

영아가 조용히 쉴 때 이용하는 공간으로 조용한 곳에 아늑함과 부드러움을 느낄 수 있도록 구성한다. 침실은 조용하고 아늑하며 따뜻한 환경이어야 한다. 영아와 종일반 영유아를 위하여 별도의 공간을 마련할 수도 있고 필요에 따라서는 보육실을 활용할 수도 있다. 별도의 낮잠 공간이 있는 경우에는 먼저 잠에서 깨어난 영아는 다른 보육실에 가서 활동하게 하므로 자고 있는 영아들의 숙면을 방해하지 않는 장점이 있으며, 특히 영아의 경우에는 하루일과 중에도 여러 번 잠을 자야 하므로 숙면을 취할 수 있도록 배려한다.

낮잠 시간에는 반드시 교사가 교실에 상주하여 영아가 자는 것을 점검하고 보살피며, 영아가 깰 때 쯤 커튼을 걷어 밝게 한 후 창문을 열어 환기를 시킨다. 또한 영아에게는 집과 같은 느낌이 들면서도, 안정되고 편안한 휴식 공간에서 휴식을 취하기도 하며 개인적인 정적 활동을 할 수도 있다.

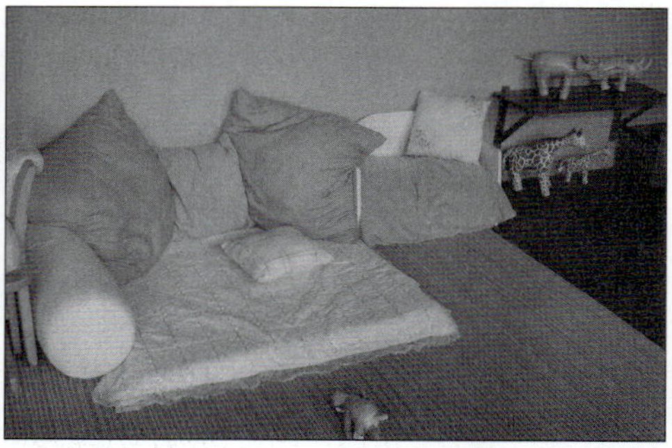

❸ 기저귀 갈이 영역

기저귀 갈이 영역은 영아의 휴식 공간 가까이에 따뜻한 공간이어야 한다. 영아를 눕

히기에 적당한 크기로, 청소하기 쉬운 마감재를 사용한 매트를 사용한다. 사용한 기저귀를 처리할 폐기용 비닐과 휴지통을 준비한다. 기저귀를 가는 데 필요한 도구를 수납할 장이나 선반을 비치한다.

배변 훈련을 시작하는 영아를 위해 화장실을 안전하게 구성한다. 영아가 미끄러지지 않도록 바닥에 미끄럼 방지처리를 하고, 손을 씻을 수 있도록 수건, 물비누 등을 비치한다. 영아용 변기를 비치하여 영아의 배변 훈련을 돕는다. 성인용 변기일 경우에는 성인용 변기 위에 영아용 변기 뚜껑을 올려서 사용한다. 이동용 변기를 사용할 경우에는 항상 변기가 깨끗하게 비워져 있어야 한다.

❹ 수유 및 식사, 간식 영역

영아 중 특히 수유기와 이유기의 영아들은 정해진 시간에 규칙적으로 먹는 경우가 드물기 때문에 개인적 필요에 따라 수유할 수 있는 공간과 식사와 간식을 할 수 있는 영역이 필요하다. 어린 유아일수록 일일수유 및 이유식 시간표를 가까운 곳에 두고 활용하는 것이 필요하며, 음식을 조리하는 곳과 가까이 배치하는 반면 놀이 영역이나 기저귀 갈이, 낮잠 자는 영역과는 분리하여 배치하며 청결상태가 항상 유지되도록 한다.

수유, 이유 및 급식을 할 때에는 영아들 간의 혹은 교사와의 사회적 상호작용이 일어나도록 영아들이 서로 쳐다볼 수 있도록 탁자나 의자를 마련해주고, 교사가 수유기 영아를 안고 먹일 수 있도록 편안한 의자, 흔들의자를 마련하는 등의 배려가 필요하다.

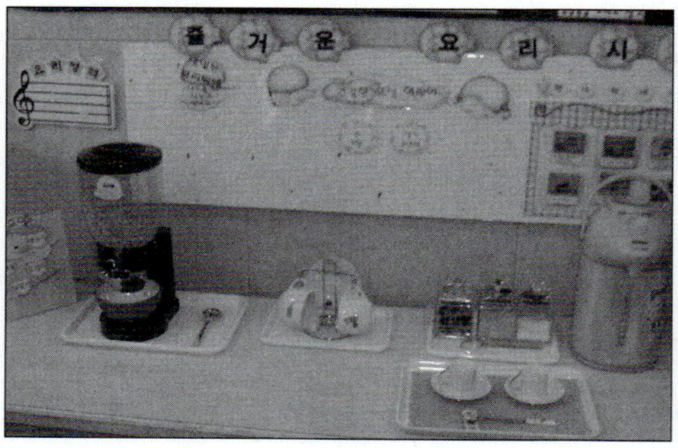

❺ 화장실 및 욕실 영역

화장실 및 욕실은 보육실 내 혹은 가까이에 설치하여 영아가 자유롭게 배변할 수 있도록 한다. 화장실에는 세면대, 변기, 욕조 및 샤워기 등을 갖추어 청결하고 위생적이며, 사용하기에 편리하고 밝고 상쾌한 느낌이 들도록 구성하여 화장실에 대해 긍정적인 감정을 갖도록 한다.

세면대는 영아의 키 높이에 맞게 설치하며 그 위에 거울을 걸어둔다. 변기가 있는 공간은 문을 설치하지 않고 변기 사이에 낮은 칸막이를 설치하며, 주변에 세면대와 목욕시설이 있어 필요 시 몸을 씻을 수 있도록 한다. 양치용품은 칫솔과 컵을 보관하는 장소(가능하면 살균 소독기 준비)를 마련하여 사용 후 개별적으로 정리할 수 있도록 한다. 바닥은 미끄럼 방지 시설을 해야 하며 세정 장치와 냉·온수의 온도는 온수사용 시 화상을 입지 않도록 고정 또는 조정 장치를 설치한다.

## 2 놀이 영역

### ❶ 신체 영역

어린 영아들은 실외 활동을 하기가 쉽지 않기 때문에 실내 보육환경에 신체 및 움직임을 위한 영역이나 대근육 운동 영역을 설치하는 것이 바람직하다. 보육실 내에 다른 활동에 방해가 되지 않는 일정 공간을 정해, 영아들이 오르고 내리고 타고 밀고 뛰고 길 수 있는 시설과 설비를 갖추어 영아의 탐색과 움직임을 위한 공간이 충분한지, 시설물과 자료들이 안전한지 수시로 영아들의 동선과 상태를 확인한다.

이 영역은 다른 영역에 비해 넓고 개방된 공간으로 구성하며 움직임과 활동량이 많은 영아들의 안전을 고려하여 충격을 흡수할 수 있는 카펫, 매트, 러그 등의 깔개를 마련해준다. 놀이기구는 고정적으로 배치하기보다는 상황에 따라 융통성 있게 구성하는 것이 바람직하다.

❶ 만 0~1세

- 기어오를 수 있는 계단이나 경사로, 운동기구(손이나 발동작으로 이동, 비이동, 조작운동을 할 수 있는 것), 잡고 걸을 수 있도록 벽을 따라 설치된 봉, 스펀지 블록, 큰 공, 밀고 당기는 놀잇감(단순하고 손에 쥘 수 있는 크기) 등

❷ 만 2세

- 미끄럼틀, 점핑 바운서, 조합놀이대, 볼풀놀이대 등 고정식 놀이기구, 목마, 자동차, 끌차 등 이동식 놀이기구, 공, 후프 등의 운동기구, 종이벽돌 블록, 스펀지 블록 등

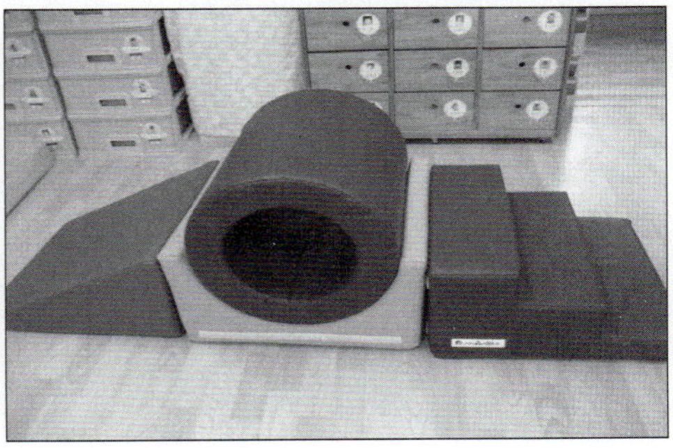

❷ 언어 영역

언어 영역은 영아가 책을 보거나 교사가 책을 읽어주는 영역이다. 따뜻하고 안정된 분위기에서 집중할 수 있도록 조용하고 빛이 잘 드는 곳에 배치하며, 바닥에는 카펫이나 매트를 깔아주고 편히 기댈 수 있는 쿠션이나 푹신한 의자를 마련해주어 편안하고 매력적인 느낌을 주도록 하며 교사와 영아가 편안한 관계를 맺을 수 있도록 한다. 영아는 교사와의 책보기나 이야기 듣기를 통해 책에 대한 관심을 보이고 글을 읽지 못해도 책장 넘기는 것 자체를 보고 즐기는 때이므로 매일 책을 보고 놀 기회를 마련한다.

❶ 만 0~1세
- 듣기, 말하기: 그림 자료, 사진 자료, 전화기, 짧은 이야기, 노래테이프 등
- 읽기: 입으로 물거나 던져도 좋을 만큼 안전하고 견고한 재질과 형태의 그림책 등
- 쓰기: 영아가 물거나 빨아도 안전한 종류로 짧고 굵은 크레용이나 부드럽게 써지는 색연필, 전지, 쓰기판 등

❷ 만 2세
- 듣기, 말하기: 손인형, 사진 자료, 친숙한 일상생활용품의 사진과 이름이 있는 그림 카드, 전화기, 짧은 이야기와 노래테이프 등
- 읽기: 글자수가 많지 않은 다양한 주제의 그림책, 사진첩, 재질과 형태가 다양한 책, 촉감책, 퍼즐책, 소리나는 책과 그림이나 사진 자료 등
- 쓰기: 굵은 크레용, 굵은 색연필이나 연필 자석, 자석 쓰기판, 종이 등

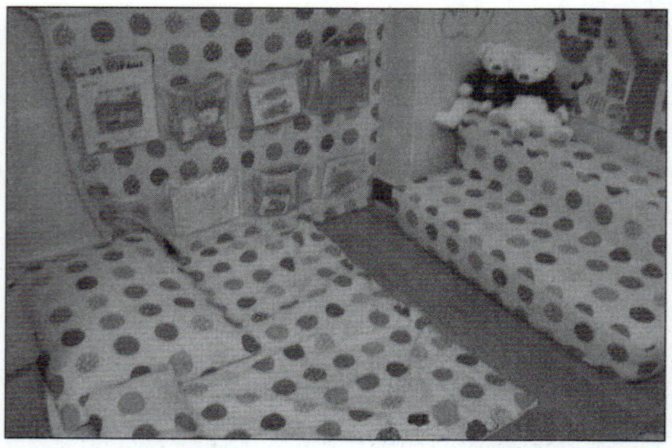

❸ 감각 및 탐색 영역

영아기는 다양한 감각 운동 기능을 활용한 탐색의 즐거움이 주를 이루는 시기이며, 오감을 통해 사물에 대한 인식과 환경에 대한 지식을 발달시킨다. 따라서 교사는 영아에게 적합한 놀잇감과 활동을 마련해주며 소근육의 조작 경험을 충분히 할 수 있는 환경을 제공해주며, 영아가 작은 놀잇감을 가지고 놀 때는 반드시 곁에서 관찰하여 입이나 귀, 코에 넣거나 위험한 곳에서 사용하지 않도록 주의한다.

놀잇감은 영유아들이 직접 만지고 조작해보는 자료이므로 손으로 만지고 놀 수 있는 적당한 크기이여야 하며, 유해 성분이 없으며 위생에도 주의를 기울이도록 한다. 놀잇감을 정기적으로 교환해주고 선호하는 것은 여러 개 준비해 제공한다. 손으로 다양하게 탐색해보고 조작해 볼 수 있도록 여러 가지 자연물, 소형 블록, 퍼즐류 등을 준비한다.

❶ 만 0~1세

- 소리나는 상자, 누르면 튀어나오는 놀잇감, 고무나 플라스틱으로 된 고리 끼우기, 구슬을 조작하여 이동을 볼 수 있는 레일, 모양 찾아 맞추기, 색깔 맞추기 등

❷ 만 2세

- 큰 조각 퍼즐, 모양 찾아 맞추기, 색깔 맞추기, 큰 구슬 꿰기 등의 조작 활동 자료, 촉감상자, 소리상자 등

❹ 역할 및 쌓기놀이 영역

1세가 지나면서 영아는 자신의 경험과 생활을 흉내내며 제법 상상놀이를 즐기게 되므로 다양한 역할놀이가 일어날 수 있도록 기본 설비와 자료들을 제시해 준다. 그러나 영아의 경우에는 친숙한 보호자와는 활발하게 상호작용하려고 시도하지만 다른 영아와는 적극적인 상호작용이라기보다는 쳐다보거나 또래 곁에서 놀잇감을 혼자 탐색하며 있으려고 한다. 따라서 교사는 영아의 단순한 흉내를 역할놀이로 확장시키며 일상생활 중에서 쉽게 경험할 수 있는 놀잇감(전화기, 유모차, 인형침대, 가방 등)을 이용하여 또래와의 상호작용의 기회로 활용하도록 한다.

쌓기놀이는 활동량이 많은 영역이므로 넓은 공간을 확보하도록 하고, 안전에 유의하고 블록을 나를 때 발생하는 소음 등을 고려하여 바닥에는 카펫을 깔아준다. 카펫은 털이 없고 단단한 것을 선택하여 영아들이 안전하게 구조물을 구성하도록 하며 항상 청결하게 관리한다. 쌓기 놀잇감은 플라스틱, 나무 등의 재질과 끼우기, 쌓기 등의 구성방식에 따라 차이가 있으나 영아의 발달적 수준과 영아수를 고려하여 다양한 종류로 충분한 양을 제공하며, 인기 있는 적목 같은 것은 충분히 준비하여 분쟁의 소지를 막도록 한다.

❶ 만 0~1세

- 역할 영역: 세탁이 용이한 재료로 만들어진 다양한 크기와 촉감의 인형, 자동차류
- 쌓기 영역: 우레탄 블록이나 스펀지 블록, 종이벽돌 블록, 헝겊으로 감싸져 있는 블록 등

❷ 만 2세

- 역할 영역: 일상생활에서 경험한 단순한 역할놀이용 자료(여러 가지 모양의 그릇 등의 소꿉놀잇감, 전화기, 인형 등)
- 쌓기 영역: 나무 블록, 종이벽돌 블록, 스펀지 블록, 재질이 부드럽고 구멍이 큰 끼우기 인형

### ❺ 미술 영역

연령이 어릴수록 표현 활동보다는 감각탐색 활동이 주가 되는 미술 활동이 이루어진다. 활동적이면서도 물이 필요한 영역이므로 주위에 싱크대와 화장실 등이 가까운 곳에 배치하며, 낮은 책상과 정리장에 색깔과 질감이 다른 여러 가지 다양한 재료를 준비하여 영아들이 여러 가지 재료를 탐색하고 만들어 보도록 하되 입에 넣거나 얼굴에 묻혀도 무해한 재료들로 준비한다.

벽면에는 큰 종이와 함께 무독성 크레파스나 굵고 짧은 색연필을 끈에 달아 고정시켜 주어 영아들이 마음껏 긁적거릴 수 있도록 하며, 1세 후반부터는 안전가위를 사용할 수 있으므로 다양한 종이류와 함께 내주도록 한다. 종이는 작은 것보다는 큰 것을 준비하며 바닥, 책상, 이젤 등 여러 곳에서 그려보게 한다.

❶ 만 0~1세

- 벽이나 바닥, 책상 위에 넓게 붙인 큰 도화지와 무독성 크레파스, 부드럽게 써지는 색연필, 밀가루 점토, 스티커, 여러 가지 모양 도장 등

❷ 만 2세

- 다양한 재질과 색깔의 종이류, 색연필, 크레용, 크레파스 등 그리기 도구, 우유갑, 잡지책, 안전가위, 풀, 밀가루 점토, 스티커, 여러 가지 모양 도장 등

❻ 음률 영역

영아는 자신의 욕구에 따라 악기를 이용하여 소리를 내보며 음악을 통해 자신의 감정을 표현하는 경험을 할 수 있다. 또한 영아는 여러 가지 음악을 들으면서 그 속에 담긴 감정을 느껴볼 수도 있다. 영아가 스스로 예술적인 경험을 할 수 있도록 여러 가지 매개체(악기, 음악테이프, 리본, 스카프, 의상 등)를 준비하고, 움직이는 모습을 볼 수 있도록 벽에 큰 거울을 비치하면 좋다.

❶ 만 0~1세

- 딸랑이나 안전한 방울, 마라카스, 녹음기, 음악테이프, 소리가 나는 놀잇감, 주변에서 볼 수 있는 소리나는 물건 등

❷ 만 2세

- 북이나 흔들고 두드릴 수 있는 단순한 리듬악기, 녹음기, 음악테이프, 동작 표현을 돕는 소품(색 보자기, 스카프, 리본 막대, 부드러운 수건 등)

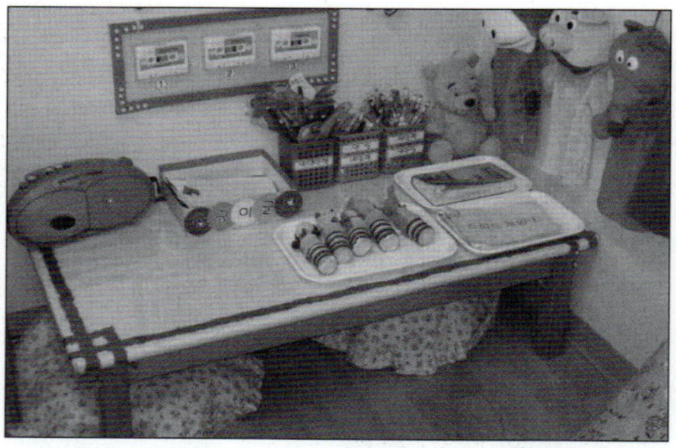

(2) 유아반(만 3~5세)

유아를 위한 실내환경은 영아에 비해 일상생활 영역보다는 놀이와 교육 영역에 더 많은 비중을 둔다. 유아의 발달 수준과 행동 특징, 흥미 등을 반영하여 유아가 안전하고 즐겁게 놀이할 수 있고, 개별 유아의 상호작용을 지지하고 격려할 수 있도록 각 공간의 기능을 충분히 고려하여 구성한다. 일반적으로 만 3~5세 유아의 경우, 기본적으로 운영되는 영역 구성의 예를 제시하고 이를 토대로 각 영역의 특징을 알아보면 다음과 같다(송연숙 · 최애경 · 유수경, 2017).

### 1 계획 영역

계획 영역은 유아가 등원 후 자유선택 활동을 시작하기 전에 유아 자신이 어떤 활동을 할 것인지 생각해보고 개별적으로 계획해보는 영역으로 교실 전체를 둘러볼 수 있도록 출입구 옆에 위치하는 것이 바람직하다. 교사는 계획판을 사용하여 자유선택 활동 영역을 나타내는 그림이나 사진, 영역 이름, 활동할 수 있는 인원수를 표시하여 계획판을 구성하고 새로 첨가되는 영역이나 활동도 그림 카드를 만들어 붙인다. 이러한 계획 영역에는 주로 오늘의 일과표나 날짜, 출석도장 찍기, 오늘의 도우미 등에 대한 정보도 함께 제시하기도 한다.

- **계획 영역에 필요한 기본 자료**
  - 계획판(영역 안내판), 달력, 이름표와 판, 계획 용지 및 보관통, 필기도구, 날짜판, 요일 도장, 여러 가지 당번표 등

### 2 언어 영역

언어 영역은 유아가 책을 보거나 교사가 책을 읽어주는 영역으로 사용될 수 있다. 따라서 따뜻하고 안정된 분위기에서 집중할 수 있도록 조용하고 빛이 잘 드는 곳에 배치하며, 바닥에는 카펫이나 매트를 깔아주고 편히 기댈 수 있는 쿠션이나 푹신한 의자를 마련해주어 편안하고 매력적인 느낌을 주도록 한다. 책꽂이는 책의 앞면이 잘 보이도록 교구장을 정리해주며, 유아들이 현재 읽고 있는 책인 경우에는 바구니를 이용하여 담아둘 수도 있다.

유아를 위한 언어 영역은 듣기, 말하기 활동에서 나아가 읽고 쓰는 활동이 적절히 이

루어지도록 구성하거나 독서를 위한 영역 혹은 읽고 쓰기를 할 수 있는 영역으로 분리하여 구성할 수도 있다.

듣기 활동을 위해서는 주위에 방해를 주지 않도록 카세트와 헤드폰을 준비하여 동화를 들을 수 있도록 배려하며, 학기 후반으로 갈수록 유아가 읽은 책에 대한 느낌이나 생각을 기록할 수 있도록 쓰기 관련 자료들을 준비해준다.

❶ 듣기, 말하기

- 작동이 간단한 카세트플레이어, 다양한 주제의 이야기테이프, 헤드폰, 보육교사나 부모 등 친근한 사람의 목소리가 녹음된 테이프, 유아가 스스로 이야기를 꾸미거나 자신이 아는 이야기를 반복하도록 촉진시키는 소품

❷ 읽기

- 다양한 주제의 각종 그림책, 사진첩, 유아들이 만든 그림책, 주제에 따른 화보 모음 책, 동요 동시집, 광고나 포스터 등 실생활에서 볼 수 있는 환경 인쇄물, 각종 글자 모양과 글자 퍼즐 등

❸ 쓰기

- 크기와 모양이 다양한 종이, 굵은 색연필이나 연필, 사인펜 등 다양한 필기도구, 소형 화이트보드와 마카펜, 글자상자, 단어 카드, 자모음 카드, 글자도장, 타자기, 컴퓨터와 프린터 등

### 3 수 · 조작 영역

유아는 보고, 듣고, 만지고, 냄새 맡고, 맛보는 등의 감각을 사용하여 사물을 탐색하고, 직접 조작해보는 신체 접촉을 통해 사물에 대한 이해를 넓혀간다. 즉, 탐색과 조작 활동을 통해 소근육, 눈과 손의 협응력, 시각과 촉각 능력, 논리적 사고력 등이 향상된다. 따라서 교사는 유아에게 적합한 놀잇감과 활동을 마련해주며 소근육의 조작적 경

험을 충분하게 할 수 있는 환경을 제공해주며, 관찰을 토대로 필요한 시기에 개입하여 영유아를 격려하고 놀이를 확장시켜 준다.

개별적인 탐색을 즐기는 조작 활동을 위한 교구와 유아 간의 상호작용을 유발하는 그룹 게임 등을 마련해준다.

❶ 수 활동 자료
- 일 대 일 대응, 분류, 비교, 순서 짓기, 부분과 전체, 측정, 공간과 도형, 규칙성 등의 개념발달에 도움이 되는 생활주제와 연관된 수 관련 자료

❷ 수세기 구체물
- 작은 동물 모형, 조개류, 솔방울, 숫자 카드, 수세기 자석판, 달력 등

❸ 주제와 관련된 다양한 퍼즐
- 그림 맞추기, 숫자 퍼즐, 색 퍼즐, 도형 퍼즐 등

❹ 판 게임이나 게임 자료
- 주사위 게임, 가위바위보 게임, 윷놀이, 칠교놀이 등

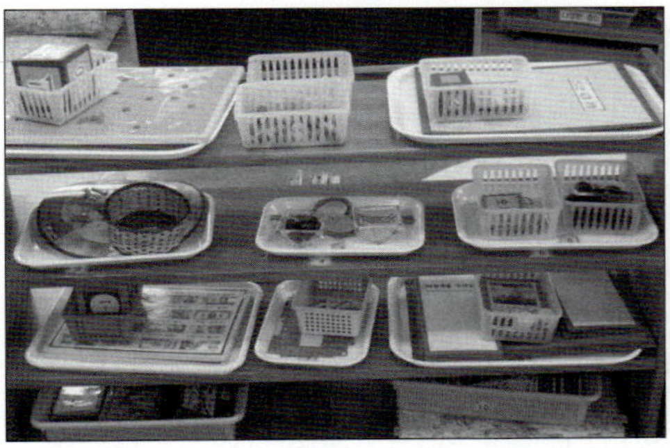

### 4 미술 영역

미술 영역은 그리기, 만들기, 꾸미기, 찍기, 구성하기 등의 다양한 활동이 이루어지는 곳으로, 평면 활동과 입체 활동에 필요한 다양하고 풍부한 재료를 비치하며, 유아의 필요에 따라 손쉽게 사용할 수 있도록 준비해준다. 또한 재료는 연령이나 주제, 시기에 따라 교체하거나 첨가해주되 일반적인 기본재료는 쉽게 활용할 수 있는 공간에 위치해 준다.

바닥은 물이 떨어져도 청소가 용이한 바닥재를 사용하고, 물이나 물감을 흘렸을 때에 쉽게 닦을 수 있도록 스펀지나 마른 수건들을 준비해 두도록 한다.

❶ **필기구류:** 크레파스, 색연필, 볼펜, 사인펜 등
❷ **물감류:** 수채화물감, 한국화물감, 먹물 등
❸ **종이류:** 도화지, 두꺼운 도화지, 색도화지, 신문지, 한지, 화선지, 색종이, 골판지 등
❹ **만들기 도구류:** 풀, 가위, 펀치, 고무줄, 클립, 테이프 등
❺ **만들기 재료류:** 수수깡, 모루, 솜, 나무젓가락 등
❻ **점토류:** 찰흙, 지점토, 밀가루 점토 등
❼ **폐품류:** 우유갑, 요구르트병, 상자, 천조각, 종이상자 등

### 5 음률 영역

음률 영역은 활동적이고 소음이 많은 영역이므로 다른 영역에 방해가 되지 않도록 하며, 소음을 줄일 수 있도록 바닥에 카펫을 깔거나 교구장 등을 이용하여 분리된 공간을 마련해준다. 음률 영역의 벽면에는 그림으로 된 간단한 노래 악보나 악기 연주 악보를 붙여 놓아 유아들이 보고 노래하거나 연주할 수 있도록 한다.

음률 영역에 비치하는 악기들은 음질이 좋은 것으로 선택하며, 악기도 다양하게 제시한다. 악기를 처음 제시해 줄 때는 충분히 마련하여 유아들 간의 갈등이 일어나지 않도록 한다. 새로운 악기가 제시될 때는 기존의 악기수를 점차 줄이되 완전히 없애지는 않도록 하여 유아로 하여금 악기의 특성을 익혀가면서 점차 악기를 이용한 합주도 시도해보도록 한다.

❶ **리듬악기:** 리듬막대, 우드 블록, 마라카스, 캐스터네츠, 탬버린, 트라이앵글, 소고, 작은 북 등
❷ **가락악기:** 실로폰, 멜로디언, 피아노, 키보드, 기타 등
❸ **전통악기:** 소고, 장구, 북, 징, 꽹과리 등과 같은 우리나라 전통악기와 외국의 전통악기
❹ **기타 자료:** 음악가 및 악기 사진, 악기연주 또는 노래 부르는 모습의 사진, 그림이 있는 노래가사, 그림악보, 음악포스터 등
❺ **음악감상 자료:** 녹음기, 헤드폰, 다양한 카세트/ CD 플레이어, 음악테이프 등
❻ **동작 활동 자료:** 여러 가지 색보자기, 스카프, 리본 테이프, 리본 막대, 각종 동물가면 등

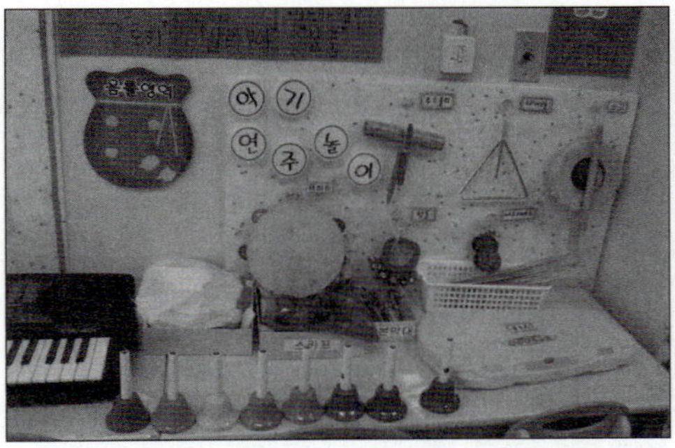

### 6 쌓기놀이 영역

쌓기놀이 영역은 다양한 크기와 모양의 블록을 이용하여 생활 속의 경험을 재구성하는 공간으로, 보육실의 모든 곳에서 볼 수 있는 개방적이고 동적인 공간에 배치하도록 한다. 활동량이 많은 영역이므로 넓은 공간을 확보하도록 하고, 안전에 유의하고 블록을 나를 때 발생하는 소음 등을 고려하여 바닥에는 카펫을 깔아주는 것이 필요하다. 카펫은 털이 없고 단단한 것을 선택하여 유아들이 안전하게 구조물을 구성하는 데 지장이 없도록 하며 항상 청결하게 관리하도록 한다.

쌓기놀이 영역을 역할놀이 영역과 인접해서 배치하면 서로 연계되어 놀이가 활발히 진행되기도 하며, 놀이를 위한 소품을 다양하게 준비하여 활동 유형에 따라 교체하거나 첨가해주면 심화된 놀이의 질을 높일 수 있다.

❶ **다양한 종류의 블록류와 쌓기놀이를 촉진하는 소품류**
❷ **쌓기놀이형 블록:** 종이벽돌 블록, 유닛 블록, 우레탄 블록, 속이 빈공간 블록 등
❸ **끼우기형 블록:** 자석 블록, 와플 블록, 띠 블록, 꽃 블록, 눈송이 블록 등
❹ **인형류 소품:** 모형동물, 사람인형, 로봇, 공룡 등
❺ **탈것류 소품:** 작은 자동차나 배 같은 운송 수단 등
❻ **기타 보육주제와 관련된 소품들:** 동물가면, 교통표지판, 신호등, 간판 표시물, 운전대, 소방관 모자, 경찰관 모자, 모형 건물이나 집 등

### 7 역할놀이 영역

소꿉놀이, 극화놀이, 역할놀이 등이 이루어지는 이 영역은 유아가 빈번하게 놀이에 참여하고 흥미를 보이는 영역이므로 충분한 공간을 확보하도록 하며 여러 역할을 모방해 볼 수 있는 자료를 제공하여 다양한 역할놀이, 상상놀이가 이루어질 수 있도록 한다. 움직임이 많고 활동이 다양하므로 동적인 영역 즉 쌓기 영역이나 미술 영역과 인접하여 배치하는 것이 바람직하다.

옷장이나 싱크대, 낮은 선반이나 교구장을 이용하여 다른 영역과의 경계를 지어주고 쿠션, 소파, 매트리스, 거울 등을 마련하여 가정과 같은 분위기를 경험하도록 한다. 학기 초기에는 가정의 가족역할을 재현해 볼 수 있는 소꿉놀이 유형이 자주 일어나지만 후반으로 갈수록 다양한 사회극놀이를 해볼 수 있도록 다양한 역할에 적합한 자료들과 소품들을 교체하거나 첨가해 준다.

1. **기본 가구류:** 유아 크기의 화장대, 식탁과 소품을 넣을 수 있는 장, 모형 싱크대 등
2. **소꿉놀이류:** 질감이 다양한 인형류, 유모차, 우유병과 각종 소꿉놀이 그릇류, 모형 주방 기구들, 모형음식 등
3. **여러 가지 역할놀이 소품:** 옷입기놀이를 위한 의상류, 다양한 신발류, 장신구 및 소품

### 8 과학 영역

과학 영역은 유아들로 하여금 동 · 식물 기르기, 다양한 수집물 관찰 · 분류하기, 과학 도구 사용하기, 기계와 도구 탐색하고 사용해보기 등의 다양한 활동을 해볼 수 있는 곳으로 일상생활에서 경험할 수 있는 내용을 중심으로 직접적이고 구체적인 경험이 가능하도록 구성한다.

조용한 영역에 배치하며 동 · 식물을 키울 수 있으므로 햇볕이 잘 드는 곳을 택한다. 열매, 식물, 꽃, 솔방울, 곤충, 조개껍데기 등 주변에서 볼 수 있는 것들로 한꺼번에 모두 제시하기보다는 꾸준히 바꾸어 주고 보충해주는 것이 바람직하다. 또한 유아가 감각 기관을 활용하여 자발적으로 탐색할 수 있는 자료를 제공하고 유아들이 함께 찾아볼 수 있는 관련 과학그림책이나 사전, 비디오, 사진 등을 풍부하게 준비해준다. 과학적 탐색을 하면서 자료들을 벽에 부착할 수 있으므로 쉽고 안전하게 붙일 수 있는 작은 게시판을 제공하는 것도 좋다.

1. **기본 자료:** 거울, 자석, 확대경, 전기, 프리즘, 다양한 시계, 온도계 등
2. **물체와 물질의 특성 및 움직임과 관련된 도구**
3. **생명체 관련 자료**
    - 식물: 자연에서 수집한 자연물, 식물과 관련된 자료
    - 동물: 동물과 관련된 자료
4. **자연현상과 관련된 자료:** 자연현상과 관련된 사진, 온도계, 습도계
5. **기타:** 관찰 용지, 필기도구 등

**9** 개인적 공간

유아들도 때로는 혼자 있고 싶어 한다. 학급 내에 혼자 쉴 수 있는 조그마한 공간을 마련하고 편안한 쿠션이나 아늑한 분위기를 내는 커튼 등으로 공간을 꾸며준다. 이러한 공간은 학기 초 영유아들의 휴식 및 정서적인 안정을 도와주어 새로운 환경에 적응할 수 있게 해준다. 학기 말이 되면 혼자 있는 공간의 의미보다는 보다 편히 쉬고 따뜻하고 부드러운 공간을 좋아하므로 유아와 함께 꾸며볼 수 있다.

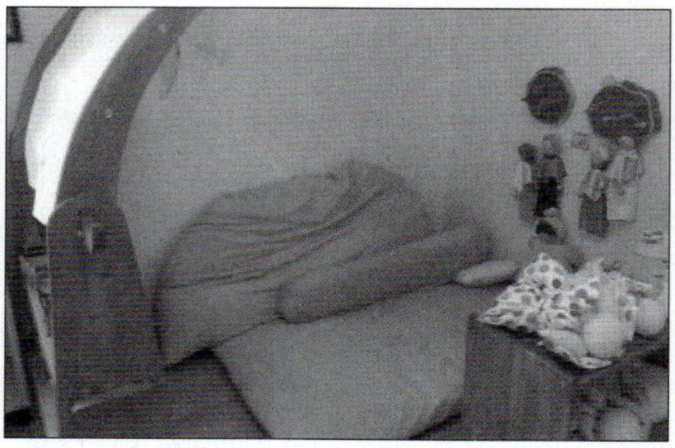

### 2) 실외환경

일반적으로 실외환경은 어린이집의 교육철학, 규모, 지형, 위치 등에 맞게 구성된다. 실외환경은 중요한 삶터로 모든 영유아에게 꼭 필요한 공간이며, 특히 장시간을 기관에서 보내는 종일반에서는 더욱 그러하다.

영유아를 위한 실외환경 구성도 실내 공간과 같이 영유아의 발달 수준에 적합하고 놀이를 지원해주는 기본적인 원칙을 고려하며, 빛, 채광, 그늘, 바람 등으로 분위기를 전환할 수 있거나 감각적 경험이 가능하도록 실외환경을 조성한다. 실내놀이실과 연결되도록 하여 영유아가 이동을 쉽게 할 수 있도록 하며, 대근육 활동뿐만 아니라 소근육 활동, 자연탐색, 물 · 모래놀이 등을 할 수 있는 기회를 제공한다. 실외 활동 면적 중에 1/3은 조용한 활동 공간으로 활용하고 나머지 2/3는 활동적인 놀이 공간으로 활용하면 좋으며, 외부의 차량이나 사람들로부터 보호하고 혼자 밖으로 나가지 않도록 울타리를 설치한다.

실외 활동은 넓은 공간과 신선한 공기를 경험하고 자연물을 탐색할 수 있는 시간이므로 매일 일과에 포함하도록 한다.

그러나 실외 활동은 실내 활동에 비해 영유아를 위험에 노출시킬 가능성이 높으므로 실외 공간의 안전에 대한 점검을 정기적으로 실시해야 하며, 바깥놀이 시 활용하는 놀이기구를 쉽게 꺼내고 함께 정리 · 정돈할 수 있도록 작은 창고를 마련해주는 것도 필요하다.

다음은 실외환경 구성과 관련하여 어린이집과 유치원의 유보통합지표 중 실외 공간 구성에서 제시하고 있는 실외놀이터와 놀이 시설 관련 점검 사항들이다.

2-2-1 옥외놀이터 등을 구비하고 있다. 관찰 기록 면담

| | |
|---|---|
| 1 | 옥외놀이터가 구비되어 있다. |
| 2 | 옥외놀이터가 구비되어 있지 않은 경우, 대체놀이터를 이용하고 있다. |

* 정원 50인 미만 어린이집의 경우, 대체놀이터 이용 가능
* 인근놀이터의 사용승낙서 구비 여부는 확인하지 않음
* 초등학교 놀이터: 놀이기구가 영유아 연령에 맞지 않으며, 수업 시간 시설물 사용은 사실상 어려우므로 대체(인근)놀이터로 인정하지 않음

- **대체놀이터 종류(2017년도 보육사업 안내)**
  - 옥내놀이터: 기관 건물 내부의 실내 · 외 공간에 설치한 놀이터(실내놀이터, 옥내중간놀이터, 옥상놀이터)
  - 인근놀이터: 기관에 인접하여 설치한 실외놀이터

1개의 평가 기준( 1 또는 2 )을 충족해야 Y로 평정

2-2-2 영유아 발달에 적합하고 다양한 놀이기구를 구비하고 있다. 관찰 기록 면담

| | |
|---|---|
| 1 | 옥외놀이터 또는 대체놀이터에 놀이기구가 3종 이상 다양하게 구비되어 있다. |

- **조합놀이대의 경우, 기능에 따라 놀이기구의 종(개수)으로 인정**
- **모래놀이터와 물놀이 공간은 놀이기구 3종에서 제외**

| | |
|---|---|
| 2 | 옥외놀이터 또는 대체놀이터에는 영유아용 놀이기구가 마련되어 있다. |

- **마련된 놀이기구는 각 연령별 영유아가 이용하는 데 적절한 크기와 기능을 가지고 있음**

2개의 평가 기준( 1 ~ 2 )을 충족해야 Y로 평정

2-2-3 실외 공간에 다양한 활동 영역을 제공하고 있다. 관찰 기록 면담

| | |
|---|---|
| 1 | 실외 공간에 두 가지 이상 다양한 활동 영역이 제공되고 있다. |

- **대 · 소근육 발달을 위한 운동놀이 영역, 모래놀이터, 물놀이를 할 수 있는 수도, 수로 및 수조 등 물놀이 놀잇감과 공간, 동물 관찰 영역, 자연체험 영역(텃밭, 나무, 꽃, 등 자연물), 미술 활동 등을 할 수 있는 작업 영역, 휴식 공간, 실외 놀잇감 정리, 보관하는 영역 등**
  - 대체(인근)놀이터의 경우, 이동 가능한 자료(이젤, 책 등)를 이용한 활동 영역 구성도 인정

1개의 평가 기준( 1 )을 충족해야 Y로 평정

| 출처 | 보건복지부 · 한국보육진흥원(2017). 2017년 제3차 어린이집 평가인증안내(통합지표).

### (1) 신체 활동 영역(대 · 소근육 활동을 위한 영역)

영유아가 활발히 신체 활동을 할 수 있는 충분한 공간과 시설이 필요하다. 신체 활동을 위한 시설로는 고정된 시설과 이동가능한 시설이 있다. 고정된 시설로는 그네, 미끄럼틀, 시소, 정글짐 등이 분리되어 설치되거나, 복합 종합 놀이 시설로 배치할 수 있으나 놀이 시설의 용도, 다른 시설물과의 관계를 고려하여 설치한다. 이러한 경우에는 안전을 위해 모래, 잔디나 충격을 흡수할 수 있는 표면처리가 되어야 한다.

이동가능한 시설로는 평균대, 타이어 등을 이용한 구조물이 있으며, 영유아의 흥미와 발달 수준에 따라 구조물의 위치, 높이나 간격 등을 조절한다. 놀이기구 외에도 공간이 좁다면 달리기, 공놀이, 술래잡기 등을 할 수 있는 자연적 공간으로 활용하거나 인접한 공원이나 산책로, 놀이터 등을 활용하는 것도 효율적이다.

### (2) 구성놀이 영역: 물 · 모래놀이, 미술 활동 영역

지저분해지기 쉽거나 너무 축축하여 실내에서 실시하기 어려운 활동이나 공간을 많이 필요로 하는 활동은 실외에서 효과적으로 실시할 수 있다. 물놀이와 모래놀이는 함께 이루어지거나 자료들이 공동으로 사용되는 경우가 많으므로 인접하여 배치하는 것이 바람직하다. 모래밭 근처에 수도나 물을 얻을 수 있는 장소를 설치하여 모래놀이, 물놀이 공간을 구성하여 주고, 차양막이나 그늘막을 설치하고 안전하고 깨끗한 흙과 모래, 물을 유지하도록 점검한다.

상품화된 자료보다는 재활용 제품의 플라스틱 그릇, 주전자, 냄비 같은 소꿉놀이 기구, 다양한 크기의 통, PVC 수도관 등 영유아가 사용하기에 안전하고 개방적인 매체들이 적합하며 놀이 후 사용된 놀잇감을 정리 · 보관할 수 있도록 휴대용 수레나 찬장, 선반을 제공해준다.

(3) 탐구 활동 영역: 동 · 식물 기르기 영역

탐구 활동 영역은 영유아에게 자연의 아름다움과 질서의 개념을 배울 수 있는 기회를 제공하며 감각탐색 영역과 자연탐색 영역으로 구분할 수 있다(장영희, 2000). 감각 영역은 영유아의 시각, 청각, 촉각 등 오감각을 활용하여 자연의 바람, 공기, 햇빛, 하늘, 소리 등을 탐색하는 경험을 제공한다.

자연탐색 영역은 식물의 재배와 동물의 사육을 경험하는 기회를 제공한다. 영유아들이 채소나 꽃, 나무 등의 식물을 심고 가꾸어 보는 경험을 통해 식물의 성장 변화를 관찰할 수 있으며, 자연에 대한 관심을 기를 수 있다. 어린이집과 인접한 거리에 낮은 산이나 공원이 있을 경우에는 최대한 이를 활용하도록 하고, 여의치 않을 경우에는 주말농장, 텃밭 가꾸기, 산책 등의 프로그램을 구성하여 이를 수시로 활용하도록 한다.

#### (4) 휴식 공간(조용한 영역)

실외 보육환경에는 동적인 활동만이 일어나는 것이 아니라 혼자 있거나 조용한 놀이를 하기를 원하는 영유아를 위한 편안히 쉴 수 있는 조용한 공간도 필요하다. 나무그늘, 파라솔, 야외용 텐트, 정자, 실내와 연결된 테라스 등이 이용될 수 있으며 간이의자, 테이블, 벤치, 돗자리 등을 준비하여 편안한 공간이 되도록 한다.

### 3) 서비스 환경

#### (1) 교직원을 위한 환경

기관의 공간이 넓을 경우에는 원장실과 교사실, 사무실을 별도로 분리하여 둘 수 있으나 시설 공간이 좁을 경우에는 함께 구성하기도 한다. 시설 운영관리 제반에 관한 업무와 학부모와의 상담 장소로도 활용된다.

영유아나 외부 방문객들이 신뢰감과 환영받는다는 인상을 줄 수 있도록 정리 · 정돈이 잘 되어 있어야 하며, 출입구는 투명 창으로 구성해 드나드는 모든 사람들을 지원할 수 있도록 하며, 시설의 홍보 자료나 보육 관련 잡지, 전문서적, 프로그램 관련 패널 등을 비치하도록 한다. 또한 교직원을 위한 공간은 교사 간의 사회적 상호작용을 지원하며, 교사회의를 하거나 휴식을 취하기도 하는 공간이므로 휴식을 위한 공간 구성도 설비되어야 한다.

(2) 자료실

자료실은 교재 · 교구 등 교육활동에 필요한 자료들을 보관하는 곳이다. 자료를 주제별, 내용별, 재료별, 계절별, 연령별로 체계적으로 분류하여 자료를 보관하고 진열하여 현황이 한눈에 들어오도록 한다. 자료는 보관뿐만 아니라 효율적인 관리가 중요한데 활동 자료를 쉽게 찾아볼 수 있도록 교재 · 교구대장과 목록표를 만들어 비치하도록 한다. 다음은 유보통합지표 중 비품과 활동 자료관리와 관련된 평가지표이다.

2-1-5 비품과 활동 자료를 보관하는 별도의 공간이 있고, 연령별, 주제별 또는 영역별로 정리되어 있다. 관찰 기록 면담

1 비품과 활동 자료를 보관하는 별도의 공간(창고나 자료실, 베란다 등)이 있다.

- 창고나 자료실이 없거나 부족한 경우, 영유아가 활동하는 공간이 아닌 곳(예 교사실, 원장실, 상담실 등)에 따로 장소를 마련하여 보관
- 정원 20인 이하 소규모 어린이집은 별도 공간 없어도 실내 자료장을 마련하여 보관하면 인정

2 비품과 활동 자료를 연령, 주제 또는 영역 등 체계적인 분류 기준에 따라 명칭, 내용, 관련 영역 등을 표시하여 보관하고 있다.

2개의 평가 기준( 1 ~ 2 )을 충족해야 Y로 평정

| 출처 | 보건복지부 · 한국보육진흥원(2017). 2017년 제3차 어린이집 평가인증안내(통합지표).

또한 자료 보관과 관련하여 중앙보육정보센터에서 개발한 평가인증 조력 프로그램에서 제시하고 있는 비품과 활동 자료의 보관 장소와 관련된 점검 사항들이다.

**tip 비품과 활동 자료에 대한 점검 사항을 확인해 봅시다.**

| 구분 | 항목 | ○ | × |
|---|---|---|---|
| 1 | • 현재 사용하지 않는 비품과 활동 자료를 보관할 장소가 별도로 있는가? | | |
| 2 | • 별도의 자료실은 없으나 교사실 또는 상담실 등 영유아의 활동이 방해받지 않는 공간에 자료가 정리되어 있는가? | | |
| 3 | • 자료를 쉽게 찾을 수 있도록 장이 정리되어 있는가? | | |
| 4 | • 보관 장소가 부족하여 복도나 보육실에 교재장을 둘 경우에는 영유아의 이동이나 활동을 위한 공간이 협소하지는 않는가? | | |
| 5 | • 보관 장소나 자료실에 곰팡이나 습기 등이 생기지 않도록 잘 관리하고 있는가? | | |
| 6 | • 보관 장소나 자료실에 먼지가 쌓이거나 환기가 잘 되지 않아 냄새가 나지 않는가? | | |

| 출처 | 중앙보육정보센터(2009). 평가인증 조력 프로그램. 보육환경.

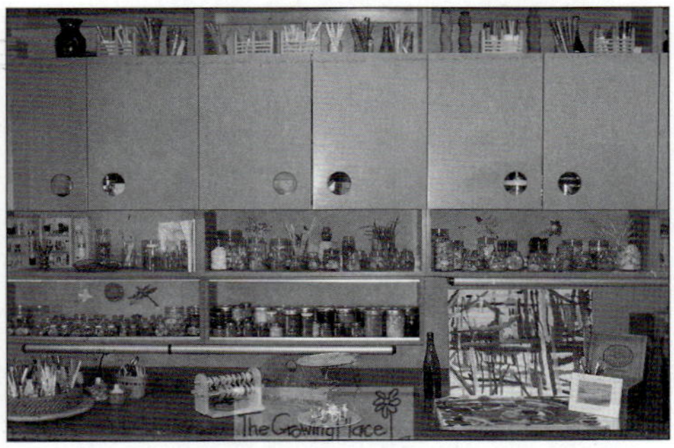

다음은 앞서 제시된 실내 · 외 교육환경 제반에 걸쳐 점검하고 관리해야 하는 항목을 제시하였다. 실내 · 외 환경이 교육 및 보육 공간으로서 청결하고 쾌적하게 관리되고 있는지, 영유아의 안전을 위해 위험요인 없이 관리되고 있는지 교사는 정기적 점검을 통해 확인해야 한다.

## 3-1 실내 · 외 공간의 청결 및 안전

### 3-1-1 실내 · 외 공간을 청결하고 쾌적하게 관리하고 있다.

| 번호 | 평가 요소 | 확인 방법 | Y | N |
|---|---|---|---|---|
| 1 | 실내 · 외 공간을 청결하게 유지한다. | 관찰 | □ Y | □ N |
| 2 | 실내 · 외 놀잇감을 청결하게 유지한다. | 관찰, 면담 | □ Y | □ N |
| 3 | 개별침구를 청결하게 유지한다. | 관찰 | □ Y | □ N |
| 4 | 환기를 자주하여 실내 공기를 쾌적하게 유지한다. | 관찰, 기록 | □ Y | □ N |
| 5 | 실내 공간의 온도, 습도, 채광, 조명을 적정하게 유지한다. | 관찰, 기록 | □ Y | □ N |

5개의 평가 요소 중 4개 이상을 충족해야 Y로 평정

### 3-1-2 실내 · 외 공간을 영유아의 안전을 위해 위험요인 없이 관리하고 있다.

| 번호 | 평가 요소 | 확인 방법 | Y | N |
|---|---|---|---|---|
| 1 | 출입문, 창문, 천장, 바닥, 벽면 등이 안전하여 위험요인이 없다. | 관찰 | □ Y | □ N |
| 2 | 전기설비 및 전선줄 등이 안전하여 위험요인이 없다. | 관찰 | □ Y | □ N |
| 3 | 고정식 및 이동식 시설 · 설비가 안전하여 위험요인이 없다. | 관찰 | □ Y | □ N |
| 4 | 세면대, 정수기 등에 온수조절장치가 적절하여 위험요인이 없다. | 관찰 | □ Y | □ N |
| 5 | 성인이 주로 사용하는 실내 · 외 공간에 영유아가 출입하지 않는다. | 관찰 | □ Y | □ N |

5개의 평가 요소 중 4개 이상을 충족해야 Y로 평정

## 활동하기

- 다음의 사항을 참조하여 보육실의 공간 구성에 대해 연습해보자.
  - 보육실의 공간을 떠올려보자.
  - 먼저 출입구와 창문, 화장실 출입구, 세면대, 고정된 시설 및 비품 등을 표시해보자.
  - 가르치게 될 영유아의 연령을 생각해보고 특정 연령을 떠올리자(5세반 혹은 2세반).
  - 연령에 적합한 흥미 영역을 선정한 다음, 교실 내에 흥미 영역 배치도를 그려보자.
  - 본 장에서 제시된 보육환경 점검 요인들의 기준에 따라 보육실의 환경 구성을 평가해보자.
  - 내가 가장 자신 있게 할 수 있는 흥미 영역은 무엇인가? 그 이유는? 내가 하기 어려운(힘든) 흥미 영역은 무엇인가? 그 이유는?
  - 필요한 경우 수정하거나 재구성해보자.

**[내가 구성하는 보육실 환경]**

Chapter 06

# 교육과정관리

1. 표준보육과정
2. 누리과정
3. 교육과정의 계획 및 운영

영유아교육과정이란 영유아의 전인적 성장과 발달을 돕기 위해 무엇을 가르치고 배울 것인가에 대한 문제를 체계적으로 구성한 설계도이다.

이에 따라 교사는 교수-학습 경험 설계도를 만들기 위해 '왜 가르치는가? 무엇을 가르칠 것인가? 어떻게 가르칠 것인가? 영유아들이 이해한 것을 어떻게 평가할 것인가?'에 대한 순환적인 과정을 이해하고 이를 구체적으로 계획해야 한다. 따라서 본 장에서는 국가 수준의 영유아교육과정인 표준보육과정과 누리과정을 살펴보고 나아가 현장에서의 교육과정 계획과 운영의 예시를 간략히 알아보고자 한다.

## 1 표준보육과정

표준보육과정은 「영유아보육법」에 따라 영유아가 어린이집에서 경험하는 국가 수준에서의 바람직한 태도와 가치, 지식, 기술을 제시하여 어린이집에서 이들을 보호하고 교육하는 지침으로 사용하기 위해 보건복지부에서 개발하였다. 즉, 표준보육과정은 우리나라의 사회 · 문화적 상황 속에서 교사가 자율적으로 개별 영유아의 특성을 살리면서 성장하도록 도와주는 내용을 포함한 국가 수준의 보육과정이다.

2013년부터 어린이집에서는 만 3-5세 연령별 누리과정을 포함하여 만 0-1세 보육과정, 만 2세 보육과정을 총칭하는 3차 표준보육과정이 적용되고 있다. 제3차 표준보육과정의 기준을 살펴보면 다음과 같다.

## 1) 표준보육과정의 구성 방향

### (1) 구성 방향

- 영유아의 발달 특성과 개인차를 고려하여 연령 및 수준별로 구성한다.
- 어린이집에서 편안하고 행복한 일상생활이 되도록 중점을 두어 구성한다.
- 질서, 배려, 협력 등 기본생활습관과 바른 인성을 기르는 데 중점을 두어 구성한다.
- 자율성과 창의성을 기르는 데 중점을 두고 전인발달을 이루도록 구성한다.
- 사람과 자연을 존중하고 우리 문화를 이해하는 데 중점을 두어 구성한다.

### (2) 구성 체계

- 어린이집 표준보육과정은 0–1세, 2세 보육과정, 3–5세 보육과정으로 구성한다.
- 어린이집 표준보육과정은 영역, 내용범주, 내용, 세부 내용으로 구분하고, 내용 간에 연계가 이루어지도록 구성한다.
- 세부 내용이라 함은 0–1세 보육과정, 2세 보육과정에서는 수준별 세부 내용을 의미하고 3–5세 보육과정에서는 연령별 세부 내용을 의미한다.
- 0–1세 보육과정은 기본생활, 신체운동, 의사소통, 사회관계, 예술경험, 자연탐구의 6개 영역을 중심으로 구성한다.
- 2세 보육과정은 기본생활, 신체운동, 의사소통, 사회관계, 예술경험, 자연탐구의 6개 영역을 중심으로 구성한다.
- 3–5세 보육과정은 신체운동 · 건강, 의사소통, 사회관계, 예술경험, 자연탐구의 5개 영역을 중심으로 구성한다.
- 3–5세 보육과정은 초등학교 교육과정과의 연계성을 고려하여 구성한다.

## 2) 표준보육과정의 목적과 목표

### (1) 목적

영유아의 심신의 건강과 전인적 발달을 도와 행복을 도모하며 민주시민의 기초를 형성하는 것을 목적으로 한다.

### (2) 목표

**1 0-1세 보육과정**

- 건강하고 안전한 일상생활을 경험한다.
- 감각 및 기본 신체운동 능력을 기른다.
- 말소리를 구분하고 의사소통의 기초를 마련한다.
- 친숙한 사람과 관계를 형성한다.
- 아름다움에 관심을 가진다.
- 보고, 듣고, 만지면서 주변 환경에 관심을 가진다.

**2 2세 보육과정**

- 건강하고 안전한 생활습관의 기초를 마련한다.
- 감각 및 신체조절 및 기본운동능력을 기른다.
- 의사소통 능력의 기초를 기른다.
- 나를 인식하고 다른 사람과 더불어 생활하는 경험을 한다.
- 아름다움에 관심을 가지고 예술경험을 즐긴다.
- 주변 환경에 호기심을 갖고 탐색하기를 즐긴다.

**3 3-5세 보육과정**

- 기본운동능력과 건강하고 안전한 생활습관을 기른다.
- 일상생활에 필요한 의사소통 능력과 바른 언어 사용 습관을 기른다.
- 자신을 존중하고 다른 사람들과 더불어 생활하는 능력과 태도를 가진다.

- 아름다움에 관심을 가지고 예술경험을 즐기며, 창의적으로 표현하는 능력을 기른다.
- 호기심을 가지고 주변 세계를 탐구하며, 일생생활에서 수학적 · 과학적으로 생각하는 능력과 태도를 기른다.

## 3) 표준보육과정의 편성과 운영

### (1) 편성

- 어린이집의 운영 시간에 맞추어 편성한다.
- 표준보육과정에 제시된 각 영역의 내용을 균형 있게 통합적으로 편성한다.
- 영유아의 발달 특성 및 개인차, 경험을 고려하여 놀이를 중심으로 편성한다.
- 영유아의 일과 중 일상생활을 포함하여 편성한다.
- 어린이집과 보육실의 특성에 따라 융통성 있게 편성한다.
- 성별, 종교, 신체적 특성, 가족 및 민족 배경 등으로 인한 편견이 없도록 편성한다.

### (2) 운영

- 보육계획(연간, 월간, 주간, 일일 계획 등)에 의거하여 운영한다.
- 실내 · 외 환경을 다양한 흥미 영역으로 구성하여 운영한다.
- 영유아의 능력과 장애 정도에 따라 조정하여 운영한다.
- 부모와 각 기관의 실정에 따라 부모교육을 실시한다.
- 가정과 지역사회와의 협력과 참여에 기반하여 운영한다.
- 교사 재교육을 통해서 어린이집 표준보육과정 운영을 개선해간다.

### (3) 교수-학습방법

- 주도적인 놀이를 중심으로 교수-학습 활동이 이루어지도록 한다.
- 흥미를 중심으로 활동을 선택하고 지속할 수 있도록 한다.

- 생활 속 경험을 소재로 하여 지식, 기능, 바람직한 태도를 기르도록 한다.
- 교사와 신뢰감을 형성하고 개별적인 활동이 이루어지도록 한다.
- 교사, 환경, 또래와 능동적인 상호작용이 이루어지도록 한다.
- 주제를 중심으로 여러 활동이 통합적으로 이루어지도록 한다.
- 만 0~1세아, 만 2세아는 일상생활 및 개별 활동, 휴식 등이 균형 있게 이루어지도록 한다.
- 만 3~5세아는 실내 · 실외 활동, 정적 · 동적 활동, 대 · 소집단 활동 및 개별 활동, 일생생활 및 휴식 등이 균형 있게 이루어지도록 한다.

### (4) 평가

#### 1 운영 평가

- 어린이집 표준보육과정의 목표와 내용에 근거하여 보육내용이 적절히 편성 · 운영되는지 평가한다.
- 어린이집 표준보육과정의 운영 내용 및 활동이 영유아의 발달 수준과 흥미 · 요구에 적합한지 평가한다.
- 유아의 발달 수준, 흥미, 요구에 적합한 경험 및 학습을 촉진할 수 있는 다양한 활동과 교수학습방법이 계획되고 통합적으로 운영되는지 평가한다.
- 일과 운영 및 보육활동 구성 시 놀이 활동과 일상생활 활동의 양과 내용이 영아 및 유아 각 연령의 발달에 적합하게 계획되고 운영되는지 평가한다.
- 만 0~1세아, 만 2세아는 집단 활동보다 개별적인 상호작용과 교수법을 중심으로 상호작용이 진행되는지를 평가한다.
- 어린이집 표준보육과정 운영 평가 결과를 수시로 반영하여 보육과정 운영 계획을 수정 · 보완하거나 다음 연도의 계획 수립 및 운영에 반영하는지 평가한다.

## 2 영유아 평가

- 어린이집 표준보육과정의 목표와 내용에 근거하여 영유아의 특성과 변화 정도를 평가한다.
- 지식, 기술, 태도 등을 평가한다.
- 일상생활과 보육과정 활동 전반에 걸쳐 평가한다.
- 관찰, 활동 결과물, 부모 면담 등 다양한 방법을 사용하여 종합적으로 평가하고 그 결과를 기록한다.
- 평가 결과는 영유아에 대한 이해와 어린이집 표준보육과정운영 개선 및 부모 면담 자료로 활용한다.

# 2 누리과정

누리과정은 현재 유치원과 어린이집으로 이원화되어 있는 유치원교육과정과 표준보육과정을 통합하여 공통과정을 적용하는 정책의 추진 결과로 제정된 국가 수준의 교육과정이다. 우리나라는 초등교육 및 중등교육이 이미 의무교육으로 실시되고 있지만 취학 전 유아에 대한 국가적 책임이 미약한 것에 대한 비판이 있었다. 만 3~5세아 교육과 보육이 유치원과 어린이집으로 이원화되어 있었기에 교육 내용과 질이 같은 수준으로 제공되는 공통과정의 필요성과 함께 유아교육의 선진화 추진의 일환으로 만 3~5세아에 대한 국가의 책임을 강화하고자 한 것이다.

이에 교육과학기술부(교육부의 전신)는 만 3~5세의 유아에게 균등한 양질의 교육 · 보육 서비스를 제공하기 위하여 「유아교육법」 제13조 제2항에 의거하여 「유치원교육과정」을 폐지하고, 2013년부터 「누리과정」을 「유치원교육과정」으로 고시하였다. 이에 따라 만 3~5세 유아의 발달 수준 및 학습 특성에 적합한 교육 · 보육내용으로 구성된 국가 수준의 공통과정으로 『3-5세 연령별 누리과정』을 마련하였다. 누리과정의 기준을 살펴보면 다음과 같다.

## 1) 누리과정의 구성 방향

누리과정의 구성 방향은 다음과 같다.

- 질서, 배려, 협력 등 기본생활습관과 바른 인성을 기르는 데 중점을 두어 구성한다.
- 자율성과 창의성을 기르는 데 중점을 두고, 전인발달을 이루도록 구성한다.
- 사람과 자연을 존중하고, 우리 문화를 이해하는 데 중점을 두어 구성한다.
- 만 3~5세아의 발달 특성을 고려하여 연령별로 구성한다.
- 신체운동 · 건강, 의사소통, 사회관계, 예술경험, 자연탐구의 5개 영역을 중심으로 구성한다.
- 초등학교 교육과정과 0-2세 표준보육과정과의 연계성을 고려하여 구성한다.

## 2) 누리과정의 목적과 목표

### (1) 목적

누리과정은 만 3~5세 유아의 심신의 건강과 조화로운 발달을 도와 민주시민의 기초를 형성하는 것을 목적으로 한다.

### (2) 목표

- 기본 운동 능력과 건강하고 안전한 생활 습관을 기른다.
- 일상생활에 필요한 의사소통 능력과 바른 언어 사용 습관을 기른다.
- 자신을 존중하고 다른 사람과 더불어 생활하는 능력과 태도를 기른다.
- 아름다움에 관심을 가지고 예술경험을 즐기며, 창의적으로 표현하는 능력을 기른다.
- 호기심을 가지고 주변 세계를 탐구하며, 일상생활에서 수학적 · 과학적으로 생각하는 능력과 태도를 기른다.

## 3) 누리과정의 편성과 운영

### (1) 편성

- 1일 3~5시간을 기준으로 편성한다.
- 5개 영역의 내용을 균형 있게 통합적으로 편성한다.
- 유아의 발달 특성 및 경험을 고려하여 놀이를 중심으로 편성한다.
- 반(학급) 특성에 따라 융통성 있게 편성한다.
- 성별, 종교, 신체적 특성, 가족 및 민족 배경 등으로 인한 편견이 없도록 편성한다.
- 일과 운영 시간에 따라 심화 · 확장할 수 있도록 편성한다.

### (2) 운영

- 연간, 월간, 주간, 일일 계획에 의거하여 운영한다.
- 실내 · 외 환경을 다양한 흥미 영역으로 구성하여 운영한다.
- 유아의 능력과 장애 정도에 따라 조정하여 운영한다.
- 부모와 각 기관의 실정에 따라 부모교육을 실시한다.
- 가정과 지역사회와의 협력과 참여에 기반하여 운영한다.
- 교사 재교육을 통해서 누리과정 활동이 개선되도록 운영한다.

### (3) 교수-학습방법

- 놀이를 중심으로 교수-학습 활동이 이루어지도록 한다.
- 유아의 흥미를 중심으로 활동을 선택하고 지속할 수 있도록 한다.
- 유아의 생활 속 경험을 소재로 하여 지식, 기능, 태도 및 가치를 습득하도록 한다.
- 유아와 교사, 유아와 유아, 유아와 환경 간에 능동적인 상호작용이 이루어지도록 한다.
- 주제를 중심으로 여러 활동이 통합적으로 이루어지도록 한다.
- 실내 · 실외 활동, 정적 · 동적 활동, 대 · 소집단 활동 및 개별 활동, 휴식 등이 균형 있게 이루어지도록 한다.
- 유아의 관심과 흥미, 발달이나 환경 특성 등을 고려하여 개별 유아에게 적합한 방식으로 학습하도록 한다.

### (4) 평가

#### 1 누리과정 운영 평가

- 운영 내용이 누리과정의 목표와 내용에 근거하여 편성 · 운영되었는지 평가한다.
- 운영 내용 및 활동이 유아의 발달 수준과 흥미 · 요구에 적합한지를 평가한다.

- 교수-학습방법이 유아의 흥미와 활동의 특성에 적합한지를 평가한다.
- 운영 환경이 유아의 발달특성과 활동의 주제, 내용 및 효율성 등을 고려하여 구성되었는지를 평가한다.
- 계획안 분석, 수업참관 및 모니터링, 평가척도 등 다양한 방법을 활용하여 평가한다.
- 운영평가의 결과를 반영하여 운영계획을 수정 · 보완하거나 이후 누리과정 편성 · 운영에 활용한다.

### 2 유아 평가

- 누리과정 목표와 내용에 근거하여 유아의 특성과 변화 정도를 평가한다.
- 유아의 지식, 기술, 태도를 포함하여 평가한다.
- 유아의 일상생활과 누리과정 활동 전반에 걸쳐 평가한다.
- 관찰, 활동 결과물, 부모 면담 등 다양한 방법을 사용하여 종합적으로 평가하고 그 결과를 기록한다.
- 유아평가 결과는 유아에 대한 이해와 누리과정 운영 개선 및 부모 면담 자료로 활용할 수 있다.

## 3 교육과정의 계획 및 운영

교육과정을 계획하고 운영하는 데 있어 가장 우선적으로 고려해야 할 것은 바로 영유아이다. 왜냐하면 학습자로서 영유아의 특성은 교육과정 편성과 운영의 방향을 주도하는 중요한 요인이기 때문이다. 이러한 맥락에서 영유아의 전인적 성장 · 발달은 영유아교육과정의 중요한 목표가 된다. 따라서 교육계획과 운영은 영유아의 발달에 적합해야 하며, 발달의 전 영역을 균형 있게 다루어야 한다.

교육현장에서 교육과정을 계획하고 적용할 때에는 주제를 중심으로 모든 교과의 내용을 통합하는 '주제 중심 통합교육과정'이 가장 일반적으로 많이 활용된다. 주제 중심 통합교육과정은 영유아들에게 의미 있는 주제를 중심으로 한 통합적 접근이다. 이에 따라 대부분의 어린이집과 유치원에서는 국가 수준의 교육과정인 표준보육과정과 누리과정에서 제시한 주제를 중심으로, 전년도의 교육과정 운영 자료를 검토하고 여러 가지 요구들을 반영하여 1년간 진행할 주제들을 선정한다. 그리고 이렇게 선정된 주제의 전개에서 교육과정에서 제시한 교육목표와 내용을 반영하고, 교육 내용과 여러 활동들을 통합적으로 경험하도록 구성하여 교육활동을 전개한다. 여기서는 영유아교육과정의 계획 및 운영을 어린이집과 유치원으로 구분하여 살펴보고자 한다.

### 1) 교육과정의 계획

영유아의 경우는 대상 연령의 폭이 넓고, 동일 연령 내에서도 개인차와 발달 수준의 차이가 크기 때문에 영유아를 위한 교육과정의 계획은 영유아의 연령이나 발달 특성을 고려하여 작성해야 한다.

일반적으로 어린이집과 유치원에서는 연간 · 월간 · 주간 교육계획안을 구성하고, 일일 교육계획안을 작성하여 하루일과에 적용하는 방식으로 교육과정을 계획한다. 이러한 교육계획안의 구성 흐름을 간략히 소개하면 다음 |그림 6-1|과 같다.

|  |  |
|---|---|
| 연간 교육계획안 | • 1년 동안 영유아교육기관에서 진행되는 전체적인 내용으로 주제, 소주제, 행사 일정을 근거로 작성<br>• 전년도에 실시되었던 교육실행의 결과를 기초로 주제의 적절성, 기간, 시기의 적절성 등을 평가한 후 이를 기초로 작성<br>• 연령별로 또는 반별로 연간 교육계획안의 작성 |
| ↓ | |
| 월간 교육계획안 | • 연간 교육계획에서 선정된 생활주제 및 주제를 기초로 누리과정에서 제시된 것을 토대로 각 유치원에 맞게 수정 · 보완하여 계획(기관의 특성, 영유아의 발달 수준 · 흥미 등을 고려)<br>• 주제와 관련하여 교실 환경 구성계획 및 흥미 영역별로 제시할 교재 · 교구의 정리 |
| ↓ | |
| 주간 교육계획안 | • 매주 주제에 따라 다루어질 활동 내용을 주간계획으로 조직 · 제시<br>• 주간 교육계획안에 포함될 내용: 대상 연령, 학급명, 영유아 수, 주제 및 소주제, 목표 또는 주요 내용, 실내 · 외 환경 구성, 다루어질 주제 관련 내용, 기본생활습관, 실외 활동과 견학, 일과 관련 사항, 행사 등 |
| ↓ | |
| 일일 교육계획안 | • 일일 교육계획은 교육 내용에 적합한 다양한 활동으로 구성하여 누리과정의 영역별 목표가 균형 있게 달성되도록 통합적으로 작성<br>• 교사가 하루일과 속에서 하나의 소주제를 가지고 이야기나누기, 언어 활동, 수 · 조작 활동, 과학 활동, 표현 활동, 역할 및 쌓기 활동 등 다양한 활동을 연계하여 적용 |
| ↓ | |
| 활동계획안 | • 활동계획은 누리과정의 영역, 내용, 수준과 영유아의 발달 특성과 흥미를 고려하여 활동목표와 활동방법을 작성 |

그림 6-1 교육계획안의 구성

위의 구성 흐름에 따라 교육과정의 계획을 어린이집(영아반)과 유치원(유아반)으로 구분하여 연간 교육계획, 월간 교육계획, 주간 교육계획, 일일 교육계획의 예시를 제시하였다.

### (1) 어린이집

보건복지부에서는 「영유아보육법」 제29조에 근거하여 영유아의 신체 · 정서 · 인지 · 사회성 · 언어의 발달을 도모하도록 어린이집에 표준보육과정을 개발하여 보급하고 있다. 표준보육과정은 영유아에게 제공되어야 할 보육의 목적, 보육내용, 보육방법 등의 지침을 제공하고 있다.

어린이집은 표준보육과정의 영역별 목표와 내용에 따라 연령별로 연간, 월간, 주간, 일일 보육계획을 수립해야 한다. 어린이집의 유형이나 규모에 따라 단일연령 및 혼합연령으로 다양화할 수 있으며 운영 시간도 융통성 있게 구성할 수 있다.

#### 1 연간 보육계획안

연간 보육계획은 어린이집에서 1년 동안 진행되는 보육내용으로 영유아의 흥미, 지역사회 실정, 부모의 요구, 어린이집에서 이루어지는 연간 행사 일정을 고려하여 작성한다. 따라서 연간 보육계획 수립에서 어떤 주제를 선정하는가에 따라 그 어린이집이 영유아의 연령이나 흥미, 발달 적합성, 계절, 어린이집이나 지역사회의 특성을 반영하여 질적인 보육과정을 실천하는가에 대한 중요한 기준이 된다.

일반적으로 연간계획은 3월 새 학년이 시작되기 전 교직원 회의를 통하여 결정되며, 전년도의 보육계획과 실천 사항에 대한 교직원들 간의 평가결과를 참고로 작성한다. 보육 주제는 연 초에는 영유아의 주변 환경과 밀접한 관계가 있는 친숙하고 익숙한 내용에서 시작하여 점차 새로운 내용, 교사의 도움이 필요한 내용, 멀어진 환경을 다루는 내용으로 확장시켜간다.

표준보육과정을 근거로 영아반(0~2세) 보육주제와 만 2세 영아반의 연간 보육계획안의 예시를 제시하면 다음 |표 6-1|, |표 6-2|와 같다. 연간 보육계획은 다음과 같이 전체 52주로 수립하고 있다.

**표 6-1** 영아반(0-2세) 연간 보육주제 예

| | 연간주제 | | |
|---|---|---|---|
| | 0세 | 1세 | 2세 |
| 1 | 낯설어요 | 새로운 것이 낯설어요 | 어린이집이 좋아요 |
| 2 | 느껴보아요 | 느낄 수 있어요 | 봄나들이 가요 |
| 3 | 움직여요 | 놀이할 수 있어요 | 나는요 |
| 4 | 놀이는 재미있어요 1 | 나는 할 수 있어요 | 재미있는 여름이에요 |
| 5 | 놀이는 재미있어요 2 | 움직이는 것이 재미있어요 | 나는 가족이 있어요 |
| 6 | 좋아해요 | 좋아하는 놀이가 있어요 | 동물놀이해요 |
| 7 | | 새로운 것도 좋아요 | 알록달록 가을이에요 |
| 8 | | | 겨울과 모양을 즐겨요 |
| 9 | | | 나는 친구가 있어요 |

| 출처 | 보건복지부 · 중앙육아종합지원센터(2013). 어린이집 표준보육과정 및 0~2세 영아보육프로그램의 이해.

**표 6-2** 연간 보육계획안의 예(만 2세)

| 주제 | 주 | 소주제 | 주제 | 주 | 소주제 |
|---|---|---|---|---|---|
| 어린이집이 좋아요 | 1 | 나는 ㅇㅇ반이에요 | 나는 가족이 있어요 | 1 | 엄마 아빠가 좋아요 |
| | 2 | 엄마, 아빠와 헤어질 수 있어요 | | 2 | 우리 가족을 흉내내요 1 |
| | 3 | 우리 반 선생님과 친구들이에요 | | 3 | 우리 가족을 흉내내요 2 |
| | 4 | 재미있는 놀잇감이 있어요 | | 4 | 우리 가족을 소개해요 1 |
| | 5 | 내가 좋아하는 놀잇감이에요 | | 5 | 우리 가족을 소개해요 2 |
| | 6 | 편안하게 지내요 | | | |
| | 7 | 안전하게 놀아요 | | | |
| 봄나들이 가요 | 1 | 바깥놀이가 재미있어요 | 동물놀이 해요 | 1 | 여러 가지 동물이 있어요 |
| | | | | 2 | 엄마 동물 아기 동물 |
| | 2 | 안전하게 바깥놀이해요 | | 3 | 동물처럼 소리를 내어보아요 |
| | 3 | 꽃구경은 즐거워요 | | 4 | 동물처럼 움직여보아요 |
| | 4 | 벌레가 꿈틀꿈틀해요 | | 5 | ㅇㅇ반이 좋아하는 동물 |
| | 5 | 봄나들이 갈까요 | | 6 | 동물을 사랑해요 |

| 주제 | 주 | 소주제 |
|---|---|---|
| 나는요 | 1 | 나는 ○○○이에요 |
| | 2 | 내 몸을 살펴보아요 |
| | 3 | 나는 느껴요 |
| | 4 | 내가 좋아하는 것이 있어요 |
| | 5 | 혼자서도 잘해요 |
| 재미있는 여름이에요 | 1 | 날씨가 더워졌어요 |
| | 2 | 비가 많이 와요 |
| | 3 | 깨끗하게 씻어요 |
| | 4 | 물놀이가 재미있어요 1 |
| | 5 | 물놀이가 재미있어요 2 |
| | 6 | 여행을 가요 |
| | 7 | |

| 주제 | 주 | 소주제 |
|---|---|---|
| 알록달록 가을이에요 | 1 | 가을이에요 |
| | 2 | 가을나들이 |
| | 3 | 단풍이 물들어요 |
| | 4 | 자연물로 놀이해요 |
| | 5 | 알록달록 색깔나라 |
| | 6 | 재미있는 그리기 나라 |
| 겨울과 모양을 즐겨요 | 1 | 여러 가지 모양이 있어요 |
| | 2 | 모양놀이해요 |
| | 3 | 즐거운 성탄이에요 |
| | 4 | 추워요 |
| | 5 | 따뜻하게 지내요 |
| 나는 친구가 있어요 | 1 | 내 친구가 좋아요 |
| | 2 | 친구와 함께하는 놀이가 있어요 |
| | 3 | 우리는 ○○살(설날) |
| | 4 | 형 · 언니가 되었어요 |
| | 5 | 즐거웠던 우리 반이에요 |
| | 6 | |

| 출처 | 보건복지부(2014). 어린이집 표준보육과정에 기초한 영아보육프로그램 2세.

이상에서 제시된 연간 보육계획을 토대로 각 어린이집의 상황에 맞춰 월별로 진행하거나 주차를 조절하여 계획할 수 있으며 예시는 다음 | 표 6-3 | 과 같다.

표 6-3 연간 보육계획안의 예(만 2세)

| 연간 보육계획 예시 1 | | 연간 보육계획 예시 2 | |
|---|---|---|---|
| 월 | 주제 | 월 | 주제 |
| 3 | | 3 | |
| 4 | 어린이집이 좋아요(7주) | 4 | 어린이집이 좋아요(7주) |
| 5 | 봄나들이 가요(5주) | 5 | 봄나들이 가요(5주) |
| 6 | 나는요(5주) | 6 | 동물놀이해요(6주) |
| 7 | 재미있는 여름이에요(7주) | 7 | 재미있는 여름이에요(7주) |
| 8 | 나는 가족이 있어요(5주) | 8 | 나는요(5주) |
| 9 | | 9 | |
| 10 | 동물놀이해요(6주) | 10 | 알록달록 가을이에요(6주) |
| 11 | 알록달록 가을이에요(6주) | 11 | 나는 가족이 있어요(5주) |
| 12 | 겨울과 모양을 즐겨요(5주) | 12 | 겨울과 모양을 즐겨요(5주) |
| 1 | 나는 친구가 있어요(6주) | 1 | 나는 친구가 있어요(6주) |
| 2 | | 2 | |

| 출처 | 보건복지부(2014). 어린이집 표준보육과정에 기초한 영아보육프로그램 2세.

### 2 월간(주제별) 보육계획안

일반적으로 월간 보육계획은 연간 보육계획을 토대로 작성한 약 한 달간의 보육계획으로 연간 보육계획의 목표에 달성하기 위한 구체적인 내용을 계획하는 것이다. 그러나 영아반의 경우 연간 주제를 월별로 1개씩 수립하여 운영하지 않는다. 어린이집의 개별적 상황을 반영하여 소주제의 진행기간을 조절하여 운영할 수 있으므로 월별 보육계획보다는 주제별 보육계획이라는 용어를 사용하고 있다.

각 보육주제에 따른 소주제와 전체 활동을 포함한 것으로 해당 월에 진행되는 주제를 선정한 이유와 전체 활동의 개요를 소개함으로써 교사들이 활동의 목표를 분명하게 가지고 일관성 있는 보육을 할 수 있도록 돕는다. 다음의 | 표 6-4 |는 어린이집 표준보육과정에 기초한 영아보육프로그램 2세(보건복지부, 2014)에 제시되어 있는 '알록달록 가을이에요' 주제별 보육계획안 예시이다.

**표 6-4** 주제별 보육계획안 예(만 2세)

| 구분 | | 1주 | 2주 | 3주 | 4주 | 5주 | 6주 |
|---|---|---|---|---|---|---|---|
| 주제 | | 알록달록 가을이에요 | | | | | |
| 소주제 | | 가을이에요 | 가을나들이 | 나뭇잎이<br>물들어요 | 자연물로<br>놀이해요 | 알록달록<br>색깔나라 | 재미있는<br>그리기나라 |
| 등원 및 맞이하기 | | 아침에 먹고 온 음식을 이야기해 보기 | | | | | |
| 기본생활 · 안전 | | 스스로 겉옷을 벗어보기<br>길을 잃었을 때는 제자리에서 기다리기 | | | 겉옷을 벗어 옷걸이에 걸어보기<br>주변의 어른에게 '도와주세요' 이야기해 보기 | | |
| 일상생활 | 점심 및 간식 | 바르게 앉아서 먹어보기<br>(새로운) 음식을 먹어보기 | | | | | |
| | 낮잠 | 자고나서 내 베개를 정리해보기 | | | | | |
| | 배변 활동 | 배변 후 선생님의 도움받아 (스스로) 옷 올려보기<br>지퍼, 단추 잠궈 보기 | | | | | |
| 실내 자유 놀이 | 신체 | 낙엽비가<br>내려요 | 나뭇잎처럼<br>움직여보기 | 나뭇잎<br>징검다리<br>건너기 | 콩 주머니<br>던지기 | 색 풍선놀이 | 같은<br>색깔 도미노 |
| | 언어 | 과일 열매<br>까꿍 카드 | 나들이<br>사진 보며<br>이야기나누기 | 나뭇잎에<br>그림편지 쓰기 | 자연물(탐색)<br>그림책 | 색깔에도<br>이름이 있어요 | 내가 좋아하는<br>색깔이 있어요 |
| | 감각 · 탐색 | 내 짝을 찾아<br>주세요(과일<br>반쪽 찾기) | 숟가락으로<br>열매 올리기 | 단풍잎<br>(은행잎) 방석 | 조각 천<br>염색하기 | 색 탁구공을<br>옮기기 | 알록달록<br>색 소금<br>만들기 |
| | 역할 · 쌓기 | 낙엽을<br>청소해요 | 가을<br>소풍놀이 | 나뭇잎(단풍잎<br>은행잎) 왕관<br>쓰고 놀이하기 | 열매, 나뭇잎<br>소꿉놀이 | 삼색 밀가루<br>반죽으로<br>요리하기 | 삼색 밀가루<br>케이크<br>(생일파티놀이) |
| | | 큰 나무,<br>작은 나무<br>쌓아보기 | 블록 돗자리<br>만들기 | 가을 동산<br>만들기 | 나무 무늬<br>블록으로 식탁,<br>의자 구성하기 | 알록달록 색깔<br>길 만들기 | 무지개 촉감<br>블록 쌓고<br>무너뜨리기 |
| | 미술 | 알록달록 가을<br>나무 꾸미기 | 산책 가방<br>만들기 | 나뭇잎<br>왕관 만들기 | 솔방울에<br>색깔 입히기 | 색깔 공을 굴려<br>그림 그리기 | 까만 크레파스<br>그림 |
| | 음률 | 열매 마라카스<br>흔들기 | 노래<br>'오리소풍'에<br>맞춰 춤추기 | 나무 악기<br>연주하기 | 춤추는 씨앗<br>(큰 북<br>두드리기) | 리듬악기<br>두드리며<br>'가을바람'<br>노래 부르기 | 색 스카프<br>흔들기 |

<table>
<tr><th colspan="2">구분 / 주</th><th>1주</th><th>2주</th><th>3주</th><th>4주</th><th>5주</th><th>6주</th></tr>
<tr><td colspan="2">소주제</td><td>가을이에요</td><td>가을나들이</td><td>나뭇잎이 물들어요</td><td>자연물로 놀이해요</td><td>알록달록 색깔나라</td><td>재미있는 그리기나라</td></tr>
<tr><td colspan="2" rowspan="2">실외놀이</td><td>동물인형 목욕시키기</td><td>여러 가지 색, 모양의 나뭇잎이 있어요</td><td>가을나들이</td><td>나뭇가지에 매달린 물체 탐색하기</td><td>흙으로 놀아요</td><td>색 돋보기로 바깥 풍경 관찰하기</td></tr>
<tr><td>여러 가지 색과 모양의 나뭇잎이 있어요</td><td>가을나들이</td><td>나뭇가지에 매달린 물체 탐색하기</td><td>흙으로 놀아요</td><td>색 돋보기로 바깥풍경 관찰하기</td><td>무지개 낙하산놀이</td></tr>
<tr><td rowspan="2">귀가 및 연계</td><td>귀가</td><td colspan="3">가을 날씨 이야기하며 귀가하기</td><td colspan="3">나뭇잎의 변화 살펴보며 귀가하기</td></tr>
<tr><td>가정 및 지역사회 연계</td><td colspan="6">가정과의 연계–가족과 함께 공원 나들이 해보기<br>지역사회와의 연계–공원으로 산책 가기(어린이집에서 가까운 근린공원으로 산책 가기)</td></tr>
<tr><td colspan="2" rowspan="2">비고</td><td>• 잘자요 달님<br>• 숲속에 숲속에<br>• 날마다 자라요</td><td>• 풀밭에 풀밭에<br>• 나무에 나무에<br>• 봉숭아 하나 둘 셋</td><td>• 나무<br>• 사과야 빨리 익어라<br>• 행복한 껴안기</td><td>• 재미난 그림책<br>• 무엇을 만들까?<br>• 사과를 자르면</td><td>• 깜짝깜짝 색깔들<br>• 맛있는 그림책<br>• 사과가 쿵</td><td>• 엉뚱한 그림책<br>• 크고 작고<br>• 무엇을 만들까?</td></tr>
<tr><td colspan="6">이 주제는 10월 중순~11월에 실시해 보도록 하는 것이 바람직하다.<br>가을의 날씨를 고려하여 진행 시기를 정하고 색깔 주제와 연계하여 6주 동안 계획하되, 교사가 융통성 있게 운영할 수 있다.</td></tr>
</table>

| 출처 | 보건복지부(2014). 어린이집 표준보육과정에 기초한 영아보육프로그램 2세.

### 3 주간(소주제별) 보육계획안

주간 보육계획은 월간(주제별) 보육계획을 기초로 작성한다. 월별(주제별) 보육계획안에는 한 주 동안 실시될 활동이 요일 구분 없이 제시되어 있다. 따라서 주간 보육계획을 수립할 때에는 선정된 활동을 월~금요일에 걸쳐 어떻게 배분할지를 결정하는 것으로 시작한다. 특히 주간 보육계획은 학급의 운영을 한눈에 볼 수 있고 일주일 동안의 준비 사항이나 활동계획의 윤곽이 제시되어 있기 때문에 하루일과의 흐름에 따라 제시하도록 한다.

다음의 | 표 6-5 |는 어린이집 표준보육과정에 기초한 영아보육프로그램 2세(보건복지부, 2014)에 제시되어 있는 주간(소주제별) 보육계획안 예시이다.

**표 6-5** 주간(소주제별) 보육계획안 예(만 2세)

<table>
<tr><th colspan="2">소주제</th><th colspan="6">우리 반 선생님과 친구들이에요</th></tr>
<tr><th colspan="2">구분</th><th>월</th><th>화</th><th>수</th><th>목</th><th>금</th><th>토</th></tr>
<tr><td colspan="2">등원 및 맞이하기</td><td colspan="6">엄마, 아빠와 손잡고 교실 둘러보기</td></tr>
<tr><td rowspan="4">일상 생활</td><td>기본생활 · 안전</td><td colspan="6">내 사물함을 살펴봐요<br>화장실에서 조심해서 걷기</td></tr>
<tr><td>점심 및 간식</td><td colspan="6">간식 먹기 전 손 씻기</td></tr>
<tr><td>낮잠</td><td colspan="6">자장가 들으며 낮잠 자기</td></tr>
<tr><td>배변 활동</td><td colspan="6">배변 후 ‘쉬했어요’ 표현하기</td></tr>
<tr><td rowspan="7">실내 자유 놀이</td><td>신체</td><td colspan="2"></td><td colspan="4">친구와 함께 낙하산놀이</td></tr>
<tr><td>언어</td><td colspan="6">누구일까요?</td></tr>
<tr><td>감각 · 탐색</td><td></td><td colspan="5">선생님과 친구 얼굴을 찾아보세요</td></tr>
<tr><td rowspan="2">역할 · 쌓기</td><td colspan="6">나는 요리사</td></tr>
<tr><td colspan="6">종이벽돌 블록으로 식탁 만들기</td></tr>
<tr><td>미술</td><td></td><td colspan="5">선생님과 친구를 사진에 콕콕~</td></tr>
<tr><td>음률</td><td colspan="2"></td><td colspan="4">노래 “○○이는 어디 있나?”</td></tr>
<tr><td colspan="2">실외놀이</td><td colspan="3">그릇에 모래를 담아요</td><td colspan="3">선생님과 미끄럼틀 타기</td></tr>
<tr><td rowspan="2">귀가 및 연계</td><td>귀가</td><td colspan="6">엄마, 아빠에게 반갑게 인사하기</td></tr>
<tr><td>가정 및 지역사회 연계</td><td colspan="6">가정과의 연계–가족과 어린이집에서 한 일 이야기 해보기</td></tr>
</table>

| 출처 | 보건복지부(2014). 어린이집 표준보육과정에 기초한 영아보육프로그램 2세.

### 4 일일 보육계획안

일반적으로 일일 보육계획은 영유아가 등원해서 귀가할 때까지 일어나는 모든 보육활동을 구체적으로 명시하고 있다. 영유아의 도착, 활동계획, 실내 · 외 자유선택놀이 활동, 정리 · 정돈, 간식 및 점심, 대집단 활동, 휴식, 평가 및 귀가 지도 등의 활동으로 시간대별로 구분해서 계획을 세운다.

다음의 |표 6-6|은 어린이집 표준보육과정에 기초한 영아보육프로그램 2세(보건복지부, 2014)에 제시되어 있는 일일 보육계획안 예시이다.

표 6-6 일일 보육계획안 예(만 2세)

| 주제 | 알록달록 가을이에요 | 실행날짜 (날씨) | 2○○○년 10월 29일 월요일 (날씨: 맑음) |
|---|---|---|---|
| 소주제 | 가을이에요 | | |
| 시간 및 활동명 | 활동 계획 및 방법 | 준비물 및 유의점 | 실행 |
| 7:30~9:00<br>등원 및<br>통합보육 | • 등원하는 영아 반갑게 맞이하기<br>• 영아의 기분과 건강 상태 확인하기<br>• 스스로 소지품 정리할 수 있도록 도와 주기<br>• 투약 의뢰서 유무 확인하기<br>• 통합 보육실에서 자유놀이하기 | 출석 카드<br>투약 의뢰서<br>일일연락장<br>영역별 놀잇감 | • 부모님과 등원하는 영아에게 아침에 무엇을 먹었는지를 물어보거나, 자신이 무엇을 먹었는지에 대해 이야기를 나누었다. |
| 9:00~9:30<br>화장실 가기 및<br>오전 간식 | • 화장실 다녀오기 및 손 씻기<br>• 준비된 간식 가지고 자리에 앉기<br>• 간식 먹은 후 함께 자리 정리하기 | 시리얼<br>우유 | |
| 9:30~10:50<br>오전<br>실내 자유놀이 | • 새로운 영역 활동 개별적으로 소개하기<br>• 관심 있는 영역에서 자유롭게 활동하도록 돕고, 긍정적 상호작용 나누기<br>• 교사의 도움이 필요한 놀이에 적절히 참여하기<br>〈신체〉 낙엽비가 내려요<br>• 이전에 산책 활동을 통해 낙엽을 뿌리며 관찰한 경험 회상하기<br>• 환경 인쇄물로 만든 낙엽을 위로 던지며 움직임 관찰하기<br>〈언어〉 과일 · 열매 까꿍 카드<br>• 벽에 붙인 과일 · 열매 사진을 보고 함께 탐색하기<br>• 까꿍판에 같은 사진 넣어 함께 열어보고 탐색하기<br>• 벽에 붙인 사진과 까꿍판과 같은 사진 고르기<br>〈감각 · 탐색〉<br>〈역할 · 쌓기〉 낙엽을 청소해요<br>• 종이 낙엽이 떨어진 바닥을 함께 빗자루로 쓸고 쓰레받기에 담아보기<br>〈미술〉<br>〈음률〉 | 과일 열매 사진<br>까꿍판<br>환경 인쇄물<br>종이낙엽<br>영아용<br>빗자루와<br>쓰레받기<br>영역별<br>기본 놀잇감 | 〈언어〉 벽에 붙은 과일 사진을 보고 '사과' 라고 말하기도 하고 까꿍판을 열고 '사과' 가 나오자 벽을 바라보며 사진을 찾는 모습이 관찰되었다. 벽에 있는 사진과 까꿍판 사진을 탐색한 후 같은 사진을 찾아 볼 수 있었다.<br>〈역할〉 종이 낙엽을 빗자루로 쓸어서 쓰레받기로 담다가 몇 개가 담기 힘들자 손으로 집어 쓰레받기에 담기도 했다. 그리고 또 쏟아서 쓸고 담는 놀이를 반복했다. 어떤 친구는 쓰레받기에 낙엽을 담아서 휴지통에 넣으려고 하였다. "청소하라." 라는 말에 대한 친구들의 반응이 전보다 빨라졌다. |
| 10:50~11:10<br>정리 · 정돈 및<br>화장실 가기 | • 놀잇감 바르게 사용하도록 안내하고 함께 정리하기<br>• 화장실 다녀오기 | | |
| 11:10~11:50<br>실외놀이 및<br>손 씻기 | 〈실외 활동〉 동물인형 목욕시키기<br>• 전 주에 했던 활동 회상 질문하기<br>• 좋아하는 동물인형을 스스로 선택하여 함께 목욕놀이하기<br>〈대체 활동〉 실내에서 동물인형 목욕시키기<br>• 화장실 다녀오기 및 손 씻기 | 동물인형<br>수조<br>목욕의자<br>스펀지<br>비누<br>수건 | • 여러 가지 동물인형 바구니를 함께 들고 나갔다. 비누칠을 해주면서 "세수해!" 라고 말하기도 하고, 수건에 동물인형을 눕혀서 "시원해!" 라고 말하기도 했다. |

| 시간 및 활동명 | 활동 계획 및 방법 | 준비물 및 유의점 | 실행 |
|---|---|---|---|
| 11:50~13:20<br>점심식사 및<br>이 닦기 | • 골고루 음식 먹고 함께 정리하도록 안내하기<br>• 이 닦기<br>• 먼저 먹은 친구는 자유롭게 놀이하기 | 현미밥<br>맑은 콩나물국<br>채소치즈<br>계란말이<br>연근조림<br>배추김치 | • 밥을 먹다가 숟가락을 떨어뜨리자 한 친구가 자기 숟가락을 들고 "줄까?"라고 했다. 다른 수저로 교체해 주니까 "좋아?"라고 친구에게 말을 했다. |
| 13:20~15:00<br>낮잠 | • 편안한 분위기 느끼도록 낮잠 준비<br>• 편하게 낮잠 자기<br>• 개인 이불 함께 정리하기 | | |
| 15:00~15:30<br>화장실 가기 및<br>오후 간식 | • 화장실 다녀오기 및 손 씻기<br>• 준비된 간식 가지고 자리에 앉기<br>• 간식 먹은 후 함께 자리 정리하기 | 간장비빔쌀국수<br>사과 | |
| 15:30~16:50<br>오후<br>실내 자유놀이 | • 원하는 영역에서 자유롭게 놀기<br>• 놀잇감 바르게 사용하도록 안내하고 함께 정리하기 | | 〈신체〉 낙엽을 보여주며 "우리 공원에서 보았지요?"라고 말하니까 어떤 친구는 고개를 끄덕이기도 했다. 미리 만든 종이 낙엽을 손으로 집어 서로에게 뿌려주며 친구와 어울려 놀이할 수 있었다. "또!"라고 말하며 손을 잡아 끌기도 하였고, 낙엽을 뿌리는 활동이 반복되었다. |
| 16:50~17:30<br>실외놀이 및<br>손 씻기 | 〈실외 활동〉 실외놀이터에서 자유놀이<br>〈대체 활동〉 실내 유희실에서 자유놀이<br>• 화장실 다녀오기 및 손 씻기 | | |
| 17:30~19:30<br>귀가 및<br>통합보육 | • 통합보육 하면서 개별적으로 귀가하기<br>• 자신의 소지품 함께 정리하기<br>• 선생님과 친구에게 "안녕!" 인사하기 | | • 귀가하는 친구에게 "오늘 뭐 했는지 엄마께 말해보자."라고 했더니 손을 위로 올리면서 웃었다. 궁금해 하는 어머니께 낙엽을 뿌리는 활동을 흉내내는 것 같다고 말씀드렸다. |
| 일일 평가 | • 산책을 하면서 낙엽을 줍고 손으로 뿌리기도 한 경험이 영아들에게 인상 깊었던 것 같다. 낙엽비 활동을 할 때 이전 경험이 자연스럽게 회상되어 매우 즐거워 하였는데, 좀 더 활발한 활동 지원을 위해 내일은 넓은 공간에서 활동을 해보아야겠다. | | |
| 비고 | • 개별 침구 요청: ○○ 어머니께 귀가 시간에 금요일에 보내드린 개별 침구를 보내주지 않아 여벌침구로 낮잠 지도를 했다고 말씀드리고 내일 침구를 보내달라고 말씀 드림 | | |

| 출처 | 보건복지부(2014). 어린이집 표준보육과정에 기초한 영아보육프로그램 2세.

### (2) 유치원

유치원에서 계획하고 운영하는 교육과정은 현장의 교사들이 국가 수준의 유치원교육과정을 기초로, 시 · 도 교육청의 운영지침을 참고하여 각 단위 유치원의 실정에 맞게 편성한다. 교육과정 계획은 연간 교육계획, 월간 교육계획, 주간 교육계획, 일일 교육계획으로 수립한다.

#### 1 연간 교육계획안

연간 교육계획은 지향하는 교육목적과 철학에 근거하여 1년 동안 실행할 구체적인 교육활동을 설계하는 것으로 유치원의 전체 교육에 대한 총괄 정보를 나타낸다. 즉 연간 교육계획안 작성은 1년간 다룰 생활주제, 특별한 날 및 행사를 적절하게 배치하는 작업이라고 할 수 있다.

1년 동안 월별 생활주제 전개는 유아들이 관심가지기에 적합한 것으로 하되, 유아들이 친숙하게 접하고 있는 구체적인 것부터 점차 간접적인 것으로 확대되어 가도록 한다. 연간 교육계획안의 구체적인 예는 다음 | 표 6-7 | 과 같다.

**표 6-7** 연간 교육계획안의 예

| 월 | 주 | 생활주제 | 주제 |
|---|---|---|---|
| 3 | 1 | 유치원과 친구 | 유치원에서의 환경 |
| | 2 | | 유치원에서의 하루 |
| | 3 | | 유치원에서의 친구 |
| | 4 | | 함께 만드는 유치원 |
| 4 | 1 | 봄 | 봄의 날씨 알기 |
| | 2 | | 봄 풍경 즐기기 |
| | 3 | | 따뜻한 봄 지내기 |
| | 4 | 나와 가족 | 나의 몸과 마음 |
| | 5 | | 소중한 나 |
| 5 | 1 | | 소중한 가족 |
| | 2 | | 가족의 생활과 문화 |
| | 3 | 우리 동네 | 우리 동네 모습 생활 |
| | 4 | | 우리 동네 사람들 |
| 6 | 1 | | 우리 동네 전통과 문화 |
| | 2 | 동 · 식물과 자연 | 궁금한 동 · 식물 |
| | 3 | | 동물과 우리의 생활 |
| | 4 | | 식물과 우리의 생활 |
| | 5 | 여름 | 여름 날씨 알기 |
| 7 | 1 | | 여름 풍경 즐기기 |
| | 2 | 건강과 안전 | 즐거운 운동과 휴식 |
| | 3 | | 맛있는 음식과 영양 |
| | 4 | | 안전한 놀이와 생활 |
| 8 | 1 | | 깨끗한 나와 환경 |
| | 4 | 교통기관 | 교통기관의 종류 |

| 월 | 주 | 생활주제 | 주제 |
|---|---|---|---|
| 9 | 1 | 교통기관 | 고마운 교통기관 |
| | 2 | | 교통기관의 변천과 구조 |
| | 3 | 우리나라 | 우리나라 사람들의 생활 |
| | 4 | | 우리나라의 놀이와 예술 |
| | 5 | | 우리나라의 역사와 자랑거리 |
| 10 | 1 | 가을 | 가을 날씨 알기 |
| | 2 | | 가을 풍경 즐기기 |
| | 3 | 세계 여러나라 | 세계 여러나라 사람들의 생활 |
| | 4 | | 세계 여러나라 문화유산 |
| 11 | 1 | | 세계 여러나라의 교류와 자연사회현상 |
| | 2 | 생활도구 | 다양한 생활도구 |
| | 3 | | 생활도구를 움직이는 힘 |
| | 4 | 환경과 생활 | 물과 우리 생활 |
| 12 | 1 | | 바람, 공기와 우리 생활 |
| | 2 | | 돌, 흙과 우리 생활 |
| | 3 | 겨울 | 겨울 풍경 즐기기 |
| | 4 | | 추운 겨울나기 |
| 1 | 1 | 눈 | 여러 가지 눈 |
| | 2 | 소리 | 소리가 나요 |
| 2 | 1 | 졸업 및 수료 | 초등학교에 가요 |
| | 2 | | 졸업 및 수료식을 해요 |

### 2 월간 교육계획안

월간 교육계획은 연간 교육계획에 따라 한 달 동안 이루어지는 교육활동 및 행사들을 한눈에 볼 수 있도록 세부적인 내용들을 포괄한 교육계획이다. 교사는 월간 교육계획 수립을 통하여 한 달 동안 진행할 교육 내용과 각종 행사 등 일정을 쉽게 파악하고 교육활동을 구체적으로 진행할 수 있다. 또한 필요한 교재 · 교구를 미리 준비하여 안정되고 충실하게 교육계획을 실행할 수 있다.

다음의 |표 6-8|은 생활주제 '유치원과 친구'의 월간 교육계획안이다.

**표 6-8** 생활주제 '유치원과 친구'의 월간 교육계획안의 예(만 4세)

| 생활주제 | | 유치원과 친구 | | | |
|---|---|---|---|---|---|
| 시기 | | ○월 1주 | ○월 2주 | ○월 3주 | ○월 4주 |
| 주제 | | 유치원의 환경 | 유치원에서의 하루 | 유치원에서 만난 친구 | 함께 만드는 유치원 |
| 소주제 | | • 유치원 돌아보기<br>• 유치원에서 도와 주시는 분들<br>• 놀잇감 사용법과 정리하기<br>• 유치원의 놀이 영역<br>• 자유선택 활동방법 알아보기 | • 유치원의 하루일과<br>• 자유선택 활동 시 약속<br>• 놀이 영역에서 약속 정하기 1<br>• 놀이 영역에서 약속 정하기 2<br>• 집단 활동하기 | • 친구를 사귀려면<br>• 친구가 많아야 좋다<br>• 잘할 수 있는 것이 달라요<br>• 화가 날 때 기분 좋게 푸는 방법<br>• 모두 친구가 될 수 있어요 | • 우리 유치원의 상징 알아보기<br>• 우리 유치원의 자랑거리 알기<br>• 함께하는 유치원<br>• 만들고 싶은 유치원 |
| 자유선택활동 | 쌓기놀이 | • 내가 꾸민 놀잇감 | • 내가 만든 놀이 영역 | • 친구 키만큼 블록 쌓기 | • 유치원을 만들어보아요<br>• 함께 만드는 나무 놀이터 |
| | 역할놀이 | • 여러 가지 소꿉놀잇감 | • 역할 영역에서 놀이하기 | • 친구 꾸며주기 | • 신문사놀이 |
| | 언어 | • 내 자리<br>• 유치원에 오면<br>• 화장실 바른 사용법<br>• 첫 글자가 같아요 | • 동화책 보기<br>• 유치원 글자도장<br>• 놀이 영역 글자 따라 쓰기<br>• 놀이 영역 수수께끼 | • 친구 칭찬 통장<br>• 그림사전<br>• 얼굴표정 그림 카드 | • 원훈을 이용하여 문장을 완성해요<br>• 원 이름 글자도장 찍기<br>• 유치원 자랑나무 |
| | 수 · 조작놀이 | • 수 · 조작 영역을 정리해요<br>• 규칙을 지키며 유치원에 가요<br>• 차례차례 줄을 서요 | • 하루일과 알아보기<br>• 단추를 끼워요 | • 차례차례 줄을 서요<br>• 친구의 몸 길이 재기 | • 유치원 사진에서 다른 집을 찾아 보아요<br>• 블록으로 구성하기 |

| 생활주제 | | 유치원과 친구 | | | |
|---|---|---|---|---|---|
| 시기 | | ○월 1주 | ○월 2주 | ○월 3주 | ○월 4주 |
| 주제 | | 유치원의 환경 | 유치원에서의 하루 | 유치원에서 만난 친구 | 함께 만드는 유치원 |
| 자유선택 활동(계속) | 과학 | • 색깔 투명판<br>• 변신쟁이 | • 변신쟁이 | • 친구에게 전하는 비밀 편지<br>• 변신쟁이 | • 유치원 사진을 찍어 보아요<br>• 카나페 만들기 |
| | 미술 | • 색칠하기<br>• 마음대로 그리기<br>• 세모 접기<br>• 길게 오리기 | • 역할 영역 소품 만들기<br>• 약속판 만들기 | • 모양 도장 찍어 친구 꾸며주기<br>• 손 잡은 친구들<br>• 친구 사진 콜라주 | • 유치원을 나타내는 깃발 만들기<br>• 하드액자 만들기<br>• 미래의 유치원을 설계해보아요 |
| | 음률 | • 신나는 음률 영역 | • 계이름 소리내어 보기 | • 리듬악기 연주하기<br>• 꾹 참았네 | • 원가 부르며 리듬악기 연주하기 |
| 대·소집단 활동 | 이야기 나누기 | • 유치원은 어떤 곳일까?<br>• 유치원 주변을 둘러보아요<br>• 정리 · 정돈해요<br>• 유치원에서 일하시는 분 | • 등 · 하원 시의 약속<br>• 놀이의 계획과 평가<br>• 음률/ 과학 영역에는 약속이 있어요<br>• 언어/ 쌓기 영역에는 약속이 있어요<br>• 이야기나누기 시간에는 | • 친구를 사귀려면<br>• 잘할 수 있는 것이 달라요<br>• 화가 날 때 기분 좋게 화를 푸는 방법<br>• 모두 친구가 될 수 있어요 | • 우리 유치원의 역사를 알아 보아요<br>• 우리 유치원의 자랑거리인 나<br>• 내가 만들고 싶은 유치원은? |
| | 동화 · 동시 · 동극 | • 아침(동시)<br>• 유치원이 좋아요<br>• 차례차례<br>• 똑바로 똑바로 | • 유치원에 간 데이빗<br>• 영희와 장난감<br>• 함께 활동하면 더 좋아<br>• 잘 듣고 말해요 | • 나와 친구들<br>• 고마워 미안해<br>• 무지개 물고기<br>• 친구(동시)<br>• 너 한 번 나 한 번(동시) | • 아빠가 유치원에 가요<br>• 유치원이 좋은 이유<br>• 아기코끼리 유치원 |
| | 음악 | • 유치원에 갑니다<br>• 그냥 두고 갔더니 | • 꾹 참았네<br>• 나처럼 해봐요<br>• 모두 제자리 | • 싱글벙글<br>• 친구야 사랑해 | • 유치원에 갑니다<br>• 원가 |
| | 신체 | • 나처럼 해봐요 | • 통통통<br>• 장난감이 되어보세요 | • 친구 이름 찾기<br>• 즐거운 놀이터 | |
| | 게임 | | • 정리는 우리가 최고 | • 열고개로 친구 알아맞히기 | • 유치원 전경 퍼즐 맞추고 돌아보기 |
| 바깥놀이 활동 | | • 다양하게 걷기<br>• 놀이터에서 안전하게 놀아요<br>• 꼭꼭 숨어라<br>• 열 발 뛰기 | • 즐거운 모래놀이 | • 줄넘기<br>• 놀이기구 타기<br>• 달리기 | • 놀이기구 타기<br>• 즐거운 모래놀이 |

### 3 주간 교육계획안

주간 교육계획은 한 주간의 활동 구성 계획으로 1주일 동안에 이루어지는 모든 교육 활동을 한눈에 볼 수 있도록 세부적인 내용까지 포함시킨 교육계획이다. 주간 교육계획에는 소주제에 따른 교육목표와 집단 활동, 프로젝트, 견학, 흥미 영역 구성, 교육과정 관련 활동 등이 모두 포함된다.

다음 | 표 6-9 | 는 4세 누리과정 교사용 지도서(교육과학기술부, 2013)에 제시되어 있는 생활주제 '유치원/ 어린이집과 친구' 중 '유치원/ 어린이집에서 만난 친구'의 주간 교육계획안 및 활동망 작성의 예이다.

**표 6-9** 생활주제 '유치원/ 어린이집에서 만난 친구'의 주간 교육계획안의 예(만 4세)

<table>
<tr><td colspan="2">반이름</td><td colspan="2">○○반</td><td>시기</td><td colspan="2">20○○년 ○월 ○주</td></tr>
<tr><td colspan="2">생활주제</td><td colspan="2">유치원/ 어린이집과 친구</td><td>주제</td><td colspan="2">유치원/ 어린이집에서 만난 친구</td></tr>
<tr><td colspan="2">목표</td><td colspan="5">• 나를 적절히 소개해 보며 친구와 함께 놀이에 관심을 갖고 놀이한다.<br>• 나의 친구의 비슷한 점과 다른 점에 관심을 갖고 알아보고 서로를 존중한다.<br>• 친구가 필요한 상황을 알아보고, 친구와 함께 지내기 위해서는 지켜야 할 약속이 있음을 지킨다.<br>• 나와 친구는 생각과 표현이 다르며, 갈등이 일어나는 상황이 있음을 알고 말로 적절하게 해결한다.</td></tr>
<tr><td colspan="2">날짜/ 요일</td><td>15(월)</td><td>16(화)</td><td>17(수)</td><td>18(목)</td><td>19(금)</td></tr>
<tr><td colspan="2">활동 / 소주제</td><td>나와 친구 소개하기</td><td>친구와 다른 집 알아보기</td><td colspan="2">친구와 사이좋게 놀이하기</td><td>친구 간의 예약 지키기</td></tr>
<tr><td rowspan="7">자유선택 활동</td><td>쌓기 놀이 영역</td><td colspan="5">친구와 사이좋게 탑 쌓기</td></tr>
<tr><td>역할 놀이 영역</td><td colspan="5">친구 초대하기*</td></tr>
<tr><td>언어 영역</td><td></td><td>친구 칭찬 통장</td><td colspan="3">친구의 표정 속에 담긴 마음은?*</td></tr>
<tr><td>수·조작 영역</td><td colspan="3">○○반 친구들 모여라!*</td><td colspan="2">사이좋은 친구 빙고 게임*</td></tr>
<tr><td>과학 영역</td><td></td><td colspan="2">엄마/ 아빠 나라에서 온 물건 관찰하기</td><td colspan="2">얼마나 늘어날까?*</td></tr>
<tr><td>미술 영역</td><td></td><td colspan="2">우리 반 친구나무 만들기*</td><td colspan="2">실리콘 점토로 친구 목걸이 만들기</td></tr>
<tr><td>음률 영역</td><td></td><td></td><td></td><td colspan="2">'딱 하나만 빼고' 노랫말 바꾸기*</td></tr>
<tr><td rowspan="8">대·소집단 활동</td><td>이야기 나누기</td><td></td><td>친구와 나의 같은 점과 다른 점을 찾아요*</td><td>서로의 마음을 알아봐요*</td><td>친구를 사귀려면</td><td>친구 간에 예절 지켜요</td></tr>
<tr><td>동화·동시·동극</td><td></td><td></td><td></td><td>〈동화〉『만약 친구가 없다면』*</td><td>〈동시〉'뭐라고 해야 하지?'*</td></tr>
<tr><td>음악</td><td></td><td>딱 하나만 빼고</td><td>친구야 쉿!*</td><td></td><td></td></tr>
<tr><td>신체</td><td></td><td></td><td>친구하고 마주 보고*</td><td>친구와 함께 고무줄로 모양 표현해요</td><td>둘이 하나를 만들어요*</td></tr>
<tr><td>게임</td><td>릴레이 기차놀이*</td><td></td><td></td><td>내가 말하는 친구가 누구인지 맞혀봐!</td><td></td></tr>
<tr><td>요리</td><td></td><td></td><td></td><td></td><td>친구 얼굴 모양 쿠키 만들어 선물하기</td></tr>
<tr><td>미술</td><td></td><td>자연의 무늬로 친구의 옷 무늬 꾸미기</td><td></td><td></td><td></td></tr>
<tr><td>현장 체험</td><td></td><td></td><td></td><td></td><td></td></tr>
<tr><td colspan="2">바깥놀이 활동</td><td colspan="2">둘이 짝이 되어 캐치볼 주고받기</td><td colspan="3">친구와 함께 징검다리 건너기*</td></tr>
</table>

*지도서에 수록된 활동임.

| 출처 | 교육과학기술부(2013). 4세용 누리과정 교사용 지도서.

## 4 일일 교육계획안

일일 교육계획안은 주간 교육계획안에 제시된 활동을 적절한 시간에 배치하는 것이다. 즉, 주간 교육계획에 기초하여 하루 동안 이루어지는 모든 활동을 순서적으로 계획하는 것으로 여기에는 생활주제, 교육목표, 활동명과 활동 목표, 활동 소요 시간, 준비물, 활동방법, 유의 사항 등이 포함된다. 하루일과는 등원에서부터 시작하여 이야기나누기, 휴식 및 화장실 다녀오기, 정리 · 정돈, 자유선택놀이 활동, 대집단 활동, 소집단 활동, 간식 및 점심, 평가, 귀가 지도 등 하루 동안에 이루어지는 모든 활동으로 이루어진다.

이와 같은 일일 교육계획안의 각 활동들은 서로 분절된 교과목이 아니라 생활주제를 중심으로 상호 관련이 있는 활동들로 연결되도록 구성한다.

4세 누리과정 교사용 지도서(교육과학기술부, 2013)에 제시되어 있는 일일 교육계획안의 예시는 다음 | 표 6-10 | 과 같다.

**표 6-10** 소주제 '친구와 사이좋게 지내기'의 일일 교육계획안의 예(만 4세)

| 반이름 | ○○○반 | 시기 | 20○○년<br>○월 ○일 ○요일 | 수업일수 | ○/ ○○○일 |
|---|---|---|---|---|---|
| 생활주제 | 유치원/ 어린이집과 친구 | 주제 | 유치원/ 어린이집에서 만난 친구 | 소주제 | 친구와 사이좋게 지내기 |
| 목표 | • 친구들의 얼굴 표정을 보고, 친구의 마음을 추측해 본다.<br>• 친구와 함께 즐겁게 놀이한다. | | | | |
| 일과 시간표 | 09:00~09:10 등원 및 인사나누기<br>09:10~10:20 자유선택 활동<br>10:20~10:40 정리 및 자유선택 활동 평가<br>10:40~11:00 오전 간식<br>11:00~11:20 이야기나누기<br>11:20~12:00 바깥놀이 활동<br>12:00~12:10 정리 · 정돈 및 화장실 다녀오기<br>12:10~13:10 점심 및 조용한 놀이<br>13:10~13:40 신체<br>13:40~14:00 평가 및 귀가 | | | | |
| 시간/ 활동명 | 활동목표 | 활동 내용 | | 자료 및 유의점 | |
| 09:00<br>~<br>09:10<br>등원 및 인사나누기 | • 바르게 인사한다. | • 선생님, 친구들과 반갑게 인사 나눈다.<br>• 소지품을 개인장에 정리한다.<br>• 함께 모여 앉아 '안녕' 인사노래를 부른다.<br>• 오늘 하루일과를 알아본다. | | • 유아의 건강 상태를 확인한다.<br>• 개인소지품 정리를 스스로 할 수 있도록 돕는다. | |

| 시간/<br>활동명 | 활동목표 | 활동 내용 | 자료 및 유의점 |
|---|---|---|---|
| 09:10<br>~<br>10:20<br>자유선택<br>활동 | • 친구와 협력하여 탑을 쌓는다.<br>• 친구와 함께 즐겁게 놀이한다. | • 각자 하고 싶은 놀이를 계획한다.<br>〈쌓기놀이 영역〉 친구와 사이좋게 탑 쌓기<br>• 쌓기놀이 영역에 있는 블록 중에서 어떤 블록으로 어떻게 쌓으면 좋을지 친구와 이야기 나눈다.<br>• 친구와 번갈아 가면서 탑을 쌓는다.<br>• 어떤 탑이 완성되었는지 감상한다. | • 자유선택 활동 계획 · 평가표<br>• 유아들이 서로 타협하면서 탑을 쌓을 수 있도록 돕는다. |
| | • 초대의 의미를 알고 좋아하는 친구에게 관심을 가진다.<br>• 친구와 함께 서로 양보하면서 사이좋게 놀이할 수 있다. | 〈역할놀이 영역〉 친구 초대하기<br>• 친구를 초대한 경험이나 초대 받았던 경험에 대해 이야기를 나눈다.<br>–초대를 받아 무엇을 하고 놀았니?<br>–초대 받았을 때 기분이 어땠니?<br>• 친구를 초대할 때 준비해야 할 것에 대해 이야기 나눈다.<br>• 역할놀이 영역에 친구들을 초대하여 놀이를 한다.<br>–누구를 초대하고 싶니?<br>–어떤 음식을 준비하고 싶니?<br>–친구와 어떤 이야기를 나누면 좋을까?<br>• 역할을 바꾸어 가며 활동한다. | • 초대장 카드 3장, 다양한 음식 모형 및 그릇 소품, 작은 밥상 |
| | | 〈중략〉 | |
| 11:00<br>~<br>11:20<br>이야기<br>나누기 | • 얼굴 표정을 보고 감정 상태를 적절히 인식한다.<br>• 얼굴 표정에 나타난 감정에 대해 자유롭게 이야기 나눈다.<br>• 상황에 따라 유발되는 감정을 추론한다. | 〈서로의 마음을 알아봐요〉<br>• 네 가지 얼굴 표정 사진을 한 장씩 보며 감정과 그 감정이 유발된 이유를 추론해 본다.<br>–(얼굴 표정 사진을 보며) 이 아이는 어떤 기분이니?<br>–왜 그렇게 생각했니? 무엇을 보고 이 아이의 마음을 알 수 있었니?<br>–또 어디를 보고 알 수 있니?<br>–어떤 일이 있어서 행복한/ 슬픈/ 화난/ 놀란 기분이 든 걸까?<br>• 주인공의 얼굴 표정이 없는 상황 그림을 살펴본다.<br>–어떤 그림이니?<br>–그림에서 아이들은 무엇을 하고 있는 것 같니?<br>• 주인공의 얼굴 표정이 없는 상황 그림에 축소한 얼굴 표정 사진을 붙이고, 그 이유에 대해 이야기 나눈다.<br>–표정이 없는 아이는 어떤 표정을 하고 있을 것 같니? 어떤 마음일까?<br>• 여러 가지 얼굴 표정 중에서 한 가지를 골라 붙여보자.<br>–왜 그런 마음일 거라고 생각했어? 무엇을 보고 알 수 있었니?<br>–이 아이는 왜 그런 표정을 짓게 되었을까?<br>• 활동 후 평가한다. | • 기본 감정(행복함, 슬픔, 화남, 놀람) 얼굴 표정 사진 4장, 주인공의 얼굴 표정 없는 상황 그림 2장 (친구가 놀이에 끼워주지 않아 외로운 아이 장면, 싸움놀이하는 장면), 축소한 기본 감정 얼굴 표정 사진 4장 |
| 11:20<br>~<br>12:00<br>바깥놀이 | • 징검다리를 건너가면서 신체조절 능력과 몸의 균형감을 기른다.<br>• 게임을 통해 친구와 협력하는 경험을 갖는다. | 〈친구와 함께 징검다리 건너기〉<br>• 징검다리 건너기 놀이방법에 알아본다.<br>–(물이나 나무토막을 보며) 징검다리 건너기 놀이를 해보자. 어떻게 징검다리를 건널까?<br>–징검다리를 건너면서 주의해야 할 것은 무엇일까?<br>• 다양한 방법으로 징검다리를 건너며 놀이해본다.<br>• 활동을 평가한다. | • 넓적한 돌이나 나무토막 징검다리, 신호기<br>• 징검다리 건너기 활동에서 유아들이 안전하게 유의하도록 한다. |

| 시간/<br>활동명 | 활동목표 | 활동 내용 | 자료 및 유의점 |
|---|---|---|---|
| 12:00~<br>12:10<br>정리 및<br>화장실<br>다녀오기 | | • 바깥놀이 후 놀잇감을 정리한다.<br>• 손을 깨끗이 씻고 화장실도 다녀온다. | |
| 12:10<br>~<br>13:10<br>점심 및<br>조용한 놀이 | • 제자리에 앉아서 점심을 먹는다. | • 오늘 점심 식단을 알아본다.<br>• 점심 먹을 준비를 한다.<br>• 점심을 먹은 후 식판과 자리 주변을 정리한다.<br>• 양치질 한다. | |
| 13:10<br>~<br>13:40<br>신체 | • 친구와 함께 노래에 맞춰 율동할 때의 즐거움을 경험한다.<br>• 노랫말에 따라 자신의 신체를 인식하고 적절하게 조절하여 표현한다. | 〈친구하고 마주보고〉<br>• 소리에 대한 수수께끼를 내고 알아맞힌다.<br>-(손뼉을 치는 소리를 들으며) 무슨 소리인 것 같니?<br>• 노래를 들으며 신체를 서로 부딪쳐 내는 소리를 찾아본다.<br>• 노래를 들으며 노랫말에 맞춰 신체를 부딪쳐 본다.<br>-친구와 서로 마주보고 노랫말을 따라 손과 엉덩이를 부딪쳐 소리를 내보자.<br>• 음악의 빠르기에 맞춰 신체를 부딪쳐 본다.<br>• 두 개의 원형으로 서로를 마주보고 서서 돌아가며 다른 친구들과 율동을 한다.<br>• 친구와 함께 노래에 맞춰 몸을 부딪치며 소리 내어 본 느낌을 이야기해 본다. | • '친구와 마주보고' 음원, 율동 플래시 |
| 13:40<br>~<br>14:00<br>평가 및<br>귀가 지도 | • 자신의 생각과 느낌을 이야기한다. | • 오늘 하루일과를 회상한다.<br>-오늘 유치원/ 어린이집에서 어떤 활동을 했었니?<br>-어떤 활동이 가장 재미있었니?<br>• 내일의 활동에 대해 알아본다.<br>-내일은 무엇에 대해 알아보기로 했었니?<br>• 인사 후 귀가한다. | |
| 총평 | • 이야기나누기 시간에 '사진 속 아이의 표정'을 살펴보며, 감정을 추측해 보는 활동을 하였다. 유아들이 친구와 의사소통할 때 서로의 마음을 알아보기 위해 얼굴 표정을 살펴보는지 관찰해 보아야겠다. 또한 친구와 사이좋게 지내기 위해서는 서로의 감정을 이해하고 말과 행동을 할 수 있도록 지속적으로 상호작용 하겠다.<br>• 유아 스스로 자유선택 활동을 계획하고, 평가하는 것이 익숙하지 않아 시간이 많이 소요되었다. 자유선택 활동 시간을 좀 더 여유 있게 계획해야겠다. 몇몇 유아는 계획하지 않고, 바로 놀이부터 시작하였기 때문에 개별적으로 상호작용해야겠다. 또한, 놀이한 후 놀잇감을 스스로 정리하는 데 좀 더 시간이 필요하다.<br>• 급식을 바르게 먹는 방법에 대해 좀 더 강조할 필요가 있다.<br>• 신체 활동을 하는 동안 안전에 유의하여 힘을 조절하도록 해야겠다.<br>• ○○는 오늘도 신체 활동에 참여하려고 하지 않았다. 앞으로 ○○를 집중적으로 관찰하여 구체적인 원인을 찾아봐야겠다.<br>• 유아들이 친구의 이름에 익숙해지도록 다양한 활동을 계획해야겠다. | | |

| 출처 | 교육과학기술부(2013). 4세용 누리과정 교사용 지도서.

## 2) 교육과정의 운영

교육과정 운영이란 교육과정 계획안이 실제로 이루어지는 것을 의미한다(이인원 외, 2011). 이에 영유아교육기관에서 이루어지는 교육과정의 실천은 하루하루 진행되는 일과를 통해 이루어진다.

일과는 '하루' 라는 단위를 다양한 단위 활동으로 구성한 것으로 시간별로 구분된 활동이 규칙적으로 제시된다(한국보육진흥원, 2011). 따라서 교사는 교육과정에 따라 편성한 교육 내용을 교육적이고 일상적인 활동 등의 다양한 활동으로 풀어서 시간과 순서를 정한 다음, 영유아가 등원해서 귀가할 때까지 경험하는 하루일과 속에 구성하여 통합적으로 실행해야 한다.

일반적으로 어린이집과 유치원에서 이루어지는 하루일과는 어린이집과 유치원의 실정, 교육계획, 영유아의 연령, 보조인력 등에 따라 차이가 있을 수 있으나 등원, 자유선택 활동, 정리 · 정돈, 대 · 소집단 활동, 간식 및 점심(수유 · 이유), 휴식 및 낮잠, 손 씻기와 배변, 귀가 등의 활동 유형들로 구성된다. 이러한 일과의 구성을 도표화하면 다음 | 그림 6-2 | 와 같다.

| 구분 | 내용 |
|---|---|
| 등원 | • 영유아는 부모의 출근 시간에 맞춰 일찍 등원하게 되므로 교사는 이 점을 고려하여 등원 시간을 탄력 있게 운영해야 한다. 이 시간에 교사는 부모로부터 영유아에 대한 건강 상태, 투약 여부 및 투약 시간, 귀가 시 변동 사항 등의 특별한 정보를 받아 하루일과에 적용한다. |
| ↓ | |
| 자유선택 활동 | • 영유아의 발달 정도와 흥미를 고려한 다양한 활동과 자료를 영역별로 제시하여 영유아 스스로가 선택하여 활동에 참여하는 시간이다. |
| ↓ | |
| 정리 · 정돈 | • 자유선택 활동이 끝난 뒤 각자 사용했던 놀잇감과 자료를 제자리에 두는 활동으로, 정리 시간 5~10분 전에 치우는 시간을 미리 알려서 하던 활동을 마무리 짓도록 계획한다. |
| ↓ | |
| 대 · 소집단 활동 | • 주제, 일과, 행사 등에 따라 대집단 또는 소집단으로 활동한다. 또한 영유아의 특성과 각 활동의 성격을 검토한 후에 집단 활동(이야기나누기, 음률 활동, 신체표현 활동, 게임, 문학 활동(동시 · 동화 · 동극), 요리 활동, 미술 활동, 실험 및 관찰 활동 등)을 효율적으로 구성할 수 있다. |
| ↓ | |
| 간식 및 점심<br>(수유 · 이유) | • 하루일과 중 간식과 점심은 균형 있는 영양섭취뿐만 아니라 올바른 식습관을 기르는 시간으로 즐겁고 편안한 분위기에서 간식 및 점심을 먹을 수 있도록 계획할 수 있어야 한다. (특히 12개월 이전의 영아는 약 3~4회의 우유를 먹으므로 교사는 미리 부모에게 영아가 먹게 되는 분유의 양, 횟수 및 먹는 간격, 분유의 종류, 개인적인 취향을 알고 있어야 한다. 유아의 경우는 유아 스스로 먹는 속도와 양을 조절할 수 있도록 하고 편식 지도와 바람직한 식습관 지도가 이루어져야 한다.) |
| ↓ | |
| 휴식 및 낮잠 | • 휴식 및 낮잠은 영유아가 피로하지 않도록 하나의 활동으로 계획되어야 하는데, 특히 영아의 경우는 수면이 하루 생활의 많은 부분을 차지하므로 매일 일정한 시간을 배정하여 계획한다. |
| ↓ | |
| 손 씻기 및 배변 | • 건강한 생활과 밀접한 관련이 있는 손 씻기 및 배변은 하루일과에서 지속적으로 실시해 습관화하도록 일과에 계획한다. |
| ↓ | |
| 귀가 | • 하루일과를 평가해보기도 하고, 다음날의 활동을 소개하고 안전한 귀가에 대해 안내하는 시간으로 계획한다. |

그림 6-2 일과의 구성

이상의 일과 구성을 토대로 교육과정의 운영을 어린이집과 유치원으로 나누어 간략히 살펴보면 다음과 같다.

### (1) 어린이집

어린이집의 하루일과 운영은 보육과 교육의 조화를 통한 영유아들의 건강 · 안전 · 영양 · 보육 및 교육의 구성과정이다. 의 · 식 · 주를 포함한 영유아의 일상생활과 발달 특성에 적합한 보육활동이 통합적으로 이루어져야 한다.

특히 하루일과 운영의 구성은 영유아의 등원에서부터 귀가에 이르기까지 영유아의 안전과 가정의 지원이 체계적으로 이루어질 수 있도록 조직적으로 운영되어야 한다. 영유아의 인지적 · 정서적 · 사회적 · 신체적 · 언어적 발달을 지원하는 보육활동으로 개별 활동과 대 · 소그룹 활동, 동적 활동과 정적 활동, 수유 및 배변 등의 생리적 욕구에 대한 배려와 휴식 및 낮잠 시간 등이 적절히 고려되어야 한다. 특히 일상생활의 기본적인 욕구와 놀이가 적절히 조화롭게 풀어져 나갈 수 있도록 영유아와 가족의 일상을 연결시키는 배려가 필요하다.

하루일과 운영은 영유아들의 흥미와 요구, 어린이집의 상황에 따라 융통성 있게 운영할 수 있다. 어린이집의 운영 시간은 종일제를 원칙으로 하고 있으며 최근에는 24시간 보육에 대한 요구가 높아지고 있는 실정이다.

어린이집의 영아반 일과 운영의 예는 | 표 6-11 | 과 같으며 이를 토대로 종일반이 운영되는 보편적인 어린이집 일과 운영과 24시간 운영되는 일과표의 예시를 제시하면 다음 | 표 6-12 |, | 표 6-13 | 과 같다.

**표 6-11** 영아반 보육계획안의 활동 구성

| 영아반 보육계획안의 활동 구성 | | | |
|---|---|---|---|
| 활동명 | 0세 | 1세 | 2세 |
| 등원 및 맞이하기 | 등원 및 맞이하기 | 등원 및 맞이하기 | 등원 및 맞이하기 |
| 기본생활 및 안전 | 기본생활 및 안전 | 기본생활 및 안전 | 기본생활 및 안전 |
| 일상생활 | 수유 및 이유 | 점심 및 간식 | 점심 및 간식 |
| | 낮잠 | 낮잠 | 낮잠 |
| | 기저귀 갈이 | 기저귀 갈이 · 배변 활동 | 배변 활동 |
| 실내 자유놀이 | 신체 | 신체 | 신체 |
| | 언어 | 언어 | 언어 |
| | 감각 · 탐색 | 감각 · 탐색 | 감각 · 탐색 |
| | | 역할 · 쌓기 | 역할 · 쌓기 |
| | | | 미술 |
| | | | 음률 |
| 실외놀이 | 실외놀이 | 실외놀이 | 실외놀이 |
| 귀가 및 가정과의 연계 | 귀가 및 가정과의 연계 | 귀가 및 가정과의 연계 | 귀가 및 가정과의 연계 |

**영아반의 하루일과 운영 시 고려점**

- 0세는 수유 및 이유, 기저귀 갈이, 낮잠 등 생리적 욕구를 고려하여 일상적인 양육 활동에 대한 계획을 반영한다. 이때 개별 영아에 따라 생리적 욕구가 다르므로 정해진 일과를 그대로 따르기보다는 영아의 욕구에 우선하여 개별적으로 진행하는 것이 중요하다. 0세라 하더라도 일상적인 양육 활동 이외에 놀이 활동을 계획하는 것이 중요하다.
- 1세는 점심 및 간식, 기저귀 갈이, 낮잠 등 일상적인 양육 활동과 함께 점차 놀이 활동 시간이 늘도록 계획한다.
- 2세는 일상적인 양육 활동에 비해 놀이 활동의 비중이 점점 커지도록 일과를 계획한다.
- 영아의 경우, 일상적인 양육 활동 이외에도 실내자유놀이 2시간 30분 이상, 실외놀이 하루 30분 이상 충분하게 계획하여 진행한다. 다만 영아의 특성상 개별 활동을 중심으로 진행하되 2세 후반이 되면 다음 일과로 넘어가기 전에 5~10분 잠깐 모여 앉아 전이 활동으로 진행할 수 있다.
- 일과 운영 시간은 어린이집의 특성과 상황, 계절 등에 따라 조정할 필요가 있다. 계절과 날씨를 고려하여 실외놀이를 오전 또는 오후로 변경하여 진행할 수 있다.

| 출처 | 보건복지부 · 중앙육아종합지원센터(2013). 어린이집 표준보육과정 및 0~2세 보육프로그램의 이해. 재구성.

**표 6-12 어린이집의 일과 운영(만 2세-종일제)**

| 시간 | 활동 |
|---|---|
| 08:00~10:15 | • 등원 및 자유선택 활동 |
| 10:15~10:30 | • 정리 · 정돈 |
| 10:30~10:45 | • 아침 모임 |
| 10:45~11:10 | • 오전 간식 및 이야기나누기 |
| 11:10~11:40 | • 미술 활동 |
| 11:40~13:00 | • 점심식사 및 자유선택 활동 |
| 13:00~13:30 | • 실내 활동 |
| 13:30~15:20 | • 낮잠 및 휴식, 자리 정리 |
| 15:20~16:00 | • 오후 간식 및 자유선택 활동 |
| 16:00~16:30 | • 실내 · 외 활동 |
| 16:30~18:30 | • 통합보육 및 귀가하기 |

**표 6-13 어린이집의 일과 운영(만 2세-24시간 보육)**

| 시간 | 활동 |
|---|---|
| 07:30~09:00 | • 등원 및 아침식사 |
| 09:00~09:30 | • 자유선택 활동 |
| 09:30~09:45 | • 정리 · 정돈 |
| 09:45~10:00 | • 아침 모임 |
| 10:00~10:30 | • 오전 간식 |
| 10:30~11:30 | • 나들이, 바깥놀이, 주제에 따른 활동 |
| 11:30~12:30 | • 점심 및 휴식 |
| 12:30~13:00 | • 이 닦기 및 화장실 가기 |
| 13:00~15:00 | • 옷 벗고 정리, 낮잠 |
| 15:00~16:00 | • 낮잠 정리 및 오후 간식 |
| 16:00~19:30 | • 실내 · 외 자유놀이 및 귀가 |
| 19:30~20:00 | • 저녁식사 및 휴식 |
| 20:00~23:30 | • 주제에 따른 활동 및 자유놀이 |

### (2) 유치원

유치원의 교육과정 운영도 하루일과를 중심으로 이루어진다. 하루일과에서 활동 시간상의 구분은 서로 분리된 교과목이 아니라 통합적인 활동으로 연결되어야 한다.

주제에 따른 교육목표를 달성하기 위해서는 생활주제와 관련된 교육 내용 체계를 하루일과에서 다루어야 한다. 하루일과 운영의 전개는 유아가 등원하면서부터 자연스럽게 시작되어 귀가에 이르기까지 일과의 활동들이 서로 연계되고, 통합적으로 이루어져야 한다. 하루일과 운영은 매일 일관성 있는 순서로 이루어져야 하지만 시간의 길이는 유아의 흥미나 요구 혹은 상황에 따라 달라질 수 있다. 일반적으로 유아들에게 적합한 교육활동의 유형으로는 이야기나누기, 동화, 동시, 게임, 퀴즈, 대집단 활동, 소집단 활동, 자유선택놀이 활동 등이 있다.

현재 우리나라의 유치원에서는 반일제, 시간 연장제, 종일제 등으로 하루일과가 구분되어 운영되고 있다. 「유아교육법」에서는 반일제를 3시간 이상 5시간 미만 운영되는 일과로, 시간 연장제를 5시간 이상 8시간 미만 운영되는 일과로, 종일제를 8시간 이상 운영되는 일과로 규정한다. 또한 교육부에서는 유아발달에 적합한 민간개발 프로그램 중심으로 방과후 특성화 프로그램을 실시할 수 있도록 허용하고 있다.

반일제, 시간연장제, 종일제 프로그램의 일과 운영의 예는 다음 |표 6-14|, |표 6-15|, |표 6-16|과 같다.

**표 6-14** 반일제 프로그램 일과 운영의 예

| 시간 | 활동 |
|---|---|
| 08:30~09:00 | • 등원 및 인사나누기 |
| 09:00~10:00 | • 놀이계획 및 실내 자유선택 활동 |
| 10:00~10:15 | • 정리 · 정돈 및 자유선택 활동 평가 |
| 10:15~10:40 | • 이야기나누기 |
| 10:40~11:00 | • 간식 |
| 11:00~11:20 | • 바깥놀이 |
| 11:20~11:30 | • 정리 · 정돈 |
| 11:30~12:00 | • 소집단 활동 |
| 12:00~12:20 | • 귀가 |

**표 6-15** 시간연장제 프로그램 일과 운영의 예

| 시간 | 활동 |
|---|---|
| 08:30~09:00 | • 등원 및 인사나누기 |
| 09:00~10:00 | • 놀이계획 및 실내 자유선택 활동 |
| 10:00~10:15 | • 정리 · 정돈 및 자유선택 활동 평가 |
| 10:15~10:40 | • 이야기나누기 |
| 10:40~11:00 | • 간식 |
| 11:00~11:30 | • 바깥놀이 |
| 11:30~11:40 | • 정리 · 정돈 |
| 11:40~12:00 | • 노래 부르기 |
| 12:00~12:50 | • 점심식사 및 휴식 |
| 12:50~13:30 | • 소집단 활동 |
| 13:30~14:00 | • 평가 및 귀가 지도 |

**표 6-16 종일제 프로그램 일과 운영의 예**

| 시간 | 활동 |
|---|---|
| 07:30~09:00 | • 등원 및 인사나누기 |
| 09:00~09:30 | • 놀이계획 및 실내 자유선택 활동 |
| 09:30~09:45 | • 정리 · 정돈 및 실내 자유선택 활동 평가 |
| 09:45~10:00 | • 인사나누기 및 출석 확인(이름 카드 소개하기) |
| 10:00~10:30 | • 화장실 가기, 오전 간식 |
| 10:30~10:50 | • 대집단 활동 |
| 10:50~11:30 | • 바깥놀이 |
| 11:30~11:50 | • 소집단 활동 |
| 11:50~13:00 | • 화장실 가기, 손 씻기, 점심식사 |
| 13:00~15:00 | • 낮잠 준비 및 낮잠 |
| 15:00~15:30 | • 잠자리 정리하기 및 실내 자유선택 활동 |
| 15:30~16:00 | • 화장실 가기, 오후 간식 |
| 16:00~16:30 | • 동화 들려주기 |
| 16:30~17:30 | • 바깥놀이 |
| 17:30~17:50 | • 대집단 활동(동화, 비디오, 인형극 보기, 미술) |
| 17:50~18:00 | • 평가 및 귀가 |

**활동하기**

● 다음은 만 2세 월간(주제별) 보육계획입니다. 아래의 〈보기〉에서 소주제와 관련된 활동을 찾아 넣어 봅시다.

| 구분 | | 1주 | 2주 | 3주 | 4주 | 5주 | 6주 |
|---|---|---|---|---|---|---|---|
| 주제 | | 알록달록 가을이에요 | | | | | |
| 활동 대상 | | 만 2세 | | | | | |
| 활동 | 소주제 | 가을이에요 | 가을나들이 | 나뭇잎이 물들어요 | 자연물로 놀이해요 | 알록달록 색깔나라 | 재미있는 그리기 나라 |
| 활동 | 목표 | 가을의 날씨에 대해 관심을 가진다. | 가을 나들이에 대해 알아본다. | 가을에 나뭇잎의 변화에 관심을 가진다. | 자연물로 여러 가지 놀이를 해본다. | 여러 가지 색깔에 대해 관심을 가진다. | 다양한 색깔 활동을 알아본다. |
| 등원 및 맞이하기 | | 아침에 먹고 온 음식을 이야기해 보기 | | | | | |
| 기본생활 및 안전 | | 스스로 겉옷을 벗어보기<br>길을 잃었을 때는 제자리에서 기다리기 | | | 겉옷을 벗어 옷걸이에 걸어보기<br>주변의 어른에게 '도와주세요' 이야기해 보기 | | |
| 일상생활 | 점심 및 간식 | 바르게 앉아서 먹어보기/ 먹어보지 않은(새로운, 좋아하지 않는) 음식을 먹어봐요 | | | | | |
| 일상생활 | 낮잠 | 자고 나서 내 베개를 정리해 보기 | | | | | |
| 일상생활 | 배변 활동 | 배변 후 선생님의 도움 받아(스스로) 옷을 올려보기/ 지퍼, 단추 잠가보기 | | | | | |
| 실내자유놀이 | 신체 | 낙엽비가 내려요 | 나뭇잎처럼 움직여보기 | 나뭇잎 징검다리를 건너기 | 콩주머니 던지기 | 색 풍선놀이 | 같은 색깔 벽돌 도미노 |
| 실내자유놀이 | 언어 | 과일, 열매 까꿍 카드 | 나들이 사진 보며 이야기 나누기 | 나뭇잎에 그림 편지 쓰기 | ( ① ) | 색깔에도 이름이 있어요 | 내가 좋아하는 색깔이 있어요 |
| 실내자유놀이 | 감각 · 탐색 | ( ② ) | 숟가락으로 밤, 호두 옮기기 | 단풍잎(은행잎) 방석 | 조각 천 염색하기 | 색 탁구공을 옮기기 | 알록달록 색 소금 만들기 |
| 실내자유놀이 | 역할 · 쌓기 | 낙엽을 청소해요 | 가을 소풍놀이 | ( ③ ) | 열매, 나뭇잎 소꿉놀이 | 삼색 밀가루 반죽으로 요리하기 | 삼색 밀가루 케이크(생일 파티놀이) |
| 실내자유놀이 | 역할 · 쌓기 | 큰 나무, 작은 나무 쌓아보기 | 블록 돗자리 만들기 | 가을 동산 만들기 | 나무 무늬 블록으로 식탁, 의자 구성하기 | ( ④ ) | 무지개 촉감 블록 쌓고 무너뜨리기 |
| 실내자유놀이 | 미술 | 알록달록 가을 나무 꾸미기 | ( ⑤ ) | 나뭇잎 왕관 만들기 | 솔방울에 색깔 입히기 | 색깔 공을 굴려 그림 그리기 | 까만 크레파스 그림 |
| 실내자유놀이 | 음률 | 열매 마라카스를 흔들기 | '오리소풍'에 맞춰 춤추기 | 나무 악기 연주하기 | ( ⑥ ) | 리듬악기 두드리며 '가을바람' 노래 부르기 | 색 스카프 흔들기 |

| 활동 | | 주 | 1주 | 2주 | 3주 | 4주 | 5주 | 6주 |
|---|---|---|---|---|---|---|---|---|
| | | 소주제 | 가을이에요 | 가을나들이 | 나뭇잎이 물들어요 | 자연물로 놀이해요 | 알록달록 색깔나라 | 재미있는 그리기 나라 |
| | | 목표 | 가을의 날씨에 대해 관심을 가진다. | 가을 나들이에 대해 알아본다. | 가을에 나뭇잎의 변화에 관심을 가진다. | 자연물로 여러 가지 놀이를 해본다. | 여러 가지 색깔에 대해 관심을 가진다. | 다양한 색깔 활동을 알아본다. |
| 실외놀이 | | | 동물인형 목욕 시키기 | 여러 가지 색, 모양의 나뭇잎이 있어요 | 가을나들이 | 나뭇가지에 매달린 물체 탐색하기 | 흙으로 놀아요 | 색 돋보기로 바깥 풍경 관찰하기 |
| | | | 여러 가지 색, 모양의 나뭇잎이 있어요 | 가을나들이 | 나뭇가지에 매달린 물체 탐색하기 | 흙으로 놀아요 | 색 돋보기로 바깥 풍경 관찰하기 | ( ⑦ ) |
| 귀가 및 연계 | 귀가 | | 가을 날씨 이야기하며 귀가하기 | | | 나뭇잎의 변화 살펴보며 귀가하기 | | |
| | 가정 및 지역 사회 연계 | | • 가정과의 연계: 가족과 함께 공원 나들이 해보기<br>• 지역사회 연계: 공원으로 산책 가기(어린이집에서 가까운 근린공원으로 산책 가기) | | | | | |
| 비고 | | | • 잘자요 달님<br>• 숲 속에 숲 속에<br>• 날마다 자라요 | • 풀밭에 풀밭에<br>• 나무에 나무에<br>• 봉숭아 하나 둘 셋 | • 나무<br>• 사과야 빨리 익어라<br>• 행복한 껴안기 | • 재미난 그림책<br>• 무엇을 만들까?<br>• 사과를 자르면 | • 깜짝깜짝 색깔들<br>• 맛있는 그림책<br>• 사과가 쿵 | • 엉뚱한 그림책<br>• 크고 작고<br>• 무엇을 만들까? |
| | | | 이 주제는 10월 중순~11월에 실시해 보도록 하는 것이 바람직하다.<br>가을의 날씨를 고려하여 진행 시기를 정하고 색깔 주제와 연계하여 6주 동안 계획하되, 선생님이 융통성 있게 운영할 수 있다. | | | | | |

〈보기〉

산책가방 만들기

춤추는 씨앗(큰 북 두드리기)

자연물(탐색) 그림책

나뭇잎(단풍잎, 은행잎) 왕관 쓰고 놀이하기

알록달록 색깔길 만들기

무지개 낙하산놀이

내 짝을 찾아 주세요(과일 반쪽 찾기)

Chapter 07

# 건강 · 안전 · 영양관리

1. 건강관리
2. 안전관리
3. 영양관리

본 장에서는 영유아교육기관에서의 건강, 안전, 영양관리를 위한 교직원의 역할을 중심으로 살펴보겠다.

# 1 건강관리

## 1) 교직원의 역할

영유아는 일생 중 가장 빠른 성장과 발달을 보이므로 이 시기 발생하는 질환이나 사고는 일생동안 장기적인 영향을 미치게 된다. 영유아교육기관에서는 원아별 개인정보를 확인하여 특정 음식이나 약물에 대한 알레르기는 없는지, 입원이나 수술 경험의 유무, 전염성 질환 여부, 예방접종 스케줄, 부모 및 그 외 다른 보호자의 연락처 등 개별 영유아의 특별한 요구를 어떻게 수용할 것인지 구체적인 지침을 교직원과 함께 공유해야 한다. 부모 및 그 외 보호자들과 원아의 건강정보를 교환하며 부상 및 아픈 영유아 발생 시 처리 절차 및 방법을 마련하고 상해예방 및 질병확산 방지를 위해 인근 병원과 긴밀한 연계를 맺는다.

한편, 전염이 우려되는 질병발생에 대비해 영유아교육기관에서는 사전에 간호 및 격리에 관한 질병관리 지침을 명시하고 교직원 모두가 숙지한다. 이를 위해 영유아가 입학할 때부터 학부모에게 명확한 지침과 안내를 사전에 실시함으로써 정확한 정보에 의해 질병으로부터 격리되어야 할 상황이 발생했을 때 정확하고 신속하게 대처할 수 있다.

뿐만 아니라 일상생활 중에 바닥이나 카펫, 놀잇감 등은 위생수칙에 따라 지속적으로 세척 및 살균하며, 침구 및 기저귀 등 개인용품은 위생적으로 보관하고, 화장실을 다녀온 후, 급 · 간식 전 · 후, 기저귀 갈기 전 · 후에 반드시 손을 깨끗이 씻는다. 영유아의 분비물이나 배설물을 처리할 때는 장갑을 구분하여 사용하며, 교환한 기저귀나 휴지는 비닐에 밀봉해서 뚜껑이 있는 휴지통에 버린다. 평소 교사 스스로 몸 상태가 안 좋을 때는 영유아와의 접촉 기회를 줄이도록 하며, 체중조절을 하지 않았는데도 체중 증감 폭이 크거나 불면증 또는 과다수면, 지속적인 우울감 및 무기력감, 자살충동을 느낀다면 정신적인 건강을 의심해 진료를 받는다. 평소 교직원은 자기관리를 통해 신체적 건강을 유지하는 좋은 습관을 지속하며 영유아와 건강하게 만난다.

## 2) 영유아

면역력이 충분하지 않은 영유아는 질병에 감염될 위험이 높다. 따라서 손 씻기, 양치질하기, 계절과 날씨에 맞는 옷 입기 등을 생활화하여 질병을 예방할 수 있도록 한다.

### (1) 목욕

혈액 순환이 잘 되도록 매일 목욕을 하는 것이 좋으나 허약한 아기는 피로를 느낄 수 있으므로 신체 상태나 계절에 따라 조절하는 것이 좋다. 목욕물의 온도는 여름에는 38℃, 겨울에는 40℃가 정도가 적당하며 팔꿈치를 담갔을 때 따뜻한 정도로 물의 온도를 제공한다. 목욕은 비교적 실내온도가 따뜻한 오전 10시부터 오후 2시 사이가 좋으며, 목욕 시간은 5~10분 정도로 하고, 수유 직전이나 직후 30분에서 1시간 사이는 목욕을 피한다.

### (2) 낮잠/ 휴식

영유아 돌연사의 원인은 아직 밝혀져 있지 않았지만 영아를 엎드려 재우는 경우, 돌연사의 위험은 더욱 증가한다. 그러므로 돌연사를 예방하기 위해서는 반드시 바로 눕혀 재우는 것이 좋다. 낮잠 시간에는 영유아가 코를 고는지, 입을 벌리고 자는지 잘 관찰하여 부모님과 의논한다. 특히 3~4세 유아들 중에서 일과에 적응하지 못하거나, 충분한 휴식을 취하지 못해 놀이 중에도 조는 경우에는 개별적으로 잠을 자게 하거나 잠깐 휴식할 수 있도록 배려한다.

실외놀이를 한 다음이나 여름에 날씨가 더울 때는 휴식이나 낮잠 시간을 두어 피로와 긴장을 풀게 한다. 영유아의 낮잠 시간은 3세의 경우 1~2시간, 4~5세의 경우 30분~1

시간 30분 정도가 적당하며, 매일 일정한 시간에 자고 깰 수 있도록 규칙적으로 잠자는 습관을 길러준다. 영유아가 눈을 비비거나, 놀이에 흥미를 보이지 않거나 교사에게 투정을 하거나, 엄지손가락을 빨거나, 머리를 바닥에 대거나, 분명한 이유 없이 짜증을 내는 행동을 하면 낮잠을 재우도록 한다.

### (3) 손 씻기

2세가 되면서부터 식사 전이나 외출 후에는 스스로 손을 깨끗하게 씻도록 지도한다. 식사 전 · 후, 화장실 사용 후뿐만 아니라 수시로 유아가 비누를 사용해서 손가락 사이, 손톱 주위, 손등, 손목까지 충분히 거품을 내어 문지르고 씻을 수 있도록 지도한다. 손에 물을 적시고 나서 20초간 비누를 사용하여 손의 구석구석을 문지르고 흐르는 물에 헹군 후 완전히 건조시킨다. 뜨거운 물은 피하는 것이 좋으며 영유아가 충분한 시간 동안 손을 씻을 수 있도록 손 씻기 과정을 재미있게 유도한다. 손을 씻은 후 닦을 때는 여러 사람이 같은 타월을 사용하는 것보다 개인 타월을 사용하도록 한다.

### (4) 양치질하기

유치는 생후 6~8개월부터 생후 2년 반이 될 때까지 모두 20개의 치아가 나온다. 영유아기에 유치관리를 잘못할 경우는 발음의 부정확 및 성격형성에 부정적인 영향을 미칠 수 있으므로 올바른 양치질방법을 지도한다. 칫솔은 습기나 세균 번식이 이루어지지 않는 장소에 보관하고, 하루 3회 이상 이 닦는 습관을 가지도록 한다. 양치질은 1세부터 할 수 있으나, 어른의 흉내를 내는 정도이므로 아직 제대로 이를 닦을 수 없기 때문에 교사나 부모가 칫솔질을 해주어야 한다. 2~3세가 되면 어린이용 치약을 사용하여 스스로 양치질을 할 수 있으나, 깊은 안쪽은 스스로 닦지 못하므로 교사나 부모가 마무리해 주는 것이 좋다. 3~6세가 되면 자신의 치아에 흥미를 가지고 자랑스러워하므로 치아관리의 중요성을 교육하고 스스로 양치질을 하도록 기회를 제공한다.

### (5) 옷 입기

영유아의 경우는 대소변이나 음식물 등으로 쉽게 옷을 더럽힐 수 있으므로 여벌의 옷을 마련하여 청결한 상태를 유지하도록 한다. 옷을 갈아입힐 때에는 즐거운 분위기에서 빨리 끝낼 수 있도록 하고, 계절과 날씨에 맞는 옷, 적절한 체온을 유지할 수 있는 옷을 입히도록 한다. 옷을 너무 두껍게 입히면 피부와 호흡을 통한 노폐물 배설이나 신진대사가 원활하지 못하며, 너무 얇게 입히는 경우 기초체온 유지를 위해 불필요한 칼로리가 소모되어 성장에 지장을 줄 수 있다. 따라서 계절과 날씨에 맞는 적절한 두께의 옷을 입히도록 하며, 입고 벗기에 편리하고 활동적이며 편안한 옷차림을 할 수 있도록 한다.

## 3) 영유아 건강평가 및 방법

영유아의 건강에 문제가 생기면 발달 및 학습에 부정적인 영향을 주게 된다. 따라서 교사는 한 번의 건강평가서 결과에 의존하여 영유아의 건강문제에 대해 편협하고 비현실적인 결론을 내리지 말고, 개별 영유아에 대해 지속적으로 다양한 정보를 수집한다.

영유아들의 건강상태는 계속적으로 변화하기 때문에 식사평가, 건강일지, 병원검사 기록, 교사관찰 및 건강 체크, 치과검사, 시력 및 청력검사, 부모상담 등을 통해 영유아의 모습이나 행동의 변화를 항상 주의 깊게 살펴보아야 한다.

### (1) 기초건강 측정

감각계의 최적기능은 환경에 대한 정보를 받아들이고 해석하여 성장과 발달에 영향을 미친다. 따라서 시각, 청각, 미각, 촉각, 후각 등 감각이상 여부를 살펴보아 신속히 조치해야 한다.

#### 1 시각

눈 깜박임 반사가 없거나 한 눈 또는 두 눈꺼풀이 처져 있거나 눈 앞에 흐릿한 것이 있다거나 만성적인 눈물을 흘린다거나 시각에 의존하는 일을 수행할 때 반복적으로 실패하는 경우는 영유아들에게 특별히 더 세심한 주의를 기울여야 한다.

#### 2 청각

입으로 자주 숨을 쉰다거나, 소리가 나는 쪽으로 몸을 돌리지 않거나, 방향을 이해하고 추적하는 데 어려움을 갖는다거나, 귀를 자주 비비거나 이상한 목소리를 내면서 음성에 반응하지 못하면 청력이상을 의심해야 한다. 적어도 청력검사는 일 년에 한 번은 받아야 한다. 만약 영유아가 기피한다면 헤드폰놀이, 비행기 조종사, 라디오 아나운서 등의 역할놀이를 통해 청력검사를 실시할 수 있다.

#### 3 언어

2세까지 말을 못하거나 말을 더듬거나, 상대방이 이해하기 어려운 말을 하거나, 언어발달에 향상이 없을 때는 언어발달에 관심을 가지고 정상적인 말하기가 가능한지 지켜봐야 한다.

#### 4 신장과 체중

영유아의 건강을 평가하는 가장 손쉬운 방법은 신장과 체중을 관리하는 것이다. 4개월 내지 6개월에 한 번씩 키와 몸무게를 측정하여 신체적 질병이나 정서적 문제 혹은 섭취장애라든가 성장장애 등을 파악한다.

### (2) 영유아의 관찰

영유아의 건강에 대한 교사의 관찰은 간단하면서도 효과적인 방법이다. 가볍게 만져봄으로써 열이나 임파선이 부은 것을 감지할 수 있고, 냄새를 맡아보면 청결과 감염상태를 알 수 있다. 주의 깊게 들어보면 호흡의 곤란 여부나 목소리의 변화를 감지할 수 있고 이야기를 하다보면 친구들과의 관계가 어떤지 건강에 대한 문제점 또는 집안에서의 문제점 등을 알 수 있다.

표 7-1 건강관찰 점검 사항

| 관찰 대상 | 관찰 사항 |
|---|---|
| 일반적 외모 | • 체중의 변화, 피로감이나 이상한 흥분의 징후, 피부색, 키 |
| 머리 | • 가려워 긁은 표시, 이나 종기 상처 유무, 탈모, 청결상태 |
| 얼굴 | • 표정(두려움, 화남, 즐거움, 근심), 피부색, 긁힌 자국, 멍, 뾰루지 |
| 눈 | • 충혈, 눈물, 부었는지, 빛에 대한 감수성, 자주 비비는지, 다래끼, 상처, 눈의 움직임 이상 여부 |
| 귀 | • 물이 있는지, 홍조, 소리나 말로 물었을 때 적합한 반응 정도 |
| 코 | • 기형, 자주 비비는지, 충혈, 재채기, 콧물 |
| 입 | • 치아 안쪽, 충치, 기형, 상처, 입으로 호흡 |
| 목구멍 | • 편도선이 붓거나 목구멍에 이상은 없는지, 거친 숨소리나 이상한 냄새 |
| 목 | • 갑상선이 부어 있는지 여부 |
| 가슴 | • 호흡이 색색거리는지, 가래 끓는 소리, 가쁜 숨, 기침 |
| 피부 | • 옷을 들어 가슴과 등 색 확인(창백한지 붉은지), 뾰루지, 긁힌 자국, 타박상, 멍, 흉터, 심한 열, 땀 |
| 말하기 | • 분명한지, 더듬는지, 콧소리, 발음을 잘 못하는지, 단조로운 음색, 나이에 맞는지 여부 |
| 손발 | • 자세와 조화, 다리가 굽어 있는지(오리걸음, 팔자걸음), 팔다리의 길이가 같은지 여부 |
| 행동 및 성격 | • 활동 정도, 주의력, 협동, 식욕, 잠의 모양, 화장실 습관, 성급함, 불안 |

공식적인 건강조사와 교사의 관찰에서 얻은 정보는 영유아들의 신체적, 정신적, 사회적 건강상태를 확인하는 데 도움이 된다. 이러한 자료를 바탕으로 학부모와 상담하며 영유아를 지도한다.

## 4) 질병발생 및 예방대책

영유아들에게 가장 위험한 것 중의 하나는 전염성 질병이다. 영유아의 질병발생을 예방하기 위해서는 시기별로 예방접종이 이루어져야 하며, 질병 증상의 기록 · 관리 및 보고 체계를 교직원 모두 공유하여 응급 상황이나 사고발생 시 신속하게 처리한다.

### (1) 방역

50명 이상을 수용하는 유아교육기관은 필요한 경우 특별 방역을 실시할 수 있으며, 소독업으로 신고한 자에게 감염병 예방에 필요한 소독을 실시한다. 소독횟수 기준은 4월부터 9월까지 2개월에 1회 이상, 10월부터 3월까지는 3개월에 1회 이상 정기적으로 실시한다.

### (2) 예방접종

영유아기 예방접종의 일차적인 책임은 부모에게 있으므로, 사망률이 높은 전염성 질환은 반드시 예방접종 시기 및 방법을 구체적으로 안내한다. 모바일 어플리케이션을 활용해 스마트폰 마켓 또는 스토어에서 '예방접종'으로 검색하면 무료로 다운 받아 사용할 수 있고, 자녀의 예방접종 기록을 조회하고 다음 예방접종 일정에 맞춰 알람 서비스를 받을 수 있다. 또한 질병관리본부 예방접종 도우미(http://nip.cdc.go.kr)를 활용해서 보호자 이름으로 회원가입을 한 뒤 예방접종 내역을 등록하고 나면 예방접종 이력이 자동으로 등록되며, 예방접종을 한 의료기관 확인이 가능하고, 예방접종 증명서 발급도 가능하다. 기관의 영유아를 위해 단체접종을 실시할 수 있으며, 예방접종 시의 주의 사항 등을 보호자에게 안내하고 반드시 부모 동의를 받은 후 예방접종을 실시해야 한다.

**표 7-2** 영유아기 예방접종 스케줄

| 구분 | 대상전염병 | 예방접종 백신종류 및 방법 | 횟수 | 출생~1개월 | 1개월 | 2개월 | 4개월 | 6개월 | 12개월 | 15개월 | 18개월 | 24개월 | 36개월 | 만4세 | 만6세 |
|---|---|---|---|---|---|---|---|---|---|---|---|---|---|---|---|
| 기본접종 | 결핵 | BCG (피내용) | 1 | 1회 | | | | | | | | | | | |
| | B형 간염 | HepB (유전자 재조합) | 3 | 1차 | 2차 | | | 3차 | | | | | | | |
| | 디프테리아 파상풍 백일해 | DTaP | 5 | | | 1차 | 2차 | 3차 | | 4차(추가) | | | | 5차(추가) | |
| | | Td / Tdap | 1 | | | | | | | | | | | | |
| | 폴리오 | IPV (사백신) | 4 | | | 1차 | 2차 | 3차 | | | | | | 4차(추가) | |
| | 홍역 유행성이하선염 풍진 | MMR | 2 | | | | | | 1차 | | | | | 2차(추가) | |
| | 수두 | Var | 1 | | | | | | 1차 | | | | | | |
| | 일본뇌염 | JEV (사백신) | 5 | | | | | | 1~2차 | | | | 3차 | | 4차 (추가) |
| | 독감 | Influenza | 1 | | | | | 매년 1회 | | | | | | | |
| 선택접종 | 결핵 | BCG (경피용) | 1 | | | | | | | | | | | | |
| | 일본뇌염 | JEV (생백신) | 3 | | | | | | 1차 | | | | 2차 | | 3차 (추가) |
| | b형 헤모필루스 인플루엔자 뇌수막염 | Hib | 4 | | | 1차 | 2차 | 3차 | 4차(추가) | | | | | | |
| | A형 간염 | HepA | 2 | | | | | | 1차(기초)~2차(추가) | | | | | | |
| | 폐구균 | PCA | 4 | | | 1차 | 2차 | 3차 | 4차(기초) | 13가 폐렴구균 백신 1회 보강접종* | | | | | |
| | 로타바이러스 | 로타텍 | 3 | | | 1차 | 2차 | 3차 | | | | | | | |
| | | 로타릭스 | 2 | | | 1차 | 2차 | | | | | | | | |
| | 인유두종 바이러스 | HPV | 3 | | | | | | | | | | | | |

* 7가 백신으로 접종 완료한 15~59개월 유아에 대해

### (3) 감염병 대응

기관장은 감염병에 감염의심 또는 감염된다고 의사가 판단한 경우 등원을 중지시킬 수 있다. 등원중지 시에는 이에 따른 사유와 등원중지 기간을 명확하게 밝혀야 한다. 기관장은 콜레라, 장티푸스, 파라티푸스, 세균성이질, 장출혈성 대장균 감염증, A형 감염 등 법정 감염병에 감염 또는 감염의심 증상이 있을 때 즉각 관할 보건소장에게 신고해야 한다. 유아의 건강 및 감염병 등에 관한 관련 업무를 담당하는 자는 업무상 알게 된 비밀을 보장해야 한다. 기관장은 교직원의 감염병 감염뿐 아니라 감염이 의심되는 경우에도 보건소에 신고 및 격리, 출근 중지를 명할 수 있다. 유아에게 질병, 사고, 재해 등으로 인해 위급한 상태가 발생한 경우 즉시 해당 유아를 응급의료기관으로 이송한다.

원칙적으로 전염성 질환의 영유아는 등원할 수 없으나, 맞벌이 가정이 증가하는 상황에서 아픈 영유아가 부득이 기관에 등원해야 하는 경우, 별도의 공간을 마련해 교사 및 간호사가 개별적으로 영유아를 보살필 수 있도록 준비한다. 격리가 필요한지 정확히 판단할 수 없거나, 발열, 구토, 설사 등이 발생했을 때는 부모에게 먼저 연락한다.

### (4) 부모알림

교사는 영유아들을 매일 관찰하고 관찰 내용 중 평소 건강할 때와 다른 점이 있을 경우, 상태에 따라 즉시 또는 귀가 시 부모에게 구체적으로 알려준다. 이때, “○○가 아픈 것 같아요.”라고 말하기보다는 구체적으로 질병 증상 보고가 이루어져야 한다. 질병 증상 보고에는 증상이 시작된 시간, 지속된 시간, 증상의 정도, 증상의 빈도, 영유아의 행동변화, 체온, 지난 12시간동안 먹은 음식의 종류와 양, 지난 1시간 이내의 소변, 대변, 구토 상황, 관련증세, 증상의 발견 이후 대처 내용 등 구체적으로 부모에게 알려야 한다.

# 2 안전관리

영유아 교육의 일차적 기본은 안전에서부터 시작된다. 다음에서는 영유아교육기관의 안전한 환경조성을 바탕으로 영유아의 안전교육 및 안전사고 발생 시 대처방법을 중심으로 살펴보겠다.

## 1) 교직원의 역할

연초에 가정과 연계하여 안전교육을 실시할 수 있도록 연간계획을 수립하고 실시된 안전점검 사항을 정리하여 자체평가를 통해 시설 개 · 보수 및 안전점검 계획에 반영한다.

「학교보건법」에 따라 영유아 교육 · 보육을 위해 안전한 환경을 조성하고, 영유아의 안전을 고려해 교육 및 보육환경을 주기적으로 점검 · 관리해야 한다. 냉 · 난방용품, 어린이놀이터, 안전관리 인적조직은 수시로 점검한다. 정기 방역은 매달마다 실시하고, 재해대비시설은 분기별로 점검하며, 실내 · 외 시설 및 설비는 6개월마다 점검하고 전기 및 가스 점검은 매해 실시한다. 특별히 전염병 등에 의해 집단적으로 환자가 발생할 우려가 있거나 발생한 때, 풍수해 등으로 환경이 불결하거나 오염된 때, 학교를 신축, 개축, 개보수 등을 하거나, 책상, 의자, 컴퓨터 등 새로운 비품을 교사 안으로 반입하여 폼알데하이드 및 휘발성 유기화합물이 발생할 우려가 있을 때, 그 밖에 학교장이 필요하다고 인정한 때는 특별점검한다.

안전교육은 유아뿐 아니라 교직원도 받는다. 신규교직원, 자원봉사자, 임시교사 오리엔테이션 시에도 안전교육을 실시하고 부모들에게도 안전교육에 대한 정보를 가정통신문, 게시판, 부모강연 등에서 정기적으로 제공한다. 유아 입소 시 관련 보험가입이 이루어지도록 하며, 응급처치에 대한 동의서를 받아 비치한다. 응급처치 동의서에는 비상연락처, 의료보험카드번호 등을 기록해 둔다. 안전사고가 발생했을 경우 사고발생 24시간 이내에 사고보고서를 작성하며, 사고보고서에는 사고 발생장소, 사고 이유, 사고 처리에 대한 것을 기록한다. 안전사고 발생 후에는 일어난 사고에 대해 부모에게 알리고 사고보고서 1부를 부모에게 전달한다. 사고보고서를 토대로 위험물의 제거 및 자주 발생하는 원내 사고유형과 원인을 파악하여 교사 오리엔테이션에 활용한다. 안전사고 처리 절차 및 재발방지 대책은 사전에 문서로 계획하며, 사고일지 기록을 분석하여 향후 연도의 안전관리 대책수립 시 이를 반영한다.

또한 영유아를 안전하게 지도하기 위해 교직원은 「아동복지법」에 의해 교통안전, 약물오남용, 재난 대비, 성폭력예방, 실종 · 유괴방지 등의 안전교육을 받아야 한다. 이와 함께 안전사고 발생에 대비해 정기적인 모의훈련 및 점검 · 관리를 한다. 그럼에도 불구하고 사고가 발생했을 경우에는 신속한 사고 처리로 불행한 상황을 최소화하고 정확하게 학부모에게 알려서 사후처리가 원만하게 이루어지도록 노력한다.

영유아교육기관에서 안전사고로 원아 및 교직원이 사망 또는 입원 치료가 필요한 중상해 사고일 경우는 관할청에 보고한다. 유치원 밖에서 각종 재난 및 대형사고, 유치원 주관 또는 공동참여 행사로 인한 원생 사망 또는 3명 이상의 손상사고 발생 시, 유치원 현장에서 사망을 초래할 수 있는 신종 감염병 최초 발생 시, 「감염병의 예방 및 관리에 관한 법률」 제2조에 의한 감염병의 집단 유행 및 확산 시, 화재사고 발생 시, 기타 사회적 파장이 예상되는 사건사고 발생, 국가적 대응이 필요한 사고 발생 시 교육부 및 교육청에 보고한다.

## 2) 안전한 환경 조성

### (1) 실외환경

실외에는 실내에서 나오는 통로가 2개 이상 확보되어 있어야 하며 비상시 대피할 수 있는 대피로에 대해 게시해야 한다. 실외 잔디는 주기적으로 관리하며, 계절이 지난 놀이기구나 운동기구, 탈것 등은 창고에 보관한다. 또한 쉴 수 있는 휴식 공간 및 직사광선을 피할 수 있는 지붕이나 등나무 등을 두어 쾌적한 실외환경을 제공한다.

자동차가 다니는 통로에는 교차로에 정지선을 그어 일단 멈춤 표시를 해두며, 영유아가 뛰어다니는 경우에 발생할 수 있는 안전사고를 예방하기 위해 직각의 모퉁이는 완만한 곡선 형태로 부딪힘을 줄이도록 한다. 실외 공간의 바닥은 배수가 잘 이루어지도록 하며 영역에 따라 흙, 모래, 자갈, 잔디, 시멘트, 아스팔트, 벽돌, 타일, 나무판 등 다양한 재료로 설치할 수 있다. 전체 실외 공간의 1/3~1/2 정도는 잔디로 하며, 놀이영역은 충격을 흡수하는 재질로 한다.

### (2) 출입문

출입문은 성인만이 열고 닫을 수 있는 정도의 높이로 잠금장치를 설치한다. 개나 고양이 등의 침입을 막기 위해 외부도로와 분리된 보호용 울타리를 설치한다. 출입구에는 잠금장치와 인터폰을 설치하여 반드시 확인하며, 방범 카메라와 적외선 센서, 인터폰 등의 방범 설비를 필요에 따라 설치한다.

현관문이 유리인 경우 안전유리 및 손 끼임 방지장치를 설치하고, 투명유리인 경우 스티커를 부착하여 유리표시를 한다. 출입문은 여닫이보다 미닫이가 좋으며 자동문보다는 수동문이 좋다. 문에 손이 끼일 수 있으므로 손 끼임 방지 장치나 문이 서서히 닫히도록 속도조절 장치를 설치하고 바람이 센 곳에서는 자동안전경첩을 달아서 갑자기 닫히므로 끼이는 사고가 발생하지 않도록 한다.

### (3) 통로

통로는 부딪치지 않도록 충분한 공간을 마련하며, 미끄러질 우려가 없도록 바닥 재료를 사용한다. 또한 비상 시 대피경로 및 비상구 표시가 명확히 되어 있어야 하고 비상등이 잘 작동하는지 수시로 점검한다. 계단은 경사가 가파르지 않도록 9~13cm 정도로 하고, 잡고 오를 수 있는 난간 및 지지대를 안전하게 확보한다. 계단 옆 벽면에는 그림이나 사진을 걸어 두지 않도록 하며, 영유아의 시선이 분산되거나 균형을 잃게 할 우려가 있는 물건들도 계단 위에 두지 않도록 한다.

### (4) 보육실 및 교실

보육실 및 교실은 1층에 설치하는 것을 원칙으로 하고 불가피한 경우에 안전사고에 대비한 시설을 갖추어 2층에 설치할 수 있다. 법적으로 허용된 면적 기준(3세 미만 영유아 1인당 2.64m² 이상, 3세 이상 영유아 1인당 1.98m² 이상)에 따라 환기, 채광, 조명, 방습,

방충 및 냉 · 난방 설비를 갖추도록 한다. 난방기는 전도되었을 때 바로 전원이 차단되는 제품을 사용하며, 사용하지 않는 전기콘센트에는 안전덮개를 설치한다.

보육실에 설치된 교구장, 수납장 등은 안전을 위하여 아래 부분에 무거운 비품을 보관하여야 하고, 무거운 물건은 너무 많이 쌓아 놓지 않도록 한다. 책상, 의자 등 가구의 모서리는 둥글고 표면이 매끄럽게 처리된 것이나, 고무 등으로 모서리에 보호 장치를 설치하여야 한다.

창문 주변에 영유아가 딛고 올라서 추락사고 위험이 발생하지 않도록 창문 주변에 물건을 쌓아두지 않는다. 창문의 높이는 유아의 신체 상황을 고려하여 유아반의 경우 50~60cm, 유치반은 60~70cm로 한다. 유아들의 자유 활동 시 교사의 시선을 가리는 공간은 없는지 확인하고 교실이 한눈에 들어오도록 정리한다. 2층 이상에 위치한 창문에는 추락사고 예방을 위한 안전망을 갖추어야 하나 방범창과 같이 비상탈출을 막아서는 안된다. 커튼이나 블라인드의 끈이 질식사고를 유발할 수 있으므로 영유아의 손이 닿지 않도록 짧게 정리한다.

### (5) 목욕실 및 화장실

교실 안 또는 가까운 곳에 세면대가 설치되어 자주 손을 씻을 수 있도록 한다. 보육실과 인접한 곳으로 조리실과 멀리 설치하는 것이 좋다. 더운물의 온도는 40℃ 이하를 유지하며 온도조절 장치나 온수밸브 잠금장치, 온도계가 비치되어야 한다. 바닥은 미끄럽지 않은 재질로 하며 물이 고이지 않게 하고 물기나 비눗기를 없애서 미끄럼 사고를 방지하도록 안전 깔개나 매트를 깐다. 락스, 세제 및 변기를 청소하는 솔 등은 유아의 손이 닿지 않는 곳에 잠금장치를 두어 따로 관리한다.

### (6) 조리실

조리실은 교실과 떨어지거나 차단되어 유아의 출입을 차단할 수 있는 안전문이 설치되어야 하며, 식품의 운반과 배식이 편리한 곳에 둔다. 주방의 가스레인지 등 화기 시설이 설치된 주변의 벽과 천장은 불에 타지 않는 재질로 구성하며, 가스레인지 중간 밸브와 가스누설 자동차단장치를 설치한다.

전기공급 개폐기 및 누전차단기는 월 1회 이상 정상작동 여부를 확인하여 1년에 한

번 씩 정기안전 점검을 받는다. 주방의 가스레인지 직상부에는 자동확산소화기를 설치한다. 자동확산소화기는 일정온도 이상을 감지하면 자동으로 소화약제를 방출하여 화재 초기에 효과적으로 소화할 수 있는 기능이 있다.

창문에는 방충망을 설치하며 식기를 소독하고 위생적으로 취사 및 조리할 수 있는 안전하고 위생적인 시설설비를 갖춘다. 쓰레기통은 반드시 뚜껑이 있는 것을 사용하며 조리실 주변에 개나 고양이 등 동물사육을 금한다. 또한 화재에 대비할 수 있도록 가스누출경보기나 화재경보기를 설치하여 작동유무를 항상 확인한다. 주방 출입구에는 화재 시 자동으로 화재의 확산을 유효하게 방지할 수 있는 방화설비(방화문 또는 상해 위험이 없는 셔터 등)를 설치한다.

### (7) 놀잇감 및 놀이기구

놀잇감은 종류별로 구별하여 찾기 쉽도록 상자나 바구니에 보관하도록 하며 사용하기 편리하고 정리하기 쉽도록 보관 · 관리한다. 놀잇감은 매일매일 살펴서 깨진 부분이나 날카로운 부분, 갈라지거나 쪼개져 긁히거나 베이거나 찔릴 위험이 있는 것은 즉시 수리 · 보완 하도록 한다. 뿐만 아니라 인체에 미치는 해로움을 고려해 납 성분이 포함된 놀잇감이나 유해성분이 포함된 염료로 도색된 장난감 등은 제공하지 않는다.

모든 놀이 시설의 나사, 안전캡 등의 조임 정도와 보존 상태를 수시로 점검하여 놀이기구의 갈라진 틈, 녹, 파손된 부분, 마모된 부분은 없는지, 연결고리 및 회전축이 헐거워지지는 않았는지 등 위험성 여부를 정기적으로 점검하고 수리한다. 고장난 부품은 규격에 맞지 않는 유사품을 사용하지 않도록 하며, 놀이기구가 움직이는 부분에는 정기적으로 윤활유를 보충해 주어 작동이 원활하도록 하고, 비나 햇볕으로 인해 녹이 슬지는 않았는지 수시로 점검한다.

목재 놀잇감의 경우 거친 가장자리와 표면의 가시는 사포질을 하여 매끄럽게 하며, 쪼개진 부분 등을 살펴보아 가시에 찔릴 위험이 없도록 한다. 구슬이나 작은 블록, 작은 바퀴나 인형에 달려있던 작은 장식 등 삼킬 수 있는 크기의 작은 물건은 영유아의 질식위험을 고려해 3.2cm 이상의 크기로 제공한다. 지나치게 무거운 놀잇감이나 지나치게 큰 소리를 내는 놀잇감, 끝이 뾰족한 물건으로 던지는 놀이 또는 발사되는 놀잇감이나 튀어 오르는 놀잇감 등은 신체조절력이 미숙한 유아들에게는 안전사고가 발생하기 쉬우므로 제공하지 않는다.

놀잇감 중 날카로운 부분이나 모서리, 가시, 갈라진 곳, 삼킬 우려가 있는 작은 부속품은 없는지 확인하고 유아가 들어갔을 때 갇힐 수 있는 빗장 등의 잠금장치가 없는 장난감 상자를 제공하며, 놀잇감을 쉽게 꺼내고 정리할 수 있도록 크고 무거운 것은 아래쪽에 배치한다.

### (8) 실외놀이터

실외놀이터는 바깥과 경계를 구분하여 유아가 넘지 못하도록 울타리나 담을 설치한다. 나무로 울타리를 하는 경우는 유지관리와 주변에 대한 영향을 검토하여 적절한 수종을 선택해 배열한다. 놀이 시설물은 설치 검사 후 2년에 1회 정기 시설 검사를 실시한다. 어린이놀이시설 안전관리교육은 2년마다 4시간씩 어린이놀이시설 안전관리지원관에서 받아야 한다.

실외놀이터 근처에는 차량이 인접해서 주차하지 못하도록 하며, 움직임이 많은 놀이기구 근처에는 밧줄이나 늘어져 있는 전선 등은 없는지 확인하고 놀이터 안에 위험한 전기, 고압, 유독물질, 유리조각, 돌부리 등을 제거한다. 놀이터에는 손가락 끼임을 방지를 위해 8mm 이하 또는 25mm 이상, 몸이 빠지지 않도록 90mm 이하 또는 230mm 이상, 발빠짐 방지를 위해 30mm 이하의 공간이나 틈새가 없도록 한다. 놀이기구는 녹이 슬거나 금이 가거나 페인트 칠이 벗겨진 곳은 없는지, 연결된 부분에 볼트나 나사가 풀려 있지 않은지 확인한다.

옥상에는 추락사고 위험이 있으므로 놀이 공간을 설치하지 않는다. 부득이 놀이 시설을 설치하는 경우 1.5m 이상의 높이로 견고한 안전망을 설치한다. 옥상난간과 놀이기구는 최소한 1.5m 이상 거리를 두고 설치한다. 추락할 가능성이 있는 놀이 시설물 아래에는 주변 공간에 충격흡수재를 설치하며, 놀이터 바닥은 최소 30cm 이상 충격흡수재(모래 등)를 설치한다. 놀이터는 장마가 오고난 후 물이 고이지 않도록 배수에 신경을 쓰며, 바닥에는 쓰레기가 없는지 확인한다. 모래는 쉽게 유실될 수 있으므로 유실된 모래는 주기적으로 채워주고 최소 3년에 1번 모래를 교체한다. 모래관리는 정기적으로 아래쪽에 있는 모래가 위쪽으로 오도록 뒤집어주거나 세척한다.

### (9) 실외 놀이기구

미끄럼틀은 높이 2m 이하, 경사 30~40° 정도로 추락을 방지하기 위한 충분한 공간과 보호벽이 있는 것으로 설치한다. 계단에는 손잡이 난간이 있고 미끄럼판 양쪽에도 난간이 있으며, 착지지점 밑에는 우레탄 등을 깔아두어 충격을 완화한다. 그네는 다른 놀이기구나 벽, 울타리, 보도와 충분한 간격을 유지하도록 하고, 단단히 매어있는지 수시로 점검한다. 바닥에서 그네 밑면까지는 40cm 정도가 좋으며 그네줄에 손가락이 끼일 우려는 없는지 확인한다. 정글짐은 높이 2.5m 이하로 하며, 정글짐의 단 사이 간격은 35cm 이하로 하고, 가로대의 지름은 4cm 이하로 하여 안전 상태를 확인한다. 시소는 높이 70cm 이하, 길이 4m 이하, 기울기 대략 30° 이내가 적당하다. 땅에 닿는 부분에는 고무타이어를 묻거나 모래를 깔아서 몸에 충격이 가지 않도록 하고, 중심대를 단단히 고정하여 무게균형이 정확히 잡히도록 한다.

### (10) 생활비품 및 도구

모든 카펫이나 커튼 및 벽지는 방염처리된 것을 사용하며 실내에는 삼킬 수 있는 크기의 작은 물건을 두지 않는다. 의자(25.4~30.4cm)와 책상(40.6~50.8cm) 및 교구장의 높이는 유아의 신체발달에 맞는 크기로 한다. 책상, 정리장 등 가구들은 바닥과 벽에 잘 고정되어 있어야 하고, 가구의 볼트, 너트, 못 등은 튼튼하게 고정되어야 한다.

날카로운 물건(칼, 송곳, 가위 등)은 잠금 장치가 있는 곳에 보관하며, 보일러 설비, 퓨즈상자, 화기, 소독수, 살충제, 조리실의 칼, 가위, 포크, 랩 등은 영유아의 손이 닿지 않도록 비치한다. 응급조치를 위한 비상약품 및 간이 의료기구 등은 영유아가 접근할 수 없는 안전한 장소에 비치한다. 유아가 사용하는 모든 가구의 모서리는 둥글고 표면이 매끄럽게 처리되어야 하고 뾰족한 모서리가 있는 경우에는 반드시 모서리보호 덮개를 한다. 모든 콘센트는 안전캡을 씌우고 각 교실에는 소화기를 쉽게 사용할 수 있도록 비치한다. 비상구를 제외한 모든 출입문 및 창문은 안쪽에서 잠길 우려가 없어야 하고, 손 끼임 방지 고무패킹이나 완충장치를 설치하여야 한다.

### 3) 영유아 안전교육

「학교안전사고 예방 및 보상에 관한 법률」에 따르면, 유치원의 안전교육은 교통안전 2월 1회 이상(연간 10시간 이상), 재난 대비 6월 1회 이상(연간 6시간 이상), 약물오남용 예방 3개월 1회 이상(연간 10시간 이상), 실종유괴예방 방지 3개월 1회 이상(연간 10시간 이상), 성폭력 및 아동학대 예방 6개월 1회 이상(연간 8시간 이상)을 이수해야 한다. 다음에서는 어린이집과 유치원에서 필요한 안전교육 내용을 중심으로 살펴보겠다.

#### (1) 놀이안전

실외놀이터 이용, 현장학습 등 안전사고가 우려되는 활동뿐 아니라 유아와 관련된 모든 활동장소에는 항상 교직원이 감독해야 한다. 놀이 시 교사는 영유아에게 오르기 기구에 올라가거나 미끄럼틀을 내려올 때 다른 사람을 밀지 않도록 지도한다. 동물과 함께 놀이기구를 타거나 자전거 또는 롤러스케이트 등을 타고 놀이기구에 올라가지 않도록 한다. 흙이나 물건을 함부로 던진다거나 순서나 규칙을 무시하고 놀이하는 경우에 대비해 사전에 충분히 안내한다. 여름철에 놀이기구가 뜨거워졌거나 겨울철에 놀이기구가 얼었을 때는 교사가 먼저 확인한 후 놀이기구를 사용하도록 하며, 공이나 풍선을 쫓아 문이나 도로로 나가지 않도록 사전에 안전한 환경을 제공한다. 또한 모든 놀이는 안전한 곳에서 자신의 신체 크기에 맞는 자전거나 놀이기구를 사용하도록 하고, 자전거나 롤러스케이트를 탈 때는 헬멧, 무릎보호대, 보호장구 등을 반드시 착용하도록 지도한다.

#### (2) 교통안전

어린이 통학버스는 자동차 등록원부에 유치원으로 인가받은 자의 명의로 등록하거나 유치원장이 전세버스 운송사업자와 운송계약을 맺은 차량이어야 한다. 유치원장은 학교안전공제회에 의무적으로 가입하고 통학버스 책임보험, 통학버스 종합보험 등에 가입하여 운행과정에서 발생할 수 있는 사고에 대처해야 한다. 통학버스는 유아가 승·하차 시 점멸등을 작동하여 주변에 알려주어야 하며, 통학버스 내에 동승 보호자가 탑승하지 않았을 경우 운전자는 자동차에 내려 유아가 안전하게 승·하차 하는 것을 확인해야 한다.

지정된 통학버스 승 · 하차 장소는 유아들이 활동하는 장소와 충분히 떨어져 있어야 한다. 노면표시와 안전표시 등을 설치하고 원아들이 출 · 도착 시에만 접근하도록 제한한다. 방문자나 유치원관계자의 주차장소는 통학버스 주차장소와 따로 분리시켜 지정된 안전한 곳으로 하며, 통학버스 주차장에는 사무실에서 외부인이 침입 여부 등을 감시할 수 있도록 영상정보처리기기 등을 설치해야 한다.

차량 내부에는 인화물질 등 위험한 물건이나 안전을 위협하는 요인이 있는지 확인하고 차량 내 비상연락처, 휴대폰, 소화기, 구급약품을 비치한다. 차량 내에 운행노선 및 시간표, 각 정류장별 이용 유아명단을 비치한다. 통학버스 운행 종료 후에는 운전자가 반드시 차내에 유아가 잔존하는지 확인한다. 통학버스 운행노선도에 운행로와 승 · 하차 정류장 표기를 분명히 명시하고, 교통사고 또는 차량화재 등 비상 상황 발생 시 운전자 및 동승보호자는 탑승유아를 안전한 곳으로 대피시키고 피해자를 구호하는 등 추가 피해를 최소화한다.

차량에 탈 때는 다가오는 버스를 향해 뛰어가지 않도록 한다. 유아가 차도에 내려서지 않고 보도에서 차례로 줄을 서서 기다리도록 한다. 달리는 차량의 창 밖으로 머리나 손을 내밀거나 물건을 던지지 않도록 하며, 버스가 운행 중일 때는 안전벨트를 매고 자기 자리에 앉아 있도록 한다. 내릴 때는 버스가 완전히 선 다음 앞에서부터 차례대로 내리고, 버스 뒤편에서 차량이나 오토바이 등이 오는지 주의하며 버스의 계단은 한 칸씩 순서대로 앞사람을 밀지 않고 내려오도록 지도한다.

횡단보도를 건널 때는 좌우를 살핀 후 차가 완전히 멈춘 것을 확인하고 천천히 건너도록 한다. 신호등이 있는 횡단보도를 건널 때에는 녹색 신호등으로 바뀌자마자 앞만 보고 건너가는 것은 위험하므로, 차가 오는 방향을 바라보고 정차된 차를 확인하면서 안전하게 횡단보도를 건너도록 지도한다.

통학버스는  운행 시간, 노선계획, 차량점검 등에 대해 부모와 교사로 구성된 통학버스 운영위원회를 통해 안전하게 관리한다. 운전자 및 통학버스 담당자는 차량운행 중 발생할 수 있는 여러 가지 상황에 능동적으로 대처할 수 있도록 위기 상황별 대처훈련을 실시한다. 통학버스 운행 시간은 운전자가 무리하지 않도록 여유 있게 짜며, 통학버스의 안전한 승 · 하차 지점과 대기 장소를 지정해 원아들이 안전한 통학로로 다니도록 지도한다.

### (3) 실종안전

정당한 사유 없이 실종아동을 경찰관서의 장에게 신고하지 않고 보호할 수 없으므로 유아가 실종아동임을 알게 되었을 때는 누구든지 지체 없이 신고해야 한다. 아동보호구역은 유괴 등 범죄의 위험으로부터 아동을 보호하기 위해 필요하다고 인정되는 경우 시설 주변구역을 아동보호구역으로 지정하며 범죄 예방을 위해 순찰 및 지도조치를 한다. 유치원장은 유치원을 관할하는 특별자치도지사, 시장, 군수, 구청장에게 보건복지부령으로 정하는 바에 따라 아동보호 구역 지정 신청서를 제출하고 영상정보처리기기를 설치할 수 있다.

실종예방을 위해 보호자가 직접 경찰서에 방문해 「아동 등 사전등록 신청서」를 작성하고 아동의 최근 사진 및 지문등록을 하면 미연의 사태에 대비할 수 있다. 또한 보호자가 '안전 Dream 홈페이지' 또는 스마트폰 앱에서 본인 인증 후 사진 등 개인정보를 직접 등록할 수 있다. 단체로 현장에 방문하여 등록하고자 할 때는 등록 대상 아동의 보호자 신청서를 바탕으로 보호자가 신청서에 기재한 신상, 사진촬영, 지문정보 등을 등록한다. 필요 시 경찰 및 등록 인력이 유치원에 방문하여 사전등록을 할 수도 있다.

① 명확한 사유 없이 퇴소를 신청할 경우 주의한다. 결석당일 보호자와 연락이 되지 않을 경우 담임교사는 원장에게 보고하고, 원장은 결석 2일차에 아동의 안전이 확인되지 않은 경우, 가정방문을 실시하여 아동의 안전을 직접 확인한다. 가정방문은 교직원, 읍 · 면 · 동 공무원으로 구성된 2인이 함께 실시한다. 가정방문 결과 아동학대가 의심되거나 아동의 소재 안전이 확인되지 않은 경우 원장은 수사기관에 신고한다. 출석하기로 한 기일이 지나도 출석하지 않은 경우, 아동학대 등이 의심되면 즉시 수사기관(112)에 신고한다. 또한 2일 이상 무단결석 아동이 발생할 때 전화연락 또는 가정방문 등을 통해 아동학대가 의심되거나 아동의 안전과 소재가 파악되지 않는 경우 수사기관(112)에 신고한다.

② 미아가 된 영유아는 몹시 당황하고 두려워하는 상황이므로 영유아의 마음을 먼저 진정시킨다. 그리고 미아를 발견하였을 경우는 발견 장소에서 멀리 이동하지 않도록 한다. 영유아에게 집 연락처를 알고 있는지 물어보고, 알고 있는 경우 부모에게 즉시 연락한다. 집 연락처를 모르는 경우는 소지품을 확인해보고, 단서

가 없을 경우에는 가까운 파출소 및 임시 아동 보호소에 인계한다. 영유아를 인계할 경우에는 발견 당시 상황과 장소를 정확하게 설명하고 발견자의 연락처를 알려준다.

③ 현장학습 시 사전답사를 통해 유아들의 동선과 미아보호소 등의 위치를 확인한다. 붐비는 정도에 대비해 유아 인솔인원을 충분히 확보하고 출석체크를 철저히 한다. 미등원 유아발생 시 보호자에게 확인하며 길을 잃거나 교사와 헤어지면 제자리에서 멈춰 기다리기, 자신의 이름과 연락처 생각하기, 주위의 아이를 동반한 성인이나 경찰에 도움을 요청하는 등 대처 요령을 사전에 교육한다.

1단계: 주변을 샅샅이 찾아본다.

- 하원 시 상황(통학버스에 승 · 하차 여부, 누구와 하원했는지 등)을 자세히 알아본다.
- 유아들이 숨는 것을 좋아하므로 유치원 근처에 있을 만한 곳을 구석구석 찾아본다.
- 비상연락망을 통해 유아의 상황을 알아본다. 이때 "저희는 차에 태워 하원시켰는데요." 등과 같은 회피하는 말은 삼가한다.

2단계: 경찰청 실종아동찾기센터에 신고하기

- 국번없이 182(경찰청 실종아동찾기센터) 또는 119에 신고한다.
- 신고할 때는 유아의 이름, 나이, 잃어버린 일시와 장소, 잃어버리게 된 자세한 경위, 실종발생 당시 유아가 입고 있던 옷차림과 신발, 소품, 그리고 신체 특징(얼굴 모양, 머리 모양, 흉터나 점 등의 여부, 안경착용 여부, 키와 몸무게 등), 유아의 최근 사진(가능한 다른 모습이 담긴 최근 사진으로 여러 매 준비), 부모 이름, 언제라도 연락가능한 연락처, 주소 등을 중심으로 신고한다.

④ 유괴를 방지하기 위해서 낯선 사람은 절대 따라가지 않도록 지도한다. 모르는 사람이 도와달라고 하면 좋아하는 사람과 닮았다고 해도 절대 따라가지 말아야 하고, 낯선 사람의 차에 절대 타지 않도록 지도한다. 낯선 사람이 과자나 사탕 등 먹을 것을 주어도 어른의 허락 없이 절대 받지 않도록 지도한다. 가방이나 옷에 이름을 써서 다른 사람이 쉽게 부를 수 없도록 영유아의 이름과 연락처는 보이지 않는 곳에 적어둘 것을 부모에게 안내한다.

영유아가 혼자 있을 때 모르는 사람이 오면 문을 열어주지 않도록 하며, 영유아가 어디를 갈 때는 반드시 부모님이나 선생님께 알리고 가도록 한다. 또한 사람이 많은 곳에서는 항상 함께 온 어른의 손을 잡도록 지도한다. 집에 혼자 있을 때 누가 찾아오면 "누구세요?"라고 묻고, 모르는 사람이면 "지금 문을 열 수가 없어요. 나중에 오세요."라고 말하도록 지도한다. 신문배달원, 택배기사, 우유배달원 등 안면이 익숙한 사람들도 부모님의 허락 없이는 들어오게 하거나 따라가지 않도록 지도한다. 만약, 낯선 사람이 자꾸 따라오거나 무섭게 위협하면 큰 소리로 "도와주세요."라고 외치도록 지도한다.

(4) 학대 · 폭력안전

교사는 화를 참을 수 없을 경우에 영유아를 훈육하지 말아야 한다. 영유아를 지도하는 것이 힘들 때는 구체적인 문제를 중심으로 주위 동료들과 의논한다거나 영유아들로 인해 심한 스트레스를 받거나 문제해결이 어려울 때에는 전문가와 상담한다.

또한 영유아의 행동이나 태도가 이상하거나 예전과 다를 때에는 그 이유를 알아본다. 영유아가 공포나 이상한 느낌을 가지는 경우, 이를 숨기지 말고 교사나 부모에게 말하도록 지도하고, 누군가가 영유아에게 보통 이상의 특별한 관심을 보일 때에는 주의를 기울여 이유를 파악한다. 영유아가 특정인과 함께 있는 것을 싫어한다면, 왜 그런지 주의를 기울이고 신속히 적절한 조치를 취한다. 만약, 누군가 영유아에게 불쾌한 기분을 느끼게 하는 신체접촉을 할 때는 "싫어요!", "안돼요!"라고 단호하게 말하도록 하며, 낯선 사람과의 관계에서 좋은 접촉과 나쁜 접촉의 차이점을 구별할 수 있도록 지도한다.

유치원장, 교직원 및 그 외 관련 종사자는 성범죄 예방 및 신고의무 사항과 관련한 교육을 받아야 한다. 유아가 성범죄의 피해자인 사실을 알았을 때에는 즉시 수사기관(경찰청, 검찰청, 여성긴급전화, 성폭력피해상담소, ONE-STOP 지원센터)에 신고하여야 한다. 신고하지 않은 경우 원장과 교사 모두 처벌 대상이 된다.

「초등교육법」 및 「영유아보육법」에 따라 학대받는 영유아를 알았을 때에는 즉시 다음 사항을 중심으로 112, 119, 129 또는 중앙아동보호전문기관에 신고한다. 신고할 때는 유아 정보(이름, 성별, 나이, 주소, 전화번호), 가해자 정보(가해자로 추정되는 사람의 이름, 성별, 나이, 주소, 전화번호), 신고자와 유아 및 그 가족과의 관계, 신고자 이외에 학대사실을 확인해 줄 다른 사람의 이름 및 연락처, 유아에게 어떤 일이 일어났으며, 유아가 입은 상처나 피해에 대한 설명, 유아가 위험에 처해 있거나 학대받고 있다고 믿는 이유, 상황이 급박한 것인지 아닌지에 대한 신고자의 견해 등을 중심으로 정보를 제공한다.

성폭력 발생 시 입은 옷차림 그대로, 몸을 씻기지 않고 가능한 빨리 경찰이나 ONE-STOP 지원센터 혹은 시 · 군 · 구청장이 지정한 성폭력전담의료기관을 방문한다. 학부모에 연락을 취하고 대응지침을 알려준다. 수사기관에 신고하여 유치원장은 신고의무를 이행한 교사를 격려하고 보호하며 필요한 지원을 제공한다.

유아성폭력예방 교육 전문강사과정을 이수한 교사 등에게 사건관련 업무처치창구를 일원화한다. 병원 진찰과정은 피해유아에게 공포와 불안감을 줄 수 있으므로 동행한 보호자가 심리적 안정을 위해 최선의 노력을 다한다. 왜 병원에 왔는지, 진찰을 받고 나면 어떤 부분을 예방할 수 있는지 설명한다. 증거물품(가해자 체모, 정액, 흉기 등)은 종이봉투에 넣어 보관하고 수사를 위해 현장을 훼손하지 않는다. 차후 가해자에 대한 고소를 대비해 몸에 난 상처나 멍이 있는 경우 사진을 찍어 둔다.

### (5) 화재안전

아동복지법상 화재 시 대처법을 포함한 재난대비 안전교육은 6개월에 1회 이상(연간 6시간 이상) 실시하도록 규정되어 있다. 화재대피훈련은 월 1회 이상 실시하며, 대피훈련 계획을 사전에 문서로 작성하여 협의한 후 화재대피훈련 후에는 대피훈련일지를 기록하여 평가하고 수정 사항을 다음 훈련에 반영한다.

교실 출구 가까이에는 항상 사용이 가능한 비상용품 가방을 비치한다. 또한 화재감지기 및 경보기의 사용법을 알고, 감지기 및 경보기는 사람이 항상 상주하는 공간 또는 눈에 잘 보이는 공간에 설치한다. 화재 경보벨은 바닥으로부터 0.8m 이상 1.5m 이하의 높이로 접근이 용이하고 잘 보이는 장소에 설치하며, 소화기는 각 교실마다 최소 1개 이상을 설치하며 옥내소화전을 설치하고 작동 여부를 확인한다.

교실, 복도, 계단 등에는 스프링클러를 설치하고 각 교실에는 교사실, 다른 교실과 상호 연결되는 통신 시설(인터폰 등) 또는 방송 시설을 설치한다. 모든 교직원들은 건물의 어떤 곳에서든지 외부로 나갈 수 있도록 2개 이상의 출구를 확보하여 비상탈출경로를 평면도에 표시하고 눈에 잘 띄는 곳에 게시한다. 비상구는 양방향으로 대피할 수 있도록 직통계단, 피난용 미끄럼대 등 외부 또는 피난층과 연결된 출구 또는 시설을 표시해 둔다. 건물 외부와 연결된 비상구 통로 및 계단은 항상 깨끗이 정돈하며 비상 시 대피 훈련을 사전에 주기적으로 모의 실시한다.

화재 대피 훈련 시 화재경보음이 들리는 상태에서 실시한다. 평소에도 정기적으로 실제와 비슷한 상황을 통해 유아들이 소음 속에서도 당황하지 않고 질서를 지키면서 대피할 수 있도록 대피훈련을 실시한다. 훈련순서는 유아들을 재빨리 한 줄로 세운 후 교사는 비상용품 가방을 휴대하며 유아의 출석명단을 소지한다. 불이 난 곳의 반대방향으로 통하는 가장 빠른 안전한 통로를 이용하여 건물 외부로 나가서 건물 외부의 대피 장소에 모인다. 모든 유아가 대피했는지 확인하며 정기적으로 실제와 비슷한 상황에서 모의 훈련한다.

비상 대피 시 통로에는 유도등이나 유도표지를 부착하여 피난출구로의 방향을 정확히 표시하고, 계단 또는 계단과 직접 연결되는 문은 화재의 확산을 효과적으로 차단할 수 있도록 방화문을 설치한다. 방화문은 도어클로저 등 자동폐쇄장치를 설치하며, 피난 통로에는 피난에 방해가 되는 물건을 쌓아두거나 장애물이 될 장치들을 설치하지 않는다. 옥상문은 항시 개방된 상태로 유지하며, 옥상에는 유치원 정원의 1/2 이상을 수용할 수 있는 공간을 확보하여 옥상으로 안전하게 피난할 수 있도록 한다.

### (6) 지진안전

사전에 화재발생에 대비해 소화기의 위치를 확인하고, 지진 시 감전되기 쉬운 가구, 가전, 비품 등이 있는지 상시 점검한다. 방화책임자를 명시하여 상시 점검 및 정비하고 비상 시를 대비해 긴급연락처를 게시해둔다. 대규모 지진을 가정해 긴급 훈련을 계획 · 실시하며, 피난 훈련통로를 확인하고 부모에게 긴급 시 어린이집 대응방법 및 대피 시설을 주지시킨다. 영유아의 보호자가 귀가 난민이 되는 경우를 고려해 보호자 이외로 인계할 사람의 인적 사항을 미리 받아둔다. 가스, 전기는 신속히 차단하여 2차 피해를 방지하고, 출입구를 확보하여 대피 가능한 출입구를 연다.

어린이집 내에서 지진이 일어났을 경우 보육교사는 영유아를 안심시키고 피아노, 창문, 책상, 기타 넘어지기 쉬운 물건 등으로부터 영유아를 멀리 이동시킨다. 어린이집 내의 안전이 확인될 때까지 들어가지 말고 지시가 있을 때까지 밖에서 대기한다. 영유아 및 보육교직원은 현재 위치에서 가깝고 몸을 보호할 수 있는 곳으로 신속히 이동하여 지진대피 3대 원칙(엎드려, 가려, 붙잡아)에 따라 안전을 확보한다.

국민재난안전포털(www.safekorea.go.kr)에서 어린이집과 가까운 대피소를 확인하여 기록해 둔다. 어린이집에서 대피 시설까지 가장 빠르고 안전하게 도착할 수 있는 경로를 2개 이상 결정해 둔다.

부상자 발생을 대비해 보육교사는 비상연락처를 지참하고 비상용품을 신속히 챙겨 대피장소까지 가본다. 부상자 발생 시 응급처치를 하고 의료기관에 연락하며 재난방송을 통해 지진 상황을 확인한다. 영유아를 데리러 오는 부모를 위해 대피장소를 게시하고 출발한다. 부상자가 있을 경우 응급처치를 하고 의료기관에 연락한다. 재난방송을 통해 지진 상황을 확인한다. 만약, 재해 시 안전을 확인할 수 없는 경우, 영유아를 인계하지 않고 부모와 함께 대피한다.

### 4) 응급처치

응급 상황 발생 시 피해를 최소화하기 위해 교사들 간의 역할 분담과 응급처리 절차 과정을 문서화한다. 비상연락망은 교실 내 전화기 옆에 부착하며 구급상자는 약물사고를 예방하기 위해 유아의 손이 닿지 않는 곳에 교사가 편리하게 이용할 수 있도록 비치한다. 구급약은 수시로 점검하여 보충한다.

구급상자 안에는 의료용 재료(붕대, 가위, 핀셋, 족집게, 반창고, 일회용 밴드 등), 외용제(과산화수소수, 상처용 · 근육용 · 화상용 연고류, 관장약 및 생리식염수, 벌레 물린 데 바르는 연고나 파스, 바세린 로션 등), 내용제(해열제, 소화제, 제산제 등)를 구비한다. 구급약의 종류, 보관방법, 보관처, 사용법 및 부작용 등에 대해 문서로 작성해두어 교사 누구나 잘 알고 사용할 수 있도록 한다. 응급처치를 통해 환자의 상태를 악화시키지 않도록 반복적인 교육과 훈련을 받은 교사를 최소 1명 이상 확보해 둔다.

1단계: 현장 조사 ➡ 2단계: 119 신고 ➡ 3단계: 처치와 도움

### (1) 1단계: 현장 조사

자신과 부상자, 목격자를 위험에 처하게 할 요인이 있는지, 현장의 안전을 확인한 후 접근하며 그 위험 요소를 제거한다. 만약 위험 요소가 제거되지 않은 경우 접근하지 않는다. 주변에 널려진 물건이나 물체 등을 확인하고 부상자의 의식유무 등을 확인한다. 주위에 몇 명의 부상자가 있는지 살피고, 심각한 환자를 우선적으로 돌본다. 주위에 도움을 받을 수 있는 사람이 있는지 확인하고 도움을 요청한다.

### (2) 2단계: 신고

의식 상태를 확인 한 후 119나 응급의료기관에 즉시 연락한다. 전화상담원에게 필수적인 정보를 주고 물어보는 질문(전화한 사람의 이름, 무슨 일이 일어났는지, 얼마나 많은 사람이 다쳤는지, 부상 정도는 어떠한지, 위급 상황이 발생한 정확한 장소 등)에 차분히 대답한다. 상담원이 전화를 끊을 때까지, 응급의료진이 현장에 도착할 때까지 전화를 끊지 않고 안내에 따라 응급처치를 시행한다.

### (3) 3단계: 처치와 도움

부상자를 안심시키고, 편안한 자세를 취하게 한다. 부상자의 호흡, 의식, 체온을 확인하고 2차 손상에 주의하며 필요한 처치를 시행한다. 영유아보육기관에서 사고가 발생하면 일차적으로 유치원 및 어린이집에 그 책임이 있다. 따라서 유치원 · 어린이집에서는 반드시 부모의 응급처치 동의서를 받아놓고 사고가 발생하면 구체적인 지침에 따라 정확하고 신속하게 응급조치를 실시한다. 비상 시 응급조치요령을 숙지하고 주기적으로 모의 실시함으로써 당황하지 않도록 만전을 기한다. 또한 응급처치가 끝난 후에는 사고경위를 학부모에게 보고하여 부모를 안심시키고, 이후 발생할 문제에 대해 효과적으로 대처하도록 한다.

응급 상황이라도 자신의 안전을 최대한 유지해야 하며, 생명유지에 필요한 응급처치법을 정확히 알고 실행해야 한다. 불필요한 응급처치나 정확하지 않은 응급처치는 환자의 상태를 더욱 악화시킬 수 있으므로 주위에 도움을 줄 수 있는 사람들이 있다면 조언을 최대한 수용해야 하며 응급처치가 필요할 때에는 망설이지 말고 바로 실행한다.

만약 다친 곳의 옷을 벗기거나 주위 옷을 잘라내며, 추가 손상을 막기 위해 부목을 고정하고, 부목 고정이 어려우면 119 구급대가 올 때까지 손상 부위를 움직이지 않도록 해야 한다. 심폐소생술은 인공호흡과 가슴압박의 결합으로 심장마비가 발생했을 때 호흡과 혈액순환을 유지해 줌으로써 사람의 생명을 구할 수 있다. 1~8세까지의 소아와 1세 미만 영아에서의 심정지는 성인과 달리 주로 호흡부전, 영아돌연사 증후군, 패혈증, 손상 등의 원인에 의하여 유발된다.

| | |
|---|---|
| 의식유무의 확인 | • 양어깨를 가볍게 두드리며 큰 소리로 "ㅇㅇ야!"라고 외치며 반응과 호흡을 확인한다.<br>• 반응이 없을 경우 5주기의 기본소생술을 시행 후 119에 신고한다. |
| ↓ | |
| 가슴압박 | • 양측 젖꼭지 연결선과 흉골이 만나는 지점에 가슴 두께의 1/3(약 5cm) 정도 깊이로 분당 100~120회 정도 압박한다. |
| ↓ | |
| 인공호흡 | • 머리를 뒤로 젖히고 턱을 들어 기도를 확보한다.<br>• 기도 개방상태를 유지하면서 한손으로 코를 막고 구조자의 입으로 완전히 덮은 다음 1초 동안 가슴이 충분히 올라올 정도로 공기를 불어넣는다. |
| ↓ | |
| 가슴압박과 인공호흡 반복 | • 30:2의 비율로 가슴압박과 인공호흡을 반복하며 119대원이 현장에 도착해서 인계되거나, 순환이 회복되어 움직이기 시작할 때까지 반복한다. |

### (4) 사고 경위 보고

사고발생을 처음 접한 교직원은 영유아의 사고가 일어난 시간과 장소, 사고경위 등을 원장에게 신속히 보고한다. 또한 담당 교사 및 원장은 학부모에게 영유아의 사고가 일어난 시간과 장소, 사고경위, 응급조치 사항, 진료기관명과 담당의사 등을 정확하게 알려준다. 학부모에게는 기관에서 신속하게 최선을 다해 처리하고자 노력했음을 충분히 알리고, 이후 발생할 문제에 대해 부모가 적극적으로 대처할 수 있도록 기관에서도 관심을 가지고 돕는다.

# 3 영양관리

교직원의 역할을 중심으로 수유와 급·간식 제공방법, 식품구입과 배식 시 고려 사항, 영유아기 식습관 문제를 지도하는 방법에 대해 살펴보겠다.

## 1) 교직원의 역할

### (1) 원장

교직원 간의 상호 협조를 유도해 역할 분담 및 업무분장하며, 학부모 및 지역사회 연계 및 급식 시설의 현대화와 급식예산관리·운영 전반을 총괄한다. 영양사, 조리사, 시간제 및 임시고용자 등 급식제공에 관계된 종사자는 반드시 연 1회 건강진단을 받아 사무실에 건강진단서를 비치한다. 매일 작업시작 전에 건강상태를 확인하여 발열, 복통, 구토, 설사 등의 식중독 의심증상이 있는 사람과 손에 상처나 전염성 피부질환이 있는 사람은 조리에서 배제한다.

### (2) 교사

부모들은 영유아가 무엇을 어떻게 얼마큼 먹었는지 알고 싶어 하므로 영유아의 음식 섭취량 및 조리된 음식을 볼 수 있도록 급·간식 보전대를 현관입구에 설치한다. 급·간식 제공 후에는 잔반을 파악하여 영유아의 선호도를 고려한 급·간식을 제공할 수 있다. 영유아에게 바람직한 식사예절을 지도하며, 기본생활습관을 통해 바른 식습관을 형성할 수 있도록 지도한다.

### (3) 영양사 및 조리사

발달 수준에 적합한 균형 잡힌 식단을 작성하고 안전한 급식이 제공되도록 위생관리를 한다. 영양사는 식재료의 선정 및 검수와 식품의 조리·지도 등을 감독한다. 조리사는 진한 화장, 향수, 인조 속눈썹 등의 사용을 금하며 목걸이, 귀걸이, 반지 등 장신구 착용을 금한다. 마스크는 배식 시 코까지 덮도록 하며, 머리는 매일 감고 긴 머리는 묶어 머리카락이 빠져나오지 않도록 하고 귀가 보이지 않도록 위생모를 착용한다. 조리 시 신발은 굽이 낮고 앞이 막혀 방수처리 된 것으로 미끄러짐 방지 처리가 된 위생화를 착용한다. 조리화는 외부용 신발과 분리하여 사용하고 매일 세척 · 소독 후 착용한다. 조리 시에는 작업장 안에서 흰색이나 옅은 색상의 면소재의 가운을 매일 세탁하여 교대로 착용한다. 앞치마는 용도별로 구분하고 매일 세척 · 소독 후 착용한다.

## 2) 수유와 급 · 간식

영아기는 신체적 발달뿐 아니라 정신적 발달이 급속히 이루어지는 시기로 적절한 영양공급은 정상적인 신체발육에 직접적인 영향을 미친다. 유아기는 식품의 기호가 형성되는 시기로 신체조절능력이 발달하므로 활동을 위한 영양섭취가 중요하다.

### (1) 인공 영양 및 이유식

인공 영양 시에는 탈지우유로 만든 조제분유가 가장 많이 제공된다. 조제분유는 유청단백질과 카제인의 비율을 모유와 유사하게 만들어 모유와 같은 열량을 낸다. 이유식 시기는 영아의 체중이 7kg 정도가 될 때 시작하며, 모유 수유는 8회 이상으로 수유간격이 3시간 이내로 짧아지는 시기 또는 생후 5~6개월부터 이유식을 제공한다. 이유식은 유즙에 필요한 영양분을 보충하여 성장발육에 필요한 영양을 공급해준다. 그러나 섬유질이 많은 채소나 강한 향신료가 첨가된 음식 또는 차종류는 적합하지 않으므로 곡류, 두류, 견과류, 과일, 채소, 유제품류 등을 제공하도록 한다.

유축한 모유를 보관할 때는 엄마/ 아기의 이름, 유축한 날짜를 기입하여 보관한다. 바로 유축된 신선한 모유는 4℃에서는 3~5일, 25℃ 상온에서는 6~8시간 보관 가능하다. 냉동고의 경우 영하 20℃로 보관하면 6~12월까지, 영하 15℃에서는 2주간 보관이 가능하다. 냉동한 모유는 오래 된 것부터 해동하며, 미리 냉장고로 내려 두거나, 약 55℃의 물에 중탕하여 먹이고, 한 번 녹인 경우 다시 냉동하지 않는다.

냉동한 모유를 냉장고에서 녹였을 경우에는, 실온에서는 약 4시간 보관 가능하고, 냉장실에서는 24시간 보관할 수 있다. 냉동한 모유를 중탕으로 녹였을 경우에는 실온 보관이 안 되기 때문에 즉시 먹여야 하고, 냉장실에서는 4시간 보관 가능하다. 마찬가지로 재냉동은 하지 않는다.

간혹 해동한 모유의 위에 지방층이 분리되는 경우가 있는데 흔들어서 섞어 먹이면 된다. 지방층이 분리되어 비누 냄새나 비린내가 나는 경우도 있으나, 아기에게는 무해하기 때문에 흔들어서 먹이면 된다. 참고로 해동한 경우 모유의 색이 엄마가 섭취한 음식에 따라서 푸른색이나 노란색을 띨 수 있는데 아기에게는 무해하다.

#### (2) 급식

유아는 식욕이 저하되기 쉽고 기호의 변화가 심하며 새로운 것을 학습하고 경험하려는 욕구가 크다. 따라서 색, 질감, 형태, 조리법, 맛 등 조화로운 식단을 구성하도록 하며, 식사 시간과 식사량을 규칙적으로 배분한다. 소화하기 쉽고 자극성이 적은 음식을 제공하며, 개인의 영양필요량 및 식품의 배합을 다양하게 하고 계절별, 월별식단을 구성하여 식사 환경 및 식기류 등 세심하게 배려한다.

#### (3) 간식

유아는 체격에 비해 열량 소모량이 많기 때문에 아침, 점심, 저녁 세 차례 식사로는 영양이 충분하지 않다. 필요한 영양을 보충해주고 기분을 전환시켜 주기 위해서는 간식을 제공해야 하며, 간식으로 공급되는 열량은 전체 열량의 10~15%가 적당하다. 간식의 횟수는 유아기 초기에 오전과 오후 한 번씩 제공하며 식사 시간과는 최소한 2시간 간격을 두는 것이 바람직하다.

#### (4) 식품 알레르기

일반인에게는 무해한 식품을 섭취했을 때 해당식품에 대해 두드러기, 가려움 등 과도한 면역반응이 일어날 수 있다. 원인식품의 섭취량과는 관계없이 극소량만 먹어도 증상이 심할 경우에는 생명에 지장을 초래할 수 있다. 특정식품에 알레르기 반응이 있는 영유아는 제한 식품에 따른 대체식품(우유 대신 두유, 밀 대신 쌀, 대두 대신 견과류 등)을 제공한다.

알레르기 반응을 일으키는 음식이 무엇인지를 알고 팔찌나 목걸이 등을 부착해 알레르기를 표시하며, 해당 알레르기 음식의 섭취를 삼가하고 심한 알레르기가 있으면 응급처치를 위해 에피네피린(Epinephrine)을 휴대한다.

### (5) 보존식

보존식은 집단 급식소에서 식중독 사고가 발생했을 때 원인 규명을 위해 급식 시 제공된 모든 음식(간식 포함)을 냉동고에 6일 이상 보관한 것을 말한다. 보존식은 소독된 스테인레스 재질의 뚜껑이 있는 전용용기(또는 1회용 멸균백 사용가능)에 음식 종류별로 100g 이상 보관하며, 보존식 기록표를 보존식 용기에 부착하여 영하 18℃ 이하의 냉동고에 보관한다.

## 3) 식품구입 및 배식

「유아교육법」과 「영유아보육법」에 의하면 원아 100인 이상의 시설에 영양사를 두도록 되어 있다. 그러나 영양사가 식단을 작성하지 못하는 상황도 있으며 일부 기관에서는 조리사 없이 원장이 겸직하는 경우도 있으므로 여기서는 일반적인 사항에 대해 살펴보고자 한다.

병균을 발생시키는 박테리아가 빨리 번식할 수 있는 온도는 5~60℃이다. 따라서 위험성이 가능한 모든 음식물은 빨리 식혀서 내부온도가 5℃ 미만으로 저장하거나 60℃ 초과온도를 유지해야 한다. 위험한 온도 범위 내에서 최대 2시간을 넘지 말고 보관해야 한다. 또한 원재료에 부착된 균은 대부분 사멸되지 않고 해동 시에 급격히 증식하여 위생상, 품질상 문제를 일으키게 된다. 해동된 식품의 조직은 생식품과는 달리 미생물에 의하여 침입받기 쉽기 때문에 짧은 시간에 빨리 위생적으로 해동하는 것이 좋다.

### (1) 식품구입

구입식품은 한 번에 사용할 수 있는 만큼 나누어서 냉동 또는 냉장 보관하며, 캔 제품은 부식되거나 깨지지 않은 것을 고른다. 병제품은 뚜껑이 불룩한 것은 부패된 것일 수 있으므로 유통기간을 확인하여 신선한 식품을 구입한다. 더운 날씨에는 운반 과정이 1

시간 이상일 경우 상하기 쉬우므로 냉장이동이 불가능할 경우에는 한낮에 식품운반을 피하는 것이 좋다.

### (2) 식품보관

상하기 쉬운 식품은 냉장 보관한다. 그러나 적당하지 않은 온도에서 냉장할 때 식중독이 빈번하게 발생한다. 따라서 상하기 쉬운 음식물은 냉장고 안에서 눈에 띄는 곳에 배치하며, 뜨거운 음식물은 가능한 빨리 식혀서 냉장하도록 한다. 냉장고에 저장된 음식물이라도 일정기간이 지나면 변질되기 때문에 가능한 빨리 사용하며 장기간 저장하고자 할 때는 냉동하도록 한다.

### (3) 식품 및 식기 세척

과일이나 샐러드처럼 생으로 먹는 음식물에는 날고기나 해물의 육즙이 닿지 않도록 하고, 손은 항상 청결히 유지하도록 한다. 도마나 식기들은 사용 후 반드시 뜨거운 물과 세제로 닦아내고, 조리대, 조리기구, 도마 등은 소독액으로 위생 처리하도록 한다. 냉동실에 얼렸던 식품을 해동시킬 때는 냉장고에서 해동하거나 찬물에서 녹이거나 전자레인지 안에서 해동하는 것이 안전하다. 음식물의 처리 전후에는 10~20초 정도 비누로 손을 잘 씻는다. 특히 음식을 조리하는 경우에는 세심한 주의를 기울여야 한다. 우유병 속의 분유 찌꺼기는 해로운 박테리아가 잘 자라므로 아기에게 독성이 전해질 수 있으므로 철저히 세척한다. 냉장하지 않은 음식물이나 이유식은 2시간이 지나면 안전하지 않으므로, 우유병을 방치하거나 음식물이 방치된 상태에서 제공하지 않도록 주의한다.

### (4) 조리 및 배식

조리 시에는 세균이 없도록 안전하게 조리해야 한다. 안전한 상태까지 온도가 올랐는지 살펴서 조리하며, 조리 도중에 자주 중단하지 않아야 한다. 한 번 조리할 때 완전히 익혀야 하며 부분적으로 냉장시키지 말고 통째로 냉장시켜 보관하도록 한다. 식품은 조리방법에 따라 많은 영향을 받기 때문에 적합한 조리방법을 선택해야 한다.

음식물을 배식하기 위해 나르거나 음식물을 먹기 전에는 비누로 손을 깨끗이 씻도록 한다. 음식물은 깨끗한 손으로 청결한 그릇에 담아서 나르도록 하고, 날고기를 담았던 그릇은 씻지 않은 상태에서 다른 음식을 담지 않아야 한다. 뜨거운 음식물의 경우에는 먹기 직전 음식물의 온도가 68℃ 이상, 찬 음식의 경우 5℃ 이하로 유지한다.

#### (5) 음식물의 처리 및 뒷정리

먹고 남은 음식물을 깨끗한 용기에 담아 처리하고 손을 깨끗이 씻는다. 먹고 남은 음식물은 얕은 그릇에 담아 빨리 식혀서 보관하고, 조리한 후 2시간 이내에 냉장하도록 한다. 만일 37℃ 이상의 더운 날씨일 경우에는 1시간 이내에 냉장시켜야 한다. 유효기간이 지난 오래된 음식물은 상했는지 확인하려고 맛을 보지 말고 과감하게 버려야 한다. 오래 냉장시켰던 음식물을 다시 데울 때에는 83℃ 이상으로 뜨거워지도록 데워야 한다. 칼, 도마, 행주, 조리대, 개수대 등을 깨끗이 하여 냄새와 습기를 없애도록 하며, 쓰레기는 분리하여 가급적 빨리 처리하는 것이 좋다.

### 4) 영유아기 급식지도

영유아기는 심신상의 큰 변화와 함께 두뇌발육이 왕성하게 일어나는 시기이므로 신체 성장 발육과 두뇌의 발달을 위해 충분한 영양공급이 이루어져야 한다. 영양공급을 위한 식사는 즐거운 시간이 되어야 하므로 바른 식생활 습관형성을 위한 환경 구성 및 지도방법을 살펴보겠다.

#### (1) 급식실 환경

급식을 위해 설치된 냉 · 온수기는 영유아가 만져도 안전하도록 물의 온도 및 정수기의 높이를 고려해 설치해야 한다. 식당의 마감재는 불연재, 준불연재 또는 난연재가 바람직하며, 커튼 등 실내 장식물은 방염기능을 갖춘 것으로 한다.

식탁은 영유아에게 적합한 높이로 준비하며, 식사용구 및 도구는 유해물질이 포함되지 않은 것으로 깨지거나 미끄러지지 않는 재질을 사용한다. 식기는 모양이나 색, 무게, 영유아의 연령, 기호 등을 고려해 선택하며 음식은 크기, 색깔, 모양 등 영유아의 선호도를 고려해 알맞은 형태로 제공한다.

영유아는 자주 먹어본 음식을 좋아하고 먹어보지 않은 음식은 기피하는 경향이 있다.

영유아는 과일이나 아이스크림 등을 좋아하며 야채류를 일반적으로 싫어한다. 그러나 식품을 선택하거나 식단을 작성할 때 좋아하는 음식만 제공하게 되면 편식으로 인한 영양불균형이 발생할 수 있으므로 영유아가 좋아하는 음식과 싫어하는 음식을 함께 제공한다. 싫어하는 음식은 조리법에 따라 좋아하는 음식과 잘 섞어 조리하여 편식을 예방하도록 섭취를 유도한다.

### (2) 식습관 지도

간식이나 식사 시간을 효율적으로 활용하면 영유아의 사회적 기술이나 태도, 독립심을 기를 수 있다. 식사 전 청결하게 손을 씻고 식사준비를 하도록 하며 배식에 적합한 위생적인 책상 및 식사도구의 준비에서부터 적절한 온도와 양으로 음식을 배식한다. 먹기 전에는 "잘 먹겠습니다." 등의 감사 인사를 하며 같은 테이블의 친구들이 다 먹을 때까지 이야기를 나누면서 기다려준다. 먹고 난 후에는 테이블 정리하는 것을 도와주는 등 식사예절을 지도한다.

식사 후에는 스스로 테이블을 정리하며 남은 음식은 휴지와 분리해서 버리도록 한다. 뒷정리는 유아가 잡기에 적당한 크기의 행주를 준비해서 어떻게 사용하는지 교사가 모델을 보인 후 유아와 함께 뒷정리를 하도록 지도한다. 간식과 점심을 먹은 후에는 반드시 양치질을 하도록 돕고, 세면대가 제한되어 있는 경우에는 세면장 밖에서 순서를 기다리도록 한다. 연령별 중점 지도 사항은 다음과 같다.

#### 1 만 3세

이 시기는 말을 배우면서 자신의 의사를 표현할 줄 알고 자신이 원하는 음식을 독립적으로 먹는 기술을 배우게 된다. 손가락으로 음식을 찔러보거나 컵을 사용해 기울여 마시는 행동을 흉내내기도 한다. 이 시기는 음식을 입 속까지 넣는 데 시간이 걸리며 음식을 자주 흘리게 되므로 식사 시간을 충분이 주고, 땅에 떨어진 음식을 먹지 않도록 지도한다.

식사 시 음료수를 쏟거나 음식물을 흘릴 때를 대비해 어떻게 치울 수 있는지 영유아가 알고 있으면 흘리더라도 당황하지 않고 치울 수 있다. 따라서 교사는 실수한 유아를 안심시키고, 깨끗한 행주나 종이타월로 치우는 방법을 알려주고, 사용한 휴지는 휴지통에 버리도록 단계적으로 도와주면서 지도한다.

### 2 만 4세

이 시기 유아들은 씹기 쉽고 단맛이 나는 과자, 빵, 국수, 과일, 단음식 등 부드러운 질감을 좋아한다. 반면, 질기고 딱딱하고 씹기 힘든 고기, 당근, 미나리, 쑥갓, 양파, 양배추라든가 생선, 고추, 생강, 겨자 등 향이 강한 음식 등을 싫어한다. 따라서 영유아에게 식품을 소개할 때 선입견을 갖지 않도록 만져보고 냄새 맡고 관찰하고 키워보고 요리하면서 음식에 대해 좋은 이미지를 갖도록 한다.

유아들은 좋아하는 것과 싫어하는 것이 쉽게 바뀌기 때문에 지금까지 잘 먹었던 좋아하는 음식을 거부하기도 하고, 싫어해서 안 먹던 음식을 주면 먹기도 한다. 따라서 강제로 먹이기보다는 권유하여 먹을 수 있는 기회를 지속적으로 주는 것이 좋다. 또한 영유아가 잘못한 일이 있을 때 "ㅇㅇ는 간식 시간에 ㅇㅇ를 주지 않겠다.", "ㅇㅇ는 간식 시간에 ㅇㅇ를 주겠다."라는 식으로 음식으로 상과 벌을 주는 방법은 바람직하지 않다. 칭찬하기 위해 주었던 음식은 좋은 음식이라고 유아가 생각할 수 있어서 식품에 대한 편견을 갖기 쉽다. 예컨대, 만약 사탕 등을 보상 수단으로 사용하면 단음식은 좋은 것이라고 인식할 수 있으므로 주의해야 한다.

### 3 만 5세

포크나 젓가락으로 찍어먹는 능력은 4~5세가 되어야 가능하며 젓가락을 사용하기까지는 좀 더 많은 시간과 노력이 필요하다. 유아가 젓가락을 자주 사용하도록 젓가락에 유아가 좋아하는 캐릭터나 소품을 부착하여 친근한 느낌을 갖도록 한다거나 젓가락으로 옮기기놀이를 하여 젓가락 사용기회를 자연스럽게 많이 제공할 수 있다.

젓가락을 사용하기 위해서는 손가락에 힘이 있어야 하므로 먼저 젓가락 사용을 위한 보조기구를 통해 손가락 힘을 기르도록 한다. 처음에는 젓가락을 잘 사용할 수 없지만, 젓가락 사용을 지도할 때 교사가 올바른 손 모양으로 모델을 보이게 되면, 유아는 바르게 젓가락을 잡고 사용할 수 있다. 젓가락을 사용하기 시작하면 처음에는 잡기 쉬운 음식부터 먹을 수 있도록 제공한다. 콩처럼 너무 작은 것이나 묵처럼 너무 무른 것 등은 처음 젓가락질 할 때는 잡기 어려워하지만, 점차 젓가락을 사용해 식사할 수 있게 되므로 관심을 가지고 지속적으로 격려한다.

## 5) 영유아 영양평가

영양 섭취를 평가하는 데는 여러 가지 도구가 있다. 키와 몸무게의 성장 속도에 대해 정상 성장을 하고 있는지 성장 장애가 있는지를 판단할 수도 있고, 성별과 연령에 따라 정상 범위를 참고로 영유아의 영양 상태를 평가할 수 있다.

표 7-3 영유아 영양평가 정상 범위

| 연령 | 몸무게 증가 | 키 증가(cm/년) |
|---|---|---|
| 0~3개월 | 25~30g/일 | 23~28 |
| 3~6개월 | 20g/일 | 23~28 |
| 6~12개월 | 12g/일 | 23~28 |
| 12~18개월 | 8g/일 | 7.5~13 |
| 18~24개월 | 6g/일 | 7.5~13 |
| 2~7세 | 38g/일 | 5~13 |

## 6) 식습관 문제지도

영유아기에는 식사 시간의 불규칙과 또래보다 긴 식사 시간 또는 편식 등 음식에 대한 선호가 낮은 경우 식욕부진이나 비만이 되기 쉽다. 식습관 문제는 다양하게 발생할 수 있으므로 다음에서는 어린이집 및 유치원에서 주로 볼 수 있는 식욕부진, 편식, 알레르기를 중심으로 살펴보겠다.

### (1) 식욕부진

대부분의 유아는 발육과정에서 일시적으로 식욕과 음식의 기호가 불안정해지는 시기를 거치게 된다. 일반적으로 이유기나 4세를 전후로 해서 식욕부진 현상이 나타나기 쉽다. 따라서 이 시기에는 이유식의 조리법이나 이유식의 제공을 받아들일 수 없을 때 지나치게 야단을 치고 먹도록 강요하면 식욕부진이 발생하므로 즐겁고 편안한 분위기에서 식사할 수 있도록 한다. 1회 식사는 먹거나 안 먹거나 20~30분 정도로 정해진 시간 내에 끝내도록 하고, 간식은 많이 주지 않도록 한다. 또한 식단은 다양하게 구성하며 식품재료와 조리 구성 방법, 색깔, 그릇 담기 등에 변화를 주어 먹지 않으려고 할 때는 억지로 먹이지 않도록 한다.

### (2) 편식

유아기, 특히 자아의식이 발달하는 3세를 전후하여 편식하는 경향이 많이 나타난다. 이때 가장 중요한 점은 식사가 즐겁다고 생각하는 분위기를 느끼는 것이 중요하다. 음식을 많이 좋아하고 적게 싫어하는 것이 있고 별로 좋아하지 않지만 싫어하지 않는 것도 있다. 정도의 차이는 있지만 편식의 원인이 양이 많아서인지, 맛이 없어서인지, 또 다른 이유는 무엇인지 등을 식사 시 주의 깊게 관찰하고 원인을 파악하여 한 가지 음식에만 치중되지 않도록 제공한다. 조미는 자극성 없이 부드럽게 하고, 당분을 많이 주지 않도록 하며, 유아에게 적합한 조리법을 제공하도록 한다. 또한 부모나 교사의 편식습관은 없는지 살펴보고 유아에게 적절한 식습관 모델을 보인다.

### (3) 알레르기

식품알레르기는 영유아에게 가장 많으며 대략 5세 정도가 되면 자연적으로 치유되는 경우가 많으므로 세심한 주의와 관찰이 필요하다. 알레르기를 잘 일으키는 식품으로 초콜릿, 두유, 우유, 달걀, 고등어, 딸기, 복숭아, 죽순 등이 있다. 알레르기 이상 증상으로 비염, 설사, 구토, 두드러기, 피부염, 과민증 등이 나타날 수 있다. 음식을 섭취한 후 2시간 이내에 즉시 발생할 수 있고, 4~72시간 이후에 나타나기도 한다. 건강상태가 좋을 때는 나타나지 않다가도 몸이 피로하거나 허약해지면 증상이 나타나기도 한다.

Chapter 08

# 인사관리

1. 어린이집
2. 유치원

영유아교육기관이 시대 · 사회적 변화의 흐름에 주목하고, 운영의 효율성과 교육성과를 극대화하기 위해서는 합리적인 인사관리가 뒷받침되어야 한다. 인사관리는 인적 자원에 대한 계획적이고 조직적인 관리 활동으로서, 교직원의 역량을 최대한 발휘하여 어린이집 및 유치원에 질 높은 교육 · 보육 서비스를 제공하는 데 큰 도움이 될 수 있다. 본 장에서는 영유아교육기관에서 이루어지는 인사관리에 대한 이해를 돕기 위해 어린이집과 유치원으로 구분하여 인사관리의 주요 영역인 자격, 임용과 퇴직, 보수, 복무, 재교육 등을 살펴보고자 한다.

# 1 어린이집

## 1) 자격

어린이집에는 영유아의 보육, 건강관리 및 보호자의 상담, 그 밖에 어린이집의 관리 · 운영 등의 업무를 담당하는 원장, 보육교사, 특수교사, 치료사, 간호사, 영양사, 조리원 등의 보육교직원이 있다. 보육에 직접적으로 관련되는 원장과 보육교사의 자격 기준은 어린이집의 유형에 따라 자격 기준이 다르다. 이를 구분하여 살펴보면 다음 |표 8-1|과 같다.

보육교사의 자격 기준은 등급별로 세분화되어 있는데 이를 구체적으로 제시하면 다음 |표 8-2|와 같다.

**표 8-1 원장의 자격 기준**

| 구분 | 자격 기준 |
|---|---|
| 일반 기준<br>(300인 이하 어린이집) | ① 보육교사 1급 자격을 취득한 후, 3년 이상의 보육 등 아동복지업무 경력이 있는 사람<br>② 「유아교육법」에 의해 유치원 정교사 1급 자격을 취득한 후, 3년 이상의 보육 등 아동복지업무 경력이 있는 사람<br>③ 유치원 원장의 자격을 가진 사람<br>④ 「초·중등교육법」에 의한 초등학교 정교사 자격을 취득한 후, 5년 이상의 보육 등 아동복지업무 경력이 있는 사람<br>⑤ 「사회복지사업법」에 따른 사회복지사 1급 자격을 취득한 후, 5년 이상의 보육 등 아동복지업무 경력이 있는 사람<br>⑥ 「의료법」에 의한 간호사 면허를 취득한 후, 7년 이상의 보육 등 아동복지업무 경력이 있는 사람<br>⑦ 국가 또는 지방자치단체에서 7급 이상의 공무원으로 보육 등 아동복지 업무에 5년 이상 근무한 경력이 있는 사람 |
| 가정 어린이집<br>(5인 이상 20인 이하 어린이집) | ① 일반 기준에서 정한 자격을 갖춘 사람<br>② 보육교사 1급 이상의 자격을 취득한 후 1년 이상의 보육업무 경력이 있는 사람 |
| 영아전담 어린이집<br>(만 3세 미만의 영아만을<br>20명 이상 보육하는 어린이집) | ① 일반 기준에서 정한 자격을 갖춘 사람<br>② 간호사 면허를 취득한 후 5년 이상의 아동간호업무 경력이 있는 사람 |
| 장애아전문 어린이집<br>(장애인으로 등록된<br>영유아만을 20명 이상 보육하는 어린이집) | 일반 기준에서 정한 자격을 갖춘 사람으로서 다음의 어느 하나에 해당하는 사람<br>① 대학(전문대학 포함)에서 장애인복지 및 재활 관련학과를 전공한 사람<br>② 장애영유아 어린이집에서 2년 이상의 보육업무 경력이 있는 사람 |
| 대학(전문대학 포함) 또는 교육훈련 시설이<br>운영(위탁 또는 부설 운영을 말함)하는 어린이집 | ① 일반 기준에서 정한 자격을 갖춘 사람<br>② 어린이집을 운영하는 대학의 조교수 또는 교육훈련시설의 전임교수 이상으로서 보육관련 교과목에 대하여 3년 이상의 교육 경력이 있는 사람 |

| 출처 | 「영유아보육법 시행령」 제21조 제1항 및 제3항 관련 [별표 1].

**표 8-2** 보육교사의 자격 기준

| 구분 | 자격 기준 |
|---|---|
| 보육교사 1급 | ① 보육교사 2급 자격을 취득한 후 3년 이상의 보육업무 경력이 있는 사람으로서 보건복지부장관이 정하는 승급교육을 받은 사람<br>② 보육교사 2급 자격을 취득한 후 보육 관련 대학원에서 석사학위를 취득하고 1년 이상의 보육업무 경력이 있는 사람으로서 보건복지부장관이 정하는 승급교육을 받은 사람 |
| 보육교사 2급 | ① 전문대학 또는 이와 같은 수준 이상의 학교에서 보건복지부령으로 정하는 보육 관련 교과목 및 학점을 이수하고 졸업한 사람<br>② 보육교사 3급 자격을 취득한 후 2년 이상의 보육업무 경력이 있는 사람으로서 보건복지부장관이 정하는 승급교육을 받은 사람 |
| 보육교사 3급 | ① 고등학교 또는 이와 같은 수준 이상의 학교를 졸업한 사람으로서 보건복지부령으로 정하는 교육훈련 시설에서 정해진 교육과정을 수료한 사람 |
| 비고 | ① '보육 등 아동복지업무 경력'이라 함은 다음의 어느 하나에 해당하는 경력을 말한다.<br>가. 어린이집에서 어린이집의 원장, 보육교사, 특수교사(「초 · 중등교육법」 제21조 제2항에 따라 특수학교의 정교사, 준교사 또는 실기교사(담당과목이 재활복지과목인 경우만 해당)의 자격증을 가진 사람과 이에 준하는 사람으로 보건복지부장관이 인정하는 사람을 말함) 또는 치료사로 근무하거나 육아종합지원센터에서 육아종합지원센터의 장, 보육전문요원 또는 특수교사로 근무한 경력<br>나. 「유아교육법」에 따른 유치원에서 원장, 원감, 수석교사 또는 교사로 근무한 경력<br>다. 「아동복지법」에 따른 아동복지 시설에서 시설장, 총무, 보육사, 생활복지사, 상담지도원 또는 자립지원 전담요원으로 근무한 경력<br>라. 「장애인복지법」에 따른 장애 영유아 생활 시설에서 장애아동과 관련된 업무에 종사한 경력<br>마. 「유아교육법」 및 「초 · 중등교육법」 따른 특수학교(유치원과정)에서 특수학교 교원으로 근무한 경력<br>바. 법률 제7120호 「유아교육법」 제정으로 폐지되기 전 「유아교육진흥법」에 따른 새마을유아원에서 근무한 경력<br>사. 가목부터 바목까지의 아동복지 업무를 수행하는 시설 등에서 간호사로 근무한 경력<br>아. 국가 또는 지방자치단체에서 7급 이상의 공무원으로 보육 등 아동복지에 관한 행정업무에 종사한 경력<br>② '보육업무 경력'이란 다음의 어느 하나에 해당하는 경력을 말한다.<br>가. 어린이집에서 어린이집의 원장, 보육교사, 특수교사 또는 치료사로 근무하거나 육아종합지원센터에서 육아종합지원센터의 장, 보육전문요원 또는 특수교사로 근무한 경력<br>나. 「유아교육법」에 따른 교육과정과 방과후 과정을 운영하는 유치원에서 원장, 원감, 수석교사 또는 교사로 근무한 경력<br>③ '아동간호업무 경력'이란 병원의 소아청소년과나 신생아실, 보건소 모자보건센터, 초등학교 보건실 등에서 근무한 경력을 말한다. 7급 이상의 공무원으로 보육 등 아동복지에 관한 행정 업무에 종사한 경력 |

| 출처 | 「영유아보육법 시행령」 제21조 제1항 및 제3항 관련 [별표 1].

어린이집의 원장과 보육교사는 다음 |표 8-3|과 같이 법령을 위반하는 경우에는 자격정지나 자격취소 처분을 받을 수 있다.

**표 8-3 자격정지 및 자격취소 기준**

| 구분 | 자격정지 | 자격취소 |
|---|---|---|
| 원장 | ① 어린이집의 원장이 업무 수행 중 고의나 중대한 과실로 손해를 입힌 경우로서 다음의 어느 하나에 해당하는 경우<br>• 영유아에게 중대한 생명·신체 또는 정신적 손해를 입힌 경우<br>• 어린이집의 운영일 및 운영 시간에 관한 기준을 고의적으로 위반하여 손해를 입힌 경우<br>• 비위생적인 급식을 제공하거나 영유아 안전 보호를 태만히 하여 영유아에게 생명·신체 또는 정신적 손해를 입힌 경우<br>• 그 밖의 경우<br>② 보육교사·간호사 또는 영양사 등 해당 업무 수행에 필요한 자격이 없는 사람을 채용하여 해당 업무를 수행하게 한 경우<br>③ 보수교육을 연속하여 3회 이상 받지 아니한 경우<br>④ 거짓이나 그 밖의 부정한 방법으로 보조금을 교부받거나 보조금을 유용한 경우 | ① 거짓이나 그 밖의 부정한 방법으로 자격증을 취득한 경우<br>② 자격 취득자가 업무 수행 중 그 자격과 관련하여 고의나 중대한 과실로 손해를 입히고 금고 이상의 형을 선고받은 경우<br>③ 아동학대관련범죄로 처벌을 받은 경우<br>④ 명의대여 금지 등의 의무를 위반한 경우<br>⑤ 자격정지처분기간 종료 후 3년 이내에 자격정지처분에 해당하는 행위를 한 경우<br>⑥ 자격정지처분을 받고도 자격정지처분기간 이내에 자격증을 사용하여 자격 관련 업무를 수행한 경우<br>⑦ 자격정지처분을 3회 이상 받은 경우<br>⑧ 제46조 제4호에 해당하여 금고 이상의 형을 선고받은 경우 |
| 보육교사 | ① 보육교사가 업무 수행 중 그 자격과 관련하여 고의나 중대한 과실로 다음의 어느 하나의 손해를 입힌 경우<br>• 영유아에게 중대한 생명·신체 또는 정신적 손해를 입힌 경우<br>• 비위생적인 급식을 제공하거나 영유아 안전 보호를 태만히 하여 영유아에게 생명·신체 또는 정신적 손해를 입힌 경우<br>• 그 밖의 경우<br>② 보수교육을 연속하여 3회 이상 받지 아니한 경우 | |

| 출처 | 「영유아보육법」 제46~48조.

한편, 보육교직원의 자격에 따른 배치 기준 등에 필요한 사항은 보건복지부령에서 정하고 있는데, 그 구체적인 내용은 다음 |표 8-4|와 같다.

**표 8-4 보육교직원의 배치 기준**

| 구분 | 배치 기준 | 비고 |
|---|---|---|
| 원장 | 1명 | • 정원 기준<br>• 단, 영유아 20명 이하를 보육하는 어린이집은 어린이집의 원장이 보육교사를 겸임할 수 있음(원장이 보육교사 겸직 시 원장 자격증과 보육교사 자격증을 모두 소지하여야 함) |
| 보육교사 | • 만 1세 미만 → 영아 3명당 1명<br>• 만 1세 이상 만 2세 미만 → 영아 5명당 1명<br>• 만 2세 이상 만 3세 미만 → 영아 7명당 1명<br>• 만 3세 이상 만 4세 미만 → 유아 15명당 1명<br>• 만 4세 이상 미취학 유아 → 유아 20명당 1명<br>• 취학아동 → 20명당 1명<br>• 장애아 → 장애아 3명당 1명 | • 현원 기준<br>• 보육교사의 업무부담을 경감할 수 있도록 보조교사를 둠<br>• 유아 40명당 1명은 보육교사 1급 자격자이어야 함<br>• 장애아 9명당 보육교사 1명은 특수교사 자격소지자여야 함 |
| 간호사<br>(간호조무사) | • 영유아 100명 이상을 보육하는 어린이집의 경우 간호사(간호조무사 포함) 1명 | • 현원 기준<br>• 원장 또는 보육교사 등이 겸직 가능(자격증 소지자) |
| 영양사 | • 영유아 100명 이상을 보육하는 어린이집의 경우 1명 | • 현원 기준<br>• 원장 또는 보육교사 등이 겸직 가능(자격증 소지자)<br>• 어린이집 단독으로 영양사를 두는 것이 곤란할 때는 동일 시·군·구의 5개 이내의 어린이집이 공동으로 영양사를 둘 수 있음 |
| 조리원 | • 영유아 40명 이상을 보육하는 어린이집의 경우 1명 | • 현원 기준(방과후 아동을 제외한 영유아를 기준으로 함)<br>• 영유아 40명 이상 80명 이하를 보육하는 어린이집의 경우 조리원 1명을 두며, 영유아 매 80명 이상을 초과할 때마다 1명씩 증원 |
| 그 밖의<br>보육교직원 | • 어린이집의 규모와 특성에 따라 의사(또는 촉탁의사), 사회복지사, 사무원, 관리인, 위생원, 운전기사, 특수교사(치료사) 등의 보육교직원을 추가적으로 배치할 수 있음 | |

| 출처 | 「영유아보육법 시행규칙」 제10조 관련 [별표 2].

## 2) 임용과 퇴직

보육교직원은 「영유아보육법 시행규칙」 제10조 관련 [별표 2]의 보육교직원의 배치 기준에 따라 자격을 갖춘 교직원을 채용할 수 있으며, 채용은 공개경쟁을 원칙으로 한다. 그리고 보육교직원을 채용할 때에는 임금, 근로 시간 및 그 밖의 근로조건 등을 명시한 근로계약을 체결해야 하고, 근로계약과 관련하여 부당한 내용(결혼, 출산, 육아휴직 등으로 인한 퇴직요구)이 포함되어서는 안되며, 관할 행정기관은 이를 적극 지도 · 감독해야 한다. 그리고 근로계약은 가능한 계약기간을 명시하지 않는 계약을 체결함을 원칙으로 한다. 임면권자는 보육교직원 결원 시 1개월 이내에 보육교직원을 채용해야 하고, 보육 등 아동복지에 관련된 학과의 학생이나 육아경험이 있는 여성들을 자원봉사자로 활용할 수 있다.

**tip 근로계약 체결**

① 근로계약은 근로자가 사용자에게 근로를 제공하고 사용자는 이에 대해 임금을 지급함을 목적으로 체결하는 것으로 「근로기준법」 제17조 및 동법 시행령 제8조에 따라 계약하며 반드시 서면계약이 필요하다.

② 근로계약의 체결 시에는 교직원의 임금, 근로 시간, 취업 장소, 종사할 업무, 시 · 종업 시각, 휴게, 휴일, 휴가, 퇴직금, 상여금, 가족수당, 안전보건, 교육, 표창 등의 명시와 더불어 임금의 구성 항목, 계산방법, 지급방법, 소정근로 시간, 주휴일, 연차유급휴가는 반드시 서면으로 명시해야 한다.

③ 근로자의 요구가 있을 경우에는 서면 근로계약서를 교부하여야 한다.

| 출처 | 보건복지부(2018). 2018년 보육사업안내.

# 근로계약서

(기관명) 대표 ×××(이하 '갑'이라 함)와 근로자 △△△(이하 '을'이라 함)는 다음과 같이 근로계약을 체결하고 상호 성실히 이행할 것을 확약한다.

제1조(담당 업무)

'을'의 담당 업무는 (            )로 하되, 업무상 필요한 경우 갑은 을의 담당 업무를 변경할 수 있다.

제2조(근로 장소)

'을'의 근로 장소는 (            )로 하되, 업무상 필요한 경우 갑은 을의 근무 장소를 변경할 수 있다.

제3조(근로 시간 및 휴게 시간)

① '을'의 근로일 및 근로일별 근로 시간과 휴게 시간은 다음과 같다. 단, 업무상 필요한 경우 근로자대표와 서면합의를 통해 휴게 시간을 변경할 수 있다.

가. 근로일: 평일, 토요일

나. 근로 시간: 평일 ○○:○○~○○:○○(휴게 시간 ○○:○○~○○:○○)

토요일 ○○:○○~○○:○○(휴게 시간 ○○:○○~○○:○○)

② '갑'은 업무상 필요에 따라 '을'에게 연장, 야간 및 휴일 근로를 명할 수 있고 본 근로계약서의 체결로 '을'은 이에 동의한다.

제4조(임금)

① '을'의 임금은 월급여 총액은 (            )원으로 한다.

| 구성 항목 | 급여액 | 계산방법 |
|---|---|---|
| 기본급 | 원 | 시급 × (209시간) |
| 수당 1(      ) | 원 | |
| 수당 2(      ) | 원 | |
| 수당 3(      ) | 원 | |
| 수당 4(      ) | 원 | |

② 임금의 구성 항목과 그 계산방법은 다음 표와 같다.

③ 전 항의 임금은 매월 ○○일부터 ○○일까지 기산하여 당월 ○○일에 '을'이 지정하는 은행 계좌로 송금한다.

※ '국고보조 어린이집'의 경우 아래 조항으로 대체

제4조(임금)

① '을'의 임금은 매년 보건복지부장관이 정한 인건비지원 기준에 따라 (   ) 호봉 갑(을) 월급 총액 (          )원으로 시작한다. (※ 필요한 경우 수당별 금액 기재)

② 전 항의 임금은 매월 ○○일부터 ○○일까지 기산하여 당월 ○○일에 '을'이 지정하는 은행계좌로 송금한다.

제5조(휴일)

① '을'의 유급휴일은 주휴일(매주 ○요일)과 근로자의 날로 한다.

② 그 밖의 유급휴일은 '갑'의 복무규정에 따른다.

제6조(휴가)

① '갑'은 '을'에게 「근로기준법」에 따라 연차유급휴가(전년도 8할 이상 출근 시 연간 15일, 입사 첫 해는 전월 개근 시 1일을 주며 실제 사용한 일수는 이듬해 15일에서 차감)를 주며, 그 외 휴가는 '갑'의 복무규정에 따른다.

② '을'의 복무규정상 부여되는 휴가를 사용하는 경우 연차유급휴가를 사용한 것으로 하며, '을'의 근로의욕 고취 및 '갑'의 계산상 편의를 도모하기 위해 연차유급휴가의 사용을 제한하지 아니하는 범위 내에서 매월 '을'의 급여에 연차유급휴가 미사용 수당을 산입하여 지급할 수 있다.

※ 5인 미만 사업장의 경우, 「근로기준법」 제11조 동법시행령 제7조에 따라 연차휴가에 관한 규정의 적용을 받지 아니하나 사업장 상황을 고려하여 연차휴가를 부여할 수 있다.

제7조(준용)

본 계약서에 명시되지 않은 사항은 복무규정 및 「근로기준법」의 관련조항을 준용하도록 한다.

20 년 월 일

| 갑(사용자) | 을(근로자) |
|---|---|
| 사업장명: | 이 름: (인) |
| 대 표 자: (인) | 주민등록번호: |
| 소 재 지: | 주 소: |

○○ 어린이집

**tip 근로계약**

- 모든 어린이집에서는 사용자와 고용자 간에 근로계약서를 작성하며, 근로계약서에는 임금, 근로 시간 및 기타 근로조건 등을 명시
- 근로계약서는 쌍방이 날인하여 원장과 보육교직원이 각각 한 부씩 보관
- 교직원의 휴가, 휴일, 휴식 등 근로 시간과 관련 사항에 대해서는 「근로기준법」 등 노동 관련 법령에 따름

| 출처 | 중앙육아종합지원센터(2017). 2017 어린이집 문서 및 서식 자료집.

한편 어린이집의 원장은 보육교직원 채용, 휴직, 출산휴가, 육아휴직, 1개월 이상의 장기병가, 퇴직 등의 임면 사항을 14일 이내에 관할 시장 · 군수 · 구청장에게 인사기록카드 사본, 자격을 요하는 자의 경우에는 자격증 사본, 자격증을 발급받지 않은 자의 경우에는 자격을 증명하는 서류 일체, 채용신체검사서 사본을 첨부하여 보고해야 한다. 대체교사(임시교사)의 임면보고 경우에는 어린이집의 원장은 보육교사의 출산휴가, 육아휴직, 장기 병가 등의 사유 발생 시 영유아 보육을 담당하기 위해 채용된 보육교사로서 주당 30시간 이상을 근무하는 자의 임면 사항을 관할 시장 · 군수 · 구청장에게 보고해야 한다.

보건복지부장관은 범죄경력 조회 결과 어린이집에서 취업이나 사실상 노무를 제공할 수 없는 자가 어린이집에 취업하거나 사실상 노무를 제공하는 사람이 있으면 어린이집의 원장에게 그 사람의 해임을 요구할 수 있고, 어린이집에서 취업이나 사실상 노무를 제공할 수 없는 사람이 어린이집을 운영한다면 그 어린이집의 원장에게는 운영 중인 어린이집의 폐쇄를 요구할 수 있다.

**tip 보육교직원의 임면권자**

❶ **원장**
- 국 · 공립 어린이집: 시장 · 군수 · 구청장
- 법인 · 직장 · 가정 · 민간 어린이집: 어린이집 설치자
- 협동 어린이집: 조합을 설치 · 운영하는 대표자

❷ **보육교사 등 기타 직원**
- 원장의 제청으로 법인 · 단체의 대표자 또는 어린이집 설치자

| 출처 | 보건복지부(2018). 2018년 보육사업안내.

이상에서 살펴본 보육교직원의 채용과 임면에 관련된 내용 및 절차를 정리하면, 다음 | 그림 8-1 | 과 같다.

| | |
|---|---|
| 보육교직원 채용<br>(원장, 보육교사, 특수교사, 조리원 등) | • 채용주체: 어린이집 설치자<br>• 채용조건: 자격 기준을 갖춘 자<br>※ 어린이집 원장 및 보육교사, 특수교사, 장애영유아를 위한 보육교사, 간호사, 영양사 등은 관련 자격증 소지자를 채용하여야 함 |
| ↓ | |
| 교직원 임면보고 | • 임면보고 절차: 어린이집 → 시 · 군 · 구청장(채용 후 14일 이내)<br>• 임면보고 시 구비서류<br>–인사기록 카드, 채용신체검사서, 자격증사본, 성범죄 경력 조회 결과서, 아동학대 관련범죄 전력조회 회신서<br>※ 자격증 사본은 일정자격이 필요한 자(간호사, 영양사 등)에 한하며, 원장 및 보육교사는 보육통합정보시스템으로 확인가능한 경우 제외<br>※ 인사기록 카드 서식 전산화로 '임신육아종합포털(아이사랑)', '보육통합시스템'을 통해 임면보고 가능(2015. 2. 2.~)<br>※ 어린이집 및 시 · 군 · 구에서는 교직원 임면보고를 시스템을 통해 실시하고 적극 지도 |
| ↓ | |
| 교직원 자격의 적격성 확인 | • 확인주체: 시 · 군 · 구청장<br>• 확인 대상: 어린이집 원장, 보육교사, 특수교사, 장애영유아를 위한 보육교사, 치료사, 간호사, 영양사, 조리원 중 조리사<br>• 확인방법: 각 자격별 자격증명 서류 및 보육통합정보시스템 |
| ↓ | |
| 교직원 결격사유조회 및 범죄 경력 조회 | • 결격사유조회 및 범죄 경력 조회 주체: 시 · 군 · 구청장<br>• 내용: 교직원 결격 사유(법 제20조) |
| ↓ | |
| 경력관리시스템 입력관리 | • 교직원 임면 사항을 경력관리시스템에 입력관리 |

그림 8-1 보육교직원의 채용 및 임면 절차

한편, 보육교직원이 퇴직할 경우에는 사직서를 제출받아 퇴직처리하고, 퇴직사실을 관할 시 · 군 · 구청에게 보고한다. 어린이집을 설치 · 운영하는 자는 퇴직하는 근로자에게 퇴직금을 지급할 수 있도록 별도의 퇴직적립금(어린이집에서 부담)을 관리 · 운영하고, 퇴직급여의 지급 및 관리는 「근로기준법」 및 「근로자퇴직급여보장법」에 따라 운영해야 한다.

### 3) 보수

보육교직원의 보수는 보육교직원의 호봉, 근무성적과 운영여건 및 「보육교직원 인건비 지급 기준」에 따라 원장, 보육교사(간호사, 영양사, 특수교사, 치료사 포함), 조리원으로 구분하여 지급하며, 보육교직원 자격 기준 이외의 직원(사무원, 사회복무요원, 도우미 등) 등의 보수는 별도 기준을 정하여 적용한다.

국 · 공립, 법인 어린이집 등 보육교직원의 인건비 국고지원을 받는 어린이집(정부지원어린이집)의 원장은 보건복지부장관이 정한 인건비지원 기준에 따라 지급하되, 지방자치단체에서 별도 지급하는 교사처우개선비 등은 부가적으로 지급한다. 국고보조 어린이집이 아닌 어린이집은 다른 법령에서 특별히 규정한 경우를 제외하고는 호봉 기준을 달리 정하거나 인건비 책정 시 호봉을 적용하지 않을 수 있고, 시설의 재정형편에 따라 원장과 교직원이 협의(근로계약서 체결)하여 보수 기준을 자율적으로 정할 수 있다. 단, 교직원의 보수를 심히 불리하게 책정해서는 안 된다. 모든 어린이집은 보육교사에게 최저임금법에 의한 최저임금 이상의 보수를 지급하여야 하며, 지방자치단체에서 별도 지급하는 교사처우개선비 등은 부가적으로 지급하고 4대 보험료의 사업자 부담분은 별도 부담한다.

보육교직원에 초임으로 임면될 경우에는 학력에 관계없이 1호봉으로 시작된다. 그리고 보육교직원 인건비의 지급은 반드시 계좌 입금하며, 보육교직원에게는 봉급 명세서를 발급한다. 보육교직원의 인건비 지급 기준은 다음 | 표 8-5 |와 같다.

표 8-5 보육교직원의 인건비 지급 기준표(2018년) (단위: 원)

| 호봉 | 원장 | | 보육교사 | | 조리원 | |
|---|---|---|---|---|---|---|
| | 보수총액 | 월지급액 | 보수총액 | 월지급액 | 보수총액 | 월지급액 |
| 1 | 24,013,200 | 2,001,100 | 20,433,600 | 1,702,800 | 18,985,200 | 1,582,100 |
| 2 | 24,652,800 | 2,054,400 | 20,826,000 | 1,735,500 | 19,195,200 | 1,599,600 |
| 3 | 25,447,200 | 2,120,600 | 21,262,800 | 1,771,900 | 19,406,400 | 1,617,200 |
| 4 | 26,198,400 | 2,183,200 | 21,716,400 | 1,809,700 | 19,620,000 | 1,635,000 |
| 5 | 26,956,800 | 2,246,400 | 22,383,600 | 1,865,300 | 19,836,000 | 1,653,000 |
| 6 | 28,636,800 | 2,386,400 | 23,922,000 | 1,993,500 | 20,054,400 | 1,671,200 |
| 7 | 29,637,600 | 2,469,800 | 24,924,000 | 2,077,000 | 20,275,200 | 1,689,600 |
| 8 | 30,288,000 | 2,524,000 | 25,372,800 | 2,114,400 | 20,492,400 | 1,707,700 |
| 9 | 31,150,800 | 2,595,900 | 26,054,400 | 2,171,200 | 21,105,600 | 1,758,800 |
| 10 | 32,019,600 | 2,668,300 | 26,794,800 | 2,232,900 | 21,631,200 | 1,802,600 |
| 11 | 33,111,600 | 2,759,300 | 27,758,400 | 2,313,200 | 22,460,400 | 1,871,700 |
| 12 | 34,064,400 | 2,838,700 | 28,581,600 | 2,381,800 | 23,222,400 | 1,935,200 |
| 13 | 34,783,200 | 2,898,600 | 29,301,600 | 2,441,800 | 23,781,600 | 1,981,800 |
| 14 | 35,551,200 | 2,962,600 | 29,942,400 | 2,495,200 | 24,315,600 | 2,026,300 |
| 15 | 36,320,400 | 3,026,700 | 30,583,200 | 2,548,600 | 24,843,600 | 2,070,300 |
| 16 | 37,304,400 | 3,108,700 | 31,491,600 | 2,624,300 | 25,656,000 | 2,138,000 |
| 17 | 38,046,000 | 3,170,500 | 32,156,400 | 2,679,700 | 26,277,600 | 2,189,800 |
| 18 | 38,863,200 | 3,238,600 | 32,821,200 | 2,735,100 | 26,925,600 | 2,243,800 |
| 19 | 39,655,200 | 3,304,600 | 33,484,800 | 2,790,400 | 27,548,400 | 2,295,700 |
| 20 | 40,342,800 | 3,361,900 | 34,148,400 | 2,845,700 | 28,195,200 | 2,349,600 |
| 21 | 41,514,000 | 3,459,500 | 35,244,000 | 2,937,000 | 29,222,400 | 2,435,200 |
| 22 | 42,278,400 | 3,523,200 | 35,906,400 | 2,992,200 | 29,818,800 | 2,484,900 |
| 23 | 42,963,600 | 3,580,300 | 36,490,800 | 3,040,900 | 30,414,000 | 2,534,500 |
| 24 | 43,647,600 | 3,637,300 | 37,152,000 | 3,096,000 | 30,984,000 | 2,582,000 |
| 25 | 44,410,800 | 3,700,900 | 37,760,400 | 3,146,700 | 31,605,600 | 2,633,800 |
| 26 | 45,118,800 | 3,759,900 | 38,368,800 | 3,197,400 | 32,176,800 | 2,681,400 |
| 27 | 45,776,400 | 3,814,700 | 38,898,000 | 3,241,500 | 32,604,000 | 2,717,000 |
| 28 | 46,459,200 | 3,871,600 | 39,480,000 | 3,290,000 | 33,174,000 | 2,764,500 |
| 29 | 47,089,200 | 3,924,100 | 40,112,400 | 3,342,700 | 33,717,600 | 2,809,800 |
| 30 | 47,778,000 | 3,981,500 | 40,666,800 | 3,388,900 | 34,285,200 | 2,857,100 |

| 출처 | 보건복지부(http://www.mw.go.kr). 2018 보육교직원의 인건비 지급 기준.

**tip 경력 인정**

- 어린이집에 근무하는 자 중 「유아교육법」에 따른 유치원 교원의 자격을 가진 자에 대하여는 어린이집에서의 근무 경력을 「유아교육법」에 따른 교육 경력으로 인정한다.
- 유치원(종일제 수업과정을 운영하고 있는 유치원)에 근무하는 자 중 이 법에 따른 보육교사의 자격을 가진 자에 대하여는 유치원에서의 근무 경력을 이 법에 따른 보육 경력으로 인정한다.

참고로 보육교직원이 1인 이상인 어린이집의 대표자(설치 · 운영자)는 관계법령이 정하는 바에 따라, 상시근로자로 보육교직원을 고용하기 위해서 국민연금, 국민건강보험, 산업재해보상보험 및 고용보험 등 4대 사회보험에 의무적으로 가입시켜야 한다.

## 4) 복무

어린이집의 보육교직원은 고용된 근로자로서 「근로기준법」에 따라 복무관리가 이루어지고 있으며, 복무는 근무 시간 및 휴가 등의 사항을 포함한다.

### (1) 근무 시간

보육교직원의 근무 시간은 평일 8시간 근무를 원칙으로 하나, 어린이집의 운영 시간(07:30~19:30)을 고려하여 연장근무 및 출 · 퇴근 시간을 탄력적으로 조정한다. 보육교사 및 보육교직원의 근무 시간 및 근로조건 등은 「근로기준법」 등 노동관계법령에 따라야 하며, 기준 시간을 초과하여 근무하는 경우에는 관련법령 규정에 따라 초과근무수당을 지급해야 한다.

### (2) 교직원의 겸임 제한

어린이집의 원장은 전임이어야 하며, 다른 어린이집의 업무를 겸임할 수 없다. 다른 업무도 겸임할 수 없지만, 원장이 간호사나 영양사 자격이 있는 때에는 간호사나 영양사를 겸직하게 할 수 있고, 20명 이하의 영유아를 보육하는 어린이집의 원장은 보육교사를 겸임하는 것이 허용된다.

### (3) 휴가 등 그 밖의 복무관리

보육교직원의 휴가는 보육 공백을 최소화할 수 있도록 순번제로 실시하고, 보수교육이나 출산휴가 등으로 공백이 생기는 경우에는 이를 대체할 수 있는 대체원장, 대체교사 혹은 그 밖의 인력을 각각 배치한다.

## 5) 보육교직원을 위한 보수교육

### (1) 보수교육의 정의

보수교육은 현재 어린이집에 종사하고 있는 보육교직원에 대한 연수 즉, 재교육을 의미하며 현직교육과 같은 개념으로 사용된다. 보수교육은 「영유아보육법」 제23조에 의거하여 보육교직원의 자질 향상을 위해 실시하는 교육으로서, 보육에 필요한 지식과 능력을 유지 · 개발하기 위하여 보육교직원이 정기적으로 받는 '직무교육'과 보육교사가 상위 등급의 자격(3급 → 2급, 2급 → 1급)을 취득하기 위해 받아야 하는 '승급교육' 및 어린이집 원장의 자격을 갖추기 위하여 받아야 하는 사전직무교육을 말한다(보건복지부, 2018).

### (2) 보수교육의 종류

보수교육은 직무교육과 승급교육으로 구분되는데, 먼저 직무교육과정은 일반직무교육과 특별직무교육이 있다. 일반직무교육은 기본교육과 심화교육이 있고, 특별직무교육은 영유아보육, 장애아보육, 방과후보육으로 구성된다. 승급교육은 1급, 2급 승급교육과정이 있다.

**1 보육교사 등의 보수교육**

| 직무교육 | | | | | 승급교육 | |
|---|---|---|---|---|---|---|
| 일반직무교육 | | 특별직무교육 | | | 1급 보육교사 승급교육 | 2급 보육교사 승급교육 |
| 기본교육 | 심화교육 | 영아보육 직무교육 | 장애아보육 직무교육 | 방과후보육 직무교육 | | |

## 2 어린이집 원장의 보수교육

| 직무교육 | | | | | 사전직무교육 |
|---|---|---|---|---|---|
| 일반직무교육 | | 특별직무교육 | | | 어린이집 원장 사전직무교육 |
| 기본교육 | 심화교육 | 영아보육 직무교육 | 장애아보육 직무교육 | 방과후보육 직무교육 | |

교육종류에 따른 보수교육 대상자는 다음과 같다.

**표 8-6 교육 구분별 보수교육 대상자**

| 교육 구분 | | | 교육 대상 | 교육 시간 | 비 고 |
|---|---|---|---|---|---|
| 직무교육 | 일반직무교육 | 보육교사 | • 현직에 종사하고 있는 보육교사로서 보육업무 경력이 만 2년을 경과한 자와 보육교사 직무교육(승급교육 포함)을 받은 해부터 만 2년이 경과한 자 | 40시간 | 매 3년마다 |
| | | 원장 | • 어린이집 원장의 직무를 담당한 때부터 만 2년이 지난 경우 | 40시간 | 매 3년마다 |
| | 특별직무교육 | 영아보육 | • 영아보육을 담당하고 있는 일반직무교육 대상자와 영아보육을 담당하고자 하는 보육교사 및 어린이집 원장 | 40시간 | 이수하고자 하는 자 |
| | | 장애아보육 | • 장애아보육을 담당하고 있는 일반직무교육 대상자와 장애아보육을 담당하고자 하는 보육교사 및 어린이집 원장 | 40시간 | 이수하고자 하는 자 |
| | | 방과후보육 | • 방과후보육을 담당하고 있는 일반직무교육 대상자와 방과후보육을 담당하고자 하는 보육교사 및 어린이집 원장 | 40시간 | 이수하고자 하는 자 |
| 승급교육 | 2급 승급교육 | | • 보육교사 3급의 자격을 취득한 후 보육업무 경력이 만 1년이 경과한 자 | 80시간 | 이수하고자 하는 자 |
| | 1급 승급교육 | | • 보육교사 2급의 자격을 취득한 후 보육업무 경력이 만 2년이 경과한 자 및 보육교사 2급의 자격을 취득한 후 보육 관련 대학원에서 석사 학위를 취득한 경우 보육업무 경력이 만 6개월이 경과한 자 | 80시간 | 이수하고자 하는 자 |
| 원장 사전직무교육 | – | | • 「영유아보육법 시행령」 [별표 1] 제1호의 가목부터 라목(일반, 가정, 영아전담, 장애아전문 어린이집 원장)까지 어느 하나의 자격을 취득하고자 하는 자 | 80시간 | 이수하고자 하는 자 |

### (3) 보수교육의 내용

보수교육의 내용은 인성 · 소양, 건강 · 안전, 전문지식 · 기술(장애 및 다문화 실제, 보육활동 운영의 실제, 가족 및 지역사회 협력) 영역이 포함되며, 구체적인 내용은 보건복지부 보육사업 안내에서 제시된 보수교육 과정별 교과목 및 시간에 의한다.

### (4) 보수교육의 절차

직무교육과 승급교육 등의 보수교육을 실시하는 주체는 시 · 도지사로서, 시 · 도지사는 매년 2월 말까지 보수교육의 수요를 파악하여 보수교육 계획을 수립하여야 한다. 보수교육의 절차는 다음 |그림 8-2| 와 같다.

| 과정 | 추진 내용 |
|---|---|
| 수요 파악 및 보수계획 수립 | • 매년 2월 말까지 관할 지역의 교육 수요 파악 → 보수교육 계획 수립<br>• 관할 지역의 현직교직원 대상(당해 연도 3급 양성과정 수료예정 인원 고려해야 함) |
| ↓ | |
| 보수교육 위탁기관 선정 | • 보수교육 실시의 위탁<br>• 위탁가능 전문기관: 대학(전문대학 포함) 또는 이와 동등 이상의 학교, 보육교사교육원, 정부출연 연구기관, 보육관련 비영리법인 · 단체, 육아종합지원센터 등 |
| ↓ | |
| 보수교육 안내 | • 보수교육 실시 전문기관별 자체 홈페이지나 중앙 및 각 시 · 도 육아종합지원센터 등에 교육일정을 게시하여 연중 안내 |
| ↓ | |
| 보수교육 실시 | • 보수교육 대상자 선정 → 보수교육 실시 → 보수교육 평가 → 수료증 발급 및 교육이수자 명단 시 · 도지사에게 통보 |
| ↓ | |
| 보수교육 비용 지원 및 현황보고 | • 보육교직원 보수교육 비용지원 및 현황보고(보수교육 실시 전문기관 선정 및 보수교육 실시 현황과 예산집행 현황) 보건복지부장관에게 보고 |

그림 8-2 보수교육 절차

# 2 유치원

## 1) 자격

유치원의 교직원은 원장, 원감, 수석교사와 교사 등 유아의 교육과 보호를 담당하는 교원과 촉탁의사, 영양사, 간호사나 간호조무사, 행정직원 등의 사무 및 업무를 담당하는 직원으로 구성된다. 유치원 교원은 법적인 자격 요건에 따라 원장, 원감, 수석교사, 교사(1급, 2급) 및 준교사로 나누어진다. 그리고 교육과정 운영에 필요한 경우에 교원 외에 강사, 기간제 교사 또는 명예교사 등을 두어 유아교육을 담당하거나 보조하게 할 수 있다. 유치원 교원의 자격 기준은 「유아교육법」에 명시되어 있으며, 그 구체적인 자격 기준은 다음 |표 8-7|과 같다.

**표 8-7 유치원 교원의 자격 기준**

| 구분 | 자격 기준 |
|---|---|
| 원장 | ① 유치원의 원감 자격증을 가지고 3년 이상의 교육 경력과 소정의 재교육을 받은 자<br>② 학식 · 덕망 높은 자로서 「대통령령」이 정하는 기준에 해당한다고 교육부장관의 인정을 받은 자 |
| 원감 | ① 유치원 정교사(1급) 자격증을 가지고 3년 이상의 교육 경력과 소정의 재교육을 받은 자<br>② 유치원 정교사(2급) 자격증을 가지고 6년 이상의 교육 경력과 소정의 재교육을 받은 자 |
| 수석교사 | ① 교사 자격증을 소지한 사람으로서 15년 이상의 교육 경력(「교육공무원법」 제2조 제1항 제2호 및 제3호에 따른 교육전문직원으로 근무한 경력 포함)을 가지고 교수 · 연구에 우수한 자질과 능력을 가진 사람 중에서 「대통령령」으로 정하는 바에 따라 교육부장관이 정하는 연수 이수 결과를 바탕으로 검정 · 수영하는 자격증을 받은 자 |
| 1급 정교사 | ① 유치원 정교사(2급) 자격증을 가진 자로서 3년 이상의 교육 경력을 가지고 소정의 재교육을 받은 자<br>② 유치원 정교사(2급) 자격증을 가지고 교육대학원 또는 교육부장관이 지정하는 대학원의 교육과에서 유치원교육과정을 전공하여 석사학위를 받은 자로서 1년 이상의 교육 경력이 있는 자 |
| 2급 정교사 | ① 대학에 설치하는 유아교육과 졸업자<br>② 대학(전문대학 및 이와 동등 이상의 각종학교와 「평생교육법」 제31조 제4항에 따른 전문대학 학력인정 평생교육 시설을 포함) 졸업자로서 재학 중 소정의 보육과 교직학점을 취득한 자<br>③ 교육대학원 또는 교육부장관이 지정하는 대학원의 교육과에서 유치원교육과정을 전공하고 석사학위를 받은 자<br>④ 유치원 준교사자격증을 가진 자로서 2년 이상의 교육 경력을 가지고 소정의 재교육을 받은 자 |
| 준교사 | ① 유치원 준교사 자격검정에 합격한 자 |
| 비고 | ① 원장 · 원감, 「초 · 중등교육법」의 규정에 의한 교장 · 교감 · 교육장 · 장학관 · 장학사 · 교육연구관 · 교육연구사의 경력연수는 교육 경력연수로 볼 수 있다. |

| 출처 | 「유아교육법」 제22조 제1, 2항 관련 [별표 1], [별표 2].

한편, 유치원 교원의 정원 · 배치 등에 관해 필요한 사항은 대통령령으로 정하고 있는데, 구체적인 내용은 다음 | 표 8-8 | 과 같다.

**표 8-8** 유치원 교원의 배치 기준

| 구분 | 배치 기준 | 비고 |
|---|---|---|
| 원장 | • 유치원별로 1명씩 배치 | • 2학급 이하의 경우, 원장 및 원감이 학급 담당이 가능하며 원감을 두지 않을 수 있음 |
| 원감 | • 3학급 이상 1명 | |
| 수석교사 | • 유치원별로 1명씩 배치<br>–수석교사는 학급을 담당하지 않지만, 유치원 규모 등 유치원 여건에 따라 학급 담당 가능 | • 유아 수가 100명 이하인 유치원 또는 학급 수가 4학급 이하인 유치원에는 수석교사를 두지 않을 수 있음 |
| 보직교사 | • 3학급 이상~5학급 이하: 1명<br>• 6학급 이상~11학급 이하: 2명<br>• 12학급 이상: 3명 | • 11학급 이하의 교육부 지정 연구학교의 경우, 보직교사를 1명 추가배치 가능 |
| 교사 | • 학급마다 교사 1명 배치<br>• 방과후 과정 운영 유치원의 경우, 방과후 과정 운영담당 교사를 1명 이상 배치 | • 방과후 과정을 운영하는 유치원에는 각 학급 담당교사 외에 방과후 과정 운영을 담당할 교사를 1명 이상 둘 수 있으며, 유치원별 방과후 과정 운영 담당 교사의 배치 기준은 관할청이 정함 |

| 출처 | 「유아교육법 시행령」 제23조.

그리고 유치원에는 필요한 경우 직원을 1명 이상 둘 수 있으며, 유치원별 배치 기준은 관할청이 정한다.

## 2) 임용과 퇴직

'임용'이란 일반적으로 교직원의 신규채용, 승진, 승급, 전직, 전보, 겸임, 파견, 강임, 휴직, 직위해제, 정직, 복직, 면직, 해임 및 파면 등을 의미한다(「교육공무원법」 제2조 제5항). 유치원 교원의 임용과정을 살펴보면 다음 | 그림 8-3 |과 같다.

|  |  |
|---|---|
| 채용 | • 임용권자<br>–국 · 공립유치원: 국가<br>–사립유치원: 「사립학교법」에 근거해 원장 또는 경영자<br>• 채용방법<br>–국 · 공립유치원: 공개전형(임용후보자 경쟁시험: 필기, 실기, 면접시험 등의 방법)<br>–사립유치원: 유치원 자체적인 선발규정(대학 관련학과의 교수 추천 및 소개, 교육실습, 재직 교직원의 추천, 인터넷 등의 매체를 이용한 채용 공고 등 |
| 선발 | • 국 · 공립유치원: 공개전형(필기, 실기, 면접시험 등의 방법)<br>• 사립유치원: 서류심사(이력서 및 자기소개서) 및 면접 |
| 신원조사 의뢰 | • 유치원 → 교육청 → 경찰청 → 회신 받음 → 교육청에서 유치원으로 |
| 채용 확정 | • 결격사유, 성범죄 경력 및 아동학대 조회결과 이상 없을 시 채용 확정 |
| 임용보고 | • 임용보고 절차<br>–국 · 공립유치원: 교육감은 유치원교사 신규임용후보자 선정 경쟁시험에 합격된 자를 수급 상황에 따라 지역교육청에 배정하고 교육장이 임용함<br>–사립유치원: 관할 교육지원청(임면한 날부터 7일 이내 보고)<br>• 임용보고 시 구비서류<br>–교사: 인사기록 카드, 교원자격증사본, 최종학력증명서, 주민등록등본, 호적등본, 채용신체검사서, 신원진술서, 신원조사회보, 경력증명서(경력자에 한함)<br>–원장: 인사기록 카드, 교원자격증사본, 이력서, 주민등록등본, 호적등본, 경력증명서, 취임승낙서, 신원회보서, 임용장, 채용신체검사서 |
| 인사기록 등재 | • 인사기록 카드 및 발령대장에 기록 · 보관<br>• 수기된 인사기록 카드를 교육행정정보시스템(NEIS)에 전산입력관리 |

그림 8-3 유치원 교원의 임용과정

한편, 국 · 공립 유치원교사는 만 62세가 정년이지만, 사립 유치원교사는 유치원의 사정이나 교사의 희망에 의해 퇴직이 이루어진다.

### 3) 보수

유치원교사의 보수는 유치원의 설립 주체 즉, 국 · 공립유치원과 사립유치원에 따라 차이가 있다. 먼저 국 · 공립 유치원교사는 공무원보수규정과 공무원 수당 등에 관한 규정에 따라 보수가 결정되며, 기본급인 봉급 외에 정근수당, 교직수당, 교원보전수당, 담임수당, 기말수당 등이 보수에 포함된다. 교사의 기본급을 계산할 때에는 경력과 함께 법정 수학년한인 학령을 환산해 계산해 주기 때문에, 일반적으로 전문대학(3년제)을 나온 유치원교사는 7호봉부터 기본급이 시작된다. 4년제 대학을 나온 유치원교사의 경우 사범대학 유아교육과 졸업자는 9호봉을, 일반대학 졸업자는 8호봉으로 시작된다. 호봉은 급여 체계 안에서의 등급으로 임용 시 정해지고 1년에 1호봉씩 오른다. 유치원교사의 봉급표는 다음 |표 8-9|와 같다.

**표 8-9** 유치원교사의 봉급표(2018년 기준) (월 지급액, 단위: 원)

| 호봉 | 봉급 | 호봉 | 봉급 | 호봉 | 봉급 | 호봉 | 봉급 |
|---|---|---|---|---|---|---|---|
| 1 | 1,573,100 | 11 | 2,063,300 | 21 | 2,998,100 | 31 | 4,139,400 |
| 2 | 1,620,700 | 12 | 2,116,400 | 22 | 3,108,800 | 32 | 4,259,300 |
| 3 | 1,669,100 | 13 | 2,212,800 | 23 | 3,218,600 | 33 | 4,381,100 |
| 4 | 1,717,200 | 14 | 2,309,600 | 24 | 3,328,500 | 34 | 4,502,600 |
| 5 | 1,765,800 | 15 | 2,406,200 | 25 | 3,438,500 | 35 | 4,624,300 |
| 6 | 1,814,300 | 16 | 2,503,100 | 26 | 3,548,800 | 36 | 4,745,400 |
| 7 | 1,862,100 | 17 | 2,598,900 | 27 | 3,663,900 | 37 | 4,850,900 |
| 8 | 1,909,900 | 18 | 2,699,100 | 28 | 3,778,700 | 38 | 4,956,500 |
| 9 | 1,958,400 | 19 | 2,798,900 | 29 | 3,898,800 | 39 | 5,062,300 |
| 10 | 2,011,500 | 20 | 2,898,500 | 30 | 4,019,300 | 40 | 5,167,400 |

|출처| 「공무원보수규정」 제5조 [별표 1] 관련.

사립 유치원교사의 보수는 교육공무원에 관한 규정을 준한다고 되어 있지만, 본봉 외의 기타수당은 각 시 · 도 교육청과 개별 유치원별로 달리 지급되고 있는 실정이다. 이에 따라 시 · 도 교육청별로 담임수당 외에 교직수당, 처우개선비 등 다양한 명목의 인

건비 지원이 달리 이루어지고 있기 때문에 지급 기준이 약간씩 차이가 있고, 유치원에 따라서 보수책정이 다를 수도 있다.

참고로 유치원교사의 복지후생은 연금과 보험으로 가입되어 보호받는다. 국 · 공립 유치원교사는 공무원연금과 건강보험에 가입하며, 사립 유치원교사는 사립학교 교직원연금과 건강보험에 가입한다.

### 4) 복무

유치원교사는 법령에서 정하는 바에 따라 해당 유치원의 원아를 교육하는 임무를 수행하기 위해서 근무 시간, 휴가, 휴직 등의 복무규정을 잘 지켜야 한다. 단위 유치원별로 탄력적 근무 시간제가 이루어질 수 있으며, 교원의 근무 시간은 직무의 특수성을 감안하여 연중 9시부터 17시(토요일 13시)까지로 하는 것을 원칙으로 한다. 또한 교육활동을 원활하게 하기 위하여 시간외 근무 및 공휴일 근무가 이루어질 수 있다. 휴가는 연가, 병가, 공가, 특별휴가로 나뉘며 규정에 따라 실시한다. 출장의 경우에는 근무상황부나 근무상황 카드에 의해 관리된다.

### 5) 유치원 교원을 위한 연수

「유아교육법 시행령」 제28조에는 교육부장관과 교육감은 유치원 교원의 자질 향상을 위한 교육 및 연수를 정기적으로 실시하고, 교원의 각종 교육 및 연수 계획을 수립하거나 집행할 경우 유치원 교원을 다른 교원과 같게 대우하여야 하며 차별해서는 안 된다고 명시되어 있다.

유치원 교원연수는 유치원 교원을 위한 현직교육과 같은 개념으로 받아들여지는데, 교원연수는 다양한 형태로 이루어진다. 일반적으로 교원연수는 연수가 이루어지는 단위를 중심으로 이루어지는데, 이를 정리하면 다음 | 표 8-10 | 과 같다.

**표 8-10 유치원 교원연수의 종류**

| 단위 | 연수의 종류 및 기간 | 목적 |
|---|---|---|
| 자격연수 | 원장 과정(25일 이상, 180시간 이상) | •상급자격 취득 |
| | 원감 과정(15일 이상 90시간 이상) | |
| | 1급 정교사 과정 | |
| | 2급 정교사 과정 | |
| 직무연수 | •교과교육, 생활지도, 정보화, 직무 관련 교양 | •직무수행에 필요한 능력 배양<br>•특별연수 |
| 특별연수 | •학위취득 대학위탁, 교원해외유학, 해외 장·단기 체험연수 등 | •국가 또는 지방자치단체가 계획을 수립하여 교육공무원에게 전문지식과 기술을 배양하기 위하여 국내·외의 특별한 프로그램을 이수하게 하는 연수 |
| 학교 중심 | •컨설팅장학, 연구수업, 교과교육연구회, 전달강습, 교내자율장학(사전협의회 → 수업공개 또는 참관 → 사후협의회) 등 | •교육현장에 필요한 전문적 지식과 자질 및 능력 향상 |
| 개인 중심<br>(자율연수) | •국내·외 교육기관 학위취득, 연구수행, 교과교육연구회, 학회, 개인별 연구 등 | •교원 스스로가 자신의 발전과 전문적 지식 습득하기 위함 |

| 출처 | 「교원 등의 연수에 관한 규정 시행규칙」 제7조 [별표 1].

Chapter | 09

# 재정관리

1. 어린이집
2. 유치원

영유아교육기관의 교육과 보육활동이 원활하게 이루어지기 위해서는 이를 뒷받침해 줄 수 있는 재원이 확보되어야 하고, 효율적인 운영 및 관리가 필수적이다. 이를 위해서 기관의 유형과 규모에 상관없이, 영유아교육기관은 책무성을 갖고 한정된 재원을 합리적으로 운영해야 한다. 본 장에서는 어린이집과 유치원으로 구분하여 예산 편성, 예산집행, 결산 등에 대해 살펴봄으로써 영유아교육기관에서 이루어지는 재정관리에 대한 이해를 돕고자 한다.

# 1 어린이집

어린이집의 재무 · 회계에 관한 사항은 「사회복지법인 및 사회복지시설 재무 · 회계 규칙」에 따라 실시하며, 예산 편성 · 예산의 집행 · 결산의 구체적인 내용은 다음과 같다.

## 1) 예산 편성

어린이집에서는 안정적인 재정확보를 통해 합리적인 예산 편성을 해야 한다. 일반적으로 어린이집에서 이루어지는 예산 편성의 원칙은 다음 [표 9-1]과 같다.

**표 9-1 예산 편성 원칙**

| | |
|---|---|
| 회계년도 | • 매년 3월 1일에 시작하여 다음 연도 2월 말일에 종료한다. |
| 예산총계주의 원칙 | • 회계년도의 모든 수입은 세입으로 하고 모든 지출은 세출로 하고, 세입 · 세출은 모두 예산에 계정되어야 한다. |
| 세입 · 세출의 출납사무 | • 회계년도 종료 후 2개월이 되는 날까지 완결해야 한다. |

**tip 예산과 회계의 차이**

- **예산:** 기간 개념인 회계년도(1회계년도) 단위로 파악 → 세입 · 세출(일반적으로 예산은 세입 · 세출 예산을 의미)
- **회계:** 기간적 개념 없이 현금을 받아들이는 과정과 지출하는 과정 → 수입 · 지출

어린이집의 원장은 세입 · 세출 예산 과목 구분에 따라 예산을 편성해야 하는데, 예산 편성의 절차는 다음 | 그림 9-1 | 과 같다.

| 절차 | 주체 | 시기/비고 |
|---|---|---|
| 예산 편성 지침을 어린이집에 통보 | 시장 · 군수 · 구청장 | 회계년도 개시 2월 전 |
| ↓ | | |
| 당해 연도 예산 편성 | 어린이집 원장 | 시 · 군 · 구 예산 편성 지침 참고 |
| ↓ | | |
| 어린이집운영위원회 보고 | 어린이집 원장 | 어린이집 |
| ↓ | | |
| 이사회의 예산 의결 | 사회복지법인 | 해당 어린이집만 |
| ↓ | | |
| 시 · 군 · 구청장에게 예산안 제출 | 어린이집 원장 | 회계년도 개시 5일 전 |
| ↓ | | |
| 어린이집 원장은 세입 · 세출 예산개요를 어린이집의 게시판이나 홈페이지에 20일 이상 공고 | 어린이집 원장 | 시 · 군 · 구에 예산안 제출 후 |

**그림 9-1 예산 편성 절차**

| 출처 | 보건복지부(2018). 2018 보육사업안내.

일반적으로 예산은 세입 · 세출 예산을 의미하는데, 어린이집의 예산 편성 역시 세입과 세출로 나누어진다. 참고로 「2018 어린이집 재무 · 회계 규칙」(보건복지부, 2018)에 명시된 어린이집의 세입 예산과 세출 예산의 내용을 제시하면 다음 | 표 9-2 |, | 표 9-3 | 과 같다.

**표 9-2** 세입 예산 내용

**어린이집 시설회계 세입 예산 과목 구분**
(제10조 제3항 제2호 관련)

| 과목 | | | | | | 내역 |
|---|---|---|---|---|---|---|
| 관 | | 항 | | 목 | | |
| 01 | 보육료 | 11 | 보육료 | 111 | 정부지원 보육료 | 만 0~5세아, 장애아, 다문화·맞벌이가구 등에 지원되는 보육료 및 카드수수료 환급금 등 |
| | | | | 112 | 부모부담 보육료 | 보호자로부터 받은 보육료 |
| 02 | 수익자 부담 수입 | 21 | 선택적 보육 활동비 | 211 | 특별 활동비 | 보호자가 부담하는 특별 활동 비용 |
| | | 22 | 기타 필요경비 | 221 | 기타 필요경비 | 보호자가 부담하는 입학준비금, 현장학습비, 차량운행비, 아침·저녁급식비, 졸업앨범비, 행사비 등 기타 필요경비 |
| 03 | 보조금 및 지원금 | 31 | 인건비 보조금 | 311 | 인건비 보조금 | 국가 및 지방자치단체로부터 받은 인건비(어린이집으로 지원되는 처우개선비 등 포함) |
| | | 32 | 운영 보조금 | 321 | 기본보육료 | 국가 및 지방자치단체가 보육 비용의 일정 부분을 어린이집에 지원하는 보조금 |
| | | | | 322 | 공공형 운영비 | 국가 및 지방자치단체가 공공형 어린이집에 지원하는 운영 보조금 |
| | | | | 323 | 기타 지원금 | 국가 및 지방자치단체가 지원하는 급·간식비 및 냉·난방비, 누리과정운영비 등 |
| | | 33 | 자본 보조금 | 331 | 자본 보조금 | 신증축비, 개·보수비, 장비비 등 |
| 04 | 전입금 | 41 | 전입금 | 411 | 전입금 | 법인, 단체, 개인 등 운영·경영자로부터의 운영지원금 |
| | | 42 | 차입금 | 421 | 단기차입금 | 회계년도 내 상환을 원칙으로 시설운영에 필요한 비용을 금융기관 등으로부터 일시 차입한 단기차입금 |
| | | | | 422 | 장기차입금 | 시설 개·보수 등을 위해 금융기관 등으로부터 차입한 장기차입금 |

| 과목 | | | | | | 내역 |
|---|---|---|---|---|---|---|
| 관 | | 항 | | 목 | | |
| 05 | 기부금 | 51 | 기부금 | 511 | 지정후원금 | 국내 · 외 민간단체 및 개인으로부터 후원 명목으로 받은 기부금 · 결연후원금 · 위문금 · 찬조금 중 후원목적이 지정된 수입 |
| | | | | 512 | 비지정후원금 | 국내 · 외 민간단체 및 개인으로부터 후원 명목으로 받은 기부금 · 결연후원금 · 위문금 · 찬조금 중 후원목적이 지정되지 않은 수입과 자선행사 등으로 얻어지는 수입 |
| 06 | 적립금 | 61 | 적립금 | 611 | 적립금 처분 수입 | 적립금 및 퇴직적립금에서 이전받은 금액 |
| 07 | 과년도 수입 | 71 | 과년도 수입 | 711 | 과년도 수입 | 전년도 출납정리기간 이후에 납입된 수입 |
| 08 | 잡수입 | 81 | 잡수입 | 811 | 이자수입 | 금융기관에 예치한 예금의 이자수입 |
| | | | | 812 | 기타 잡수입 | 차량 · 물품 등 매각수입, 변상금, 위약금 수입, 교육 외 수입(보증금 수입 등), 보육교사 실습비, 보험료 수령액 등 어린이집 자산매각 수입 포함 |
| 09 | 전년도 이월액 | 91 | 전년도 이월액 | 911 | 전년도 이월금 | 전년도 불용으로 이월된 금액 |
| | | | | 912 | 전년도 이월사업비 | 전년도에 종료되지 못한 이월사업비 |

※ 비고: 결산을 하는 경우에는 예산에서 사용한 과목에 따른다.

| 출처 | 보건복지부(2018). 2018년 보육사업안내. 「2018 사회복지법인 및 사회복지 시설 재무 · 회계 규칙」 [별표 7].

**표 9-3** 세출 예산 내용

**어린이집 시설회계 세출 예산 과목 구분**
(제10조 제3항 제2호 관련)

| 과목 | | | | | | 내역 |
|---|---|---|---|---|---|---|
| 관 | | 항 | | 목 | | |
| 100 | 인건비 | 110 | 원장 인건비 | 111 | 원장급여 | 원장인건비 중 기본급 등 |
| | | | | 112 | 원장수당 | 원장에게 지급하는 상여금과 제(諸)수당 |
| | | 120 | 보육교직원 인건비 | 121 | 보육교직원급여 | 보육교직원 인건비 중 기본급 등 |
| | | | | 122 | 보육교직원수당 | 보육교직원에게 지급하는 상여금과 제(諸)수당 |
| | | 130 | 기타 인건비 | 131 | 기타 인건비 | 기타 일급 또는 단기 채용 임시 · 일용직 급여 |
| | | 140 | 기관부담금 | 141 | 법정부담금 | 어린이집에서 부담하는 법정부담금(건강보험, 국민연금, 고용보험, 산업재해보상보험 등) |
| | | | | 142 | 퇴직금 및 퇴직적립금 | 어린이집에서 부담하는 퇴직급여 및 퇴직적립금 |
| 200 | 운영비 | 210 | 관리 운영비 | 211 | 수용비 및 수수료 | 소모품 및 집기 구입비, 도서 구입비, 인쇄비, 홍보물, 각종 사무용 및 교구 비품의 수선비, 수수료, 구급약품, 치료비, 대관 · 비품대여료, 협회비, 우편료, 광고료 등 |
| | | | | 212 | 공공요금 및 제세공과금 | 세금 및 공과금, 안전공제회비, 전기료, 상 · 하수도료, 도시가스료, 자동차세, 각종 보험료(자동차 · 화재 등), 전신 · 전화료(통신비) 등 |
| | | | | 213 | 연료비 | 보일러 및 난방시설연료비, 취사에 필요한 연료비 |
| | | | | 214 | 여비 | 국내 · 외 출장여비 |
| | | | | 215 | 차량비 | 차량 관련 유류대, 정비유지비, 소모품 등 |
| | | | | 216 | 복리후생비 | 보육교직원 복리후생을 위한 현물 · 서비스 지급비(교직원 건강검진비 · 피복비 · 치료비 · 급량비 등) |
| | | | | 217 | 기타 운영비 | 그 밖에 운영경비로서 분류되지 않은 경비(건물임대료, 건물융자금 이자 등) |
| | | 220 | 업무 추진비 | 221 | 업무추진비 | 어린이집 운영 및 유관 기관과 업무협의, 종무식 등 공식적인 업무추진에 소요되는 제반경비 |
| | | | | 222 | 직책급 | 어린이집 원장의 직책수행을 위하여 정기적으로 지급하는 경비 |
| | | | | 223 | 회의비 | 어린이집운영위원회, 부모회의 등 각종 회의 등에 소요되는 경비 |

| 과목 | | | | | | 내역 |
|---|---|---|---|---|---|---|
| 관 | | 항 | | 목 | | |
| 300 | 보육 활동비 | 310 | 기본 보육 활동비 | 311 | 교직원 연수 · 연구비 | 교직원에게 지급하는 연수비 및 연구비 |
| | | | | 312 | 교재 · 교구 구입비 | 보육 기자재, 도서 등 구입 및 제작비 |
| | | | | 313 | 행사비 | 아동과 직접 관련되어 발생하는 각종 행사경비 |
| | | | | 314 | 영유아복리비 | 영유아 건강 및 안전관련 비용(건강검진 비용 등) |
| | | | | 315 | 급식비 | 정규보육 시간 내 제공되는 주 · 부식 재료 구입비 및 간식비 |
| 400 | 수익자 부담 경비 | 410 | 선택적 보육 활동비 | 411 | 특별 활동비 지출 | 특별 활동에 따라 지출하는 비용 |
| | | 420 | 기타 필요경비 | 421 | 기타 필요경비 지출 | 입학준비금, 현장학습비, 차량운행비, 아침 · 저녁급식비, 졸업앨범비, 기타 필요경비 |
| 500 | 적립금 | 510 | 적립금 | 511 | 적립금 | 어린이집의 안정적인 기관운영 및 완성에 수년을 요하는 공사나 제조 등 특정목적사업을 위한 적립금 |
| 600 | 상환 · 반환금 | 610 | 차입금 상환 | 611 | 단기 차입금 상환 | 단기 차입금 원금 및 이자 상환액 |
| | | | | 612 | 장기 차입금 상환 | 장기 차입금 원금 및 이자 상환액 |
| | | 620 | 반환금 | 621 | 보조금 반환금 | 정부 보조금 미사용분에 대한 반환금 |
| | | | | 622 | 보호자 반환금 | 보호자 부담비 미사용분에 대한 반환금 |
| | | | | 623 | 법인회계 전출금 | 법인에서 지원한 전입금과 연계하여 지출하는 법인회계로의 전출금 |
| 700 | 재산 조성비 | 710 | 시설비 | 711 | 시설비 | 시설 신 · 증축비 및 부대경비, 그 밖에 환경개선을 위한 개 · 보수비 |
| | | | | 712 | 시설장비 유지비 | 시설, 장비 및 물품 등의 유지를 위한 수선경비 |
| | | 720 | 자산 구입비 | 721 | 자산취득비 | 시설운영에 필요한 비품구입비, 노후 업무용차량 교체 등 차량구입비(차량할부금 포함), 그 외 자산취득비 |
| 800 | 과년도 지출 | 810 | 과년도 지출 | 811 | 과년도 지출 | 과년도 미지급금 및 과년도 사업비의 지출(지출 대상 부도 등 부득이한 경우에 한해 제한적으로 인정) |
| 900 | 잡지출 | 910 | 잡지출 | 911 | 잡지출 | 보상금 · 사례금 · 소송경비 및 원 단위 절사금 등 |
| 1000 | 예비비 | 1010 | 예비비 | 1011 | 예비비 | 예측할 수 없는 불가피한 지출 소요 |

| 출처 | 보건복지부(2018). 2018년 보육사업안내. 「2018 사회복지법인 및 사회복지시설 재무 · 회계 규칙」 [별표 8].

### 2) 예산의 집행

편성된 예산은 다음에 소개된 「사회복지법인 및 사회복지 시설 재무 · 회계규칙」에 명시된 수입과 지출의 원칙에 따라 투명하게 집행하여야 한다. 그리고 다음과 같은 수입과 지출의 기본 원칙에 따라 다음과 같은 주요 항목별 기준을 준수하도록 노력하여야 한다.

**tip 어린이집의 수입과 지출 기본 원칙**

1. 회계년도 및 회계년도 소속 구분은 3월 1일~2월 28일에 따른다.
2. 어린이집의 모든 수입 · 지출관리는 통장으로 해야 하고, 어린이집의 수입 · 지출만 관리하는 별도 어린이집 명의의 통장을 개설해야 한다(단, 원칙적으로 모든 수입 · 지출을 관리하는 '운영통장' 한 개로 운영해야 하나, 보육교직원들에게 원천징수한 사회보장금과 세금을 보관할 수 있는 어린이집 명의의 '세입 · 세출외 통장'도 개설 가능).
3. 수입과 지출 행위 시에는 수입 · 지출 결의를 한 후, 현금출납부와 총계정원장에 기록하고 청구서, 영수증, 지급내역서 등 관련 근거서류를 반드시 첨부해야 한다.
4. 사회복지법인 및 사회복지 시설 재무회계 규칙에 의한 회계보고를 의무화한다.
5. 어린이집의 수입 · 지출 사무관리 주체는 원장으로, 수입 · 지출의 현금출납 업무를 담당한다. 별도의 수입 · 지출 담당을 두는 것이 원칙이지만, 회계규모나 직원 수 등을 고려하여 필요할 경우에는 보육교직원에게 위임하여 회계 업무를 겸임하게 할 수 있다.

### 3) 결산

어린이집의 원장은 회계년도 종료 후 세입 · 세출 결산보고서를 작성하여 이사회와 어린이집운영위원회의 보고를 거친 후 5월 31일까지 관할 시장 · 군수 · 구청장에게 제출(정보시스템을 활용한 제출 포함)해야 한다. 어린이집의 세입 결산서와 세출 결산서 양식은 다음 |표 9-4|, |표 9-5|와 같다(보건복지부, 2018).

**표 9-4** 세입 결산서 (단위: 천 원)

| 과목 | | | | | | 예산액 | 수납액 | 미수납액 | 비고 |
|---|---|---|---|---|---|---|---|---|---|
| 관 | | 항 | | 목 | | | | | |
| 01 | 보육료 | 11 | 보육료 | 111 | 정부지원 보육료 | | | | |
| | | | | 112 | 부모부담 보육료 | | | | |
| 02 | 수익자 부담 수입 | 21 | 선택적 보육 활동비 | 211 | 특별 활동비 | | | | |
| | | 22 | 기타 필요경비 | 221 | 기타 필요경비 | | | | |
| 03 | 보조금 및 지원금 | 31 | 인건비 보조금 | 311 | 인건비 보조금 | | | | |
| | | 32 | 운영 보조금 | 321 | 기본 보육료 | | | | |
| | | | | 322 | 공공형 운영비 | | | | |
| | | | | 323 | 기타 지원금 | | | | |
| | | 33 | 자본 보조금 | 331 | 자본 보조금 | | | | |
| 04 | 전입금 | 41 | 전입금 | 411 | 전입금 | | | | |
| | | 42 | 차입금 | 421 | 단기차입금 | | | | |
| | | | | 422 | 장기차입금 | | | | |
| 05 | 기부금 | 51 | 기부금 | 421 | 지정 후원금 | | | | |
| | | | | 422 | 비지정 후원금 | | | | |
| 06 | 적립금 | 61 | 적립금 | 611 | 적립금 처분 수입 | | | | |
| 07 | 과년도 수입 | 71 | 과년도 수입 | 711 | 과년도 수입 | | | | |
| 08 | 잡수입 | 81 | 잡수입 | 811 | 이자수입 | | | | |
| | | | | 812 | 기타 잡수입 | | | | |
| 09 | 전년도 이월액 | 91 | 전년도 이월액 | 911 | 전년도 이월금 | | | | |
| | | | | 912 | 전년도 이월사업비 | | | | |

| 출처 | 보건복지부(2018). 2018년 보육사업안내. 「2018 사회복지법인 및 사회복지 시설 재무 · 회계 규칙」

**표 9-5** 세출 결산서 (단위: 천 원)

| 과목 | | | | | | 예산액 | 예산현액 | 지출액 | 잔액 | 비고 |
|---|---|---|---|---|---|---|---|---|---|---|
| 관 | | 항 | | 목 | | | | | | |
| 100 | 인건비 | 110 | 원장 인건비 | 111 | 원장급여 | | | | | |
| | | | | 112 | 원장수당 | | | | | |
| | | 120 | 보육교직원 인건비 | 121 | 보육교직원 급여 | | | | | |
| | | | | 122 | 보육교직원 수당 | | | | | |
| | | 130 | 기타인건비 | 131 | 기타인건비 | | | | | |
| | | 140 | 기관부담금 | 141 | 법정부담금 | | | | | |
| | | | | 142 | 퇴직금 및 퇴직적립금 | | | | | |
| 200 | 운영비 | 210 | 관리 운영비 | 211 | 수용비 및 수수료 | | | | | |
| | | | | 212 | 공공요금 및 제세공과금 | | | | | |
| | | | | 213 | 연료비 | | | | | |
| | | | | 214 | 여비 | | | | | |
| | | | | 215 | 차량비 | | | | | |
| | | | | 216 | 복리후생비 | | | | | |
| | | | | 217 | 기타운영비 | | | | | |
| | | 220 | 업무 추진비 | 221 | 업무추진비 | | | | | |
| | | | | 222 | 직책급 | | | | | |
| | | | | 223 | 회의비 | | | | | |
| 300 | 보육 활동비 | 310 | 기본보육 활동비 | 311 | 교직원 연수연구비 | | | | | |
| | | | | 312 | 교재 · 교구 구입비 | | | | | |
| | | | | 313 | 행사비 | | | | | |
| | | | | 314 | 영유아복리비 | | | | | |
| | | | | 315 | 급식비 | | | | | |
| 400 | 수익자 부담경비 | 410 | 선택적 보육 활동비 | 411 | 특별 활동비 지출 | | | | | |
| | | 420 | 기타필요 경비 | 412 | 기타필요경비 지출 | | | | | |
| 500 | 적립금 | 510 | 적립금 | 511 | 적립금 | | | | | |

| 과목 | | | | | | 예산액 | 예산현액 | 지출액 | 잔액 | 비고 |
|---|---|---|---|---|---|---|---|---|---|---|
| 관 | | 항 | | 목 | | | | | | |
| 600 | 상환 · 반환금 | 610 | 차입금 상환 | 611 | 단기차입금 상환 | | | | | |
| | | | | 612 | 장기차입금 상환 | | | | | |
| | | 620 | 반환금 | 621 | 보조금반환 | | | | | |
| | | | | 622 | 보호자반환 | | | | | |
| | | | | 623 | 법인회계 전출금 | | | | | |
| 700 | 재산 조성비 | 710 | 시설비 | 711 | 시설비 | | | | | |
| | | | | 712 | 시설장비 유지비 | | | | | |
| | | 720 | 자산구입비 | 721 | 자산취득비 | | | | | |
| 800 | 과년도 지출 | 810 | 과년도지출 | 811 | 과년도지출 | | | | | |
| 900 | 잡지출 | 910 | 잡지출 | 911 | 잡지출 | | | | | |
| 1000 | 예비비 | 1010 | 예비비 | 1011 | 예비비 | | | | | |

| 출처 | 보건복지부(2018). 2018년 보육사업안내. 「2018 사회복지법인 및 사회복지 시설 재무 · 회계 규칙」

결산 절차는 다음 | 그림 9-2 | 와 같다.

| 절차 | 담당 | 시기 |
|---|---|---|
| 세입 · 세출 결산보고서 작성 | 어린이집 원장 | 출납완료 시 |
| 어린이집운영위원회 보고 | 어린이집 원장 | 해당 어린이집만 |
| 이사회의 결산보고서 의결 | 사회복지법인 | 결산보고서 작성 시 |
| 시장 · 군수 · 구청장에게 결산보고서 제출 | 어린이집 원장 | 다음 연도 5월 31일까지 |
| 세입 · 세출 결산개요를 당해 어린이집의 게시판이나 홈페이지에 20일 이상 공고 | 어린이집 원장 | 결산보고서 제출 후 |

그림 9-2 결산 절차

| 출처 | 보건복지부(2018). 2018 보육사업안내.

이상에서 살펴본 어린이집의 재무 · 회계 절차를 요약정리하면 다음 |표 9-6|과 같다.

**표 9-6 재무 · 회계 절차 총괄표**

| | 예산 편성 | 예산 집행 | | 결산 |
|---|---|---|---|---|
| 원칙 | • 모든 세입과 세출은 예산에 포함 | • 예산의 목적 외 사용금지/ 예산의 전용<br>• 수입 · 지출의 관리는 예금통장에 의해 행한다. | | • 세출 예산의 이월 |
| 관련 서류 | • 사업계획서<br>• 세입 세출 예산서<br>• 준예산<br>• 추가경정예산 | 장부 | 증빙서류 | • 세입 세출 · 결산총괄 설명<br>• 세입 · 세출결산서<br>• 연도말 잔액증명<br>• 퇴직적립금 통장사본 & 잔액증명서 |
| | | • 현금출납부<br>• 총계정원장<br>• 봉급대장<br>• 보육료대장<br>• 비품관리대장 | • 계좌입금증빙서류<br>• 수입 · 지출결의서<br>• 반납결의서<br>• 과목전용조서<br>• 예비비사용조서<br>• 정부 보조금 명세서 | |
| 과정 | • 예산 편성 지침(2개월 전)<br>• 예산안 제출(개시 5일 전) | • 수입 · 지출 사무의 관리책임자 선정 | | • 제출(다음 연도 5월 31일까지) |

|출처| 보건복지부(2018). 2018 보육사업안내.

# 2 유치원

## 1) 국 · 공립유치원

국 · 공립유치원은 「유아교육법」, 「국립유치원 및 초 · 중등학교 회계규칙」 에 명시된 규정에 따라 유치원의 설립목적과 교육과정에 따라 건전하게 관리 · 운영해야 한다.

### (1) 유치원 회계의 설치

- 유치원 회계는 국가의 일반 회계 또는 지방자치단체의 교육비 특별회계로부터의 전입금, 수업료 등 교육 비용과 그 밖의 납부금, 국가 또는 지방자치단체의 보조금 및 지원금, 사용료 및 수수료, 이월금, 물품매각대금, 그 밖의 수입을 세입으로 한다.
- 유치원 회계는 유치원의 운영 및 시설 설치 등을 위해 필요한 일체의 경비를 세출로 한다.
- 유치원 회계는 예측할 수 없는 예산 외의 지출 또는 예산초과지출에 충당하기 위하여 예비비로서 상당한 금액을 세출 예산에 계상할 수 있다.
- 병설된 유치원의 경우에는 필요하면 유치원 회계를 해당 유치원을 병설한 학교의 학교 회계와 통합하여 운영할 수 있다.
- 유치원 회계 설치에 필요한 사항은 국립유치원의 경우에는 교육부령으로, 공립유치원의 경우에는 시 · 도의 교육규칙으로 정한다.

### (2) 유치원 회계의 운영

- 유치원 회계의 회계년도는 매년 3월 1일에 시작하여 다음 연도 2월 말일에 종료한다.

- 원장은 회계년도마다 유치원 회계 세입 · 세출 예산안을 편성하여 회계년도 개시 30일 전까지 유치원운영위원회에 제출해야 한다.
- 유치원운영위원회는 유치원 회계 세입 · 세출 예산안을 회계년도 개시 5일 전까지 심의해야 한다.
- 원장은 제3항에 따른 예산안이 새로운 회계년도가 개시될 때까지 확정되지 않을 때에는 교직원 등의 인건비, 교육에 직접 사용되는 교육비, 유치원 시설의 유지관리비, 법령상 지급의무가 있는 경비, 이미 예산으로 확정된 경비를 전년도 예산에 준해 집행할 수 있다. 이 경우 전년도 예산에 준하여 집행된 예산은 해당 연도의 예산이 확정되면 그 확정된 예산에 의하여 집행된 것으로 본다.
- 원장은 회계년도마다 결산서를 작성하여 회계년도 종료 후 2개월 이내에 유치원운영위원회에 제출해야 한다.
- 유치원회계의 운영에 필요한 사항은 국립유치원의 경우에는 교육부령으로, 공립유치원의 경우에는 시 · 도의 교육규칙으로 정한다.

## 2) 사립유치원

사립유치원의 재정관리는 국 · 공립유치원과 마찬가지로 「유아교육법」의 법적 적용을 받고 있지만, 「사학기관 재무 · 회계 규칙」에 명시된 규정에 의거하여 운영된다. 사립유치원의 재정 운영 투명성 및 책무성과 학부모에 대한 신뢰도를 제고할 수 있는 기반을 제공해 줄 수 있는 이러한 조치는 개인이 주로 설립하여 운영하는 대부분의 사립유치원 특성에 맞추어 재무 · 회계상의 현실적인 여건에 맞는 재정관리의 효율화를 가져올 수 있다. 여기에서는 사립유치원의 비중이 높은 우리나라의 현실을 감안하여, 사립유치원을 더 구체적으로 살펴보고자 한다.

### (1) 재무 · 회계의 기본 원칙

**1 건전재정 운영의 법칙**

유치원의 재무와 회계는 건전하게 운영하여야 하며, 국가의 정책과 사회의 공공기관으로서의 의무와 그 설립목적에 반해서는 안된다.

**2 회계년도 독립의 원칙**

회계 운영에 있어 각 회계년도에 지출하여야 할 경비의 재원은 당해 연도의 세입에서 충당하고, 당해 연도의 세출은 반드시 그 해에 지출해야 하며 다른 연도의 사업에 지출해서는 안된다.

**3 수입의 직접 사용금지의 원칙**

유치원의 모든 수입은 세입 · 세출 예산에 편입해야 하며, 이를 직접 사용하지 못한다.

**4 예산총계주의 원칙**

유치원의 모든 수입과 모든 지출을 각각 세입과 세출로 정의하고, 수입과 지출은 모두 예산에 편입해야 한다.

**5 예산의 목적 외 사용금지 원칙**

유치원에 속하는 회계의 세출 예산은 이를 목적 외에 사용하지 못하며 유치원 회계에서는 다른 회계로 전출하지 못한다.

**6 공개의 원칙**

유치원의 장은 유치원 예산을 학부모에게 공개해야 한다.

한편, 회계업무 흐름도는 다음 | 그림 9-3 | 과 같다.

| | |
|---|---|
| 예산 편성 | •1년(3월 1일~2월 말) 동안의 수입과 지출을 모두 포함하여 작성<br>•유치원운영위원회 자문을 반드시 거쳐야 함<br>•예산공개, 교육지원청(해당관할청)에 보고 |
| 예산 집행 | •수입(수입원)<br>-현금을 수입으로 잡기 위한 일련의 회계처리 절차<br>-징수와 수납으로 구분<br>•지출(지출원)<br>-계약, 물품 구입 등의 행위 후 현금을 지급하는 절차<br>•수입원과 지출원: 법인의 이사장과 유치원의 장이 임면, 동일인 가능 |
| 장부 및 서류정리 | •장부정리: 회계년도가 마감된 후로부터 5년간 보존<br>-현금출납부, 징수부, 지출부 작성<br>•서류정리 및 보존: 회계년도가 마감된 후로부터 5년간 보존<br>-지출서류(건별), 지출증빙서(매월 또는 분기별), 장부정리(건별) |
| 결산 | •결산의 기능: 예산집행의 타당성 검토, 차기 예산 편성의 합리성 도모<br>•매회계년도 종료 후 2월 이내 운영위원회 제출, 3월 이내 유치원운영위원회 자문을 거쳐 확정<br>•결산공개, 교육지원청(해당관할청) 보고 |

그림 9-3 회계업무 흐름도

| 출처 | 부산광역시교육청(2015). 사립유치원 회계 업무 매뉴얼.

### (2) 예산 편성

**1 예산 편성의 개념**

유치원의 예산 편성은 1년간 유치원의 교육활동을 위한 세입과 세출의 체계적인 계획서로 원아들에게 징수하는 입학금, 수업료, 전년도 사용잔액, 수익자부담교육비 등을 가지고 1년간 유치원 운영에 필요한 경비를 활동사업(과목)별로 추정하여 편성하는 것을 의미한다. 예산 편성은 전년도 현황을 파악하여 현실성 있고 구체적으로 편성하여 과부족이 발생하지 않도록 해야 한다.

### 2 예산 편성 요령

- 예산 편성 시 유아교육법, 사립학교법과 동법 시행령 · 시행규칙 및 사학기관 재무 · 회계규칙, 사학기관 예산 편성 및 결산지침, 전년도 예산규모 및 집행실적, 소속 교육청의 교육시책, 기관의 재정 사항을 충분히 고려하여야 한다.
- 한 회계년도의 모든 수입을 세입으로, 모든 지출을 세출로 하여 모두 예산에 포함하여야 한다(회계년도는 매년 3월 1일에 시작하여 다음 연도 2월 말일에 종료).
- 해당년도의 경비는 해당년도의 세입에서 사용하여야 하고 현 연도에 책정한 경비를 다음 연도에 사용해서는 안된다(단, 부득이하게 현 연도 예산을 다음 연도에 사용하여야 하는 경우는 이월처리하여 사용함).
- 모든 수입을 지정된 수납기관에 납부하여야 하며, 직접 사용해서는 안된다.
- 특정목적을 위하여 할당된 예산액은 그 목적을 위해서만 사용하여야 하며, 예산 초과 지출과 목적 이외의 지출은 금지한다.
- 유치원운영위원회 자문을 거쳐 확정된 예산서 및 결산서를 학부모 등에게 공개한다.
- 한 회계년도에 속하는 모든 수납과 모든 지출을 끝내는 기한을 출납폐쇄기한이라 말하며, 유치원회계의 출납은 회계년도 종료 후 20일이 되는 날(3월 20일)에 마감한다. 만약 이 날이 공휴일인 경우 전날까지 업무를 처리해야 한다.

### 3 예산 편성 절차

일반적으로 유치원에서 이루어지는 예산 편성 절차는 다음 | 그림 9-4 | 와 같다.

| 구분 | 일정 | 주제 | 주요 내용 |
|---|---|---|---|
| 유치원 준비 사항 | 연중 | 유치원장 | • 의존수입(이전수입)을 제외한 단위학교 자체수입 재원의 정확한 추계<br>• 세입 세출 예산 추정 및 고정경비 산출 |
| (법인 유치원만 해당) 예산 편성 요령 시달 | 12월 말 | 이사장 | • 법인 이사장은 매 회계년도 개시 2월전 예산 편성 요령을 정하여 유지 · 경영하는 유치원에 시달<br>–이사장 예산 편성 요령(학교 전출금 규모 등)<br>• 예산과목 및 내용 등 유치원예산운영에 관하여 필요한 제반 내용 |
| 교직원의 예산요구서 제출 | 12월 | 유치원장 | • 교육과정에 따라 필요한 예산 등 요구서를 받아 취합함 |
| 예산조정작업 및 예산안 확정 | 1월 | 유치원장 | • 부서별 예산요구서 제출 및 취합<br>• 예산사정작업<br>• 예산조정심의 및 예산안 편성 |
| 운영위원회 제출 | 1. 29. 까지 | 유치원장 | • 회계년도 개시 30일 전까지 유치원운영위원회에 제출하여 자문 받음 |
| (법인 유치원만 해당) 법인 제출 | 1. 31. 까지 | 유치원장 | • 회계년도 개시 1월 전까지 이사장에게 제출 |
| (법인 유치원만 해당) 예산안 학교 송부 | 2. 18. 까지 | 이사장 | • 회계년도 개시 10일 전까지 유치원장에게 송부 |
| 운영위원회 자문결과 송부 | 2. 23. 까지 | 유치원 운영위원장 | • 회계년도 개시 5일 전까지 유치원운영위원장이 유치원장에게 자문결과를 통지 |
| 교육청 보고 및 공시 | 2. 23. 까지 | 유치원장 | • 회계년도 개시 5일 전까지 교육청에 예산안 제출 및 공시(교육청 및 유치원 홈페이지) |

**그림 9-4** 예산 편성 절차

| 출처 | 부산광역시교육청(2015). 사립유치원 회계 업무 매뉴얼.

### 4 예산 편성 내역

유치원의 예산은 세입 예산과 세출 예산으로 나누어 편성한다. 먼저 세입 부분은 보조금 및 지원금, 수익자 부담수입, 설치 · 경영자 이전수입, 차입금, 적립금 이전수입, 잡수입금, 기부 · 후원금수입, 지연수납수입, 전년도이월금으로 구분하여 추정 편성하고, 세출 부분은 인건비, 운영비, 일반교육 활동비, 선택적 교육 활동비, 적립금, 상환금, 반환금, 시설설비비, 지연지출금, 잡지출, 예비비로 편성한다.

## (3) 예산 집행

편성된 예산은 「사학기관 재무 · 회계 규칙」에 명시된 절차에 따라 성립한 예산이 아니면 집행하지 못하며, 추가경정 예산의 절차를 밟지 않고는 기정 예산을 초과하여 집행하지 못한다. 그리고 수입과 지출의 원칙에 따라 예산을 집행해야 하며, 예산의 집행 시에는 집행품의서 작성을 생략할 수 있다.

## (4) 결산

결산은 유치원을 운영함에 있어 추정 편성한 예산에서 회계년도 종료 후 당해 연도에 들어온 실질적인 세입과 세출의 결과를 계수로 표시하는 행위이다. 결산의 의의는 예산집행의 타당성을 검토하고 비효율적인 예산집행을 분석하여 다음 연도의 예산 편성 · 집행의 효율성을 도모하는 데 있다.

### 1 결산 요령

- 유치원의 세입 · 세출 결산서는 예산과목과 동일하게 작성하되 수입과 지출에 있어서의 예산액, 결산액, 비교증감을 명확히 하여야 한다.
- 전년도 사용 잔액과 이월금의 계상액은 반드시 일치하여야 한다.
- 세입 · 세출 결산액은 장부(세입 · 세출 내역부, 현금출납부 등)와 반드시 일치해야 하며, 임의수정하거나 변경하면 안된다.
- 각종 보조금(유아학비 보조금, 교육역량제고사업비 등)은 전액 계상하여 목적별로 구분하여 명기하고, 집행잔액은 반납조치하여야 한다.
- 산출기초는 반드시 집행사업과 지출내역을 상세하게 명기하고 사용 잔액은 잔고

증명과 일치하여야 한다.

- 결산액과 잔고증명서상의 금액이 상이할 경우에는 불부합조서를 첨부하여야 한다.
- 이사회 회의록에는 통과된 예산액과 결산액을 명기하여야 한다.
- 결산결과 발생된 사용잔액, 과년도수입은 익년도 추가경정예산에 반영하여야 한다.

## 2 결산 절차

결산 절차를 도식화하면 다음 [그림 9-5]와 같다.

| | |
|---|---|
| 회계년도 종료 | • 매년 2월 말일: 당해 회계년도의 징수행위 및 지출원인행위 종료 |
| 회계출납 폐쇄 | • 회계년도 종료 후 20일(3월 20일): 당해 회계년도에 징수행위 및 지출원인행위가 된 사항의 세입금 수납 및 세출금 지출 마감 |
| 결산서 작성 | • 회계년도 종료 40일 이내(4월 10일)<br>–제 장부 마감 및 세입 세출 예 · 결산서 작성(3~4월) |
| 결산서 제출 | • 회계년도 종료 후 40일 이내에 법인에 제출<br>• 회계년도 종료 후 2월 이내 유치원운영위원회 제출 |
| 결산안 확정 | • 회계년도 종료 후 55일까지 이사회 심의 · 확정<br>• 회계년도 종료 후 3월 이내 유치원운영위원회 자문 |
| 관할청 보고 및 공개 | • 회계년도 종료 후 3월 이내(5월 31일)<br>• 확정된 결산서를 관할 교육청에 보고, 기간 내에 제출하지 못할 경우에는 그 사유를 지체 없이 교육지원청 제출<br>• 결산서 공개(유치원 홈페이지 1년간) |

그림 9-5 결산 절차

| 출처 | 부산광역시교육청(2015). 사립유치원 회계 업무 매뉴얼.

이상에서 살펴본 유치원의 재무 · 회계 절차를 요약정리하면 다음 |표 9-7|과 같다.

**표 9-7 재무 · 회계 절차 총괄표**

<table>
<tr><th>구분</th><th>예산 편성</th><th colspan="2">예산 집행</th><th>결산</th></tr>
<tr><td>원칙</td><td>• 모든 수입은 세입과 세출 예산에 포함해야 함</td><td colspan="2">• 예산의 목적 외 사용금지<br>• 성립 전 예산의 집행금지<br>• 유치원의 수입기관 · 지출명령기관은 유치원장으로 함</td><td>• 유치원에 속하는 회계의 세입 · 세출 결산서는 예산 과목과 동일하게 작성</td></tr>
<tr><td rowspan="2">관련 서류</td><td rowspan="2">• 예산총칙<br>• 세입 · 세출 예산서<br>• 유치원 현황표<br>• 이사회관계회의록(법인의 경우)</td><td>회계장부의 종류</td><td>세출 예산 집행시 증빙서류</td><td rowspan="2">• 결산총괄표<br>• 세입 · 세출 결산서<br>• 이 · 전용 명세서<br>• 예금 잔액증명서<br>• 예비비사용 명세서<br>• 국가 및 지방자치 단체 보조금 명세서<br>• 교직원의 보수 일람표</td></tr>
<tr><td>• 재산 대장과 도면<br>• 물품관리 대장<br>• 징수부<br>• 징수결의서<br>• 수입일계표<br>• 지출부<br>• 현금출납부<br>• 금융기관과의 거래 입증 자료<br>• 그 밖의 관할청이 정하는 서류 및 장부</td><td>• 계좌입금에 관한 증빙서류 및 채권자의 영수증서<br>• 지출 결의서<br>• 계약에 관한 증빙서류<br>• 신용 카드로 지급한 경우 영수증서 및 내역서</td></tr>
<tr><td>과정</td><td>• 예산 편성 지침(1개월 전)<br>• 예산안 제출(개시 10일 전)</td><td colspan="2">• 세출 예산의 다음 연도 이월 및 계속(유치원 회계의 세출 예산 중, 경비의 성질상 당해 회계년도 안에 지출 못할 것으로 예측되는 경비 및 불가피한 사유로 연도 내에 지출 못한 경비)<br>• 수입금의 수납(수납일 당일, 금융기관이 소재지에 없을 때는 5일 이내)</td><td>• 세입 · 세출 결산 보고서 제출<br>–법인 이사장: 회계년도 종료 후 40일 이내 결산서 제출<br>–유치원 경영자: 회계년도 종료 후 55일까지 확정 제출</td></tr>
</table>

| 출처 | 보건복지부(2018). 2018년 보육사업 안내.

Chapter 10

# 사무관리

1. 사무관리 영역
2. 학사업무
3. 문서관리

영유아교육기관의 효율적이고 합리적인 운영을 위해서는 체계적인 사무관리가 필수적이다. 일반적으로 영유아교육기관에서 이루어지는 사무관리는 교육활동이나 행정업무와 관련된 제반 기록, 장부, 공문서 등의 기록과 작성 및 보관 · 관리 등의 업무 활동을 의미한다. 영유아교육기관이 보다 능률적이고 생산적인 조직이 되기 위해서는 영유아교육기관의 운영에 필요한 유용한 정보를 효율적으로 관리해야 한다.

본 장에서는 사무관리에 대한 이해를 돕기 위해 사무관리 영역을 먼저 살펴보고, 학사업무와 문서관리를 차례로 살펴보고자 한다.

# 1 사무관리 영역

일반적으로 영유아교육기관에는 원 관련, 아동 관련, 교육과정관리, 인사관리, 운영관리, 재정관리 등의 영역으로 구분하여 문서와 장부를 비치한다. 문서와 장부는 기관의 특성이나 규모에 따라 종류가 추가되거나 생략된다. 질 높은 교육을 제공하기 위해서는 기관 운영에 필요한 각종 문서와 장부들을 잘 작성하고, 영역별로 분류해서 관리 · 보관해야 한다.

여기에서는 어린이집 평가인증과 유치원평가에 근거하여 사무관리 영역을 나누었고, 추가 서류도 함께 제시하였다. 다음 |표 10-1|, |표 10-2|는 어린이집과 유치원에 비치해야 할 문서 및 장부이다.

**표 10-1 어린이집 비치 문서 및 장부**

| 영역별 | 대장 · 문서 |
|---|---|
| 원 관련 | • 시설의 연혁에 관한 기록부, 재산목록과 증명서류, 정관 및 관련 서류 |
| 아동 관련 | • 생활기록부, 관찰기록, 영유아 건강진단 카드, 아동비상연락망, 아동명부, 이용 신청자 명부, 입소신청서, 아동퇴소처리대장, 졸업대장, 출석부, 신입 원아 적응 프로그램, 인계과정에 대한 규정, 귀가동의서 |
| 교육과정 | • 연간 · 월간(또는 주간) 보육계획안, 보육일지, 부모동의서(보건복지부 양식: ○○어린이집 특별활동계획서 및 참여동의서) |
| 인사관리 | • 인사 · 복무 및 어린이집 운영에 관한 규정, 종사자 임용관리대장, 건강검진 실시 관련 증빙서류, 근로계약서, 인사기록 카드, 증명서발급대장<br>• 업무분장표, 당직일지, 휴가대장, 대체교사출근부, 자원봉사관리대장, 실습교사 관리대장, 신입인력 오리엔테이션 자료 및 실행기록<br>• 보수교육일지, 교사연수계획안 및 보고서, 교사연수대장<br>• 교사회의기록 |
| 운영관리 | • 어린이집 운영계획서, 어린이집 운영일지<br>• 문서접수 및 발송대장, 교재 · 교구대장, 도서대장, 소모품 및 자료실관리대장<br>• 아프거나 다친 영유아를 위한 절차, 응급처치동의서, 투약의뢰서, 투약일지, 전염성 질환의 예방 및 관리대책, 건강검진 관련 서류<br>• 위생점검표, 식단표, 급 · 간식 시행기록, 보존식 기록표<br>• 실내 · 외 시설 안전점검표 및 놀잇감 안전점검표, 보육실 환경 및 일일점검표, 소방 · 교통안전 · 재난대피 · 약물 오남용교육 계획 및 평가, 비상시 대처방안(비상대피도, 대피요령, 보육교직원 역할분담), 차량안전수칙, 안전사고보고서 및 일지<br>• 연간 부모교육계획 및 참여 활동 자료, 알림장, 가정통신문, 게시판, 홈페이지, 개별 면담기록<br>• 지역사회와의 연계 관련 자료, 운영위원회 회칙 및 회의록 |
| 재정관리 | • 현금출납부, 총계정원장, 봉급대장, 보육료대장, 비품대장, 계좌입금증명서<br>• 예산서 및 결산서, 수입결의서, 지출결의서, 반납결의서, 예비비사용조사, 과목전용조서, 정부보조금명세서<br>• 어린이집 재무회계를 처리하기 위해 컴퓨터 회계 프로그램 또는 정보 시스템에 의하여 전자 장부를 사용하는 경우에는 회계장부를 둔 것으로 봄(사회복지법인 및 사회복지시설 재무 · 회계규칙 제6조의 2 및 제24조) |

**표 10-2 유치원 비치 문서 및 장부**

| 영역별 | 대장 · 문서 |
|---|---|
| 원 관련 | • 유치원 내부규정집, 유치원 연혁, 역점과제기본 운영계획 및 사업별 실천 자료<br>• 유치원 규칙, 유치원일지 |
| 아동 관련 | • 생활기록부, 유아발달 상황기록 자료, 유아건강기록부, 아동비상연락망, 출석부(장기결석자 조사철), 원아이동 명부, 졸업대장, 수상대장, |
| 교육과정 | • 유치원교육 운영계획서, 연간 · 월간 · 주간 · 일일 교육계획안, 학급일지, 방과후 과정 교육계획안<br>• 체험 활동 및 인성교육 · 계획 실천 자료<br>• IEP(개별화 교육계획안) |
| 인사관리 | • 교직원 인사 · 보수 · 복무 규정, 인사발령대장, 임용대장, 교직원명부, 증명서 교부대장<br>• 업무분장표, 근무 상황표, 출장복명서, 비상연락망<br>• 연수대장 및 연수 자료, 원내자율장학계획서 및 협의록<br>• 교직원협의회 자료 |
| 운영관리 | • 문서접수 및 발송대장, 유치원 방문자 및 자원봉사자명부<br>• 위생점검 및 실내 · 외 시설 · 설비 안전점검 일지<br>• 급 · 간식 식단표<br>• 연간부모교육계획 및 참여 활동 자료, 학부모 만족도 조사 자료<br>• 지역사회와의 연계 관련 자료<br>• 연간 안전교육계획안 및 실행기록, 차량 안전점검일지, 소방대피훈련계획안 및 실시기록, 건강검진 서류, 응급처치 동의서 |
| 재정관리 | • 재산대장(교육용 재산)과 도면<br>• 비품대장, 소모품대장, 물품구입대장, 교재 · 교구 대장, 도서 대장<br>• 징수대장<br>• 예 · 결산서, 수입지출부와 금전출납부<br>• 계약서철, 각종 보험가입증서 |

# 2 학사업무

효율적인 학사업무를 위해서는 영유아교육에 관련된 학적관리, 출결관리 등 다양한 문서관리가 뒷받침되어야 한다. 여기에서는 전입 및 전출, 출결관리, 생활기록부관리 등 학사업무와 관련된 영역을 중심으로 살펴보고자 한다.

## 1) 전입 및 전출

**업무 단계별 처리방법**

1. 입학원서 작성
2. 입 · 퇴학 처리 대장 결재
3. 전 유치원에 공문 시행하여 생활기록부 송부 요청
4. 입학 처리, 원아현황판 수정
5. 입학원아 행정실 통보
6. 전입(입학)
   - 유치원에서 전입한 경우
     –유아학비지원(e–유치원시스템) 등록
   - 어린이집에서 전입한 경우
     –유아학비지원 절차를 안내하고 유아학비지원(e–유치원시스템) 등록

| 송부 요청을 받기 전 | 송부 요청을 받은 후 |
|---|---|
| ① 퇴학원서 작성<br>② 입 · 퇴학 처리 대장 결재<br>③ 유치원생활기록부에 반영하여 학적 기록<br>• 퇴학일 기재 3년 보관 후 폐기<br>④ 퇴학 처리, 원아 현황판 수정<br>⑤ 전출원아 행정실 통보<br>⑥ 유아학비지원(e–유치원시스템)에서 퇴학처리 | • 보호자가 요청할 경우 생활기록부를 출력하여 전출한 유치원으로 송부 |

| 출처 | 경기도교육청(2017b). 유치원 교무 · 학사 업무 매뉴얼.

### (1) 입학원서

입학원서는 영유아교육기관에 영유아가 입학할 때 학부모가 작성하여 제출하는 가장 기초적인 서류로, 담임교사가 영유아와 생활하기 전에 영유아에 관련된 정보를 미리 얻을 수 있는 자료이다. 다음은 어린이집의 입소원서 양식을 예시로 제시하였다.

## 입소 신청서

아래의 영유아가 귀 어린이집에 입소하고자 신청합니다.

년 월 일

신청자: (인)

○○ 어린이집 원장 귀하

|  |  | | | | | | |
|---|---|---|---|---|---|---|---|
| 신청인보호자 | 이름 | | | 관계 | | | |
| 신청인보호자 | 연락처(휴대폰) | | | 집 | | | |
| 신청인보호자 | 주소 | | | | | | |
| 신청인보호자 | 입소 영유아의 가족현황 | □부 □모 □조부 □조모 □기타 ( 명 ) | | | | | |
| 신청인보호자 | 비상연락 | 이름 | 관계 | 전화번호 | 이름 | 관계 | 전화번호 |
| 신청인보호자 | 비상연락 | | | | | | |
| 대상영유아 | 이름 | | 성별 | 남 여 | | 사진 | |
| 대상영유아 | 생년월일 | | | | | | |
| 대상영유아 | 건강상태 | □건강 양호 □허약 □질병 □기타 | | | | | |
| 대상영유아 | 특이 사항 | | | | | | |
| 대상영유아 | 타 어린이집 이용 경력 | 이용 시기 | □만 0세부터 | □만 1세부터 | □만 2세부터 | □만 3세부터 | □만 4세부터 |
| 대상영유아 | 타 어린이집 이용 경력 | 어린이집 유형 | □국 · 공립 | □사회복지법인 | □법인 · 단체 등 | | |
| | | | □민간 | □직장 | □가정 | | |
| | | | □협동 | □유치원 | □기타 | | |

「정보통신보호법」에 따라 본인 동의 없이 추가 작성이나 외부 유출 및 영유아 지원 정책 외 용도로 사용하지 않는 조건으로 정보 이용에 동의합니다.

| 출처 | 중앙육아종합지원센터(2017). 2017 어린이집 문서 및 서식 자료집.

### (2) 퇴학원서

## 퇴 학 원 서

반 명:
이 름:
생년월일: 년 월 일

위 어린이는 ( )으로 인하여 퇴학하고자 하오니 허락하여 주시기 바랍니다.

20○○ 년 ○ 월 ○ 일

보 호 자 (인)

○ ○ 유치원장 귀하

------------------------------------------------ 절취선

위 어린이를 퇴학원서에 의하여 제적하고자 합니다.

20○○ 년 ○ 월 ○ 일

| 결재 | 계 | 원감 | 원장 |
|---|---|---|---|
| | | | |

### (3) 입 · 퇴학 처리대장

| 결재 | | | 연 월 일 | 유아명 | 성별 | 보호자명 | 구분 | | 재적 | | | 사유 |
|---|---|---|---|---|---|---|---|---|---|---|---|---|
| 담임 | 원감 | 원장 | | | | | 입 | 퇴 | 남 | 여 | 계 | |
| | | | | | | | | | | | | |
| | | | | | | | | | | | | |

## 2) 출결관리

**업무 단계별 처리방법**

- **학교생활기록의 작성 및 관리에 관한 규칙**
  (교육부령 제282호) 별지 8호에 의한 출결 상황관리 참고
  - 수업일수에 관한 사항
  - 결석에 관한 사항
  - 질병 및 기타 사유로 인한 결석 처리 내용
  - 지각, 조퇴, 결과에 관한 사항

1. **출결 사항 확인 및 마감**
   - 출석부에 일별 출결 사항 확인
   - 출석부 월 출결 마감
2. **출석부 마감 후 결재**

1. **원아가 결석을 하게 되면 당일 전화로 확인**
   - 당일 확인이 되지 않는 경우 계속하여 확인 시도
2. **정당한 사유 없이 7일 이상 연속하여 결석한 경우**
   - 담임교사는 원아의 집을 방문하여 사유를 조사하고 근무 상황부 또는 출장 복명서에 방문 조사 기록을 남겨둠
3. **유치원 규칙에 의거 장기 결석자 처리**
4. **정당한 사유 없이 장기 결석을 하면 유치원 규칙에 따라 퇴원 처리**

| 출처 | 경기도교육청(2017b). 유치원 교무 · 학사 업무 매뉴얼.

출결 상황이 기록된 출석부는 반별로 담임교사가 작성하며, 매일의 출결 상황과 조퇴 · 지각을 표시한다. 그리고 매월 말 교육일수와 입 · 퇴원 원아 수를 기록하고 비고란에 해당 원아의 이름을 기록한다. 월말에는 재적 사항을 기록하여 결재를 맡는다.

출석부 관련 용어를 정리하면 다음 | 표 10-3 | 과 같다.

**표 10-3 출석부 관련 용어**

| 용어 | 내용 |
|---|---|
| 수업일수 | • 매 학년도 180일 이상을 기준으로 원장이 정함(「유아교육법 시행령」 제12조)<br>–교육과정의 수료에 필요한 출석일수: 유치원 규칙에 정하는 바에 의하여 원아의 교육과정 이수 정도를 감안하여 원장이 정한 날(「유아교육법 시행령」 제15조)<br>–전출, 제적, 자퇴, 퇴학일(결재일)까지를 수업일수에 삽입<br>–전 · 출입 시 공백 기간은 원장의 판단에 따라 그 사유가 인정되면 결석처리하지 않음 |
| 출석일수 | • 원아가 연간 총 출석한 일수 |
| 결석 | • 유치원 규칙에 의거 출석해야 할 날짜에 출석하지 않았을 경우 |
| 지각 | • 소정의 등원 시간에 출석하지 않았을 경우 |
| 조퇴 | • 소정의 하원 시간 이전에 하원하는 경우 |
| 기타 | • 유치원장이 인정하는 부득이한 개인사정으로 결석하는 경우<br>• 불가항력의 사유, 경조사, 현장체험, 질병으로 인한 결석, 사고로 인한 결석, 원장의 허가를 받아 결석하는 경우는 기타 결석에서 제외됨 |

| 출처 | 경기도교육청(2017b). 유치원 교무 · 학사 업무 매뉴얼.

다음 | 표 10-4 | 는 출석부의 기재 요령이다(경기도교육청, 2017b).

**표 10-4 출석부 기재 요령**

| 구분 | 기재 요령 |
|---|---|
| 숫자 기입 | • 모든 숫자는 아라비아 숫자로 기재 |
| 담임명 | • 한글로 쓰고 날인(통계를 마친 후) |
| 유아명 | • 유치원 생활기록부 순과 동일하게 기재 |
| 요일 및 공휴일 | • 일요일: 주서 및 주선으로 긋는다.<br>• 기타 공휴일: 첫 칸부터 공휴일명을 쓰고, 계속 공휴일일 때는 묶어서 적선 및 적서로 긋는다.<br>• 기타 요일: 흑색(청색)으로 긋는다.<br>• 방학 표시: 좌상우하로 긋는다.<br>– '출결 표시' 란은 방학한 날 1번 칸부터 마지막 날 끝번 칸까지 사선을 긋는다.<br>– '통계' 란은 별도로 방학한 날부터 해당 월의 방학 기간 날까지 사선을 긋는다.<br>• 작은 달 31일은 흑(청)선을 긋는다. |
| 중도전입생 처리 | • 중도 전입은 입학 순으로 한다.<br>• 전입 당일로 흑(청)색으로 (입)이라고 쓰고 그 전날까지는 흑(청)색으로 긋는다.<br>• 전입 사항 기재: (20) 3. 25 김영희 경기 ○○유치원에서 |
| 중도 전출 및<br>자퇴생 처리 | • 전출 및 자퇴 당일로 주서로 (퇴)라고 쓰고, 다음날부터 적선으로 긋는다.<br>• 전출한 다음날부터 익년 2월까지 주선을 긋되 전출한 달의 통계란은 주선을 긋지 않고 통계 처리한다.<br>• 전출 및 자퇴 사항 기재: 5. 6 (5) 김영희 경기 ○○유치원–주서로 쓴다. |
| 전입 · 전출 | • 전입 사항 기재: (10) 김가을 3. 25 경기 ○○유치원–흑(청)서로 쓴다. |
| 수업일수 | • 출석할 일수와 동일<br>• 전입유아는 전입일부터 당해 월말까지 출석한 일수를 계수하여 기재<br>• 전출유아는 전출한 날까지 수업일수로 산정하여 기재하고, 전입유치원에서 전출 당일 수업일수는 산정하지 않는다.<br>예 A 유치원에서 7월 2일자 자퇴일 경우, A 유치원의 수업일수에 포함 |
| 결석 표시 및 사유 | • 결석: 병결은 "○"로, 사고(무단)결은 "◎"로, 기타결은 "△"로 표시하고 출석부 하단의 결석 사유란에 사유를 예 와 같이 기재한다.<br>예 병결: (7) 홍길동 3. 5~3. 7 감기로 3<br>• 특별결석: 경조사 결석은 (△)로, 교환학습 ㉠, 현장체험학습 ㉩으로 표시하고 사유란에는 예시와 같이 사유를 기재하되 출석으로 인정한다.<br>예 경조사 결석: (8) 김갑순 4. 18 이모결혼 1<br>체험학습: (10) 김철수 6. 10 체험학습 1<br>※ 병결과 경조사결, 사고(무단)결 이외의 결석은 기타결로 처리한다. |

| 구분 | 기재 요령 |
|---|---|
| 결석 통계 처리 | • 일반 결석(병결 · 사고결 · 기타결)만 결석통계 처리한다.<br>• 출석으로 인정 처리하는 경우<br>–천재지변, 법정 전염병, 전쟁 등 불가항력 사유로 인해 출석하지 못한 경우<br>–부모와 함께하는 현장(체험)학습 등으로 인하여 출석하지 못한 경우<br>–경조사 결석 및 원장 결재를 득한 체험현장학습으로 인하여 출석하지 못하는 경우<br>–경조사별 결석일수 처리: 결석일수에 포함시키지 아니하며, 그 사유를 의견란에 기입하고 상벌 관계에 영향을 주지 않는다.<br>※ 장기 결석자 지도: 결석계를 제출하지 않고 결석을 3일 이상 할 때는 담임은 그 사유를 확인하여 출석부에 기재한 후 원장에게 보고해야 한다. 결석계를 제출한 결석이라도 3일 이상 결석 시 장기결석 학생 지도 사항란에 기록하고 결재를 받아야 한다. |
| 기록 내용의 정정 | • 수정할 글자나 숫자 중앙에 두 선을 그어 원 안의 글자나 숫자를 알 수 있도록 삭제 또는 수정된 곳에 취급자가 날인해야 한다. |

어린이집에는 모든 재원 아동에 대하여 아동명, 출석일, 등 · 하원 시간이 포함된 출석부를 작성하여 비치해야 한다. 담임교사가 출석부에 아동의 출결 상황 및 등 · 하원 시간을 기록하는 원칙이나, 담임교사가 기록하기 곤란한 경우 당번교사, 원장, 보조교사 등이 기록 가능하며, 보호자가 아동을 등 · 하원시킬 경우 보호자도 기록 가능하다(서면 출석부 또는 전자 출석부 중 선택하여 작성 가능하다.). 출석부의 반 구성 및 영유아 재원 사항은 보육통합정보시스템(CIS) 상의 정보와 동일하게 운영해야 한다. 다음은 어린이집의 출석부 양식을 참고로 제시하였다.

출석부(자율서식 작성 예시)

## ○○반(만 2세) 출석부

20○○년 1월　　담임교사: ○○○ (서명)　　원장: ○○○ (서명)

| 연번 | 이름 | 등원 시간 | 1 | 2 | 3 | 4 | 5 | 6 | 7 | 8 | 9 | 10 | 11 | 12 | 13 | 14 | 15 | 16 | 17 | 18 | 19 | 20 | 21 | 22 | 23 | 24 | 25 | 26 | 27 | 28 | 29 | 30 | 31 | 출석일수 |
|---|---|---|---|---|---|---|---|---|---|---|---|---|---|---|---|---|---|---|---|---|---|---|---|---|---|---|---|---|---|---|---|---|---|---|
| | | 하원 시간 | 월 | 화 | 수 | 목 | 금 | 토 | 일 | 월 | 화 | 수 | 목 | 금 | 토 | 일 | 월 | 화 | 수 | 목 | 금 | 토 | 일 | 월 | 화 | 수 | 목 | 금 | 토 | 일 | 월 | 화 | 수 | |
| 1 | 김 ○○ | 10:30 | | 11:00 | X | 10:00 | · | · | | | · | · | | | | | | | | | | | | | | | | | | | | | | |
| | | 17:30 | | · | · | · | · | · | | | · | · | | | | | | | | | | | | | | | | | | | | | | |
| 2 | 박 ○○ | 8:30 이전 | | · | 9:00 | · | · | · | | | · | · | | | | | | | | | | | | | | | | | | | | | | |
| | | 17:30 | | · | · | · | 17:00 | · | | | · | · | | | | | | | | | | | | | | | | | | | | | | |
| 3 | 허 ○○ | 9:00 | | · | · | · | · | · | | | · | · | | | | | | | | | | | | | | | | | | | | | | |
| | | 18:00 | | · | · | · | · | · | | | 17:30 | 18:30 이후 | | | | | | | | | | | | | | | | | | | | | | |
| 4 | 최 ○○ | 9:00 | | · | · | · | · | · | | | · | · | | | | | | | | | | | | | | | | | | | | | | |
| | | 18:30 | | · | · | · | · | · | | | · | · | | | | | | | | | | | | | | | | | | | | | | |
| 5 | 이 ○○ | 9:00 | | · | · | 09:30 | · | · | | | · | · | | | | | | | | | | | | | | | | | | | | | | |
| | | 18:00 | | · | · | · | · | · | | | · | · | | | | | | | | | | | | | | | | | | | | | | |
| 6 | 문 ○○ | 9:30 | | · | · | · | · | X | | | · | · | | | | | | | | | | | | | | | | | | | | | | |
| | | 17:30 | | · | · | · | · | · | | | · | · | | | | | | | | | | | | | | | | | | | | | | |
| 7 | 안 ○○ | 9:00 | | · | · | · | · | · | | | X | · | | | | | | | | | | | | | | | | | | | | | | |
| | | 18:30 이후 | | · | · | · | · | · | | | · | · | | | | | | | | | | | | | | | | | | | | | | |

## 3) 생활기록부관리

### (1) 법적 근거와 관리지침

#### 1 어린이집

- 어린이집 원장은 「영유아보육법」 제29조 2(어린이집 생활 기록)에 따라 영유아의 발달 등을 종합적으로 관찰 · 평가하여 영유아 생활지도 및 초등학교 교육과의 연계 지도에 활용할 수 있도록 생활기록부(전자서식 포함)를 작성 · 관리해야 한다.
- 어린이집의 장은 보호자의 요청 또는 아동이 전학하는 어린이집의 장 및 아동이 입학한 초등학교의 장 등이 생활지도에 필요하여 요청할 경우에는 보호자의 동의를 얻어 생활기록부 사본(전자서식 포함)을 송부하여야 한다.
- 생활기록부에 예방 접종 여부 및 내역에 관한 사항을 기록하여 관리한다. 보호자가 건강검진 거부 시 원장은 건강검진에 대한 안내를 3회 이상 고지 · 안내하며, 3회 안내 후에도 보호자가 건강검진 거부 시 원장은 건강검진 실시 여부와 거부 사유를 생활기록부 등에 기록한다.
- 영아반에서 유아반으로 상위반 편성이 되는 유아의 경우는 유아반 서식으로 새로 작성한다.

#### 2 유치원

- 유치원 역시 「유아교육법」 제14조, 제17조 2항에 의거, 원장이 유아의 생활지도 및 초등학교 교육과의 연계지도에 활용할 수 있도록 유아의 발달 등을 종합적으로 관찰하고 평가하여 교육부장관이 정하는 기준에 따라 생활기록부를 작성 · 관리하여야 한다.
- 유치원의 생활기록부는 「공공기록물관리에 관한 법률 시행령」 제2조 제7호에 따른 전자기록생산시스템을 통해 전자적으로 생산 · 관리하여야 한다(각 유치원에 설치되어 있는 업무포털의 업무관리시스템에서 생활기록부 기안을 작성하고 해당 생활기록부

를 붙임문서로 첨부하여 결재하는 것).

- 유치원생활기록부는 한글로 입력하고, 입력란이 부족할 때에는 유치원의 필요에 따라 추가할 수 있다.
- 유치원생활기록부 작성에 필요한 보조기록부는 각 유치원의 실정에 맞게 작성 · 사용함을 원칙으로 하되, 필요할 경우 시 · 도 교육청별로 일정한 서식을 작성 · 사용하게 할 수 있다.
- 유치원생활기록부는 준영구(70년) 보존해야 하는데, 각종 재해 등의 비상사태에 대비하여 유치원생활기록부 서식에 맞게 전체 항목을 출력하여 해당 유아가 졸업(또는 수료)한 후 5년 동안 유치원에 보존 · 관리한다. 5년이 지난 후에는 내부 결재를 득한 후 폐기한다.
- 유치원장은 유아의 보호자 또는 유아가 입학한 초등학교장 및 특수학교장이 유아의 생활지도에 필요하여 요청하면 보호자가 동의할 경우 유치원생활기록부를 출력하여 송부하여야 한다.
- 유아가 전학할 경우 유치원장은 보호자의 요청에 따라 유치원생활기록부 출력물과 전산 자료를 전학하는 유치원에 송부하고, 퇴학할 경우에는 유치원생활기록부를 퇴학일을 입력하여 전자기록생산시스템에 등록한다.

### (2) 작성지침

유치원을 중심으로 생활기록부의 작성 지침을 살펴보면 다음 | 표 10-5 | 와 같다.

**표 10-5 생활기록부의 작성 지침**

| 구분 | 기재 요령 |
|---|---|
| 인적 사항 | • 원아의 성명은 한글로 입력<br>• 성별 표시는 남 · 여로 입력<br>• 주민등록번호는 아라비아 숫자 표기<br>• 주소는 입학 당시의 주소와 변경 시의 주소를 차례로 입력<br>• '가족 상황' 란에 부모의 성명, 생년월일, 직업 입력<br>• '특기 사항' 란에 부모 외의 가족과 가족의 구성 형태, 다문화 가정 여부 입력 |
| 학적 사항 | • 입학, 전입, 전출, 퇴학, 졸업의 경우 연 · 월 · 일, 원명, 연령을 '특기 사항' 란에는 특기할 만한 사유 입력<br>• '졸업 후의 상황' 란에는 진학한 학교 등 유아의 진로 상황 입력 |
| 출결 상황 | • 출결 상황은 각 항목에 따라 아라비아 숫자로 기재<br>• 수업일수는 원장이 정한 출석해야 할 총 수업일수 기재<br>• 출석일수는 출석한 일수 기재<br>• 의견란에는 개근 및 일주일 이상 장기결석 등 사유 기재 |
| 신체발달 상황 | • 검사일은 아라비아 숫자로 기재<br>• '특기 사항' 란에는 유아의 신체가 학습 활동에 영향을 미치는 특별한 병력이나 전염병의 예방접종일 기재, 기타 특징적인 신체발달 상황을 간략히 기재 |
| 유아발달 상황 | • 교육과정에 제시된 제시된 신체운동 · 건강, 의사소통, 사회관계, 예술경험, 자연탐구 5개 영역의 발달 상황에 대한 관찰 결과를 구체적인 문장으로 입력하며, 문장의 끝맺음은 '~함', '~임' 등으로 통일하여 입력<br>• 기술 내용은 유치원교육과정에 제시된 수준별 내용을 준거로 기술하고, '종합발달 상황' 란에는 유아의 발달 상황에 대한 종합적 평가를 간략히 기재 |
| 기타 사항 | • '사진' 란에는 입학 당시의 상반신 컬러 사진 1매를 붙임<br>• '수료 · 졸업대장번호' 란에는 만 3세~6세아가 수료 · 졸업할 경우 아라비아 숫자로 수료 · 졸업학년도 및 수료 · 졸업대장번호를 입력한다. |
| 참고 | • 기입은 한글, 기입란이 부족할 경우 첨지 활용<br>–생활기록부 작성에 필요한 보조기록부는 원의 실정에 맞게 작성 사용<br>–생활기록부의 중요한 내용(성명, 주민등록번호, 출결 상황, 생활 영역별 발달 상황)을 삭제 또는 수정할 때는 생활기록부의 여백에 삭제 또는 수정한 자수를 표시하고 관인 날인 |

| 출처 | 교육부(2014). 유치원 생활기록부 기재요령.

한편, 어린이집과 유치원의 생활기록부 서식은 다음과 같다.

# 어린이집 생활기록부 (영아)

## 1. 인적 사항

<table>
<tr><td colspan="2">어린이집명</td><td colspan="5"></td></tr>
<tr><td rowspan="3">아동</td><td>이 름</td><td colspan="2">(한글)<br>(한자)</td><td>성 별</td><td>남 · 여</td><td rowspan="3">사진<br>(3×4㎝)</td></tr>
<tr><td>생년월일</td><td colspan="2"></td><td>입 · 퇴소일</td><td>입소<br>퇴소</td></tr>
<tr><td>주 소</td><td colspan="2"></td><td>혈 액 형</td><td></td></tr>
<tr><td rowspan="3">보호자</td><td>아동과의 관 계</td><td>부</td><td>모</td><td colspan="3">기 타</td></tr>
<tr><td>이 름</td><td></td><td></td><td colspan="3"></td></tr>
<tr><td>전화번호</td><td></td><td></td><td colspan="3"></td></tr>
</table>

## 2. 기본생활습관 및 발달 사항

<table>
<tr><td colspan="2">연령 / 영역</td><td>0세</td><td>1세</td><td>2세</td></tr>
<tr><td rowspan="3">기본생활습관</td><td>수 면</td><td></td><td></td><td></td></tr>
<tr><td>배 변</td><td></td><td></td><td></td></tr>
<tr><td>식 사</td><td></td><td></td><td></td></tr>
<tr><td rowspan="5">활동발달</td><td>신체운동</td><td></td><td></td><td></td></tr>
<tr><td>사회관계</td><td></td><td></td><td></td></tr>
<tr><td>의사소통</td><td></td><td></td><td></td></tr>
<tr><td>자연탐구</td><td></td><td></td><td></td></tr>
<tr><td>예술경험</td><td></td><td></td><td></td></tr>
</table>

## 3. 출결 상황

| 연령 / 구분 | 0세 | 1세 | 2세 |
|---|---|---|---|
| 보육일수 | | | |
| 결석일수 | | | |
| 의 견 | | | |

## 4. 영유아 표준예방접종*

| 대상전염병 | 백신종류 및 방법 | 접종차수 | 접종일자 | 접종기관 |
|---|---|---|---|---|
| 결핵 | BCG(피내용) | 1회 | | |
| B형 간염 | HepB | 1차 | | |
| | | 2차 | | |
| | | 3차 | | |
| 디프테리아<br>파상풍<br>백일해 | DTaP | 1차 | | |
| | | 2차 | | |
| | | 3차 | | |
| | | 4차(추가) | | |
| 폴리오 | IPV | 1차 | | |
| | | 2차 | | |
| | | 3차 | | |
| b형 헤모필루스 인플루엔자 | Hib | 1차 | | |
| | | 2차 | | |
| | | 3차 | | |
| | | 4차 | | |
| 홍역 · 유행성이하선염/ 풍진 | MMR | 1차 | | |
| 수두 | Var | 1회 | | |
| 일본뇌염 | JEV(사백신) | 1차 | | |
| | | 2차 | | |
| | | 3차 | | |
| | JEV(생백신) | 1차 | | |
| | | 2차 | | |
| 인플루엔자 | Flu | 매년 접종 | | |
| 장티푸스(24개월 이상부터) | 주사용 | 고위험군에 한함 | | |
| A형 간염 | HepA | 1차 | | |
| | | 2차 | | |
| 폐렴구균 | PCV(단백결합) | 1차 | | |
| | | 2차 | | |
| | | 3차 | | |
| | | 4차 | | |
| | PPSV(다당질) | 고위험군에 한함 | | |
| 기타 임시예방접종 등 | | *명칭 기재* | | |
| | | *명칭 기재* | | |

* 예방접종 도우미 사이트 참조.

| 출처 | 질병관리본부 예방접종도우미(https://nip.cdc.go.kr/irgd/).

## 5. 건강진단

| 연 령 | 실시 여부 | 실시일자 | 실시기관 | 비 고 |
|---|---|---|---|---|
| 0세 | | | | □ 영유아건강검진(차수: 차)<br>□ 영유아건강검진 외<br>□ 미실시(사유: ,<br>고지 횟수 · 일자: ) |
| 1세 | | | | □ 영유아건강검진(차수: 차)<br>□ 영유아건강검진 외<br>□ 미실시(사유: ,<br>고지 횟수 · 일자: ) |
| 2세 | | | | □ 영유아건강검진(차수: 차)<br>□ 영유아건강검진 외<br>□ 미실시(사유: ,<br>고지 횟수 · 일자: ) |

※ 실시 여부 표시: 실시의 경우 ○, 미실시의 경우 ×
※ 비고: 해당 항목 체크 및 내역 기재

## 6. 병력 기록

| 병 명 | 질병발생 연 · 월 · 일 및 질병의 정도 | |
|---|---|---|
| | 입 소 전 | 입 소 후 |
| | | |

## 7. 신체발달 상황

| 측정 시기 / 구분 | | | | | | | | |
|---|---|---|---|---|---|---|---|---|
| 신 장(㎝) | | | | | | | | |
| 몸 무 게(㎏) | | | | | | | | |
| 측 정 자 | | | | | | | | |

※ 비고: 18개월 미만의 영아는 2개월마다, 그 이상의 영아는 6개월마다 측정 · 기록한다.

기록관리자:

# 어린이집 생활기록부 (유아)

## 1. 인적 사항

<table>
<tr><td colspan="2">어린이집명</td><td colspan="6"></td></tr>
<tr><td rowspan="3">아동</td><td>이 름</td><td colspan="2">(한글)<br>(한자)</td><td>성 별</td><td>남 · 여</td><td rowspan="3">사진<br>(3×4㎝)</td></tr>
<tr><td>생년월일</td><td colspan="2"></td><td>입 · 퇴소일</td><td>입소<br>퇴소</td></tr>
<tr><td>주 소</td><td colspan="2"></td><td>혈 액 형</td><td></td></tr>
<tr><td rowspan="3">보호자</td><td>아동과의 관 계</td><td>부</td><td>모</td><td colspan="3">기 타</td></tr>
<tr><td>이 름</td><td></td><td></td><td colspan="3"></td></tr>
<tr><td>전화번호</td><td></td><td></td><td colspan="3"></td></tr>
</table>

※ 보호자란 중 부모가 있을 경우 양자 모두 기재

## 2. 출결 상황

| 연령 / 구분 | 0세 | 1세 | 2세 |
|---|---|---|---|
| 보육일수 | | | |
| 결석일수 | | | |
| 의 견 | | | |

## 3. 영유아 표준예방접종

<table>
<tr><th>대상전염병</th><th>백신종류 및 방법</th><th>접종차수</th><th>접종일자</th><th>접종기관</th></tr>
<tr><td>디프테리아<br>파상풍<br>백일해</td><td>DTaP</td><td>5차(추가)</td><td></td><td></td></tr>
<tr><td>폴리오</td><td>IPV</td><td>4차(추가)</td><td></td><td></td></tr>
<tr><td>홍역 · 유행성이하선염/ 풍진</td><td>MMR</td><td>2차</td><td></td><td></td></tr>
<tr><td rowspan="2">일본뇌염</td><td rowspan="2">JEV(사백신)</td><td>3차</td><td></td><td></td></tr>
<tr><td>4차(추가)</td><td></td><td></td></tr>
<tr><td>인플루엔자</td><td>Flu</td><td>매년 접종</td><td></td><td></td></tr>
<tr><td>장티푸스</td><td>주사용</td><td>고위험군에 한함</td><td></td><td></td></tr>
<tr><td colspan="2" rowspan="2">기타 임시예방접종 등</td><td>명칭 기재</td><td></td><td></td></tr>
<tr><td>명칭 기재</td><td></td><td></td></tr>
</table>

### 4. 신체발달 상황

| 구분 \ 연령 | 3세 | 4세 | 5세 |
|---|---|---|---|
| 신 장(㎝) | | | |
| 몸 무 게(㎏) | | | |
| 측 정 자 | | | |

기록관리자:

### 5. 활동발달 상황

| 성 명 | | | |
|---|---|---|---|
| 영역별 \ 연령 | 3세 | 4세 | 5세 |
| 기본생활습관 | | | |
| 신체운동 · 건강 | | | |
| 의사소통 | | | |
| 사회관계 | | | |
| 예술경험 | | | |
| 자연탐구 | | | |
| 종합의견 | | | |

# 유치원 생활기록부

| 구분 \ 연령 | 만 3세 | 만 4세 | 만 5세 |
|---|---|---|---|
| 수료 · 졸업대장번호 | | | 2017-98 |
| 반 | | | 달님반 |
| 담임 성명 | | | 홍○○ |

사진 (3×4)

## 1. 인적 사항

| 성명 | 김○○ | 성별 | 남 | 생년월일 | 20○○. 12. 3. |
|---|---|---|---|---|---|
| 주소 | ○○시 ○○구 ○○로 12, 345-6789(○○동, ○○아파트) | | | | |
| | | | | | |
| | | | | | |

| 가족 상황 | 구분 \ 관계 | 부 | 모 | 특기 사항 |
|---|---|---|---|---|
| | 성명 | 김△△ | 이○○ | |
| | 생년월일 | 1978. ○○. ○○. | 1979. ○○. ○○. | |

## 2. 학적 사항

| 2015년 | 3월 | 2일 | 사랑유치원 | 만 3세 입학 | 특기 사항 |
|---|---|---|---|---|---|
| 2015년 | 7월 | 1일 | 사랑유치원 | 만 3세 전출 | |
| 2015년 | 12월 | 1일 | 바다유치원 | 만 3세 전입 | |
| 2016년 | 2월 | 21일 | 바다유치원 | 만 3세 수료 | |
| 2017년 | 2월 | 22일 | 바다유치원 | 만 4세 수료 | |
| 2018년 | 2월 | 18일 | 바다유치원 | 만 5세 졸업 | |
| 졸업후의 상황 | | ○○초등학교 진학, 기타: | | | |

## 3. 출결 상황

| 연령 \ 구분 | 수업일수 | 결석일수 | 특기 사항 |
|---|---|---|---|
| 만 3세 | | | |
| 만 4세 | | | |
| 만 5세 | 183 | 0 | |

## 4. 신체발달 상황

| 구분 / 연령 | 1학기 | | | 2학기 | | | 특기 사항 |
|---|---|---|---|---|---|---|---|
| | 검사일 | 키 | 몸무게 | 검사일 | 키 | 몸무게 | |
| 만 3세 | 20 . . . | cm | kg | 20 . . . | cm | kg | |
| 만 4세 | 20 . . . | cm | kg | 20 . . . | cm | kg | |
| 만 5세 | 2017. 3. 21. | 125cm | kg | 2017. 10. 21. | cm | 27kg | |

## 5. 유아발달 상황

| 연령 | 영역별 | 발달 상황 |
|---|---|---|
| 만 3세 | 신체운동 · 건강 | |
| | 의사소통 | |
| | 사회관계 | |
| | 예술경험 | |
| | 자연탐구 | |
| | 종합발달 상황 | |
| 만 4세 | 신체운동 · 건강 | |
| | 의사소통 | |
| | 사회관계 | |
| | 예술경험 | |
| | 자연탐구 | |
| | 종합발달 상황 | |
| 만 5세 | 신체운동 · 건강 | 바깥놀이 활동에 적극 참여하고, 규칙적인 운동이 건강에 중요하다는 것을 알고 실천하며 옷을 항상 깨끗하게 입음 |
| | 의사소통 | 비슷한 말의 다른 말을 듣고 차이를 구별하며 문장의 맥락에서 의미를 구별하고 자발적으로 언어놀이에 적극적으로 참여함 |
| | 사회관계 | 친구와 서로 다른 점을 인정하며 함께 참여하는 즐거움을 느끼고, 갈등이 생겼을 경우 상대방의 관점에서 생각하는 태도를 갖고 있음 |
| | 예술경험 | 여러 가지 전래동요를 듣고 리듬과 노래를 즉흥적으로 만들기도 하며, 몸을 이용하여 주변 움직임을 다양하고 창의적으로 표현함 |
| | 자연탐구 | 일상생활에서 사용하는 기계와 도구에 관심이 많으며 일상생활 속에서 사용하는 수의 의미를 잘 알고 있음 |
| | 종합발달 상황 | 유치원생활을 즐거워하고 집단 활동에 적극적으로 참여하며 말과 행동이 바르고 언어능력이 뛰어나 자신의 감정을 잘 표현함 |

# 3 문서관리

## 1) 문서의 이해

### (1) 문서의 개념

일반적으로 모든 사무 활동의 기본적인 매체는 문서이다. 행정상 공문서라 함은 행정기관 또는 공무원이 직무상 작성하고 처리한 문서 및 행정기관이 접수한 문서를 말한다. '공문서' 란 행정기관에서 공무상 작성하거나 시행하는 문서(도면 · 사진 · 디스크 · 테이프 · 필름 · 슬라이드 · 전자문서 등의 특수매체기록을 포함)와 행정기관이 접수한 모든 문서를 말한다. '전자문서' 란 컴퓨터 등 정보처리능력을 가진 장치에 의하여 전자적인 형태로 작성되거나 송신 · 수신 또는 저장된 문서를 말한다.

### (2) 문서의 필요성과 기능

영유아교육기관의 모든 행정업무는 "문서로 시작해서 문서로 끝난다."고 할 정도로 행정 활동은 대부분 문서로 이루어진다. 가정통신문, 보육일지, 교육계획안부터 유치원평가나 어린이집 평가인증까지 문서작성 능력이 필요한 곳은 너무 많다. 문서의 필요성을 제시하면 다음과 같다.

- 내용이 복잡하여 문서 없이는 업무처리가 곤란할 때
- 업무처리에 대한 의사소통이 대화로는 불충분하여 문서가 필요한 때
- 행정기관의 의사표시 내용을 증거로 남겨야 할 때
- 업무처리의 형식상 또는 절차상 문서가 필요한 때
- 업무처리 결과를 보존할 필요가 있을 때

문서를 통해 자신의 의사를 구체적으로 표현하고, 타인에게 전달하고, 의사를 보존할 수 있고, 보관 · 보존된 문서는 필요한 경우 언제든 참고 자료 내지 증거 자료로 제공되어 행정 활동을 지원 · 촉진시키는 기능을 갖는다. 또한 문서는 기안 · 결재 및 협조 과

정 등을 통해 조직 내외의 업무처리 및 정보순환이 이루어져 업무의 연결 · 조정 기능을 수행하게 된다.

### (3) 문서의 종류

#### 1 작성 주체에 의한 구분

- 공문서: 행정기관에서 공무상 작성하거나 시행하는 문서와 행정기관이 접수한 모든 문서
- 사문서: 개인이 사적인 목적으로 작성한 문서를 말하며, 사문서를 행정기관에 제출하여 접수된 때에는 공문서로 인정

#### 2 유통 대상에 의한 구분

- 유통되지 않는 문서(내부결재문서)
  - 행정기관이 내부적으로 계획 수립, 처리방침 결정, 업무보고, 소관 사항 검토 등을 하기 위하여 결재를 받는 문서이므로 발신하지 않음
- 유통문서
  - 대내문서: 해당기관 내부에서 보조기관 또는 보좌기관 상호간 협조를 하거나 보고 또는 통지를 위하여 수신 · 발신하는 문서
  - 대외문서: 해당기관 이외에 국민이나 단체 또는 다른 행정기관 간(소속기관 포함)이나 국민, 단체 등에 수신 · 발신하는 문서
- 발신자와 수신자 명의가 같은 문서
  - 행정기관이 자신의 명의로 발신하고 자신의 명의로 수신하는 문서

#### 3 문서의 성질에 의한 구분

문서의 종류는 다음 | 표 10-6 | 과 같다.

**표 10-6** 문서의 종류

| 구분 | 세부 내역 |
|---|---|
| 법규문서 | • 헌법 · 법률 · 대통령령 · 총리령 · 부령 · 조례 및 규칙 등에 관한 문서 |
| 지시문서 | • 훈령 · 지시 · 예규 및 일일명령 등 행정기관이 그 하급기관 또는 소속 공무원에 대하여 일정한 사항을 지시하는 문서 |
| 공고문서 | • 공고문서 고시 · 공고 등 행정기관이 일정한 사항을 일반에게 알리는 문서 |
| 비치문서 | • 행정기관이 일정한 사항을 기록하여 행정기관 내부에 비치하면서 업무에 활용하는 대장 · 카드 등의 문서 |
| 민원문서 | • 민원인이 행정기관에 허가 · 인가 · 기타 처분 등 특정한 행위를 요구하는 문서 및 그에 대한 처리 문서 |
| 일반문서 | • 위의 각 문서에 속하지 아니하는 모든 문서 |

### (4) 문서의 성립과 효력 발생

문서의 성립과 효력 발생은 다음과 같다(서울특별시교육연수원, 2016).

- 문서는 결재권자가 해당문서에 서명(전자이미지서명, 전자문자서명 및 행정전자서명을 포함)의 방식으로 결재함으로써 성립한다.
- 문서는 수신자에게 도달(전자문서의 경우는 수신자가 관리하거나 지정한 전자적 시스템 등에 입력되는 것을 말함)됨으로써 효력을 발생한다.
- 공고문서는 그 문서에서 효력발생 시기를 구체적으로 밝히고 있지 않으면 그 고시 또는 공고 등이 있은 날부터 5일이 경과한 때에 효력이 발생한다.

## 2) 문서의 처리

### (1) 문서의 작성

문서의 모든 처리 절차는 업무관리시스템 또는 전자문서시스템상에서 전자적으로 처리되도록 해야 한다. 문서작성 시 일반적인 유의 사항은 다음 | 표 10-7 | 과 같다.

**표 10-7 문서작성의 일반적인 유의 사항**

| 구분 | 유의 사항 |
| --- | --- |
| 작성 전 | • 문서작성 목적을 정확하게 파악<br>• 목적에 맞는 정보를 수집, 선택<br>• 수집 · 정리한 정보를 기안 목적에 맞게 초안으로 작성하고 검토 |
| 작성 중 | • 어문규범을 준수하여 한글로 작성하되 특별한 사유가 없으면 이해하기 쉬운 용어를 사용<br>• 문서의 내용은 간결하고 명확하게 개조식으로 표현<br>• 일반화되지 않은 약어와 전문용어 등의 사용을 피해 작성<br>• 쉬운 우리말을 사용<br>• 국립국어원 등에서 선정한 행정용어 순화어를 활용<br>• 6하 원칙에 의거하여 작성하고, 애매한 표현이나 과장된 표현을 피함<br>• 문서작성 시 일반적인 원칙은 다음과 같음<br>–숫자: 아라비아 숫자 표기<br>–날짜: 숫자 표기, 연 · 월 · 일 글자 대신 마침표(.) 표시<br>예 2018. 1. 12.<br>–시간: 24시각제, 시 · 분 글자 대신 쌍점(:)으로 표시<br>예 오후 3시 20분 (×) → 15:20 (○)<br>–금액: 아라비아 숫자, 숫자 다음에 괄호를 하고 한글로 기재<br>예 금 113,560원(금 일십일만삼천오백육십원) |
| 작성 후 | • 작성 후에는 반드시 다시 읽어보고 내용이 쉽게 이해되는지, 빠지거나 틀린 부분은 없는지, 더 필요한 부분은 없는지 검토 · 확인하여 수정<br>• 두문과 결문의 구성 요소를 종합하여 검토함. 수신자의 지정, 결재권자 이름, 기안자 이름, 전화번호, 전자우편 주소, 기안일자 등을 반드시 확인 |

| 출처 | 행정안전부(2016). 행정업무 운영편람.

문서의 작성은 기안으로 시작된다. 기안에 대해 구체적으로 살펴보면 다음과 같다.

### 1 기안의 개념

- 행정기관의 의사를 결정하기 위하여 문안을 작성하는 것이다.
- 기안은 주로 상급자의 지시 사항이나 접수한 문서를 처리하기 위해서 혹은 어떤 사항의 문제해결을 위한 처리방안을 작성하여 결재권자에게 의사결정을 요청하기 위해 행해진다.
- 기안이 허가나면 그 안건을 실행하기 위해 만드는 문서를 시행문이라고 한다.

### 2 기안의 원칙

- 문서의 기안은 전자문서로 하는 것을 원칙으로 한다. 다만, 업무의 성질상 전자문서로 기안하기 곤란하거나 그 밖의 특별한 사정이 있으면 종이문서로 기안할 수 있다.

### 3 기안문의 작성

- 일반기안문: 일반적으로 사용하는 기안문 · 시행문, 두문 · 본문 · 결문으로 구성된다.
- 간이기안문: 보고서, 계획서, 검토서 등 발신할 필요가 없는 내부결재 문서에만 사용하며, 시행문으로 변환하여 사용할 수 없다.

문서의 기안은 다음 | 그림 10-1 | 과 같은 기안문의 구성 체계에 맞게 작성해야 한다.

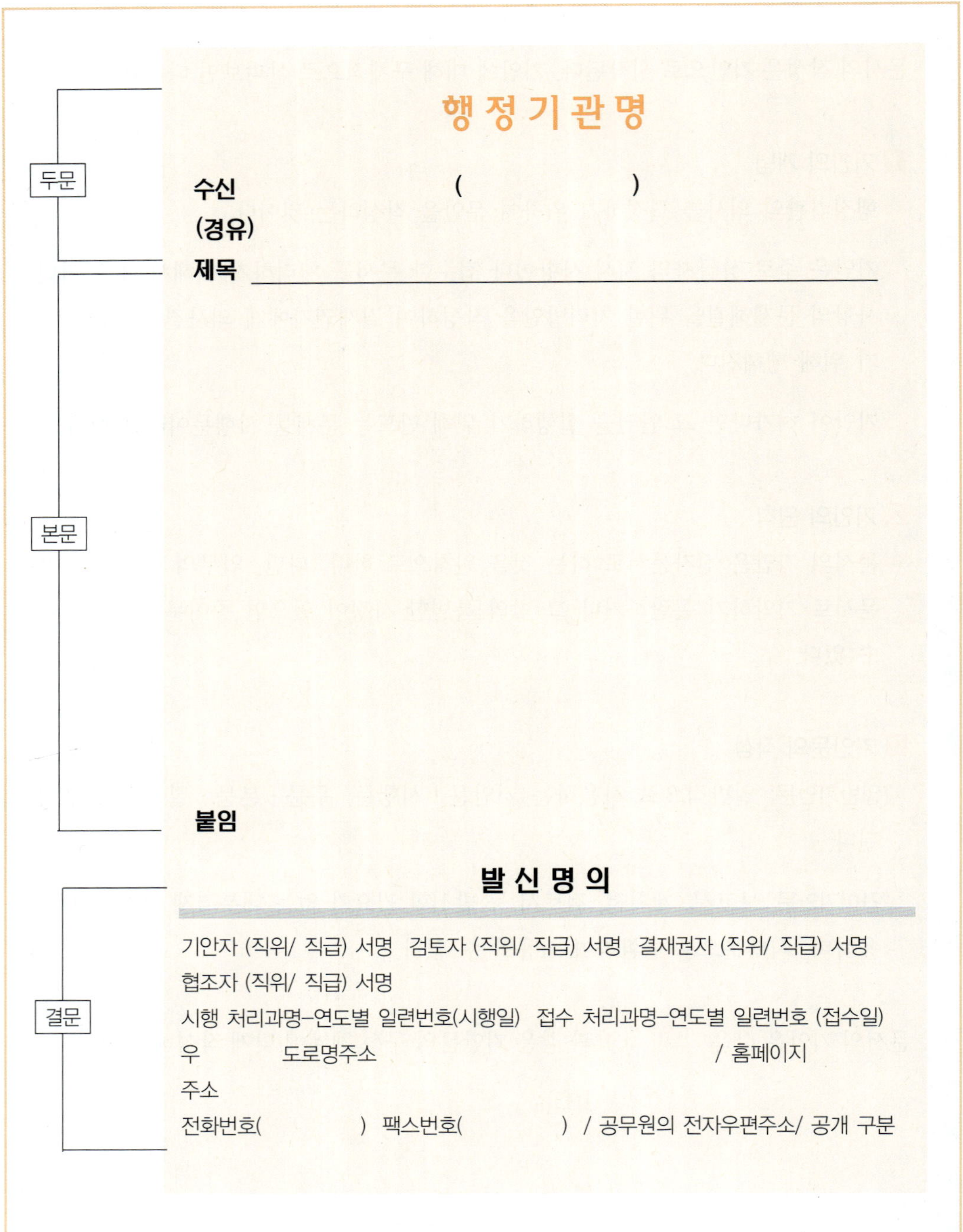


그림 10-1 문서의 구성 체계

## 두문

### 행정기관명의 표시

- 그 문서를 기안한 부서가 속한 행정기관 명칭을 표시하되, 다른 행정기관과 명칭이 동일한 경우에는 바로 위 상급기관 명칭을 함께 표시할 수 있다.
  예 동구 ⇒ 인천광역시 동구, 광주광역시 동구 등

### 수신자의 표시

- 수신자가 없는 내부결재문서의 수신란에는 '내부결재'로 표시한다.
  예 수신 내부결재
- 독임제기관의 장 또는 합의제기관의 장의 권한에 관한 사항인 경우에는 수신란에 해당기관의 장의 직위(수신명)를 쓰고, 그 다음에 이어서 ( ) 안에 그 업무를 처리할 보조기관이나 보좌기관의 직위를 쓴다.
  예 수신 서울특별시교육감(초등교육과장)
- 민원회신문서에는 수신란에 민원인의 성명을 먼저 쓰고, 이어서 ( ) 안에 우편번호와 도로명주소를 쓴다.
  예 수신 ○○○ (우03171 서울시 종로구 세종대로 209)

### 경유의 표시

- 경유기관이 없는 경우: 아무것도 적지 않고 빈 칸으로 둔다.
- 경유기관이 하나인 경우: (경유)란에 "이 문서의 경유기관의 장은 ○○○이고 최종 수신기관의 장은 ○○○입니다."로 표시한다.

### 로고 · 상징 등 표시

- 로고(상징)는 문서 상단의 '행정기관명' 표시줄의 왼쪽 끝에 2×2cm 범위 내에서 표시하고, 홍보문구는 행정기관명 바로 위에 표시한다.

## 본문

### 제목

- 문서의 내용을 쉽게 알 수 있도록 간단하고 명확하게 기재한다.

| 내용 |
| --- |
| • 내용<br>–기안의 근거를 밝히고 시작하며, 상대에게 전달하고자 하는 내용을 6하 원칙에 따라 간단명료하게 작성한다.<br>–표현하려는 뜻을 쉬운 말로 간략하게 작성한다.<br>• 항목 구분: 1. – 가. – 1) – 가) – (1) – (가) – ① – ㉮ 의 순으로 구분한다.<br>(하나의 항목일 경우 항목 구분을 하지 않음).<br>• 붙임<br>–본문이 끝난 줄 다음에 붙임을 표시한다.<br>–붙임의 표시: 본문 다음 줄에 "붙임" 2타 띄우고 붙임 명칭과 수량 표기한다.<br>예 붙임 ∨∨○○○계획서 1부.∨∨끝. (○) 붙임: 교육계획서 1부. (×)<br>• 끝 표시<br>–본문, 붙임 표시 끝났을 경우: 2타(∨∨) 띄우고 끝.<br>–오른쪽 끝에서 끝난 경우: 다음 줄 왼쪽에서 2타(∨∨) 띄우고 끝.<br>–표로 끝나는 경우: 다음 줄 왼쪽에서 2타(∨∨) 띄우고 끝.<br>• 첨부물의 명칭과 수량을 적되, 첨부물이 두 가지 이상인 경우 항목을 구분하여 표시한다. |

**결문**

• 발신명의: 행정기관장 명의로 기재하고 발신한다.
  예 ○○○유치원 원장, ○○어린이집 원장
• 기안자 · 검토자 · 협조자 · 결재권자의 직위 또는 직급 및 서명
• 생산등록번호(시행일) 및 접수등록번호(접수일) 표시한다.
• 우편번호, 주소, 홈페이지 주소, 전화번호, 팩스번호, 공무원의 전자우편 주소(업무관리시스템의 '개인설정' 메뉴에서 수정 가능)와 공개 구분을 표시한다.

문서작성과 관련된 좀 더 구체적인 내용은 다음을 참고하면 된다.

### ❶ 항목의 구분

문서의 내용을 둘 이상의 항목으로 구분하여 작성하고자 할 때에는 다음과 같이 나누어 표시한다.

| 구분 | 항목 기호 | 비고 |
|---|---|---|
| 첫째 항목<br>둘째 항목<br>셋째 항목<br>넷째 항목<br>다섯째 항목<br>여섯째 항목<br>일곱째 항목<br>여덟째 항목 | 1., 2., 3., 4., …<br>가., 나., 다., 라., …<br>1), 2), 3), 4), …<br>가), 나), 다), 라), …<br>(1), (2), (3), (4), …<br>(가), (나), (다), (라), …<br>①, ②, ③, ④, …<br>㉮, ㉯, ㉰, ㉱, … | 둘째, 넷째, 여섯째,<br>여덟째 항목의 경우,<br>하., 하), (하), ㉻ 이상<br>계속되는 때에는<br>거., 거), (거), 거,<br>너., 너), (너), 너…<br>로 표시 |

각 항목의 표시 위치 및 띄우기는 다음과 같다.

- 첫째 항목 부호는 왼쪽 처음부터 띄어쓰기 없이 바로 시작한다.
- 둘째 항목부터는 상위 항목 위치에서 오른쪽으로 2타씩 옮겨 시작한다.
- 항목이 한 줄 이상인 경우에는 항목 내용의 첫 글자에 맞추어 정렬한다. (예 Shift + Tab 키 사용)
- 항목기호와 그 항목의 내용 사이에는 1타를 띄운다.
- 항목이 하나만 있는 경우 항목기호를 부여하지 아니한다.
- 2타(vv 표시)는 한글 1자, 영문 · 숫자 2자에 해당

↓

수신vv한국보육진흥원장(보육지원팀과장)
(경유)
제목vvOOOOO
1.vOOOOOOOOOOOO
vv가.vOOOOOOOOOOOO
vvvv1)vOOOOOOOOOOOO
vvvvvv가)vOOOOOOOOOOOO
vvvvvvvv(1)vOOOOOOOOOOOO
vvvvvvvvvv(가)vOOOOOOOOOOOO
2.vOOOOOOOOOOOOOOOOOOOOOOOOOOOOOOOOOOOO

❷ 문서의 "끝" 표시

- 본문이 끝나면, 1자(2타) 띄우고 "끝" 자를 쓴다. (예 바랍니다.VV끝.)

(본문의 내용) ○○○○○○○○○○○○○○○○○○○○○○○○○○○○○○○○○○ 보고합니다.VV끝.

- 붙임이 있는 경우에는 붙임 표시를 한 다음에 1자(2타) 띄우고 "끝" 자를 쓴다.

(본문의 내용) ○○○○○○○○○○○○○○○○○○○○○○○○○○○○○○○○○○○○○○○
○○ 보고합니다.
붙임 1. ○○○○ 참가 신청서 1부.
　　2. ○○○○ 참가자 명단 1부.VV끝.

- 본문이나 첨부의 표시문이 오른쪽 한계선에서 끝났을 경우에는 다음 줄의 왼쪽 기본 선에서 1자(2타) 띄우고 "끝"이라 쓴다.

붙임 1. ○○○○○○○○○ 1부.
　　2. ○○○○○○○○○○○○○○○○○○○○○○○○○○○○○○○○○○○○○○○○○ 1부.VV끝.

- 서식(표)이 있는 경우
  - 기재 사항이 서식의 중간에 끝나는 경우: 기재 사항의 마지막 다음 줄에 '이하 빈 칸' 이라고 쓴다.
  - 기재 사항이 서식의 마지막 칸까지 작성되는 경우: 서식의 칸 밖의 다음 줄의 왼쪽 기본선에서 1자(2타) 띄우고 "끝" 자를 쓴다.

### ❸ 붙임물의 표시

- 본문이 끝난 다음 줄에 붙임을 표시한다.
- 붙임물이 두 가지 이상인 때에는 항목을 구분하여 표시한다.

### ❹ 문서의 수정

- 문서의 일부분을 삭제하거나 수정하는 경우에는 원 안의 글자를 알 수 있도록 중앙에 가로로 두 선을 그어 삭제하거나 수정하고, 그 곳에 서명이나 날인한다.
- 문서의 중요한 내용을 삭제하거나 수정하는 경우에는 문서의 여백에 삭제 또는 수정한 자수를 표시하고 서명이나 날인한다.
- 시행문을 정정한 경우에는 문서의 여백에 정정한 자수를 표시하고, 관인으로 날인한다.
- 전자문서를 수정할 수 없을 경우에는 수정한 내용대로 재작성하여 시행하며, 수정 전의 문서는 처리과의 장(기안자 · 검토자 또는 결재권자)이 보존할 필요가 있다고 인정하는 경우에는 이를 보존한다.

참고로 기안문과 시행문 양식은 다음과 같다.

유치원생활기록부 결재 기안문(예시)

# ○ ○ 유 치 원

**수신　내부결재**

**(경유)**

**제목　20○○학년도 유치원생활기록부 작성결과 보고**

1. 관련: 유치원생활기록부 작성 및 관리 지침 교육부 고시문 제2013-4호(2014. 10. 01.)
2. 위 호에 의거 20○○학년도 유치원생활기록부 작성결과를 붙임과 같이 보고합니다.
   가. 대　상: 20○○학년도 만 3~5세 유아 ○○명
   나. 작성자: 담임교사
   다. 유치원생활기록부 원아 현황

| 반명 (만 연령) | 학년초 재적 | | | 재적 증감 | | | | | | 학년말 재적 | | | 학적 사항 | | 작성자 |
|---|---|---|---|---|---|---|---|---|---|---|---|---|---|---|---|
| | | | | 입학 · 전입 · 재입학(증) | | | 퇴원(감) | | | | | | | | |
| | 남 | 여 | 계 | 남 | 여 | 계 | 남 | 여 | 계 | 남 | 여 | 계 | 수료 | 졸업 | |
| 새싹(3) | | | | | | | | | | | | | | | |
| 사슴(4) | | | | | | | | | | | | | | | |
| 계 | | | | | | | | | | | | | | | |

붙임 1. 새싹반(만 3세) 생활기록부 색인목록 1부
　　2. 잎새반(만 3세) 생활기록부 색인목록 1부
　　3. 사슴반(만 4세) 생활기록부 색인목록 1부.　끝.

○ ○ 유치원장

담당자　　　원감　　　　　　원장
협조자
시행 ○○유치원-　　(20○○.○○.○○)　　접수　　(　　　)
우 ○○○○○　　○○도 ○○시　　　　/www.
전화 (○○○)○○○-○○○○　　전송 (○○○)○○○-○○○○/　　　/ 공개

유치원생활기록부 송부 기안문(시행문 예시)

# ○ ○ 유 치 원

**수신** ○○초등학교장
**(경유)**
**제목** **유치원생활기록부(서○○) 송부**

---

1. 귀원의 무궁한 발전을 기원합니다.

2. ○○초-○호(20○○.○.○.)와 관련하여 본원 서○○(잎새반)의 유치원생활기록부를 다음과 같이 송부합니다.

가. 대 상: 서○○(잎새반)
나. 사 유:
다. 학적 사항: 20○○. 03. ○. 입학
20○○. 02. ○. 졸업

붙임 1. 유치원생활기록부(서○○) 1부. 끝.

## ○○ 유치원장

---

담당자 원감 원장
협조자
시행 ○○유치원- (20○○.○○.○○) 접수 ( )
우 ○○○○○ ○○도 ○○시 /www.
전화 (○○○)○○○-○○○○ 전송 (○○○)○○○-○○○○/ / 공개

### (2) 문서의 검토 · 협조 · 결재

#### 1 검토

- 직제상 상급자가 그 소속 공무원이 기안한 내용을 분석하고 점검하여 동의 여부를 결정(수직적 합의)
- 결재 받기 전 반드시 검토 과정 필수, 검토자는 문서 수정, 반려 가능
- 검토자 부재 시에는 검토자 서명란에 공석사유를 명시하고 검토 생략

#### 2 협조

- 기안문의 내용이 행정기관 내의 다른 보조기관 또는 보좌기관의 업무와 관련이 있을 때에는 그 기관의 협조를 받아야 하고, 협조자는 기안문의 수정이나 반려 없이 의견 제시만 가능하다.

#### 3 결재

| 종류 | 내용 |
|---|---|
| 결재 | • 행정기관의 의사를 결정할 권한을 가진 자(주로 행정기관의 장)가 직접 그 의사를 결정하는 행위 |
| 전결 | • 행정기관의 장으로부터 업무의 내용에 따라 결재권을 위임받은 자가 결재<br>• 전결하는 사람의 서명란에 '전결' 표시를 한 후 서명 |
| 대결 | • 결재권자가 휴가, 출장, 그 밖의 사유로 결재할 수 없을 때에 그 직무를 대리하는 자가 행하는 결재<br>• 위임전결 사항이 아닌 사항을 대결하는 경우('대결' 만 표시)<br>• 위임전결 사항을 대결하는 경우('전결' 과 '대결' 을 함께 표시) |

### (3) 문서의 결재 및 시행

담당자가 작성하여 기안한 문서는 원장의 결재를 받은 후 문서등록 대장에 기재한다. 문서의 시행은 내부적으로 성립한 행정기관의 의사를 외부로 표시하는 단계로서 문서의 효력을 발생하게 하는 절차를 말한다. 문서의 시행은 전자문서시스템을 활용한 전자문서로 하는 것이 원칙이지만, 업무의 성격이나 기타 특별한 사정이 있는 경우에는 종

이문서로 시행할 수 있다. 이 경우는 결재가 끝난 이후에 종이문서는 기안문의 내용을 동일하게 작성하거나 복사하여 발신기관의 관인을 찍으면 시행문이 되고, 전자문서는 전자문서시스템에서 전자이미지 관인을 찍으면 시행문이 된다. 정보통신망을 통한 발신, 우편 · 팩스, 홈페이지 게시 · 관보게재, 고시 · 공고, 교부 등의 방법으로 시행한다.

### (4) 문서의 발송

작성된 문서는 행정기관이나 외부기관에 발송하게 되는데 사무실에 발송 대장을 비치하여 문서의 발송 상황을 기록 · 정리한다. 특히, 공문서를 인편이나 우편으로 발송할 때는 문서의 첫면 하단에 발송인을 찍어 발송한다.

참고로 문서발송대장 양식을 제시하면 다음과 같다.

**문서발송대장**

| 번호 | 발송 일자 | 문서 번호 | 수신처 | 참조 | 제목 | 첨부물 | | 발송방법 (우편, 이메일, 팩스 등) | 비고 |
|---|---|---|---|---|---|---|---|---|---|
| | | | | | | 명칭 | 수량 | | |
| 1 | | | | | | | | | |
| 2 | | | | | | | | | |
| 3 | | | | | | | | | |

※ 보육통합정보시스템(CIS)을 통해 이루어지는 문서의 발송을 포함. 우편, 이메일, 팩스 등 어린이집에서 발송하는 일체의 문서를 기록 · 관리

| 출처 | 중앙육아종합지원센터(2017). 2017 어린이집 문서 및 서식자료집.

### (5) 문서의 등록 · 접수 및 공람

영유아교육기관에 접수된 공문서는 당해 문서에 대한 결재가 끝난 즉시, 문서처리인을 찍어 결재일자 순에 따라 문서등록 대장에 등록 · 관리하며, 등록번호는 기관코드와 연도별등록번호 일련번호를 사용한다. 문서등록의 표시가 없는 접수문서는 문서표지의 왼쪽 상단에 문서등록의 표시를 한 후에 문서등록 대장에 등록한다. 처리과별로 문서등록 대장에 생산문서 · 접수문서를 통합하여 등록번호를 부여 · 관리하고, 등록번호

는 기관코드와 연도별등록번호 일련번호로 구성한다. 내부결재문서는 문서등록 대장의 수신란에 '내부결재' 라고 표기한다. 기안문 · 시행문 등의 생성문서의 생산등록번호는 생산등록번호란이나 문서번호란에 표기한다. 접수문서의 접수등록번호는 먼저 시행문서식이나 접수인에 의하여 접수된 기록물은 접수번호란에 생산등록번호 표기하고, 이외의 접수기록물은 우측 상단 여백에 생산등록번호를 표기한다.

**문서접수대장**

| 번호 | 접수 일자 | 문서 번호 | 발신처 | 제목 | 접수자 | 비고 |
|---|---|---|---|---|---|---|
| 1 | | | | | | |
| 2 | | | | | | |
| 3 | | | | | | |

※ 보육통합정보시스템(CIS)을 통해 이루어지는 문서를 포함하여 어린이집에 들어오는 문서를 접수일자별로 기록 · 관리, 또한 접수자는 접수문서의 공개 · 비공개 등을 분류하여 보육교직원의 공람 여부 확인 가능

| 출처 | 중앙육아종합지원센터(2017). 2017 어린이집 문서 및 서식 자료집.

- 문서과로 문서가 접수: 접수일시를 표시하고 지체 없이 처리과로 배부
- 접수란이 없거나 전자적으로 표시할 수 없는 경우: 문서의 오른쪽 상단 여백에 접수인을 찍고 접수일시와 접수등록번호 기재
- 처리과 문서담당자는 접수문서를 처리담당자에게 인계하고 처리담당자는 해당 문서에 대한 공람을 거쳐 업무처리 종결
- 공람 대상 문서
  - 결재권자로부터 처리지침을 받아야 할 필요가 있는 문서
  - 민원문서
  - 행정기관이나 보조(보좌)기관 간의 업무 협조에 관한 문서

- 접수된 문서를 처리하기 위하여 미리 검토할 필요가 있는 문서
- 그 밖에 공무원의 신상, 교육 · 훈련 등과 관련하여 공무원이 알아야 할 문서

**tip 문서의 처리과정**

- **생산문서의 처리:** 기안(기안자) → 결재 및 시행 → 발송 → 보관
- **접수문서의 처리:** 등록 및 접수(접수자) → 배부 → 공람 → 편철 및 정리

### (6) 문서의 보존

문서는 일정한 기준에 따라 분류, 편철하고 보관, 보존하며 불필요한 문서는 즉시 폐기해야 한다. 문서를 무한정 보존할 수 없기 때문에 다음과 같은 문서 보존 기간을 검토하여 폐기하는 것이 바람직하다. 장부 등의 보존기간은 「공공기록물관리에 관한 법률시행령」 제26조 제1항에 준하여 아래와 같이 하되, 전자적 문서로 보존할 수 있다. 참고로 어린이집의 문서 보존 기간을 제시하면 다음과 같다.

**표 10-8 어린이집의 문서 보존 기간**

| 구분 | 보존 기간 |
|---|---|
| • 기관 및 단체의 신분, 재산, 권리, 의무를 증빙하는 서류<br>–인사기록 카드, 보육교직원관리대장 등 | 준영구 |
| • 공사 관련 장부 및 증빙서류 | 10년 |
| • 회계 관련 장부 및 증빙서류<br>–현금출납부, 총계정원장, 재산대장, 비품관리대장<br>–과목전용조서, 수입 · 지출 원인행위 위임에 관한 위임장<br>–보육료대장, 봉급대장<br>–수입과 지출에 따른 증빙서류 등<br>• 영유아 생활기록부 | 5년 |
| • 기타 어린이집 운영에 관한 서류<br>–어린이집 운영일지<br>–어린이집 이용 신청자 명부 및 이용아동연명부<br>–연간 · 월간 · 주간 보육계획안, 보육일지 등 | 3년 |
| • 기타 업무연락, 통보, 조회 등과 관련된 기록물 | 1년 |

| 출처 | 서울특별시 · 서울시육아종합지원센터(2016). 2016 서울시 어린이집 업무 매뉴얼.

### 1 문서의 편철 및 정리

- 처리가 끝난 문서는 완결일자 순으로 최근 문서가 위에 오도록 철하며, 보존기간이 영구인 문서는 완결일자 순으로 최근 문서가 위에 오도록 철한다.
- 문서를 기능별 · 보존기간별로 분류하여 200매 기준으로 묶는다.
- 문서의 색인목록은 문서철 뒷면에 첨부하거나 인쇄하고, 문서의 색인목록을 작성할 때에는 개별문서 단위로 기재한다.
- 문서철의 면 표시는 문서의 아래 오른쪽에 일련번호를 기입하며 밑에서부터 위로 기입한다.

### 2 문서의 폐기

주관부서는 보존기간이 끝난 문서나 보존할 필요가 없는 문서를 조사하여 소관부서와 협의하여 매년 2월 말까지 폐기한다. 폐기문서는 보존문서 기록 대장에 폐기일자를 기록한 후 소각한다. 다만, 비밀문서나 중요 문서를 제외하고는 재생 활용한다.

## 3) 전자문서시스템

영유아교육기관에서 행정을 수행할 때 다양한 서류의 보관과 문서의 기록을 보관 · 처리하는 관리 업무가 요구되는데, 어린이집은 보육통합정보시스템을 통해서, 유치원의 경우에는 유치원알리미를 통해 업무처리가 이루어진다.

### (1) 보육통합정보시스템

어린이집에서 사용되는 보육통합정보시스템(http://cpms.childcare.go.kr)은 학부모의 보육 서비스 이용을 쉽게 하고 어린이집과 행정기관의 편리성을 제고하기 위해 구축되었다. 보건복지부에서 학부모의 보육 서비스의 정보접근성을 높

이고 어린이집 운영, 아동관리, 교직원관리, 설치운영정보관리, 보육료의 지불, 정산, 자금관리 등의 어린이집 행정 업무를 효율적으로 지원하고 지자체의 어린이집 인허가, 보조금 승인, 지도점검 등을 원활하게 하기 위해 구축한 시스템이다. 보육통합정보시스템은 행정지원시스템, 어린이집지원시스템, 바우처지원시스템, 예탁자금관리시스템, 임신육아종합포털 아이사랑으로 구성된 통합정보시스템으로서 전국 어린이집 원장, 복지부 · 지자체 보육담당자, 유관기관 업무담당자, 보육교사 등이 주된 사용자이다.

### (2) 유치원알리미

유치원은 유치원알리미(http://e-childschoolinfo.moe.go.kr) 사이트를 통해 유치원의 주요 정보를 공개하고 있다. 유치원 정보공시(유치원알리미)는 유치원 전반의 주요 정보를 객관적이고 투명하게 공개하는 제도로, 학부모의 알권리를 보장하고 유치원의 실태를 정확하게 파악하여 유아 교육의 질을 높이기 위한 제도이다. 유치원 정보공시제의 도입목적은 첫째, 유치원별로 다양한 장점 등의 정보를 제공하여 학부모의 선택권을 강화하는 것이다. 둘째, 유치원 관련 국가통계를 확보하고, 국민의 알 권리 보장 및 유치원 교육정보에 대한 학부모의 요구가 증가되는 시점에서 유치원 운영의 투명성을 제고하기 위해 도입되었다.

유치원 공시정보 항목은 다음과 같다.

**표 10-9 유치원의 공시정보 항목**

| 공시정보 항목 | 공시정보 범위 | 공시 횟수 | 공시 시기 |
|---|---|---|---|
| 1. 유치원 규칙 · 시설 등 기본 현황 | 가. 일반 현황 | | |
| | 1) 기관 기본 현황 | 연 1회 | 4월 |
| | 2) 유치원 규칙 | 연 1회 | 4월 |
| | 3) 원장명, 설립 · 경영자명 | 연 1회 | 4월 |
| | 나. 교지 · 교사 등 시설 현황 | 연 1회 | 4월 |
| 2. 유아 및 유치원 교원 등에 관한 사항 | 가. 연령별 학급수 · 원아수 | 연 2회 | 4월, 10월 |
| | 나. 교직원 현황 | | |
| | 1) 직위 · 자격별 교직원 현황 | 연 2회 | 4월, 10월 |
| | 2) 교사의 현 기관 근속연수 | 연 2회 | 4월, 10월 |
| 3. 유치원교육과정 및 방과후 과정 편성 · 운영에 관한 사항 | 가. 교육과정 편성 · 운영에 관한 사항 | 연 1회 | 4월 |
| | 나. 방과후 과정 편성 · 운영에 관한 사항 | 연 1회 | 4월 |
| | 다. 수업일수 현황 | 연 1회 | 4월 |
| 4. 유치원 원비 및 예 · 결산 등 회계에 관한 사항 | 가. 유치원 원비 현황 | | |
| | 1) 교육과정비, 방과후 과정 운영비 | 연 2회 | 4월, 10월 |
| | 2) 특성화 활동비 | 연 2회 | 4월, 10월 |
| | 나. 유치원 회계 예 · 결산서 | 각 연 1회 | (예산) 4월, (결산) 10월 |
| 5. 유치원의 급식 · 보건관리 · 환경위생 및 안전관리에 관한 사항 | 가. 급식관리 현황 | | |
| | 1) 급식실시 및 급식사고 발생 · 처리 현황 | 연 2회 | 4월, 10월 |
| | 2) 식단표 | 수시 | 수시 |
| | 나. 환경위생관리 현황 | 연 2회 | 4월, 10월 |
| | 다. 안전점검 및 안전교육 현황 | 연 2회 | 4월, 10월 |
| | 라. 공제회 및 보험가입 현황 | 연 2회 | 4월, 10월 |
| 6. 「유아교육법」 제30조부터 32조까지의 시정명령 등에 관한 사항 | 가. 위반 내용 및 조치 결과 | 수시 | 수시 |
| 7. 그 밖에 교육여건 및 유치원 운영상태 등에 관한 사항 | 가. 통학차량 운영 현황 | 연 2회 | 4월, 10월 |
| | 나. 유치원 평가에 관한 사항 | 연 1회 | 4월 |

출처 | 부산광역시교육청(2017). 2017 유치원 원감 업무 도움자료.

Chapter 11

# 학부모 및 지역사회와의 협력

1. 학부모와의 협력
2. 학부모 상담
3. 교육을 통한 학부모관리
4. 협력을 통한 학부모관리
5. 지역사회와의 협력

영유아의 발달은 영유아와 환경의 상호작용 결과물이며, 영유아 자신을 비롯하여 영유아를 둘러싼 가정, 영유아교육기관, 지역사회와 밀접하게 연결되어 있다(Marcon, 1994). 또한 가족 구조의 변화, 여성의 경제 활동 증가 등 사회의 급속한 변화로 인해 양질의 교육환경에 대한 관심은 증가하고 있으나, 맞벌이와 급변하는 사회 환경 속에서 학부모는 자녀 양육과 교육의 문제로 불안해하고 있다. 이러한 상황에서 어린이집 및 유치원은 영유아를 둘러싼 가정 및 지역사회와 협력하여 영유아의 발달을 돕고자 하는 것이 영유아교육기관 운영에서 매우 중요한 부분이 되었다. 따라서 본 장에서는 영유아의 긍정적 발달을 위해 어린이집과 유치원에서 이루어지는 학부모 및 지역사회와의 협력에 대해 살펴보고자 한다.

# 1 학부모와의 협력

영유아교육기관을 효율적으로 운영하기 위해서 영유아의 학부모와 긴밀한 관계를 유지하는 것이 중요하다. 영유아교육기관과 학부모가 서로 협력함으로써 기관은 영유아에 대한 정보를 공유하여 영유아에게 적절한 프로그램을 계획하고 운영할 수 있으며, 학부모는 가정에서 자신의 자녀를 기관에서의 교육과 같은 방향으로 일관성 있게 기를 수 있다. 즉, 기관과 학부모와의 연계는 영유아에게 질 높은 삶을 제공하고, 우수한 교육과정의 운영을 가능하게 한다. 여기서는 학부모 협력의 개념 및 중요성, 학부모 협력에서의 고려 사항, 학부모 협력을 위한 교사의 역할, 학부모 협력의 영향 등에 대해 살펴보도록 하겠다.

### 1) 학부모 협력의 개념 및 중요성

협력이란 동등한 지위와 권력을 가진 둘 이상의 주체 간에 공동의 목표와 흥미를 추구하기 위하여 지식과 기술을 나누고, 제반 문제를 해결하는 과정(이인원 외, 2011)으로, 부모와 교사는 영유아교육이라는 공동의 목표를 위하여 긴밀하게 연합하고, 권리와 책임을 나눌 때에 교육목표가 효과적으로 달성될 수 있다(Heflinger & Bickman, 1996). 이러한 협력이 이루어지려면 지식과 기술에 대한 상호 존중, 정직, 명확한 의사소통, 감정이입과 이해, 합의된 목표, 의사결정권의 공유, 비난의 삼가, 책무성 확립 등이 선행되어야 한다.

생태학적 교육과정 모델을 제시한 브론펜브레너(Bronfenbernner, 1979)도 학부모는 영유아교육기관의 교육과정 운영상 반드시 필요한 동반자이며, 부모와의 협력은 가정과 학교를 연결하는 기초가 된다고 하였다.

교사는 교육과정의 내용을 중심으로 학부모와 연계시킬 수 있는 방안을 모색하고, 가정의 고유한 문화와 현실 생활의 특징을 잘 파악하여 학부모의 협력을 이끌어내야 한다. 학부모의 특기나 취미, 직업과 관련된 정보나 전문기술을 적극적으로 활용하여 교수-학습의 심도를 깊게 할 수 있으며, 무엇보다도 교사 스스로 해결할 수 없는 문제도 학부모의 도움으로 해결할 수 있다. 부모는 영유아에 대한 깊은 이해를 바탕으로, 그들의 자녀에 대한 일상적인 지식뿐만 아니라 전문적인 지식을 제공할 수 있다. 교육과정 운영과 관련한 의사결정에서도 영유아와 가장 밀접하게 생활하는 부모의 의견을 적용하고 활용하는 것은 필수적이다. 이와 같이 학부모의 의견과 자원을 활용하면 유치원 및 어린이집은 학부모와 신뢰로운 협력 체제를 구축할 수 있으며, 이를 통하여 교육목표를 효과적으로 실현할 수 있을 것이다(박은혜 외, 2010).

### 2) 학부모 협력을 위한 고려 사항

어린이집 및 유치원의 효율적인 운영관리와 교육목표의 효과적 달성을 위한 핵심 요소인 학부모와의 협력관계 구축을 위해 다음과 같은 사항이 고려되어야 한다(황윤세 · 임미혜 · 이혜원, 2011).

첫째, 영유아교육전문가로서 교사는 부모와 어떻게 관계를 형성해 나가야 하는지에 대한 교육을 받아야 한다. 이를 위해 영유아교사 양성 기관에서 예비교사들에게 어린이집 및 유치원과 가정 간의 협력, 부모참여에 대한 교육과정을 제공해야 한다. 또한 현직교사들도 사회적 변화와 요구에 적합한 가정 및 부모 관련 재교육을 정기적으로 받을 필요가 있다.

둘째, 부모참여는 한 번에 이루어지는 것이 아니라 발달적인 과정이므로 계속적이고 체계적인 프로그램을 개발하고 적용해 나가야 한다.

셋째, 교사는 부모참여에 대한 지식, 개념, 기술, 태도 등을 발전시켜 나가야 한다. 즉, 영유아의 가정에 대해 깊은 이해를 해야 하며, 부모참여에 있어 방해가 될 수 있는 요인이 무엇인지 파악하고, 부모들과 부모참여의 목적을 공유할 수 있어야 하며, 부모들이 영유아교육에 있어 가정의 중요성을 인식할 수 있도록 해야 한다.

넷째, 부모참여에 대한 기대치가 현실적이어야 한다. 즉, 부모들이 부모협력 프로그램에 참여하지 못한 경우에 참석하지 못한 부모들 중 대다수는 여건이 허락하지 않아 혹은 참여할 수 있는 활동이 없어 포기했을 수도 있다. 그러므로 어린이집이나 유치원에서 부모참여 프로그램을 계획할 때는 가능한 많은 부모가 필요로 하고 참여할 수 있는 활동을 제공해야 한다.

다섯째, 교사는 영유아의 발달 상황을 정확히 파악하여 전문가적인 상담방법을 이해하고 적용해야 한다. 힘든 유아가 있듯이 힘든 부모도 존재하므로 이들 부모들과의 만남을 두려워하기보다는 어린이집 및 유치원과 잘 협조할 수 있도록 해야 한다.

이러한 고려 사항 이외에도 영유아교육기관은 부모들의 기관 방문을 언제든지 환영한다는 느낌이 들도록 기관의 분위기를 조성해야 하며, 부모 전용 공간을 제공하고 부모들 간에 서로의 생각과 의견을 공유할 수 있도록 한다.

### 3) 학부모 협력을 위한 교사의 역할

교사는 학부모가 올바른 영유아교육을 위한 훌륭한 파트너임을 인식하고 지속적이고 신뢰로운 관계 형성을 위해 노력해야 한다. 이를 위해 교사는 학부모들이 자발적으로 어린이집이나 유치원의 교육 및 보육 활동에 참여할 수 있도록 격려하는 역할을 해야 한다. 학부모와 협력관계 형성을 위한 교사의 역할을 살펴보면 다음과 같다(이인원 외, 2011).

첫째, 학부모와 합의된 역할을 공유하고, 상호 기여를 유도해야 한다. 교사는 영유아를 지도하는 사람으로 자신의 역할을 학부모에게 알리고, 학부모에게 어떤 역할을 해주어야 하는지를 명확하게 알려준다. 이와 함께 학부모들이 그 역할을 충실히 할 수 있도록 격려하며 협력해야 한다.

둘째, 영유아의 성장을 위하여 학부모와 교사가 합의된 목표를 설정하고, 그 목표를 효과적으로 달성하고 함께 일하도록 격려하고 유도한다.

셋째, 교사는 교육목표 달성을 위한 교수-학습 활동에 대해 학부모와 책임을 공유한다. 학부모와 교사의 협력 아래 각자의 역할에 대해서는 서로 신뢰하고, 교수-학습 활동을 학부모와 교사 공동의 책임과 성과로 인식해야 한다.

넷째, 교사는 학부모와 협력적 관계 형성을 위해 정직하게 정보를 공개해야 한다. 이러한 과정에서 서로에 대한 신뢰감이 구축될 수 있으며, 문제가 발생했을 때에도 현명하게 대처할 수 있다.

다섯째, 교사는 영유아의 지도에 있어서 교수-학습방법 및 교육 방침에 대해 설명함과 동시에 학부모의 의사결정권도 보장해 주어야 한다.

### 4) 학부모 협력의 영향

영유아교육기관에서 학부모 및 가정과의 협력을 위해 기울이는 노력은 기관이나 가정에 긍정적인 영향을 미친다. 특히 교사와 학부모의 협력은 영유아의 성장과 발달에 필수적이다. 어린이집 및 유치원이 학부모와 협력적 관계를 형성함으로써 가정 및 기관에 다음과 같은 이점을 제공할 수 있다(신화식 · 김명희, 2010; 이경화 · 김정원, 2012).

### (1) 가정에 미치는 영향

- 학부모는 교육의 협력자로 교사와 같은 팀 구성원이 되어 영유아교육기관에 대한 소속감이 높아진다.
- 학부모들은 자기 자신을 가치 있게 여기며, 자신감을 가지고 영유아교육기관의 부모교육 프로그램에 참여할 수 있으며, 가정에서의 자녀양육도 효율적으로 할 수 있다.
- 학부모들이 교사와 협력하는 동안 자녀 교육에 대한 신념이 형성되어 가정에서의 자녀교육이 효과적이며 활성화될 수 있다.
- 학부모는 영유아의 특성 및 발달을 이해하고 자녀의 성장 · 발달에 필요한 지식, 능력, 태도 등을 익힐 수 있다.
- 부모참여를 통해 학부모들은 자신의 성장과 발전을 이루고 부모역할을 하는 데 자신감을 가질 수 있다.
- 영유아들은 자신의 부모가 기관의 활동에 참여하거나 보조교사로 참여하는 모습을 보고 자신에 대한 긍정적인 자아상을 형성하게 될 뿐만 아니라 부모에 대해서도 긍정적인 부모상을 기른다.
- 학부모는 영유아교육과 교육현실에 대한 올바른 안목을 갖게 되며, 바른 교육을 실천할 수 있는 태도를 가진다.
- 학부모는 기관의 교육방법을 이해하고 기관과 연계된 일관성 있는 지도를 통해 자녀의 발달을 극대화할 수 있다.
- 어린이집이나 유치원에서의 자녀 활동에 적합한 정서적인 지원을 제공할 수 있다.

### (2) 기관에 미치는 영향

- 협력을 통해 서로에게 개방적이고, 정직한 의사소통, 지식과 기술의 연합으로 최상의 교육 활동을 제공하게 되며, 의사결정의 공유로 불필요한 마찰을 줄이고, 교육 서비스의 질을 높일 수 있다.
- 교사와 학부모의 협력으로 최상의 교육 프로그램을 영유아에게 제공할 수 있다.
- 협력을 통하여 기관 운영상 발생하는 문제를 효과적으로 해결할 수 있다.
- 가정으로부터 영유아의 가정배경 및 발달 특성 등에 대한 정보를 얻을 수 있어 교사가 영유아에 대해 좀 더 잘 이해할 수 있으므로 영유아 개인에 적합한 지도를 할 수 있다.
- 학부모들을 인적 자원으로 활용하여 성인 대 영유아의 비율을 낮출 수 있을 뿐만 아니라 교육의 효과를 높일 수 있다.
- 다양한 직업, 능력, 특성을 지닌 부모들을 교육활동에 활용할 수 있다. 학부모의 직업과 관련된 교육활동을 할 때 부모를 기관으로 초청하여 교수-학습 활동에 많은 도움을 받을 수 있다.

# 2 학부모 상담

학부모와의 상담은 교사와 학부모의 가장 적극적인 의사소통방법 중 하나이다(박은혜 외, 2010). 학부모 상담을 통해 교사는 영유아의 가정 환경을 알 수 있고 학부모는 어린이집 혹은 유치원에서의 영유아의 생활을 이해할 수 있기 때문이다. 특히 영유아가 문제행동을 보일 때 교사와 학부모와의 면담은 필수적이다. 그러나 영유아교육기관에서의 학부모 상담은 영유아가 문제행동을 보일 때뿐만 아니라 영유아를 좀 더 잘 이해하고 보다 나은 교육 서비스를 제공하기 위해 모든 학부모를 대상으로 공식적인 학부모-교사 면담을 계획하는 것이 바람직하다.

교사와 학부모는 등원 시간이나 하원 시간에 학부모를 만나서 간단하게 대화를 나누는 것과 같은 비공식적인 면담도 가능하다. 등 · 하원 시간은 교사와 학부모가 서로를 신뢰하면서 편안한 감정으로 대화를 나눌 수 있는 좋은 기회이다. 여기서는 학부모 상담을 개인 면담과 인터넷 면담으로 나누어 살펴보고자 한다.

## 1) 개인 면담

교사와 학부모 면담은 공식적 혹은 비공식적으로 이루어질 수 있다. 비공식적 면담은 등 · 하원 시간에 학부모를 만나서 간단하게 대화를 나누는 것과 같은 것이다. 비공식적 면담에서는 영유아의 생활태도나 발달에 대하여 대화를 나누기 어렵기 때문에 공식적인 학부모-교사 개인 면담을 계획한다.

이와 같은 공식적인 학부모-교사 개인 면담의 실시 횟수와 시기는 어린이집이나 유치원의 상황에 따라 결정하지만 1년에 1~2회 실시하는 경우가 대부분이다. 1년에 2회의 개인 면담을 계획하는 경우는 보통 1학기 말과 2학기 말에 실시하게 되며, 1년에 1회를 계획하는 경우에 학년 말에 실시하는 경우가 많다. 면담 시간은 15~20분 정도 계획하는 것이 바람직하다(신화식 · 김명희, 2010).

학부모가 교사와 면담을 통해 얻을 수 있는 장점은 다음과 같다(신화식 외, 2016).

첫째, 학부모와 교사 간의 상호 친밀감을 형성할 수 있다.
둘째, 교사가 영유아에게 영향을 주는 가정생활이나 가족관계를 이해하는 데 도움을 줄 수 있다.
셋째, 영유아의 문제행동이 발생할 경우 해결방법을 함께 모색할 수 있다.
넷째, 학부모가 영유아에 대한 새로운 인식을 할 수 있다.
다섯째, 학부모가 영유아교육기관의 교육목적이나 프로그램에 대해 알 수 있다.

### (1) 면담 환경 조성

면담을 위한 환경 조성을 위해 교사는 우선 교실에서 면담에 적절한 위치를 정한다. 만일 면담 중에 컴퓨터 모니터나 TV 모니터를 사용한다면 콘센트의 위치 등을 고려하여 적절한 곳에 세팅하도록 한다. 교실을 깨끗이 정리 · 정돈하고, 환기를 시킨 후 적절한 온도와 습도로 유지한다(박은혜 외, 2010).

창문의 커튼이나 블라인드를 내려 면담에 집중할 수 있는 분위기를 조성하는 것도 바람직하다. 꽃을 준비하여 책상 위에 두거나 교실 한가운데 화분 등으로 장식해 둘 수 있다. 이처럼 교사는 학부모들이 편안하고 아늑한 분위기에서 면담을 할 수 있는 환경을 조성하도록 노력해야 한다.

### (2) 면담 자료 준비

교사는 평상시에 개개 영유아의 발달 상황을 다양한 방법으로 관찰하고 기록해야 한다. 이러한 자료를 바탕으로 개인 면담이 효과적으로 진행될 수 있기 때문이다. 개인 면담의 원활한 진행을 위해 교사가 준비해야 할 것으로 영유아교육기관에서의 생활태도, 친구들과의 관계, 놀이 활동, 발달 상황 등이 담겨 있는 개별 영유아의 발달에 관한 문서, 사진이나 동영상 자료, 포트폴리오 등을 들 수 있다. 이와 같은 준비된 자료를 보는 동안 학부모는 영유아의 발달을 이해할 수 있게 된다.

### (3) 면담 진행

개인 면담을 원활하게 진행하기 위해서는 미리 오시는 부모님을 안내할 교사와 대기실이 필요하다. 면담을 위해 학부모가 해당 교실로 들어오면 담임교사는 반갑게 맞이한다. 학부모에게 자리를 안내한 후 면담의 취지와 면담 시간 등을 안내하고, 준비된 자료를 가지고 영유아에 대한 구체적인 면담을 시작한다. 필요하면 교사는 컴퓨터 모니터를 통해 사진이나 동영상 자료를 제시하여 학부모의 이해를 도울 수 있다. 학부모에게 일과 중의 에피소드 등을 말해 줌으로써 개별적인 배려를 받고 있다는 느낌을 갖게 하는 것도 필요하다.

면담을 할 때, 교사는 먼저 영유아의 독특성이나 장점 등 긍정적인 면에 대한 이야기로 시작하고, 노력할 점이나 단점 등은 너무 직설적이기보다는 우회적으로 표현하는 것이 좋다. 학부모의 질문에는 솔직하고 성실하게 답변한다.

맨 마지막에는 학부모에게 부탁하고 싶은 말로 마무리하도록 한다. 상담 후에는 부모와 대화했던 내용을 기록하여 문서로 남긴다. 교사는 전문가로서 부모와의 대화 내용을 비밀로 지킨다.

20○○학년도

## 전화상담일지

(고운햇살반)

| 결재 | 담임 | 원장 |
|---|---|---|
| | | |

| 날짜 | 원아명 | 통화 내용 | 지도방향 |
|---|---|---|---|
| 4/3 | 류○○ | 교육내용 상담 | 교육 내용 설명하고, 더욱 잘 지도함 |
| 4/5 | 손○○ | 차량 문제로 상담 | 차량안내 해드림 |
| 4/9 | 최○○ | 울면서 등원한 문제 | 적응지도 해야 함 |
| 4/14 | 하○○ | 옷에 실수하여 상담 | 화장실 갈 때 교사 동행 |
| 4/11 | 홍○○ | 준비물 안내 | 안내해 드림 |

○○ 유치원

# 학부모 면담 기록지

20○○년 월 일

<table>
<tr><td>유아 이름</td><td colspan="2">김○○</td><td>생년월일</td><td>20○○년 10월 23일 (만 4세)</td></tr>
<tr><td>반명</td><td colspan="2">꽃내음</td><td>성별</td><td>(남) 여</td></tr>
<tr><td>교사명</td><td colspan="2">여○○</td><td>면담자</td><td>유아의 (부) (모) 기타( )</td></tr>
<tr><td rowspan="3">가족의 태도 · 환경</td><td>양육 태도</td><td colspan="3">☐ 엄격 ☐ 보통 ☑ 방관 ☐ 수용</td></tr>
<tr><td>주로 양육을 하시는 분</td><td colspan="3">☑ 아버지 ☑ 어머니 ☐ 할머니 ☐ 할아버지<br>☐ 형제 ☐ 기 타:</td></tr>
<tr><td>성격</td><td colspan="3">활동성이 높고 쾌활함</td></tr>
<tr><td rowspan="4">건강상태</td><td>아침식사</td><td colspan="3">먹음</td></tr>
<tr><td>좋아하는 음식</td><td colspan="3">야채, 채소, 육류, 골고루 잘 먹음</td></tr>
<tr><td>싫어하는 음식</td><td colspan="3">-</td></tr>
<tr><td>알레르기</td><td colspan="3">-</td></tr>
<tr><td rowspan="3">표현생활</td><td>감정표현</td><td colspan="3">감정을 행동으로 표현하는 편</td></tr>
<tr><td>언어표현</td><td colspan="3">자기 의견을 분명히 표현한다.</td></tr>
<tr><td>신체표현</td><td colspan="3">감정을 행동으로 표현</td></tr>
<tr><td colspan="2">의사 표시</td><td colspan="3">-</td></tr>
<tr><td rowspan="2">습관</td><td>식사습관</td><td colspan="3">채소, 야채를 잘 먹으며 좋아하거나 싫어하는 음식이 분명함</td></tr>
<tr><td>기타</td><td colspan="3">-</td></tr>
<tr><td>태도</td><td>수업 참여도</td><td colspan="3">흥미 있는 수업에서 집중을 하며, 자신의 의견을 잘 표현하는 편임</td></tr>
<tr><td colspan="2">친구관계(사회성)</td><td colspan="3">남자 친구들과 주로 어울리나, 친구들을 괴롭히는(?) 경우가 있음</td></tr>
<tr><td colspan="2">좋아하는 놀이</td><td colspan="3">달리기, 칼싸움 놀이 (집에서)</td></tr>
<tr><td colspan="2">교사가 알아야 할 사항</td><td colspan="3">활동성이 높고 많이 움직이며, 행동 범위가 큽니다.<br>적절한 지도가 필요합니다.</td></tr>
<tr><td colspan="2">추후 지도 방향</td><td colspan="3">좀 더 원만한 교우관계를 위해, 친구들과 사이좋게 지낼 수 있도록 격려하고 도와준다.</td></tr>
</table>

○○ 유치원

### (4) 면담 사후 자기평가

학부모와 개인 면담을 실시한 후, 교사는 면담을 위한 준비를 충실히 하고, 면담을 성공적으로 진행했는지에 대한 자기평가를 실시할 수 있다. 자기평가를 위해 스스로에게 다음과 같은 질문을 할 수 있다.

**표 11-1 학부모 개인 면담 사후 자기평가지**

| 번호 | 내용 | 평가 |
|---|---|---|
| 1 | • 영유아의 가정적 배경에 대해 미리 숙지하였는가? | |
| 2 | • 학기 초부터 말까지 다양한 방법을 사용하여 영유아에 대한 다양한 정보를 수집하였는가? | |
| 3 | • 기다리는 동안 부모가 볼 수 있도록 영유아들의 작품이나 학습의 결과물 등을 전시해 놓았는가? | |
| 4 | • 기다리는 동안 마실 음료나 볼 책을 준비해 놓았는가? | |
| 5 | • 교실을 영유아들의 작품과 결과물 등으로 꾸며 놓았는가? | |
| 6 | • 부모를 따뜻하게 환영하면서 맞이하였는가? | |
| 7 | • 긍정적인 말로 시작하였는가? | |
| 8 | • 부모의 욕구와 이해 수준에 맞춰 면담을 조정하였는가? | |
| 9 | • 면담을 위한 목표가 분명하였는가? | |
| 10 | • 어려운 말이나 전문적인 용어는 부모가 이해할 수 있는 말로 풀어 주었는가? | |
| 11 | • 반영적으로 경청하였는가? | |
| 12 | • 의사소통이 원활하게 양방향으로 이루어졌는가? | |
| 13 | • 다른 부모나 영유아와 비교하지 않았는가? | |
| 14 | • 함께 발전 방향을 의논하였는가? | |
| 15 | • 요약하였는가? | |
| 16 | • 사후점검(follow-up)을 하였는가? | |
| 17 | • 정해진 시간에 시작하고 끝났는가? | |

| 출처 | 박은혜 외(2010). 유치원 교사를 위한 교직실무.

## 2) 인터넷 면담

현대 사회에서 맞벌이 가정이 늘어나면서 학부모들은 시간 갈등을 겪고 있어, 컴퓨터 등 전자매체를 활용한 부모참여가 점차 증가하고 있다. 컴퓨터 등 전자매체를 통한 부모 참여는 시간이나 장소의 구애를 받지 않기 때문에 취업모 등 다양한 상황에 있는 학부모들이 쉽게 접근할 수 있다는 장점이 있다(박은혜 외, 2010). 인터넷을 이용한 부모 참여는 어린이집 및 유치원의 상황이나 교사에 따라 다양한 방법으로 이루어지고 있다.

현재 가장 많이 활용하고 있는 인터넷 활용 학부모 상담방법으로는 홈페이지를 이용하는 방법, 포털 사이트 내의 무료 카페나 클럽을 이용하는 방법, 개인 이메일을 이용하는 방법, 홈페이지와 인터넷 클럽(또는 카페나 밴드)을 연결하여 이용하는 방법 등이 있다.

# 3 교육을 통한 학부모관리

영유아교육기관을 운영함에 있어 학부모와 긴밀한 협력관계를 유지함으로써 질 높은 영유아교육을 제공하는 것은 필수적이다. 영유아교육기관과 학부모는 서로 협력하여 영유아에 대한 정보를 공유할 수 있으며, 이를 통해 기관에서는 영유아에게 적합한 보육 및 교육 프로그램을 계획하고 실행할 수 있다. 또한 학부모는 기관에 자신이 필요로 하는 서비스에 대해 알릴 수 있으며, 기관에서 이루어지고 있는 프로그램과 연계하여 가정에서도 일관성 있게 자녀교육을 실행할 수 있다(신화식 · 김명희, 2010). 따라서 학부모와의 협력적 관계를 맺을 수 있는 다양한 부모교육 프로그램을 계획하여 학부모에게 제공할 필요가 있다고 하겠다.

## 1) 강연회

학부모들이 대집단으로 학부모들의 요구와 관심을 고려한 특정 주제를 선정하여 정기적으로 혹은 비정기적으로 강의를 듣는 형태이다(이경화 · 김정원, 2012). 학부모들은 자녀양육 및 교육과 관련하여 특정 주제에 대해 관심이 있을 수 있으며, 이에 대해 전문가들의 의견을 듣고 함께 논의하고 싶어 한다. 따라서 어린이집이나 유치원에서는 특정 주제에 대한 폭넓은 이해를 돕고 여러 가지 의문점을 해결할 수 있도록 원장 혹은 교사 등 기관의 인력을 활용하거나 전문가를 초빙하여 강연회를 개최할 수 있다.

학부모 대상 초청 강연회

강연회 내용으로는 영유아의 발달과 교육, 영유아교육의 중요성, 부모역할, 영유아의 발달적 특성과 지도법, 영유아 생활지도, 놀이의 중요성, 뇌 발달과 적기교육, 자녀와의 대화기법 등을 다룰 수 있다. 이러한 강연회를 통해 영유아교육 전문가의 견해, 사상, 이론 등을 소개하고 받아들일 수 있는 기회를 가질 수 있다. 또한 영유아교육기관의 운영 방침과 교육관을 학부모들에게 이해시킬 수 있는 강연회는 중요한 부모교육의 한 방법이 될 수 있다.

강연회를 개최하기 전에 학부모들에게 질문지를 통해 편리한 시간과 주제에 대해 미리 조사해서 반영할 수 있다. 강의 시간은 1시간 30분 이내로 하며 많은 학부모들이 참여할 수 있는 시간에 하는 것이 좋으며, 1년 단위로 계획하여 시행하는 것이 좋다. 학부모들이 자녀를 동반할 경우에는 이들을 돌봐주는 서비스가 동시에 제공되어야 한다.

### 2) 토론회 및 워크숍

영유아교육기관은 학부모에게 적절한 주제의 토론회 및 워크숍을 열어주어야 한다. 이것은 갈등을 안고 있는 학부모가 어우러져 함께 자녀양육이나 교육 등 생활 전반의 문제들을 주제로 하여 학부모들이 자신의 경험과 문제에 대해 서로 토론하거나 대화를 나눔으로써 나름대로의 문제 해결방안을 모색할 수 있다.

이러한 토론회 및 워크숍은 몇 사람이 모여 앉아서 영유아교육에 대한 정해진 문제를 놓고 그것을 중심으로 각자의 의견을 나누는 모임이다. 토론회, 워크샵 등은 2~3명의 전문가를 초빙하여 부모들과 정해진 주제에 대해 자유롭게 이야기할 수 있도록 좌석배치는 반원형 혹은 디귿(ㄷ)자 형으로 하고 각 좌석에는 이름표를 만들어 놓으면 활발한 토론이 가능하다. 이때 시청각 자료를 사용하여 영유아의 성장, 발달 및 지도 사례에 관한 내용이나 활동 사례 등을 담은 동영상이나 사진을 학부모들에게 보여주고 의견을 교환하는 형태도 가능하며, 학부모들의 공통적인 관심사에 관한 책을 선정하여 읽고 의견을 교환하는 모임의 기회도 마련할 수 있다(신화식 · 김명희, 2010).

### 3) 신학기 학부모 오리엔테이션

영유아들의 영유아교육기관에 입학하기 전 학부모들에게 기관의 운영 방침 및 특성, 일반적인 교육 방침, 협력 사항 등을 신학기 학부모 오리엔테이션을 통해 소개할 수 있다. 이를 통하여 교육과 보육에 대한 학부모의 이해와 적극적인 참여를 독려할 수 있다. 이를 위하여 입학일 1~2주 전에 학부모들을 위한 오리엔테이션을 실시하면 효과적이다(신화식 · 김명희, 2010).

신학기 학부모 오리엔테이션을 실시할 때 기관은 부모용 안내책자, 원아조사서, 서약서, 납입고지서, 행사계획표, 스쿨버스 안내, 스쿨뱅킹 이용 안내 등의 유인물을 준비하여 나누어 준다. 오리엔테이션에서 일반적으로 다루어지는 내용으로는 기관의 프로그램, 교육 방침, 일과 및 행사에 대한 안내, 교직원 소개, 반 편성 안내 등이 포함될 수 있다(황윤세 · 임미혜 · 이혜원, 2011).

동영상 자료, 비디오, 사진 자료 등을 활용하여 영유아들의 활동 사례를 소개함으로써 학부모들의 이해를 돕는다. 신학기 학부모 오리엔테이션 프로그램이나 부모용 안내책자에 포함되어야 할 주요 사항들을 살펴보면 다음과 같다(황윤세 · 임미혜 · 이혜원, 2011).

- 위치, 규모, 시설 내역, 학급 정원 및 반 편성 기준
- 영유아교육기관의 운영 방침 및 철학
- 교직원 소개 및 연락처
- 일과 운영계획과 각종 행사계획
- 적응 프로그램의 필요성과 절차
- 간식 및 점심 시간 차림표
- 입학 전 영유아 준비물
- 차량 운영 시간과 이용방법
- 영유아의 복장과 소지품에 관한 사항
- 영유아의 건강, 위생 및 안전에 대한 유의 사항
- 납입금 혹은 교육비의 액수 및 납입에 관한 사항
- 투약의뢰 절차

학부모 오리엔테이션

입학 안내를 위한 배부 자료의 예시는 다음과 같다.

**입학식 안내**

❶ **일시:** 20○○년 ○월 ○일(○요일) ○○:○○

❷ **장소:** 우리 유치원 2층 강당

❸ **대상:** 유아 전원 및 학부모

❹ **유의 사항**

- 입학식 당일 ○시 ○○분까지 지정된 반 팻말 앞에 차례대로 착석하게 해주시고, 학부모님들은 학부모석(자녀반 뒤)에서 착석하여 주시기 바랍니다.
- 만 5세 유아의 반편성은 입학식 당일 현관에 게시하겠습니다.
- 유아의 이름표는 유치원에서 일괄 구입하여 나누어 드립니다.
- 유아 개인에 대한 특이 사항(신체적, 정신적)이 있으면 담임교사에게 알려주시기 바랍니다.
- 애국가와 원가를 익힐 수 있게 도와주세요.
- 입학식이 끝난 후, 유아들은 각 반 교실로 이동하여 교사와 만나는 시간을 가집니다.
- 우리 유치원에서는 유아들의 정기적인 건강검진과 조기 질병발견 및 질병예방을 위하여 병원검진을 안내하고 있습니다. 병원에서 검진 후 건강기록부를 제출하여 주시기 바랍니다.
- 제출서류(20○○ 학부모 설문지, 가정환경조사서, 유아개인조사서, 건강기록부, 응급처치 동의서 및 비상연락망, 서약서)는 ○월 ○일(월)에 각 반 담임교사에게 제출하여 주시기 바랍니다.

**20○○년도 학부모회의 안내**

❶ **일시:** 20○○년 ○월 ○일(○) ○○:○○

❷ **장소:** 우리 유치원 2층 강당

❸ **대상:** ○○유치원 학부모 전원

❹ **내용**

- 20○○학년도 유치원교육과정 운영 안내
- 20○○학년도 유치원 생활 안내
- 20○○학년도 유치원 학사일정 및 행사 안내
- 각 반 담임교사와 학부모의 만남

### 4) 소집단 모임

특정 관심 주제를 중심으로 소집단으로 학부모들이 모임을 갖는 형태이다. 소집단 모임은 좌담회 형식으로 열릴 수 있으며, 독서회나 학습 활동에 필요한 자료 수집 및 제작 등을 다룰 수 있다. 또한 체계적 부모효율성 훈련 프로그램(STEP: Systematic Training for Effective Parenting) 등과 같은 부모교육 프로그램을 운영하여 학부모들이 효율적으로 부모역할을 수행할 수 있도록 도움을 줄 수도 있다.

## 4 협력을 통한 학부모관리

학부모와 교사는 공존관계이다. 교사는 학부모와 더불어 영유아를 키우고, 학부모는 교사와 더불어 자녀를 양육한다(권미량 · 손영환, 2007). 따라서 영유아교육기관에서 학부모는 교육의 대상을 넘어 협력의 대상이어야 한다. 이를 위해 어린이집 및 유치원은 학부모를 현장 속으로 동참시킬 필요가 있다. 이와 같은 협력적 관계가 이루어진다면 영유아의 교육과 발달을 위한 협력적 실천이 가능해질 것이다.

교사와 학부모의 협력은 결국 영유아에게 최상의 이익을 준다. 학부모의 협력이 잘 이루어지면 다음과 같은 이점이 있다(이인원 외, 2011).

- 협력을 통해 교사와 학부모는 서로 개방적인 의사소통을 하게 되어 불필요한 마찰을 줄이면서 교육 서비스의 질을 높이게 된다.
- 학부모들을 기관의 교육활동에 직접 참여하게 함으로써 교육활동에 대한 이해를 돕고 공동체 의식을 고취시키게 된다.
- 학부모와 교사의 협력으로 보다 높은 지식이 창출되어 최상의 교육 서비스를 영유아에게 제공할 수 있다.
- 학부모와의 협력을 통하여 기관의 운영관리 과정에서 발생하는 문제를 효과적으로 해결할 수 있다.
- 협력을 통하여 학부모는 교육기관에 대한 소속감이 증진되며, 교사들의 업무를 분담함으로써 교사의 업무 과중에 대한 부담을 줄일 수 있다.
- 학부모가 자녀의 교육활동에 협력을 하는 동안 자녀 교육에 대한 신념이 형성되어 가정에서의 교육적 기능을 활성화시킬 수 있다.

영유아교육기관에서 학부모와 협력할 수 있는 방안 몇 가지를 살펴보면 다음과 같다.

### 1) 학부모회 운영

학부모회는 영유아교육기관에 다니는 영유아들의 부모들이 정기적으로 갖는 모임을 의미하며, 영유아교육기관에서 많이 실시되고 있는 형태이다. 대부분의 기관에서 적게는 한 학기에 한 번, 혹은 한 달에 한 번 정도 학부모를 대상으로 회의를 개최한다(신화식 · 김명희, 2010).

학부모회의 운영은 부모가 자녀를 키워나가는 과정에서 주체가 되기 위한 과정으로, 학부모회는 의견이나 정책의 제안자, 의사결정자로서 어린이집 및 유치원의 운영에 적극적으로 참여할 수 있는 통로의 역할을 한다. 학부모회의 운영을 통해 영유아교육기관은 부모의 요구와 갈등을 이해하게 되고, 부모는 영유아교육기관의 운영을 이해하게 된다.

따라서 학부모회는 영유아교육기관과 협력적 위치에서 부모와 기관이 함께 영유아의 발달과 교육을 위해 노력하는 동반자적 입장에 서게 된다. 실제로 학부모회가 기관의 교육관과 이념을 올바로 이해하고 있을 때에는 부모는 지지자로서의 역할을 하게 되어 영유아교육기관의 운영에 실제적인 도움을 제공할 수 있다.

### 2) 부모 참여수업

영유아교육기관은 영유아의 가족과 학부모들에게 항상 개방되어야 하지만, 참관실이 없는 경우에는 가족이나 학부모가 영유아의 교실 활동 참여 모습을 관찰하기는 쉽지 않다. 따라서 대부분의 영유아교육기관에서는 참관일을 따로 정해 학부모들이 기관을 방문하여 영유아들과 함께 하루 동안 교실 활동에 참여할 수 있도록 한다.

부모 참여수업을 위해 학부모가 기관에 도착하면 이들을 반갑게 맞이하여 영유아들이 다양한 활동에 참여하고 있는 모습을 관찰할 기회를 제공한다. 또한 부모참관은 부모가 참관실에서 바라만 보는 수동적인 유형에서부터, 영유아와 함께 활동할 수 있는 기회를 제공하는 것과 같은 적극적인 형태까지 매우 다양하게 이루어질 수 있다.

이를 통해 부모는 영유아교육기관에서 영유아가 보내는 하루일과를 이해하게 되고 영유아의 발달에 대해 이해할 수 있는 기회를 갖는다. 이때 학부모는 수동적 자세가 아니라 적극적으로 자녀들의 일상 활동에 참여하는 협동적 자세로 부모 참여수업에 임한다.

부모는 다른 또래 영유아들과 함께 활동하는 자녀의 모습을 관찰하면서 자녀에 대한 현실적인 시각과 기대를 갖게 된다. 교사도 교실 상황에서 부모와 영유아가 상호작용하는 것을 관찰하고 프로그램에 대한 부모의 태도를 관찰할 수 있는 기회로 활용할 수 있다. 따라서 기관에서는 학부모들의 참여수업을 독려하고, 학부모가 무엇을 어떻게 관찰해야 하는지에 대한 안내와 지도를 해야 한다.

씨름놀이와 떡메치기 활동의 부모참여수업

## 3) 자원봉사 활동

학부모의 자원 활용 및 봉사 활동은 가정과 기관과의 연계성 및 교육의 효율성을 높일 수 있어 다양한 형태와 방법으로 이루어지고 있다. 과거에는 교사가 학부모에게 지식을 전달하고 교육하는 일방적이고 수직적인 관계였다면, 최근에는 자녀의 교육을 위해 서로 협력하는 동반자적인 관계로 변화하고 있다는 점에서 학부모의 자원 활용과 봉사 활동은 그 의미가 매우 크다고 할 수 있다(박은혜 외, 2010).

영유아교육기관에서의 학부모 자원 활용과 봉사 활동은 영유아뿐만 아니라 교사와 학부모 자신에게도 다음과 같은 긍정적인 효과가 있다(박은혜 외, 2010; 이소정, 2007).

- 학부모는 교사를 보조하는 활동을 통하여 영유아교육에 대한 인식을 넓히게 되고 성취감과 보람을 느낄 수 있게 된다.

- 학부모 자신의 역할과 능력을 새롭게 확인할 수 있는 기회가 되며, 자녀에 대한 이해와 대화 기술, 상호작용 등을 익혀서 효율적인 부모 역할을 수행할 수 있게 된다.
- 학부모들이 교사를 보조함으로써 교사 대 유아의 비율을 감소시켜 교사들의 업무 과다 문제점을 해결할 수 있으며, 학부모로부터 교육적 지원과 이해를 구할 수 있어서 일관성 있는 교육을 할 수 있게 된다.
- 학부모가 영유아교육기관의 자원봉사 프로그램에 적극적으로 참여할 때 영유아는 자신과 부모를 존중하게 되고, 교사와 기관에 대하여 긍정적인 태도를 형성하게 되며 좋은 습관을 갖게 된다.

이와 같이 학부모의 영유아교육에 대한 참여와 지원 활동을 통해 영유아는 교사와 기관에 대하여 보다 긍정적인 태도를 형성하게 되며, 학부모는 자녀의 교육에 대한 인식을 넓히게 되어 부모의 역할 및 자질을 향상시킬 수 있게 된다. 또한 교사는 풍부한 교육 프로그램을 제공할 수 있을 뿐만 아니라 교사의 업무를 경감시킬 수 있다는 점에서 학부모의 자원봉사활용은 매우 유용하고 필요하다고 할 수 있다.

영유아교육기관에서 학부모가 함께 협력하는 방안으로 적극적인 봉사와 참여가 있을 수 있다. 주로 학부모는 교재 · 교구 만들기, 현장실습 활동 도와주기, 학부모의 전문분야와 소질을 활용한 지원, 수업 진행을 직접적으로 도와줄 수 있는 수업 보조 활동, 시설 설비, 청소, 교육 등 다양한 면에서 참여할 수 있다. 이러한 참여를 통해서 영유아들이 소속된 기관에 대한 애정과 결속력을 가지도록 도울 수 있다. 단지 이러한 경우 학부모들의 사정과 형편을 고려하여야 하므로 사전에 자원봉사 신청서를 배부하여 인적 자원의 필요성을 이해시키고, 가능한 자원봉사 활동 내용과 참여 가능한 인원을 파악하여 효율적으로 활용한다.

김장 담그기 자원봉사 활동에 참가한 학부모들

영유아교육기관은 각 기관의 프로그램 성격에 따라 다양한 자원봉사 활동 내용을 제시할 수 있다. 다음 | 표 11-2 |는 학부모 자원봉사 활동의 협력을 요청할 때 제시할 수 있는 활동 내용 및 역할을 정리한 것이다.

**표 11-2** 학부모 자원봉사 활동 내용 및 역할의 예

| 자원봉사 활동 내용 | 자원봉사자의 역할 |
|---|---|
| 원내 조경관리 및 식목행사 | • 식물 가꾸기<br>• 화단 돌보기 |
| 알뜰장 | • 행사에 필요한 물품 제작 및 판매 |
| 요리 활동 | • 요리 활동 진행 보조<br>• 김장 담그기<br>• 장 담그기 |
| 물놀이 | • 수영복 갈아입는 것 도우기<br>• 물놀이 활동 진행 보조 |
| 교육청 학부모 연수 참가 | • 교육청 주최의 '학부모보조 자원봉사자연수'에 참여 |
| 가을 운동회 | • 운동회 자료 및 소품 제작<br>• 운동회 진행 보조 |
| 교실 수업 활동 | • 수업 시간에 들어와 만들기 모둠의 보조교사 역할 |
| 책읽기 | • 모둠별로 책을 읽어주고 독후 활동 |
| 현장학습 | • 현장학습 및 견학 시 영유아들과 동행하여 활동 보조 |
| 계절청소 | • 실내 · 외 청소 및 환경미화 |
| 크리스마스 행사 | • 선물을 나누어 주는 산타 역할<br>• 동극 참여 |

학부모 자원봉사 활동의 예

이처럼 영유아교육기관에서는 학부모와의 바람직한 관계를 위해 부모교육 프로그램의 연간 계획을 수립해 볼 수 있다. 계획 시 지역사회의 실정, 대상 부모의 요구와 능력 등을 고려하여 적절한 운영 방안을 수립해야 한다.

# 5 지역사회와의 협력

지역사회의 자원은 영유아의 부모를 포함해서 지역사회의 다양한 기관, 그 기관의 업무 종사자와 이웃주민, 자연 환경, 문화적 환경 등을 포함한다. 영유아교육기관은 지역사회의 특성과 요구를 충분히 고려하여 운영해야 하며, 지역사회 역시 영유아교육기관의 운영에 도움을 주어야 한다. 즉, 영유아교육기관과 지역사회는 서로 도움을 주고받는 상호보완적 협력관계이다(황윤세 · 임미혜 · 이혜원, 2011). 따라서 영유아교육기관은 지역주민의 자녀에 대한 교육과 보육을 통해 지역사회에 기여하고, 지역사회는 인적 · 물적 자원을 활용할 수 있도록 협력함으로써 영유아교육의 질적 향상과 기관의 원만한 운영과 발전에 도움을 준다.

서점, 우체국, 공원 등지에서 지역사회연계 활동하는 유아들

지역사회와 영유아교육기관이 서로 협력적인 관계를 유지하기 위해서는 다음의 두 가지 노력이 필요하다.

첫째, 지역사회의 특성과 요구를 파악하여 시설운영에 반영해야 한다.

둘째, 지역사회와 영유아교육기관은 원만한 관계를 유지해야 한다.

여기서는 상호 협력적 관계 유지를 위한 지역사회의 특성과 요구 분석, 지역사회와의 관계 유지방법을 중심으로 살펴보고자 한다.

### 1) 지역사회의 특성과 요구 분석

영유아교육기관이 지역사회와 원활한 관계를 유지하기 위해서는 지역사회의 요구를 파악하고 이를 반영해야 한다. 영유아교육기관에서는 지역사회의 가족 구조 및 취업 현황, 취업모의 현황과 출퇴근 시간, 가정의 사회 · 경제적 수준, 영유아 연령 및 수, 주변의 영유아교육 관련 시설 등의 특성을 사전에 조사하고 분석하여 지역사회의 전반적 특성을 이해해야 한다. 지역사회의 특성 항목별 요구 분석의 내용은 다음의 |표 11-3|과 같다.

**표 11-3 지역사회의 특성 항목별 요구 분석 내용**

| 특성 항목 | 요구 분석 |
|---|---|
| 가족 및 영유아의 수 | • 그 지역의 영유아교육기관에 보낼 가정이 얼마나 되며, 영유아의 수는 얼마나 되는지 파악해야 한다. |
| 각 가정의 사회 · 경제적 수준 | • 기관 운영자는 현재 부모들이 자녀를 기관에 보낼 경우 어느 정도의 비용을 부담할 수 있는지의 여부를 조사하고 분석해야 한다. |
| 영유아의 연령 | • 영유아의 연령 특성에 적합한 프로그램을 개발하기 위한 정보를 얻기 위해 대상 영유아의 연령 및 가족 형태의 특성을 파악해야 한다. |
| 영유아교육기관의 지리적 위치 | • 그 지역사회의 주거 특성, 예를 들면, 공장 주변지역인지, 상가지역인지, 아파트 단지인지, 인구밀도는 어느 정도인지, 영유아교육의 필요성과 방향성에 대한 인식 정도는 어느 정도인지 등을 파악해야 한다. |
| 가족이 원하는 프로그램의 운영 형태 | • 지역사회의 특성에 따라 영유아교육기관은 교육 및 보육 시간을 다양하게 제공할 수 있으므로 지역사회의 특성을 근거로 하여 가정이 원하는 운영형태를 조사할 필요가 있다. |

## 2) 지역사회와의 관계 유지

영유아교육기관과 지역사회의 상호 협력이 필수적이다. 영유아교육기관은 교육 및 보육의 목적 달성을 위해 지역사회의 인적 자원과 물적 자원을 충분히 활용해야 하므로 상호 협력 관계를 유지하는 것이 중요하다.

영유아교육기관은 공공성을 지니고 있으므로 지역사회 공공기관의 하나로서 지역사회에 널리 홍보하고, 주민들에게 개방해야 한다. 지역주민을 어린이집이나 유치원의 자원봉사자로 활용하거나, 영유아, 학부모, 교직원이 지역사회에 자원봉사자로 참여하면서 협력할 수 있다. 예를 들어, 지역사회의 특별한 행사에 물품을 기부하고 지역사회의 어려운 이웃을 위해 자원봉사하며 지역사회의 행사에 동참하여 상호 협력적 관계를 유지할 수 있다. 기관의 운영자와 교사는 자녀 양육에 대한 강연회를 개최할 수 있으며, 보건교사는 영유아에 대한 건강상담을, 영양사는 식생활 개선 관련 상담 혹은 균형 잡힌 식단 제공 등을 할 수 있다.

어린이집 및 유치원의 공간도 지역사회에 개방할 수 있다. 실외놀이터를 방해받지 않는 한도 내에서 지역 주민의 자녀에게 개방할 수 있으며, 선거나 지역사회 행사에 실내체육관이나 강당을 개방할 수 있다(최석란 · 서원경 · 이슬기, 2016).

영유아교육기관이 지역사회와의 관계가 원만하면 프로그램을 진행할 때 필요한 여러 가지 사항들에 대해 협조를 구하기가 용이하다. 이러한 협조는 영유아교육 프로그램의 질을 향상시킬 뿐만 아니라 영유아교육기관을 지역사회에 홍보할 수 있는 기회가 된다.

Chapter 12

# 평가관리

1. 어린이집
2. 유치원

우리나라 영유아교육기관이 많은 발전을 해왔음에도 불구하고 '믿고 맡길 기관이 부족하다'는 현실적인 문제점이 여전히 제기되고 있다. 이와 같은 영유아교육기관의 질에 대한 문제가 거론되면서 영유아교육기관의 질을 개선하고자 하는 정책으로 정부주도의 기관평가가 추진되고 있다.

어린이집 및 유치원에서 실시되는 평가는 영유아에 대한 평가, 교육과정(보육과정) 평가, 기관평가 등으로 구분할 수 있다. 여기서는 기관평가의 유형인 어린이집 평가 및 유치원 평가에 대해 살펴보고자 한다.

## 1 어린이집

### 1) 실시 배경

1991년 「영유아보육법」이 제정되고 10여 년간 어린이집의 양적 확대가 이루어졌다. 어린이집의 양적 팽창과 더불어 사회적으로 보육에 대한 관심이 고조되면서 최근 보육서비스의 질을 관리하고자 하는 정부주도의 평가 방안으로 어린이집 평가인증제가 실시되고 있다. 부모의 요구와 영유아의 권리를 충족시키고자 어린이집 평가는 2005년 시범 실시된 후 2006년부터 현재까지 추진 · 진행되고 있다.

### 2) 법적 근거

어린이집은 보육계획을 문서화하여 보육내용의 선정과 실시과정이 적절하였는지를 정기적으로 평가하여야 한다(「영유아보육법 시행규칙」 제30조).

「영유아보육법」 제30조에 의하면 보건복지부장관은 보육 서비스의 질적 수준 향상을 위하여 어린이집에 대한 평가인증을 실시하도록 규정하고 있다. 「영유아보육법」에 따라 설치한 모든 어린이집을 대상으로 보육의 국가책임이 확대됨에 따라 보육 예산지원을 위한 근거로 어린이집 평가인증이 이루어지고 있다.

### 3) 실시 목적

안전한 보육환경에서 영유아가 건강하게 양육될 권리를 보장하며, 원장과 보육교직원의 전문성이 증진되도록 함으로써 보육의 질적 수준 향상 및 부모들이 합리적으로 어린이집을 선택할 수 있도록 정부가 보육현장을 효율적으로 지원하고 관리하는 체계를 확립하는 것이다.

### 4) 실시과정

평가인증과정은 상시 신청 이후 참여확정, 현장평가, 종합평가를 거쳐 인증 결과공표까지 진행된다. 구체적인 평가인증과정은 다음 | 그림 12-1 | 과 같다.

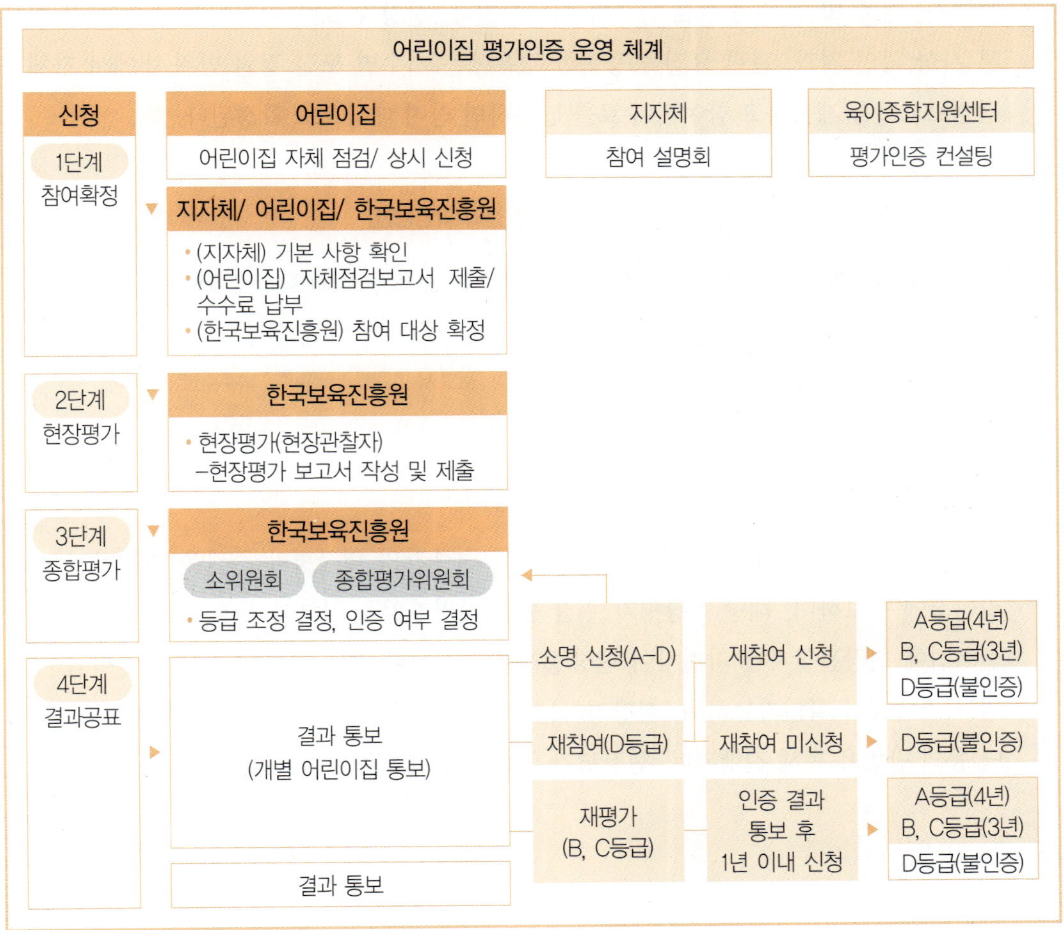


그림 12-1 어린이집 평가인증 운영 체계

| 출처 | 보건복지부 · 한국보육진흥원(2017). 2017년 제3차 어린이집 평가인증안내(통합지표).

### (1) 상시 신청

평가인증을 받고자 하는 어린이집은 어린이집지원시스템(http://cpms.childcare.go.kr)에서 원하는 기수(신규인증) 또는 정해진 기수나 시기(재인증)에 대해 먼저 신청한다. 자체 점검은 어린이집이 평가인증지표를 토대로 점검하여 우수한 영역과 미흡한 영역을 파악하고 개선 방안을 마련 · 실천해 가는 과정으로, 상시 자체 점검과정으로 변경되었으며 이를 통해서 어린이집 보육 서비스의 질적 수준을 향상시키게 하였다.

### (2) 참여확정

신청방법은 신청을 희망하는 어린이집이 어린이집지원시스템 내 평가인증 메뉴에서 참여 신청서를 작성 제출한다. 1단계인 참여확정 단계에서는 기본 사항 확인, 자체점검 보고서, 제출 및 참여 수수료 납부가 이루어진다. 신청 완료한 어린이집 중에 상기 기본 사항 확인 결과, 관련 요건을 충족한 경우에는 기수별 모집 정원 범위 내에서 자체점검보고서를 제출하고 참여 수수료를 납부하면 참여 대상으로 확정된다.

[기본 사항 확인 결과 확인방법]

● 어린이집의 기본 사항 확인 결과 '필수 항목 준수 여부'는 어린이집지원시스템에서 확인

어린이집지원시스템 공인인증서 로그인 ➡ 평가 인증 ➡ 자체점검 보고서 ➡ 기본 사항(필수 항목) (준수/ 미준수)로 표시됨

### (3) 현장평가

한국보육진흥원에서는 사전에 어린이집별로 1주간의 현장평가 주간을 지정하여 어린이집에 통보하며, 해당 현장평가 주간 중 현장평가일을 정하여 사전에 고지 없이 어린이집에 현장관찰자를 파견하여 현장평가를 실시한다. 현장평가 주간은 어린이집 지원 시스템에서 확인가능하며, 현장평가는 하루 일과 전반에 걸쳐 관찰, 문서 검토, 면담 등의 방법을 통해 진행된다. 현장평가 주간 확인방법은 다음과 같다.

**[현장평가 주간 확인방법]**

- **확인 시기:** 기수별 현장평가원 1주일 전
- **확인방법**

어린이집지원시스템 공인인증서 로그인 → 평가 인증 → 평가/종합평가 → 기수 선택 → '현장평가 주간 확인' 클릭

### (4) 종합평가

3단계인 종합평가는 소위원회와 종합평가위원회 2단계로 진행된다. 1단계는 학계, 행정, 현장 전문가 3인 1조로 구성된 소위원회의 인증 심의가 조별로 진행된다. 현장평가가 완료된 어린이집 자체점검보고서, 기본 사항 확인서, 현장평가 보고서 등을 개별 검토한 후, 종합평가 기준에 맞추어 등급 및 인증 여부를 결정한다. 이후 2단계인 종합평가위원회에서 소위원회에서 상정된 안건에 대해 심의 및 최종 등급(A~D) 및 인증 여부(인증: A, B, C등급), 불인증(D등급)을 결정한다.

**[평가인증 기준]**

| 어린이집 등급 | 인증 구분 |
|---|---|
| A등급, B등급, C등급 | 인증 |
| D등급 | 불인증 |

※ 평가결과 D등급 어린이집(신규 또는 재인증)은 재참여 시청이 가능하며, 재참여 시 인증 결정이 유보됨

### (5) 결과공표

결과공표에서는 결과통보 및 결과공표가 이루어지는 과정이다. 인증참여 어린이집에 대한 평가결과(인증 여부, 등급, 평가결과통보서), 평가인증 미참여 · 변동(취소, 만료 등) 정보가 통합정보공시 홈페이지(www.childinfo.go.kr)를 통해 공개된다.

[인증 결과 확인방법]

- 인증 결과 통보는 한국보육진흥원 홈페이지 공지 사항, 어린이집지원시스템 업무 연락 및 개별 통보로 안내
- 확인방법

| 어린이집지원시스템 공인인증서 로그인 | ➡ | 평가 인증 | ➡ | 인증 결과 확인 | ➡ | '인증 결과 확인' 클릭 |
|---|---|---|---|---|---|---|

평가인증에 통과된 기관은 인증서 및 인증현판을 발급받으며, 인증 유효 기간 동안 어린이집의 질적 수준을 유지하고 향상시키면서 인증 후 매년 1회 연차별 자체점검보고서를 제출해야 한다. 연차별 자체점검보고서란 평가인증에 통과한 이후에 보육의 질을 지속적으로 점검하여 그 결과를 제출하는 보고서로 어린이집지원시스템 내 평가인증 메뉴에 입력 · 제출한다.

재참여 신청 단계는 인증결과가 불인증(D등급)인 어린이집이 별도의 과정 선정이나 참여 설명회 없이 바로 재참여하여 단기간에 참여 받을 수 있는 과정이다. 재평가관리 단계에서는 평가결과가 B, C등급인 어린이집 중 재평가를 희망하는 어린이집의 경우 1년 이내 1회에 한하여 재평가 신청이 가능하다.

### (6) 사후관리

평가인증 통과 이후 평가인증 어린이집의 질적 수준을 지속적으로 유지, 향상하고자 지원, 관리하는 과정으로 연차별 자체점검 실시 및 보고서 제출, 신임원장교육, 확인점검, 평가인증취소관리, 확인방문 등으로 이루어진다.

| | |
|---|---|
| 연차별 자체점검 | • 인증 어린이집이 인증유효기간 중 매년 1회 연차별 자체점검보고서를 제출하게 하여 자체적으로 보육 서비스의 질적 수준을 점검하여 개선 · 보완하도록 관리 |
| 확인점검 | • 인증을 유지하고 어린이집을 무작위로 선정 방문하여 질적 수준을 확인하고 일정 점수 미달 시에는 육아종합지원센터 컨설팅 연계 등으로 어린이집이 스스로 보육 서비스 질을 유지할 수 있도록 지원 |
| 확인방문 | • 인증취소 사유 중 인증 어린이집의 소재지 또는 운영 형태 변경, 연차별 자체점검보고서 미제출, 신임원장 교육 미이수 등 사유가 발생했을 경우, 어린이집이 확인방문을 신청하면 확인 방문자를 파견하여 평가 실시 후 결과에 따라 인증 유지 및 취소 처리 |
| 신임 원장 교육 | • 평가인증 유지 중인 인증 어린이집의 원장 교체 시 신임 원장을 대상으로 교육을 실시하여 인증 어린이집의 질적 수준 유지 도모 |
| 인증취소 및 종료관리 | • 지자체 행정처분 등 인증취소사유 발생 시 해당 지자체에서 보건복지부(한국보육진흥원)로 보고하면 최종 확인 후 인증취소 처리함으로써 인증 어린이집관리 |

### 5) 평가지표의 구성

어린이집 평가인증제도는 2009년까지 제1차 시행이 완료되었으며 절대평가방식의 등급제를 도입한 유보통합지표를 적용한 제3차 평가인증이 추진되고 있다. 어린이집 평가인증 공통지표는 보육의 질에 핵심이 되는 보육과정 및 상호작용, 교육환경 및 운영관리, 건강 · 안전, 교직원의 4개 영역으로 구성된다. 통합지표는 어린이집 및 유치원, 시설 규모 및 유형에 관계없이 공통지표로 구성되며 영아 및 소규모 어린이집은 어린이집 특성을 고려하여 차별화된 평정 기준이 적용된다.

통합지표는 어린이집과 유치원의 유보통합의 필요성에 의해 추진되었으며, 어린이집과 유치원의 평가 체계 통합은 기관의 다양성을 유지하면서 객관적으로 어린이집과 유치원의 질을 상호 비교할 수 있도록 각각의 평가 체계를 바탕으로 평가의 객관성과 일관성을 강화하는 데 목적을 두고 2017년 하반기부터 시행되었다.

다음은 제3차 평가인증 통합지표의 내용이다. 평가인증지표는 시행과정을 통해 개정되어 변화되어 왔기에 향후 변경 시에는 한국보육진흥원(www.kcpi.or.kr)의 자료를 참조하길 바란다.

**표 12-1** 제3차 어린이집 평가인증 통합지표 내용 구성

| 영역 | 평가지표 | 평가 항목 |
|---|---|---|
| 1. 보육과정 및 상호작용(31) | 1-1. 보육 계획 수립 및 실행(4) | 1. 국가 수준의 보육과정에 제시된 목표 및 내용을 반영한다.<br>2. 영유아의 발달 수준 및 반 특성을 고려하여 연간, 월간, 주간, 일일계획안을 작성한다.<br>3. 연간, 월간, 주간, 일일계획안의 목표 및 내용이 적절하며 연계성이 있다.<br>4. 표준보육과정(누리과정 포함)의 영역을 반영하여 보육활동을 실시한다. |
| | 1-2. 일과 운영(5) | 1. 계획에 따라 영유아의 연령에 적합한 놀이, 활동, 일상생활 경험을 균형 있게 통합적으로 운영한다.<br>2. 자유선택 활동 시간을 매일 충분히 배정하여 운영한다.<br>3. 바깥놀이 시간을 매일 충분히 배정하여 운영한다.<br>4. 놀이나 활동을 융통성 있게 운영한다.<br>5. (장애영유아) 장애영유아를 위한 관련 서비스(치료지원 포함)를 일과 중에 통합적으로 제공한다. |
| | 1-3. 교수-학습 방법 및 놀이 지원(6) | 1. 주제에 적합한 활동계획을 수립하고 그에 적절한 교수-학습방법과 자료를 활용한다.<br>2. 교사는 영유아가 활동에 대한 흥미나 호기심을 갖도록 한다.<br>3. 교사는 다양한 놀이와 활동이 영유아의 자발적 선택에 의해 주도적으로 이루어지도록 격려한다.<br>4. 교사는 영유아의 놀이상황을 관찰하면서 놀이를 지원한다.<br>5. 교사는 영유아가 다양하게 생각하여 대답할 수 있도록 발문한다.<br>6. 교사의 태도가 안정되고 자신감이 있다. |
| | 1-4. 교사-영유아 상호작용(6) | 1. 신체적 특성, 가족 및 민족 배경 등으로 인한 편견 없이 모든 유아를 존중한다.<br>2. 교사는 영유아의 기질, 정서적 상태, 놀이 선호 등을 파악하여 적절히 반응한다.<br>3. 교사는 영유아의 개별적 요구나 질문을 주의 깊게 듣고 적절하게 반응한다.<br>4. 교사는 영유아가 이해할 수 있는 내용으로 눈을 마주치며 이야기한다.<br>5. 교사는 위협, 비난, 조롱 등 부정적 언어를 사용하지 않는다.<br>6. 교사는 칭찬과 격려를 통해 영유아에게 자신감을 준다. |
| | 1-5. 교사-영유아 상호작용 시 교사역할(4) | 1. 교사는 영유아가 일상에서 또래와 긍정적 상호작용을 하도록 격려한다.<br>2. 교사는 영유아가 자신의 의견이나 생각을 또래에게 말로 표현하도록 격려한다.<br>3. 교사는 영유아가 적절한 약속과 규칙을 알고 지킬 수 있도록 격려한다.<br>4. 교사는 영유아 간 다툼이나 문제가 발생하지 않도록 환경을 마련하고 발생 시 적절히 개입한다. |
| | 1-6. 평가(4) | 1. 영유아의 행동을 객관적으로 관찰 · 기록한다.<br>2. 보육과정 목표와 내용을 준거로 영유아의 발달특성과 변화를 평가한다.<br>3. 영유아 평가결과를 보육과정 편성 및 운영에 반영하고 부모 면담의 자료로 활용한다.<br>4. 보육과정 운영에 대한 평가를 실시하고, 그 결과를 다음 계획안에 반영한다. |
| | 1-7. 일상 생활(2) | 1. 특별 활동을 운영지침에 따라 실시한다.<br>2. 영유아의 일상 경험이 편안한 분위기에서 생활화되도록 격려한다. |
| 2. 교육환경 및 운영관리(19) | 2-1. 실내 공간 구성(5) | 1. 보육실 내 흥미 영역은 영유아의 연령 및 발달특성을 고려하여 충분한 공간에 구성한다.<br>2. 영유아의 요구를 충족하는 다양한 공간을 마련하고 있다.<br>3. 실내 시설 및 설비가 영유아의 발달 수준에 적합하다.<br>4. 계획안의 주제와 관련된 활동 자료들을 영유아의 연령 수준에 맞게 영역별로 다양하게 구비하고 있다.<br>5. 비품과 활동 자료를 보관하는 별도의 공간이 있고, 연령별, 주제별 또는 영역별로 정리되어 있다. |
| | 2-2. 실외 공간 구성(3) | 1. 옥외놀이터 등을 구비하고 있다.<br>2. 영유아 발달에 적합하고 다양한 놀이기구를 구비하고 있다.<br>3. 실외 공간에 다양한 활동 영역을 제공하고 있다. |

| 영역 | 평가지표 | 평가 항목 |
|---|---|---|
| 2. 교육환경 및 운영관리 (19) (계속) | 2-3. 기관 운영(4) | 1. 모든 반을 편성 규정에 맞게 운영하고 있다.<br>2. 개별 유아의 생활기록부를 작성 · 관리하고 있다.<br>3. 신입 영유아 적응을 위한 지원을 하고 있다.<br>4. 예 · 결산서를 대내 · 외적으로 공개한다. |
| | 2-4. 가정 및 지역 사회와의 연계(5) | 1. 부모와 상호 협의 하에 어린이집을 개방한다.<br>2. 부모교육을 다양하게 실시하고 있다.<br>3. 부모와 개별 면담을 하고 가정과의 소통을 다양한 방법으로 실시하고 있다.<br>4. 영유아와 가족의 문제를 파악하고 지원한다.<br>5. 지역사회와 연계한 다양한 활동을 실시하고 있다. |
| | 2-5. 어린이집 이용 보장(2) | 1. 어린이집 운영계획을 수립하여 부모에게 안내하고 있다.<br>2. 종일반 및 맞춤반을 지침에 따라 운영하고 있다. |
| 3. 건강 · 안전 (15) | 3-1. 실내 · 외 공간의 청결 및 안전(4) | 1. 실내 · 외 공간을 청결하고 쾌적하게 관리하고 있다.<br>2. 실내 · 외 공간을 위험요인 없이 안전하게 관리하고 있다.<br>3. 실내 · 외 놀잇감이 안전하고 위험한 물건을 안전하게 보관 · 관리하고 있다.<br>4. 안전 시설 및 설비를 비상시 효율적으로 사용할 수 있도록 관리하고 있다. |
| | 3-2. 급 · 간식 (3) | 1. 영양의 균형을 고려한 급 · 간식을 제공하고 있다.<br>2. 식자재의 구입 · 보관 및 조리 공간을 위생적으로 관리하고 있다.<br>3. 조리 및 배식과정을 청결하고 위생적으로 관리하고 있다. |
| | 3-3. 건강증진을 위한 교육 및 관리(3) | 1. 손 닦기, 양치질 등 청결한 위생습관을 실천한다.<br>2. 교사는 영유아의 건강 상태를 살펴보고 적절하게 지원한다.<br>3. 영유아와 교직원의 건강증진을 위한 예방관리와 교육을 실시한다. |
| | 3-4. 등 · 하원의 안전(2) | 1. 영유아는 등원부터 하원까지 성인의 보호 하에 있다.<br>2. 등 · 하원 차량을 운행할 경우 안전요건을 갖추어 관리한다. |
| | 3-5. 안전교육 및 사고대책(3) | 1. 영유아를 대상으로 안전교육을 지속적으로 실시하고 있다.<br>2. 교직원은 안전교육을 받고 영유아 학대 예방 지침을 준수한다.<br>3. 영유아, 교직원 및 시설 보험에 모두 적합하게 가입하고 있다. |
| 4. 교직원 (14) | 4-1. 원장의 리더십(4) | 1. 원장은 자신의 전문성 향상을 위해 노력하고 있다.<br>2. 원장은 교직원을 존중하고, 교직원의 발전을 위해 지원하며 면담을 실시한다.<br>3. 원장은 정기적인 교사회의 등을 통해 교직원의 의견을 민주적으로 수렴한다.<br>4. 2년 이상 근속한 교사가 전체 교사의 50% 이상이다. |
| | 4-2. 교직원의 근무 환경(3) | 1. 교사실과 개인사물함을 별도로 마련하고 있다.<br>2. 교사의 업무지원을 위한 자료 및 설비를 충분히 구비하고 있다.<br>3. 성인용 화장실을 영유아용과 별도로 설치하고 있다. |
| | 4-3. 교직원의 처우와 복지(3) | 1. 교직원 인사 · 보수와 관련하여 공정한 규정이 있으며, 이를 준수하고 있다.<br>2. 교직원의 보수와 관련한 규정이 있으며 이를 준수하고 있다.<br>3. 교직원의 복지를 위해 노력하고 있다. |
| | 4-4. 교직원의 전문성 제고(4) | 1. 신규 및 전입 교직원에게 업무 관련 오리엔테이션을 실시하고 있다.<br>2. 교사의 전문성 제고를 위한 다양한 연수기회를 부여하고 있다.<br>3. 교사의 교수-학습방법에 대한 관찰과 지도를 실시하고 있다.<br>4. 교사에 대한 근무평가를 실시하고 있다. |

### 제3차 어린이집 평가인증 통합지표 중 평가에 대한 평가지표

| 1-6. 평가(4) | 1. 영유아의 행동을 객관적으로 관찰 · 기록한다.<br>2. 보육과정 목표와 내용을 준거로 영유아의 발달특성과 변화를 평가한다.<br>3. 영유아 평가결과를 보육과정 편성 및 운영에 반영하고 부모 면담의 자료로 활용한다.<br>4. 보육과정 운영에 대한 평가를 실시하고, 그 결과를 다음 계획안에 반영한다. |
|---|---|

본 지표는 총 4개의 구성 요소를 평정한다.

| 구성 요소 | 확인 | | |
|---|---|---|---|
| 1-6-1. 영유아의 행동을 객관적으로 관찰 · 기록한다. | 기록 | □ Y | □ N |
| 1 놀이, 활동, 일상생활에서 개별 영유아의 반응과 행동을 객관적으로 관찰하여 기록한다.<br>2 영유아의 반응과 행동에 대한 관찰이 일회성이 아니라 주기적으로 이루어진다.<br>3 영유아의 변화과정을 파악할 수 있도록 관찰 · 기록 외에 활동결과물 등 추가적인 정보를 수집한다. | | | |
| 1-6-2. 보육과정의 목표와 내용을 준거로 영유아의 발달특성과 변화를 평가한다. | 기록, 면담 | □ Y | □ N |
| 1 수집한 평가 자료를 활용하여 영유아의 발달특성과 변화의 정도를 기술하고 있다.<br>2 영유아평가는 보육과정의 영역별 목표, 내용범주 및 세부 내용을 준거로 한다.<br>3 영유아의 발달 변화의 정도를 연 2회 이상 기록한다. | | | |
| 1-6-3. 영유아 평가결과를 보육과정 편성 및 운영에 반영하고 부모 면담의 자료로 활용한다. | 기록, 면담 | □ Y | □ N |
| 1 영유아 평가결과를 보육과정 편성 및 운영에 반영하고 부모 면담의 자료로 활용한다.<br>2 영유아 평가결과에 대해 부모와 의사소통한 자료(근거)가 있다. | | | |
| 1-6-4. 보육과정 운영에 대한 평가를 실시하고 그 결과를 다음 계획안에 반영한다. | 기록, 면담 | □ Y | □ N |
| 1 보육과정 운영에 대한 주기적인 평가를 실시하고 있다.<br>2 보육과정 운영에 대한 평가결과를 다음 계획안 작성에 반영하고 있다. | | | |
| 합계 | | | |
| 평정 기준 | 우수: Y가 3개 이상/ 적합 Y가 3개/ 개선 필요: Y가 1개 이하 | | |

| 출처 | 보건복지부 · 한국보육진흥원(2017). 2017년 제3차 어린이집 평가인증안내(통합지표).

# 2 유치원

## 1) 실시 배경

유치원 평가는 국가 수준의 유치원에 대한 체계적인 평가시스템 구축을 통해 유치원의 운영을 체계적 · 종합적으로 점검하고 모니터링하여 교육의 책무성을 제고하고자 시작하였다. 정부는 2007년 시범평가를 실시하고, 2008년부터 전국의 모든 공 · 사립유치원을 대상으로 유치원 평가를 실시하고 있다. 현재 평가 4주기로 진행되고 있으며 유치원 평가 역시 유치원과 어린이집의 유보통합의 추진 과제에 따라 유보통합지표를 적용하고 있다.

유치원 평가는 유치원의 교육적 질 제고를 위해 서비스 수준을 진단하고, 국가 차원에서 유치원에 대한 평가 내용을 학부모에게 공개하므로 유아교육기관의 선택 기회를 보장하기 위해 실시하고 있다.

## 2) 법적 근거

1. 교육감은 유아교육을 효율적으로 하기 위해 필요하면 유치원 운영 실태 등에 대한 평가를 할 수 있다.
2. 교육부장관은 필요한 경우 각 시 · 도교육청의 유아교육 전반에 대한 평가를 실시할 수 있다. (「유아교육법」 제19조)

유치원 평가는 「유아교육법」 제19조와 「시행령」 20~22조에 법적 근거를 두고 있으며, 유아교육의 효율적 수행을 위해 실시하려는 목적으로 시작되었다. 정부의 유아교육재정지원 방식이 수요자 중심의 방식으로 전환되므로 국가 기준의 평가결과를 공개함으로써, 학부모의 기관 선택권을 보장하고 유치원 교육에 대한 만족도를 제고하려는 것이다.

### 3) 실시 목적

누리과정을 충실히 운영할 수 있는 유치원의 운영 체계 구축하고 유치원의 책무성을 강화하여 유치원 교육 서비스의 질적 수준을 제고하며, 평가환류 및 맞춤형 지원을 통해 유치원 운영을 개선한다. 또한 유치원 평가 결과를 통해 학부모의 유치원 선택권을 보장하고, 유치원 간 선의의 경쟁을 촉진하여 학부모의 만족도를 제고하는 데 목적이 있다.

### 4) 실시과정

유치원 평가는 교육부와 시 · 도 교육청의 역할분담을 통해 효율적인 평가 시스템을 구축하였다. 교육부는 유치원 평가 사업을 지원하고, 시 · 도 교육청에서는 평가 시행을 주체하며, 유치원은 평가에 참여하는 역할을 한다.

유치원 교육 서비스의 질적 제고 및 학부모 알권리 보장

⬆

| 교육부 | 시 · 도 교육청 | 유치원 |
|---|---|---|
| 평가사업지원 | 평가시행 주체 | 평가 참여 |

그림 12-2 평가 체계와 방향

- 제4주기 평가는 관계부처 합동 '유치원, 어린이집 평가 체계 통합방안'에서 제시한 통합평가지표 방식을 반영하여 실시
  - 단, 평가의 세부적인 절차 및 방법, 공개 범위 등에 대해서는 시 · 도 교육청 자율적으로 추진

유치원 평가는 국·공립, 사립 유치원을 대상으로 3년을 1주기로 실시되고 있으며, 실시과정은 자체평가, 서면평가, 현장평가, 평가결과서 송부의 순서로 진행된다. 1단계는 평가를 받는 유치원에서 자체적으로 실시하는 자체평가이며, 2단계는 자체평가 보고서를 토대로 현장평가를 실시한다. 3단계는 마지막으로 평가위원들이 평가보고서를 토대로 종합하여 평가한다. 평가 절차를 나타내면 다음 | 그림 12-3 | 과 같다.

● 자체평가 → 현장평가 → 종합평가로 3단계 평가

| 자체평가 | | 현장평가 | | 종합평가 | | 평가결과서 송부/ 심의 | 결과 공시 |
|---|---|---|---|---|---|---|---|
| 유치원 | | 평가위원회 | | 평가위원회 | | 교육청/ 심의위원회 | 유치원 |
| • 유치원 전체 실시(매년~9월 초까지) | ➡ | • 관찰·면담 등으로 실제 유치원의 운영 실태 평가 | ➡ | • 평가보고서, 기타 사항 등을 종합하여 평가 | ➡ | • 유치원 평가 결과서 송부<br>• 이의 제기 등 검토 | • 유치원 알리미에 공시 조치 |

※ 원칙은 3단계 평가 절차이나, '현장·종합평가'를 통합하여 추진 가능

그림 12-3 유치원 평가 절차

| 출처 | 교육부(2017). 제4주기 유치원 평가 중앙연수.

### (1) 자체평가

유치원 자체평가는 유치원 평가편람에 제시된 평가 항목, 지표 및 요소에 따라 유치원이 자체적으로 운영과 교육활동을 전반적으로 점검하는 것이다. 유치원에서는 자체평가위원회를 구성하고 자체평가를 위한 계획을 수립한 후, 이에 따라 평가를 실시한다. 자체평가를 실시한 후에는 최종적으로 자체평가보고서를 작성해 제출한다. 자체평가보고서를 작성하기 위해서는 먼저 평가 요소에 대한 전교직원의 이해가 충분히 이루어져야 하며, 무엇보다도 평가지표의 정확한 이해가 필수적이다. 따라서 자체평가 전 과정을 통해 유치원의 교육활동은 모든 교직원들과 공유하고 점검하는 과정으로 활용하는 것이 필요하다. 자체평가 절차를 구분하여 나타내면 다음과 같다.

### 1 자체평가 준비

유치원의 규모에 따라 인력의 차이가 있으므로 먼저 각 유치원의 실정에 맞게 유치원 자체평가를 주도적으로 추진할 자체평가위원회(교직원 4명 내외)를 구성한다. 다음으로 자체평가를 위한 기본 계획을 수립한 후에 관련 자료를 수합하여 정리하고 자체평가 실시하며 최종 자체평가보고서를 작성한다.

### 2 자체평가 실시

각급 학교에 비해 소규모로 운영되는 유치원이지만 자체평가를 내실 있게 수행하기 위해서는 무엇보다도 평가의 설계가 중요하다. 평가 매뉴얼 내용을 숙지하고 자체평가 위원들 간의 핵심 사항을 공유한다. 또한 전체 교직원으로부터 자료를 수합하여 영역별로 정리하되 관찰, 면담, 자료 확인 등의 방법으로 자체평가를 실시한다.

### 3 자체평가보고서 작성

관련 자료에 근거하여 담당 영역별로 자체평가보고서를 작성하여 종합하고, 자체평가위원회 위원장은 영역별 상호 연계가 잘 되고 있는지 점검한다. 담당 영역별로 작성된 보고서 초안을 참고하여 위원장은 지표별 기록 내용들이 상호 연계되고 있는지 통합 조정하고, 위원들의 합의를 거쳐 평가보고서 내용 확정한 후에 자체평가보고서 작성 서식에 맞추어 최종보고서 작성한다.

- **항목별 충족 여부 확인과 지표 영역 등급 부여**
  - 지표별 평가 항목과 요소를 숙지하고 충족 여부 체크
  - 항목 충족 여부에 따라 영역별 등급 부여 및 영역별 소견 작성(우수 사항과 개선 사항 등 작성)

**○○○○년도 유치원 자체평가보고서**

본 보고서는 ○○○년 유치원 평가 매뉴얼에 따라 정확하게 작성하였으며 사실과 다른 내용이 보고서에 포함되지 않았음을 확인합니다.

자체평가위원회

| 성명 | 소속 및 직위 | 자체평가 담당 업무 |
|---|---|---|
| | | |
| | | |
| | | |
| | | |
| | | |

년 월 일

○○ 유치원 원장 (성명) ○○○(직인)

| 영역 | 평가지표 | 평가 항목 | 충족/ 미충족 | 지표등급 | 영역 등급 | 영역별 소견 |
|---|---|---|---|---|---|---|
| 4. 교직원 | 4-1. 원장의 리더십 | 1. 원장은 자신의 전문성 향상을 위해 노력하고 있다. | | | | |
| | | 2. 원장은 교직원을 존중하고, 교직원의 발전을 위해 지원하며 면담을 실시한다. | | | | |
| | | 3. 원장은 정기적인 교사회의 등을 통해 교직원의 의견을 민주적으로 수렴한다. | | | | |
| | | 4. (사립) 2년 이상 근속한 교사가 전체 교사의 50% 이상이다. | □Y □N 해당 없음(국·공 립의 경우) | □우수 □적합 □개선필요 | | |
| | 4-2. 교직원의 근무환경 | 1. 교사실과 개인사물함을 별도로 마련하고 있다. | □Y □N | □우수 □적합 □개선필요 | | |
| | | 2. 교사의 업무지원을 위한 자료 및 설비를 충분히 구비하고 있다. | □Y □N | | | |
| | | 3. 성인용 화장실/ 변기를 유아용과 별도로 설치하고 있다. | □Y □N | | | |
| | 4-3. 교직원의 처우와 복지 | 1. 교직원 인사와 관련하여 공정한 규정이 있으며, 이를 준수하고 있다. | □Y □N | □우수 □적합 □개선필요 | | |
| | | 2. 교직원의 보수와 관련한 규정이 있으며 이를 준수하고 있다. | □Y □N | | | |
| | | 3. 교직원의 복지를 위해 노력하고 있다. | □Y □N | | | |
| | 4-4. 교직원의 전문성 제고 | 1. 신규 및 전입 교직원에게 업무 관련 오리엔테이션을 실시하고 있다. | □Y □N | □우수 □적합 □개선필요 | | |
| | | 2. 교사의 전문성 제고를 위한 다양한 연수기회를 부여하고 있다. | □Y □N | | | |
| | | 3. 교사의 교수-학습방법에 대한 장학을 실시하고 있다. | □Y □N | | | |

| 평가총평 |
|---|
| |

| 유치원 활동 | | | |
|---|---|---|---|
| □A | □B | □C | □D |

## 4 자체평가 결과활용

자체평가 보고서를 제출한 후에는 그 결과가 유치원의 운영 개선과 연결되도록 한다. 예컨대, 자체평가 결과에 근거하여 유치원 스스로 장점과 약점을 파악하여 강점을 지속적으로 유지 · 활성화시키고, 문제점은 향후 어떻게 보완할 것인지 방침과 전략을 모색한다.

### (2) 현장평가

현장평가는 평가 대상 유치원을 직접 방문하여 자체평가 결과를 바탕으로 주어진 시간 내에 필요한 자료와 정보를 정확하게 확인하여 최종적으로 공정하게 평가한다. 지표별 평가항목과 요소의 충족 여부를 확인하고 평가지표와 영역별 등급을 부여한다.

또한 평가 총평 및 유치원 등급을 부여한다. 현장평가 절차를 구분하여 나타내면 다음과 같다.

### 1 현장평가 준비

현장평가자는 자체평가보고서에 기술된 내용과 공시된 정보의 변동 사항을 확인하며, 현장평가 방문 일정을 사전에 확인한다. 유치원에서는 환경을 점검하고 지표별 확인 자료를 준비한다.

### 2 현장평가 실시

- 유치원 도착: 평가팀은 유치원과 사전에 약속한 시간에 맞추어 도착해야 한다.
- 인사 및 평가준비
  - 유치원에 도착하면 원장(또는 관계자)의 안내를 받아 평가팀과 교직원 간에 인사를 나눈다. 이때 평가팀장은 평가위원을 소개하고 유치원 평가의 목적과 일정에 대해 간략히 설명한다.
  - 원장은 실내 · 외 위치와 면담장소, 평가 시 참고해야 하는 기록을 안내한다.
  - 평가팀은 유치원 운영과 관련된 기본적인 사항(기관배치도, 하루일과표, 원아 및 교직원 명단, 당일 출석 인원 등)을 확인한다. 서면평가 때 검토한 보고서와 자료에서 확인한 내용들 외에 추가로 유치원 현황에 대한 설명이 필요할 경우 원장에게 질문한다.
  - 수업관찰 대상 교실을 선정하여 수업을 관찰한다. 평가 대상 교실 선정방식은 시 · 도별로 다를 수 있으나 무작위성을 보장할 필요 있다.
- 수업 및 자유선택 활동 관찰
  - 수업 및 자유선택 활동 관찰은 총 70분간 진행된다. 유치원 학급수를 감안하여 적절하게 안배하되, 가능한 모든 학급의 수업 또는 자유선택 활동 중 한 가지는 관찰할 수 있도록 한다.
- 점심식사 및 급식장면 관찰
  - 점심은 유치원의 급식을 이용한다. 식사전후 시간을 할애하여 유아들의 급식 장면을 관찰한다.

평가실시 및 관계자 면담

- 평가위원이 함께 자료를 검토하고 관계자 면담을 실시하되, 주된 정보수집과 확인 및 질문 사항을 주담당자가 책임있게 진행한다. 사전에 평가팀장 재량 하에 영역별 주 담당자를 정한다.
- 수업참관 및 환경 관찰 결과에 근거하여 관련 자료와 서류 등을 확인한다.

방과후 과정 운영현황 관찰

- 방과후 과정이 운영되는 시간에 운영현황을 관찰하고 방과후 과정 담당교사를 면담한다.

※ 방과후 과정을 운영하지 않은 경우, 이 단계는 생략하고 일정을 조정한다.

### 3 현장평가 마무리

해당 유치원에 대한 평가를 종료하기 전에 평가위원은 각자의 역할에 따라 평가한 내용들을 평가 팀이 종합하여 협의한 후에 평가의 결과에 대해 1차적 합의과정을 거친다. 평가위원과 유치원 원장 및 교사들이 참여하여 현장평가 결과에 따른 총평 시간을 가진 후 평가 종료함을 알린 후 유치원을 나온다.

**현장평가 당일 일정표(예)**

| 시간 | 평가단 활동 | 비고 |
|---|---|---|
| 10:00~ | • 유치원 도착 | |
| 10:00~10:20 | • 인사 및 평가 준비 | |
| 10:20~11:30 | • 학급 수업 및 자유선택 활동 관찰 | • 평가 대상 학습 선정과 시간 배당은 유치원과 협의하여 평가팀이 결정함 |
| 11:30~12:00 | • 기록 및 정리 | |
| 12:00~13:00 | • 점심식사 및 급식장면 관찰 | |
| 13:00~15:00 | • 영역별 평가 및 환경 관찰 | • 원장 면담<br>• 교직원 면담 |
| 15:00~15:30 | • 방과후 과정 운영 평가 | • 방과후 과정 교사 면담 |
| 15:30~16:00 | • 평가팀 자체 협의 및 평가 총평 | |
| 16:00~ | • 평가 종료 및 유치원 출발 | |

참고로 평가위원에게 간단한 차, 생수 이외에 외부에서의 식사접대, 다과류, 칫솔, 치약 등은 일체 제공하지 않는 것이 원칙이다. 또한 평가 장소는 평가 업무를 볼 수 있도록 가능한 조용하고 채광이 좋은 장소를 사전에 정리해 두는 것이 좋다. 필요 시 학부모에게 전화를 걸어 학부모 만족도를 확인하기도 하며, 홈페이지 확인을 위해 컴퓨터를 사용하기도 한다. 모든 평가관련 자료들은 확인하기 쉽도록 분류하여 영역별로 제시하고, 강조하고 싶은 부분이 있으면 증빙 자료에 번호를 붙여두거나 항목별로 구분하여 라벨링해 두어 쉽게 찾아 확인할 수 있도록 제시하는 것이 좋다. 또한 원장은 수업공개를 위한 준비가 되어 있는지 교사들의 상황을 확인하고, 면담을 위한 교직원의 준비상태를 점검하는 것이 좋다(김경철 외, 2009).

**4 현장평가 보고서 작성**

평가위원별로 각각 현장평가 보고서를 작성하고 필요한 경우 팀내 위원 간 의견을 조율한다.

### (3) 종합평가

종합평가는 참여기관의 자체평가 보고서와 평가위원별 현장평가 보고서, 이의제기 사항, 기타 사항(법위반, 정보공시 정확성 등) 등을 종합하여 평가결과 조정 및 확정, 영역별 등급 및 소견, 총평, 유치원 등급이 포함된 최종평가 보고서를 작성한다.

### (4) 심의

평가결과서 통보 후 이의제기가 가능하며, 이의제기가 인정되는 경우 심의를 통해 평가지표, 평가 영역 등에 대해 등급 조정이 가능하다.

### (5) 결과 공개 및 처리

영역별 등급과 유치원 등급공개를 권장하며 시 · 도의 여건 등을 고려하여 교육감이 결정할 수 있으나 영역별 소견과 총평은 반드시 공개한다. A등급 유치원은 평가주기 1년 연장(4년), D등급 유치원은 평가주기 1년 단축(2년) 가능하며, 평가 미실시 유치원은 시 · 도교육청 차원에서 행 · 재정 등의 조치가 취해진다.

## 5) 평가지표의 구성

### (1) 유보통합지표

4주기 평가지표는 국무조정실 유보통합추진단에서 마련한 관계부처 합동 「유치원 · 어린이집 평가체제 통합방안」으로 개발된 유보통합 평가지표이다. 2017년부터 유치원과 어린이집을 동일한 지표로 평가하되 여건을 반영하여 시행되고 있다. 유치원 평가지표는 주기별로 시행과정을 통해 개선 변경되어 왔기에 향후 변경 시에는 교육부(www.moe.go.kr)의 자료를 참조하길 바란다.

유치원 평가지표는 공통지표와 자체지표로 구분되는데, 공통지표는 4개 영역, 20개 지표, 77개 항목이며, 자체지표는 지역교육청에서 개발한 지표로 구성된다. 자체지표는 지역별로 차이가 있으므로 여기서는 공통지표를 중심으로 살펴보고자 한다. 이를 나타내면 다음 |표 12-2|와 같다.

**표 12-2** 4주기 유치원 공통 평가지표 배점 및 평가방법

| 영역 | 평가지표 | 평가 항목 |
|---|---|---|
| 1. 교육과정(29) | 1-1. 교육 계획 수립 및 실행(4) | 1. 국가 수준의 교육과정에 제시된 목표 및 내용을 반영한다.<br>2. 유아의 발달 수준 및 학급특성을 고려하여 연간, 월간, 주간, 일일계획안을 작성한다.<br>3. 연간, 월간, 주간, 일일계획안의 목표 및 내용이 적절하며 연계성이 있다.<br>4. 누리과정의 영역을 반영하여 교육활동을 실시한다. |
| | 1-2. 일과 운영(5) | 1. 계획에 따라 유아의 연령에 적합한 놀이, 활동, 일상생활 경험을 균형 있게 통합적으로 운영한다.<br>2. 자유선택 활동 시간을 매일 충분히 배정하여 운영한다.<br>3. 바깥놀이 시간을 매일 충분히 배정하여 운영한다.<br>4. 놀이나 활동을 융통성 있게 운영한다.<br>5. (특) 특수교육 대상 유아를 위한 관련 서비스(치료지원 포함)을 일과 중에 통합적으로 제공한다. |
| | 1-3. 교수-학습 방법 및 놀이지원(6) | 1. 주제에 적합한 활동계획을 수립하고 그에 적절한 교수-학습방법과 자료를 활용한다.<br>2. 교사는 유아가 활동에 대한 흥미나 호기심을 갖도록 한다.<br>3. 교사는 다양한 놀이와 활동이 유아의 자발적 선택에 의해 주도적으로 이루어지도록 격려한다.<br>4. 교사는 유아의 놀이 상황을 관찰하면서 놀이를 지원한다.<br>5. 교사는 유아가 다양하게 생각하여 대답할 수 있도록 발문한다.<br>6. 교사의 태도가 안정되고 자신감이 있다. |
| | 1-4. 교사-유아 상호작용(6) | 1. 신체적 특성, 가족 및 민족 배경 등으로 인한 편견 없이 모든 유아를 존중한다.<br>2. 교사는 유아의 기질, 정서적 상태, 놀이 선호 등을 파악하여 적절히 반응한다.<br>3. 교사는 유아의 개별적 요구나 질문을 주의 깊게 듣고 적절하게 반응한다.<br>4. 교사는 유아가 이해할 수 있는 내용으로 눈을 마주치며 이야기한다.<br>5. 교사는 위협, 비난, 조롱 등 부정적 언어를 사용하지 않는다.<br>6. 교사는 칭찬과 격려를 통해 유아에게 자신감을 준다. |
| | 1-5. 유아 간 상호 작용 시 교사 역할(4) | 1. 교사는 유아가 일상에서 또래와 긍정적 상호작용을 하도록 격려한다.<br>2. 교사는 유아가 자신의 의견이나 생각을 또래에게 말로 표현하도록 격려한다.<br>3. 교사는 유아가 적절한 약속과 규칙을 알고 지킬 수 있도록 격려한다.<br>4. 교사는 유아 간 다툼이나 문제가 발생하지 않도록 환경을 마련하고 발생 시 적절히 개입한다. |
| | 1-6. 평가(4) | 1. 유아의 행동을 객관적으로 관찰 · 기록한다.<br>2. 보육과정 목표와 내용을 준거로 유아의 발달특성과 변화를 평가한다.<br>3. 유아 평가결과를 보육 · 교육과정 편성 및 운영에 반영하고 부모 면담의 자료로 활용한다.<br>4. 교육과정 운영에 대한 평가를 실시하고, 그 결과를 다음 계획안에 반영한다. |
| 2. 교육환경 및 운영관리(20) | 2-1. 실내 공간 구성(5) | 1. 교실 내 흥미 영역은 유아의 연령 및 발달특성을 고려하여 충분한 공간에 구성한다.<br>2. 유아의 요구를 충족하는 다양한 공간을 마련하고 있다.<br>3. 실내 시설 및 설비가 유아의 발달 수준에 적합하다.<br>4. 계획안의 주제와 관련된 활동 자료들을 유아의 연령 수준에 맞게 영역별로 다양하게 구비하고 있다.<br>5. 비품과 활동 자료를 보관하는 별도의 공간이 있고, 연령별, 주제별 또는 영역별로 정리되어 있다. |
| | 2-2. 실외 공간 구성(3) | 1. 실외(옥외) 놀이터 등을 구비하고 있다.<br>2. 유아 발달에 적합하고 다양한 놀이기구를 구비하고 있다.<br>3. 실외 공간에 다양한 활동 영역을 제공하고 있다. |
| | 2-3. 기관 운영(5) | 1. 학급을 편성 규정에 맞게 운영하고 있다.<br>2. 개별 유아의 생활기록부를 작성 · 관리하고 있다.<br>3. 신입 유아 적응을 위한 지원을 하고 있다.<br>4. 예 · 결산서를 대내 · 외적으로 공개한다.<br>5. 입학금과 수업료 외의 기타 경비 관련 규정을 마련하여 준수하고 있다. |

| 영역 | 평가 지표 | 평가 항목 |
|---|---|---|
| 2. 교육환경 및 운영관리 (20) (계속) | 2-4. 가정 및 지역 사회와의 연계(5) | 1. 부모와 상호 협의 하에 유치원을 개방한다.<br>2. 부모교육을 다양하게 실시하고 있다.<br>3. 부모와 개별 면담을 하고 가정과의 소통을 다양한 방법으로 실시하고 있다.<br>4. 유아와 가족의 문제를 파악하고 지원한다.<br>5. 지역사회와 연계한 다양한 활동을 실시하고 있다. |
| | 2-5. 방과후 과정 (2) | 1. 특성화 활동을 운영지침에 따라 실시한다.<br>2. 방과후 과정을 위한 기본 시설 · 설비를 구비하고 담당인력을 배치하고 있다. |
| 3. 건강 · 안전 (15) | 3-1. 실내 · 외 공간의 청결 및 안전(4) | 1. 실내 · 외 공간을 청결하고 쾌적하게 관리하고 있다.<br>2. 실내 · 외 공간을 유아의 안전을 위해 위험요인 없이 안전하게 관리하고 있다.<br>3. 실내 · 외 놀잇감이 안전하고 위험한 물건을 안전하게 보관 · 관리하고 있다.<br>4. 안전 시설 및 설비를 비상시 효율적으로 사용할 수 있도록 관리하고 있다. |
| | 3-2. 급 · 간식 (3) | 1. 영양의 균형을 고려한 급 · 간식을 제공하고 있다.<br>2. 식자재의 구입 · 보관 및 조리 공간을 위생적으로 관리하고 있다.<br>3. 조리 및 배식과정을 청결하고 위생적으로 관리하고 있다. |
| | 3-3. 건강 증진을 위한 교육 및 관리(3) | 1. 손 닦기, 양치질 등 청결한 위생습관을 실천한다.<br>2. 교사는 유아의 건강 상태를 살펴보고 적절하게 지원한다.<br>3. 유아와 교직원의 건강증진을 위한 예방관리와 교육을 실시한다. |
| | 3-4. 등 · 하원의 안전(2) | 1. 유아는 등원부터 하원까지 성인의 보호 하에 있다.<br>2. 통학차량을 운행할 경우 안전요건을 갖추어 관리한다. |
| | 3-5. 안전교육 및 사고 대책(3) | 1. 유아를 대상으로 안전교육을 지속적으로 실시하고 있다.<br>2. 교직원은 안전교육을 받고 유아학대예방 지침을 준수한다.<br>3. 영유아, 교직원 및 시설 보험에 모두 적합하게 가입하고 있다. |
| 4. 교직원 (13) | 4-1. 원장의 리더십 (4) | 1. 원장은 자신의 전문성 향상을 위해 노력하고 있다.<br>2. 원장은 교직원을 존중하고, 교직원의 발전을 위해 지원하며 면담을 실시한다.<br>3. 원장은 정기적인 교사회의 등을 통해 교직원의 의견을 민주적으로 수렴한다.<br>4. (사립) 2년 이상 근속한 교사가 전체 교사의 50% 이상이다. |
| | 4-2. 교직원의 근무 환경(3) | 1. 교사실과 개인사물함을 별도로 마련하고 있다.<br>2. 교사의 업무지원을 위한 자료 및 설비를 충분히 구비하고 있다.<br>3. 성인용 화장실/ 변기를 유아용과 별도로 설치하고 있다. |
| | 4-3. 교직원의 처우와 복지(3) | 1. 교직원 인사 · 보수 관련하여 공정한 규정이 있으며, 이를 준수하고 있다.<br>2. 교직원의 보수와 관련한 규정이 있으며 이를 준수하고 있다.<br>3. 교직원의 복지를 위해 노력하고 있다. |
| | 4-4. 교직원의 전문성 제고(3) | 1. 신규 및 전입 교직원에게 업무 관련 오리엔테이션을 실시하고 있다.<br>2. 교사의 전문성 제고를 위한 다양한 연수기회를 부여하고 있다.<br>3. 교사의 교수-학습방법에 대한 장학을 실시하고 있다. |

# 참고문헌

강문희 · 윤애희 · 이경희 · 전정옥(2010). 유치원 · 보육시설 운영관리. 서울: 학지사.

경기도교육청(2017a). 유치원 교구 · 설비기준(경기도교육청고시 제2017-386호).

＿＿＿＿＿＿(2017b). 유치원 교무 · 학사 업무 매뉴얼.

교육과학기술부(2012). 유치원 혼합연령학급 운영매뉴얼.

＿＿＿＿＿＿＿(2013). 4세용 누리과정 교사용 지도서.

교육부(2014). 유치원생활기록부 기재요령.

＿＿＿(2017). 제4주기 유치원 평가 중앙연수.

교육부 · 육아정책연구소(2017). 유치원 급 · 간식 운영관리.

권미량 · 손영환(2007). 유아교육기관 운영관리. 서울: 파란마음.

김경철 · 김안나(2009). 유치원 기관평가의 이해와 실무. 서울: 학지사.

김옥련(1984). 유아교육사. 서울: 정민사.

김혜경(2012). 영유아교육기관 운영관리. 서울: 창지사

박은혜 · 김은심 · 김난실 · 곽아정 · 최혜진 · 이혜경(2010). 유치원 교사를 위한 교직실무. 서울: 창지사.

보건복지부(2012a). 3-5세 연령별 누리과정(보건복지부 고시 제2012-82호). 서울: 보건복지부.

＿＿＿＿＿(2012b). 5세 누리과정 연령연계 어린이집 프로그램.

＿＿＿＿＿(2014). 어린이집 표준보육과정에 기초한 영아보육프로그램 2세.

＿＿＿＿＿(2017a). 영유아보육법.

＿＿＿＿＿(2017b). 영유아보육법 시행규칙.

＿＿＿＿＿(2018). 2018년 보육사업안내.

보건복지부 · 중앙육아종합지원센터(2013). 어린이집 표준보육과정 및 0~2세 영아보육프로그램의 이해.

보건복지부 · 한국보육진흥원(2017). 2017 어린이집 평가인증 문서 자료집(서식모음).

＿＿＿＿＿＿＿＿＿＿＿＿＿(2017). 2017년 제3차 어린이집 평가인증안내(통합지표).

부산광역시교육청(2013). 3-5세 연령별 누리과정 운영지원을 위한 교사연수.

_______________(2015). 사립유치원 회계 업무 매뉴얼.
_______________(2017). 2017 유치원 원감 업무 도움자료.
부산법원어린이집(2017). 초기 적응 프로그램 안내문 예시(만 1, 2세 혼합반).
_______________(2017). 초기 적응 프로그램 안내문 예시(만 5세반).
서울특별시교육연수원(2016). 2016 공문서 작성 실무 표준교재.
서울특별시교육청(2010). 공립 신설유치원 개원 업무 편람.
_______________(2012). 사립유치원 행정 업무 편람.
서울특별시 · 서울시육아종합지원센터(2016). 2016 서울시 어린이집 업무 매뉴얼.
송연숙 · 최애경 · 유수경(2017). 보육과정. 서울: 파란마음.
신동주 · 강금지 · 이용수 · 정춘식(2005). 영유아의 영양, 건강, 안전. 서울: 정민사.
신화식 · 김명희(2010). 유아교육기관 운영관리. 경기: 양서원.
신화식 · 이영미 · 윤길근 · 이희경 · 김지영 · 진성애 · 심윤희 · 김민선(2016). 유아교육기관 운영관리. 경기: 양서원.
육아정책개발센터(2008). 5세 보육 프로그램.
육아정책연구소(2012). 육아정책포럼, 2012 3 · 4 제29호. 서울: 육아정책연구소.
이경화 · 김정원(2012). 영유아교육기관 운영관리. 경기: 공동체.
이기숙 · 김순환 · 조혜진(2016). 유아교육기관 운영관리. 경기: 양서원.
이대균 · 송정원(2007). 최신유아교육기관 운영관리. 경기: 양서원.
이소정(2007). 유치원에서의 부모 자원봉사 현황 및 교사의 인식. 성신여자대학교 교육대학원 석사학위논문.
이인원 · 김호년 · 전정희 · 김의석 · 김영애(2011). 유아교육기관 운영관리. 경기: 양서원.
임재택(2003). 유아교육기관 운영관리. 서울: 양서원.
장영희(2000). 영유아교육과정. 서울: 양서원.
중앙보육정보센터(2009). 평가인증 조력 프로그램. 보육환경
중앙육아종합지원센터(2017). 2017 어린이집 문서 및 서식 자료집.
최석란 · 서원경 · 이슬기(2016). 어린이집 운영관리. 경기: 파워북.
한국보육진흥원(2011). 보육교사 승급교재. 한국보육진흥원.
행정안전부(2016). 행정업무 운영편람. 서울: 행정안전부.
황윤세 · 임미혜 · 이혜원(2011). 유아교육기관 및 보육시설 운영관리. 경기: 공동체.
황해익 · 최혜진 · 정혜영 · 권유선(2014). 아동관찰 및 행동연구. 경기: 공동체.

Bronfenbernner, U. (1979). *The Ecology of human development: Experiments by nature and design*. Cambridge, MA: Harvard University Press.
Decker, C. A., & Decker, J. R. (2001). *Planning and administering early childhood*

programs(7th edition). Upper Saddle River, NJ: Prentice Hall.

Frost, J. L., & Kissinger, J. B. (1976). *The young child and the educative precess.* Chicago, IL: Holt, Rinehard and Winston.

Heflinger, C. A., & Bickman, L. (1996). Family empowerment: A conceptual model for promoting parent-professional partnership. In C. A. Heflinger & C. T. Nixon (Eds.), *Families and the mental health system for children and adolescents* (pp. 96-116). Thousand Oaks, CA: Sage.

Marcon, R. A. (1994). *Early learning and early identification follow-up study: Transition for the early to the later childhood grades.* Washington, DC: District of Columbia Public School, Center for Systemic Change.

Tyler, B. J. (1979). *Early childhood program management: People and Procedures.* Columbus: Merrill Publishing Company.

국민재난안전포털(www.safekorea.go.kr)

보건복지부(http://www.mohw.go.kr). 2018 보육교직원의 인건비지급 기준.

보육통합정보시스템(http://cpms.childcare.go.kr)

부산광역시 유아교육진흥원 유치원평가편람(http://child.pen.go.kr.)

서울특별시 유아교육진흥원 유치원평가편람(http://www.seoul-i.go.kr)

유치원알리미(http://e-childschoolinfo.moe.go.kr)

질병관리본부 예방접종 도우미(http://nip.cdc.go.kr)

한국보육진흥원 평가인증사업(http://www.kcpi.or.kr)

법제처 국가법령정보센터 인출 자료(http://www.law.go.kr)

건축물의 피난 · 방화구조 등의 기준에 관한 규칙(2018).

건축법(2017).

건축법 시행령(2017).

건축물의 피난 방화구조 등의 기준에 관한 규칙(2017).

고등학교 이하 각급 학교 설립 · 운영 규정(2017).

공무원보수규정(2017).

공무원수당 등에 관한 규정(2017).

교원 등의 연수에 관한 규정 시행규칙(2015).

국립유치원 및 초중등학교 회계규칙(2016).

도로교통정비 촉진법(2017).

도시가스사업법(2017).

먹는물 관리법(2017).

방사성폐기물관리법 시행규칙(2017).

사학기관 재무 · 회계 규칙(2017).
사회복지법인 및 사회복지시설 재무 · 회계 규칙(2017).
석면안전관리법(2017).
소방시설 설치 유지 및 안전관리에 관한 법률(2017).
식품위생법(2017).
아동 · 청소년의 성보호에 관한 법률(2017).
액화석유가스의 안전관리 및 사업법(2017).
어린이 놀이시설 안전관리법(2017).
영유아보육법(2018).
영유아보육법 시행령(2018).
영유아보육법 시행규칙(2018).
유아교육법(2018).
유아교육법 시행령(2018).
유아교육법 시행규칙(2018).
장애인 · 노인 · 임산부 등의 편의증진보장에 관한 법률(2018).
전기사업법(2017).
전기용품 및 생활용품 안전관리법(2017).
주택법(2018).
주택건설기준 등에 관한 규정(2017).
품질경영 및 공산품 안전관리법(2018).
초 · 중등교육법(2018).
폐기물 관리법 시행규칙(2018).
학교교구 · 설비기준(2018).
학교급식법(2013).
학교보건법(2017).
학교보건법 시행규칙(2016).
화재예방, 소방시설 설치 · 유지 및 안전관리에 관한 법률(2017).
환경보건법(2016).
환경정책기본법(2017).

| 저자소개 |

**최 애 경** 부산과학기술대학교 사회복지계열 교수

**좌 승 화** 동의과학대학교 유아교육과 교수

**최 진 원** 제주관광대학교 유아교육과 교수

**송 연 숙** 울산과학대학교 유아교육과 교수

영유아교육기관 운영관리

초판 1쇄 인쇄 2018년 5월 23일
초판 1쇄 발행 2018년 5월 31일

지은이_ 최애경 · 좌승화 · 최진원 · 송연숙
펴낸이_ 황호철
펴낸곳_ 도서출판 파란마음
주소_ 04315 서울시 용산구 백범로90라길 47 | 전화_ (02) 3275-2110~1 | 팩스_ (02) 3275-2199
홈페이지_ http://paranmaum.co.kr/

등 록_ 2006년 4월 24일 · 제302-2006-00024호



ISBN 978-89-97982-64-6 93370
값 20,000원